融媒体时代
视听节目策划

THE AUDIO-VISION PROGRAM PLANNING IN THE TIMES OF MEDIA CONVERGENCE

阎安 | 著

中国广播影视出版社

有容乃大,深融致远
——《融媒体时代视听节目策划》代序

毕一鸣[①]

欣闻阎安副教授近作《融媒体时代视听节目策划》即将出版。兴奋之余,悉心翻阅,深感这是一部富有创新意识和开拓精神的好书,它的内容是紧跟媒体发展新潮流和时代发展新步伐的。阎安曾是我的博士研究生,是原南京政治学院新闻系广播电视教研室的老师,并长期被军地主流媒体聘请为节目审评专家。前几年全军院校调整,他转隶到国防大学,成为军事文化学院的主干课教师和教研室主任,主攻广播电视传播与新媒体研究方向,理论教学和实践课教学的经验都很丰富。

当我们回顾人类科学史上经历的三次大的科学革命时,就能勾画出新的世界图景,并促使我们转变思维方式。第一次科学革命迎来了实体实在论世界图景的科学呈现,培育出了实体思维方式;第二次科学革命迎来了场能实在论世界图景的科学呈现,培育出了能量思维方式;第三次科学革命迎来了信息系统复杂综合的世界图景的科学呈现,培植起了信息思维方式。进入21世纪的第二个十年,信息革命的成果必将普照人类科学的殿堂,并加速推动人文科学和社会文明的全面进步和发展。

我们把相关的一些信息系统科学的原理和方法扩展开来,用全新的信息思维方式对传统的学科理论和操作方法重新审视和实践应用时,便会立即赋予这些传统学科以某种崭新意义,并感到有进行全面信息化改造的必要。这主要就是指计算机与电子媒介的结合促成的第五次信息技术革命。它使社会进入了一个文明新时代——信息化时代。在这个时代,人们不仅享受着物质

[①] 毕一鸣:南京师范大学教授、博士生导师,曾任教育部广播影视教学指导委员、国家广播电视总局专家等。

文明的成果，还充分享受着信息革命带来的巨大精神文明成果。它不仅改善了人们的生存质量，也提高了公众的幸福感受。当前我们就正处在这样一个历史发展的新阶段。于是，新媒体传播就成了一门崭新的课题。它具有深湛的理论内涵，也有广泛的应用价值。以往这方面的研究和探索大多局限在理论层面，主要还是介绍国外的理论成果，对于国内新近实践应用的总结相对较少。阎安的著作在一定程度上弥补了这方面的缺憾，既转化了他在博士研修期间的部分理论成果，也把自己常年在广播电视教学实践和新媒体应用方面积累的经验，进行了全面深入的阐述，具有较为宽阔的研究视角和实践运用的价值。当前传统广电媒体正处于急遽变革的转型期，必须顺势而为，积极主动适应当前的变化趋势，充分利用新媒体，不断扩大传播力、影响力、公信力，尽快走出一条适合传统媒体改造融合发展的新路。

加拿大传播学者罗伯特·洛根教授在"延伸"麦克卢汉的媒介理论时，认为"我们所谓的'新媒介'是这样一些数字媒介：它们是互动媒介，含双向传播，涉及计算，与没有计算的电话、广播、电视等旧媒介相对。""它们是数字媒介，纵横相连，它们介入的信息很容易处理、储存、转换、检索、超级链接，最鲜明的特征是容易搜索与获取。这就是为什么我相信，麦克卢汉的研究成果值得更新、需要更新。"[①] 美国《连线》杂志继而对新媒体做出这样的定义："严格地说，新媒体应该称为数字化新媒体。媒体主要包括数字杂志、数字报纸等形式。"阎安正是在这个意义上把握着新媒体所派生的"融媒体"概念，并在这个基础上展开深入论述的。

阎安认为"融媒体既是一种媒体形态，也是相应的运作模式。融媒体概念的提出，源于我国媒体融合在实践层面已步入深度融合阶段。"他的这种认识是完全符合媒体实际，并具有启发性的。融合文化被认为是新媒体和旧媒体的冲突地带。融合是一篇大文章，以融合推动创新，以融合带动发展，以融合驱动传播。当前传媒改革正在逐步深入，各种新的尝试、新的业态、新的技术，已经让受众感受到耳目一新，具有广阔的发展前景！

我们常把20世纪加拿大原创媒介理论家马歇尔·麦克卢汉尊奉为数字革

---

① 罗伯特·洛根：《理解新媒介——延伸麦克卢汉》，何道宽译，复旦大学出版社，2012，第6页。

有容乃大，深融致远
——《融媒体时代视听节目策划》代序

命的先师，那么我们同样可以把美国麻省理工学院政治科学家伊锡尔·德索拉·普尔看作是媒体融合的先知。他在1983年第一次把融合概念当作媒体业内变革力量来阐述，他说："一种可称为'形态融合'的过程正在模糊媒体之间，甚至是点对点传播与大众传播之间的界限，前者如邮政、电话和电报，后者如报纸、广播和电视。一种单一的物理手段——无论它是电线、同轴电缆或广播电视的无线电波——就可以承担过去需要几种方式才能分别提供的服务内容。相反，过去由于任何一种媒介——不管这种媒介是广播电视、报纸或是电话——提供的服务，现在可以通过几种不同的物理手段来提供。过去存在于一种媒介及其用途之间的一对一的关系正在消逝。"[①] 现在有些人谈论的是分化而不是融合，但是普尔认为它们其实是同一现象的两个方面。他说："我使用的融合概念，包括横跨多种媒体平台的内容流动、多种媒体产业之间的合作以及那些四处寻求各种娱乐体验的媒体受众的迁移行为……媒体内容的这种流通——横跨不同的媒体系统、相互竞争的媒体经济体系以及国家边界——很大程度是依靠消费者的积极参与完成的。"并且，他明确指出："记住这一点：融合所指的是一个过程，而不是终点。不会有唯一的一个黑匣子来控制进入我们家庭的媒体内容。归功于传播渠道的极大丰富以及新的计算机信息处理技术和远程通信技术的便携特性，我们正在步入一个媒体无处不在的时代。融合并不是等到某一天我们拥有了足够的贷款或解决设备的正确配置问题后才会发生的事情。不管我们是否准备好了，我们已经身处于融合文化之中。"[②]

《融媒体时代视听节目策划》全书在研究思路、文论结构和研究内容上都做出了几方面的创新尝试，取得了许多相应成果。本书从创新实践出发，对不同类型节目的组织策划和节目的选题、勾连、组合、制作、传播等操作层面都独有详细的论述。

该书的创新点在第一章中有集中论述。该书的着眼点是依托传统广播电视媒体如何构建"融合媒体"传播平台，既符合媒体的现实状况，也顺应当前

[①] Iihiel de Sola Pool：《自由的科技：论电子时代的言论自由》，哈佛大学出版社，1983，第23页。

[②] 亨利·詹金斯：《融合文化》，杜永明译，商务印书馆，2012，第47页。

改革的方向。融合的关键在于"交互性"机制的建立，本书观点认为："在构成融合传播内容集群的诸种元素中，视听元素一直居于最重要地位。融媒体时代，视听节目的传受机制、传播场景等正在发生深刻变化。随着社会化网站、社交媒体异军突起，交互性成为传播的新要素。这种交互绝不仅仅是简单地将现实中的社会关系移植到互联网上，而必将催生新的社交方式、文化传播方式和商业模式。在此基础上建构起来的媒介平台具有全新特质——不再仅仅是单纯的内容生产者，而是在一定的空间场所、系统、环境里连接各种生产要素，并为生产某种产品提供服务。无疑，广电融媒体面临着全新的传受机制和传播场景。"这段论述是切中肯綮的。

阎安在第六章和第七章中运用了大量的例证材料说明了融媒体中"视频谈话节目"和"纪录片节目"的策划和操作方法，这是本书富有深意的创新之处。例如，他认为："谈话节目创造了一种广域的人际传播空间，成为现代人与他人、与世界建立联系，加强沟通的重要渠道。近年来，谈话节目与其他节目类型之间的边界越来越模糊，内容越来越交叉。特别是网络视频的发展给谈话节目带来新的生机，更多新的谈话节目形态也在酝酿之中。"关于纪录片，他认为："如果能够通过媒体融合，让传统的电视受众和互联网受众从割裂走向互融，这样新媒体就不仅不是纪录片发展的阻碍，反而会成为中国纪录片走向成熟与壮大的动力。"这些论述是能够启人思考，发人深省的！

综观全书，其的确具有思路开阔、观点新颖、文风严谨、重点突出、操作性强等特点。作者在广泛汲取国内外文献精华的基础上，又经过深入思考，选取成功的实践案例，使全书具有一定的创新性、前瞻性和应用性，尽管书中提出的一些问题尚待进一步探讨与完善，但仍不失为一部具有开创性和较高学术含量与实践价值的著作，也一定会给读者以启发与思考。

2020 年 8 月 10 日

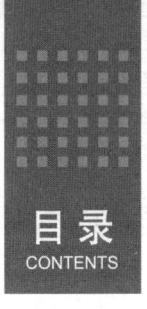

目录 CONTENTS

■ 第一章 融合传播与视听节目策划 / 1

第一节 媒体深度融合背景下的视听传播变革 / 1
一、广电融媒体平台的构建 / 2
二、广电融媒体的传受新机制与传播新场景 / 5
三、从广播电视节目到融媒体节目 / 11

第二节 视听节目的构成元素、形态与类型 / 17
一、视听节目的基本构成元素 / 18
二、视听节目形态、模式及其创新 / 23
三、视听节目的类型与面貌 / 25

第三节 融媒体时代视听节目的策划内容 / 28
一、节目策划的意义与特点 / 28
二、视听节目策划的基本内容 / 32
三、视听节目的延伸策划 / 35

■ 第二章 类型化与微融合：融媒体时代广播节目策划 / 40

第一节 融媒体时代的声音媒介与音频节目 / 41
一、声音媒介的特征 / 41
二、音频内容的传播符号 / 43
三、广播节目形态的构成机制 / 43
四、广播节目的基本类型 / 52

第二节　类型化广播节目及其策划 / 54

一、广播音乐节目及其策划 / 54

二、广播新闻节目及其策划 / 58

三、广播谈话节目及其策划 / 62

四、广播剧及其策划 / 66

第三节　融媒体音频节目策划 / 71

一、模式改革与音频节目创新 / 71

二、融媒体音频节目的形态重塑 / 73

案例　创新策划视角　重铸共同记忆

——融媒体特别节目《难忘二战岁月 共同历史记忆》策划始末 / 79

■ 第三章　新语态与新样态：视频新闻节目策划 / 85

第一节　融媒体时代的视频新闻节目 / 85

一、视频新闻类节目的子系统构成 / 85

二、视频新闻节目的形态特征 / 90

三、视频新闻策划的概念与要素 / 92

第二节　视频新闻的选题策划与语态更新 / 94

一、必须要尊重新闻规律 / 94

二、常见选题策划技巧提要 / 96

三、视频新闻语态的变化与创新 / 99

第三节　融媒体新闻行动策划 / 103

一、融媒体新闻行动概述 / 103

二、融媒体新闻行动的特点 / 105

三、融媒体新闻行动策划思路提要 / 108

第四节　融媒体新闻直播策划 / 111

一、新闻直播节目的概念 / 112

二、融媒体新闻直播节目的特点 / 113

三、融媒体新闻直播节目策划思路提要 / 115

案例　走近平凡英雄　唱响家国情怀
　　——对话大型融媒体主题报道《我和我的祖国》策划采编团队 / 123

■ 第四章　硬科普与软表达：视频社教节目策划 / 133

第一节　融媒体时代的视频社教节目 / 134
　　一、社教节目的功能 / 134
　　二、社教节目的分类 / 136
　　三、社教节目的形态特征 / 137

第二节　知识类节目的新质元素与网感追求 / 138
　　一、知识类节目概说 / 139
　　二、知识类节目的传统元素与新质元素 / 141
　　三、网感追求与知识类节目的创新策划 / 146

第三节　从教学类节目到益教类节目 / 149
　　一、教育类节目概说 / 149
　　二、教育类节目创新策划思路提要 / 151

案例　文明礼仪教育的创新范例
　　——评《凡事讲礼》的策划技巧 / 158

■ 第五章　潮娱乐与正能量：视频综艺节目策划 / 161

第一节　融媒体时代的视频综艺节目 / 162
　　一、综艺节目的内涵与特点 / 162
　　二、综艺节目的形态演化 / 164
　　三、作为当前综艺节目主流形态的真人秀 / 167

第二节　从素人选秀到偶像养成的进阶 / 170
　　一、选秀类综艺节目的形态特征 / 171
　　二、选秀类综艺节目策划思路提要 / 173
　　三、选秀类综艺节目创新路径 / 177

第三节　竞技与挑战类综艺节目策划 / 182
　　一、竞技与挑战类综艺的形态特征 / 182
　　二、竞技与挑战类综艺节目策划思路提要 / 187
第四节　"慢综艺"形态及其策划思路 / 191
　　一、"慢综艺"的形态特征 / 191
　　二、"慢综艺"策划思路提要 / 197
案例　青春态综艺的价值观输出与模式创新
　　　——评《青春有你2》的策划特色 / 201

第六章　社交化与个性化：视频谈话节目策划 / 207

第一节　融媒体时代的视频谈话节目 / 208
　　一、谈话节目的界定 / 208
　　二、谈话节目的形态特征 / 210
　　三、谈话节目的主要类别 / 212
第二节　谈话节目的话题设定与驾驭技巧 / 217
　　一、话题选择：线上与线下 / 217
　　二、话题驾驭：开场与收场 / 221
第三节　谈话节目的要素与路径设计 / 227
　　一、嘉宾选用：标准与关系 / 227
　　二、受众参与：场内与场外 / 230
　　三、谈话路径：设计与把控 / 232
第四节　谈话节目主持人的定位与个性化 / 235
　　一、谈话节目主持人的基本定位 / 235
　　二、谈话节目主持人的个性化设计 / 239
案例　民意表达与政治参与的窗口
　　　——评全媒体谈话节目《民声》的形态与策划 / 242

第七章 新虚构与强叙事：融媒体时代的纪录片策划 / 248

第一节 融媒体时代的纪录片 / 249
  一、走向泛化的纪录片 / 249
  二、纪录片节目形态特征 / 250
  三、纪录片题材类型的拓展 / 252
  四、纪录片风格模式的演进 / 253

第二节 纪实与"虚构"的策略选择 / 256
  一、纪录片的纪实策略 / 256
  二、纪录片的"虚构"策略 / 261
  三、纪实与"虚构"手法的综合运用 / 266

第三节 结构与叙事的构思谋划 / 267
  一、纪录片的结构谋划 / 268
  二、纪录片的叙事设计 / 272

第四节 新栏目与新创作者 / 278
  一、纪录片栏目化与栏目策划 / 278
  二、纪录片大众化与众筹策划 / 283

  案例 网络纪录片《劳生不悔》项目书 / 287

第八章 融媒体时代节目策划的组织实施 / 295

第一节 节目策划的理念与要求 / 295
  一、节目策划应秉持的几大理念 / 296
  二、节目策划活动的业务要求 / 300

第二节 节目策划的流程与方法 / 303
  一、节目策划的具体步骤 / 303
  二、节目策划的常用思维方法 / 308

第三节 融合传播策略与方式 / 310
  一、社交互动，提高受众黏性 / 310

二、超越节目，延长产业链条 / 314

　　三、跨界经营，走向多元业态 / 317

第四节　策划案写作技巧 / 320

　　一、节目策划案的定位与构成要素 / 320

　　二、易发问题与注意事项 / 325

参考书目 / 327

后记 / 331

第一章

■ 融合传播与视听节目策划

　　无论是基于传统频道频率，还是基于互联网和移动互联网平台，节目始终是最基本的内容单元，也是视听内容最基本的组织形式和播出形式。在先进技术支撑和驱动下，新的视听节目内容和样式加速涌现。广播电视和网络视听行业持续推进媒体融合，大力推动创新创优，充分利用直播、现场报道、访谈、微视频、动漫、MV和H5、VR融媒体产品等多种形态，宣传党的主张，传播党的声音，讲述中国故事，获得社会的广泛好评。策划和制作更多符合新时代要求，既能在思想上、艺术上取得成功，又能在市场上受到欢迎的精品节目，这是广电和视听新媒体从业者的不懈追求。

第一节　媒体深度融合背景下的视听传播变革

　　随着媒体融合进入深度融合阶段，在广播电视行业建设全程、全息、全员、全效媒体的速度不断加快，内容生产和产品形态进一步丰富，媒体传输分发和用户服务能力得到提升，节目、技术、平台、人才等生产要素逐步共享融通。通过探索平台经营的多元化战略，传统广电将实现跨地域、跨媒体、跨行业经营，进而实现产业链的深度整合，而这一切将诱发视听传播的深刻变革。

一、广电融媒体平台的构建

所谓融媒体，是指利用融合传播平台，把广播、电视、报纸、互联网等既有共同点，又存在互补性的不同媒体，在人力、内容、宣传等方面进行全面整合，实现"资源通融、内容兼融、宣传互融、利益共融"的新型媒体。融媒体既是一种媒体形态，也是相应的运作模式。融媒体概念的提出，源于我国媒体融合在实践层面已步入深度融合阶段。

近十多年间，广播电视和新兴媒体在信息内容、技术应用、平台终端、管理手段上正逐步实现共融共通，一些具有推广价值的广播电视媒体融合发展模式开始出现。互联网化是传统广电创新发展的动力，亦是其发展的重要趋势。传统广电建网始于CNN，它于1995年8月30日率先"上网"。在这个广阔而开放的平台上，广电媒体设站办台，将多种媒体形态聚为一体：视频网站、互联网电台、社交电视、移动直播、视频博客等视听媒体新形态不断涌现。从建设门户网站开始，如1996年开通的"央视国际"网站、"凤凰网"等，广电的功能拓展和形态升级成为重要趋势。在不同的发展阶段，广电融媒体平台存在不同的主导模式。

（一）专业音视频网站模式

专业音视频网站不同于传统广播电视门户网站的综合模式，它主打网络视听业务，是一种以提供包括广播电视节目在内的视听内容在线播出和下载为主要功能的流媒体网站。以视听节目为主打的融媒体平台，大多脱胎于传统的广电媒体。例如，"东方宽频"是国内省级广电最早在互联网上尝试内容传播和商务运作的网站之一，于2003年9月开始正式经营，是上海东方传媒集团旗下的融媒体业务。

2009年以后，专业音视频网站进入商业视频网站和网络电视台竞相发展阶段。根据国家行业主管部门要求，网络广播电视台实行"牌照制"，对提出申请的广播电视播出机构的投入资金、技术能力等做出硬性规定。网络广播电视台拥有新闻资讯的采访制作权，是集采编播于一体的网络化广电媒体。中国大陆拥有互联网视听节目服务许可证的机构有近 600 家，而截至 2012 年底，仅有 19 家广播电视机构（均为中央和省级媒体）和 1 家城市联合网台 CUTV 获得了网络广播电视台运营牌照。可以认为，网络广播电视台是对此前互联网视听服务的规范化和平台的升级，但当前能够独立获得牌照、实现规范运营的城市网络广播电视台还没有出现。不过，未获牌照，并以"网络广播电视"名义建站播出的城市台却不少，如"杭州网络广播电视""绍兴网络广播电视"等。在内容建设层面，大部分网台已搭建起"母体版权视听节目+图文资讯+UGC+自制内容"的融媒体结构。

（二）移动互联网广播电视模式

随着宽带、4G 技术大规模商用，移动互联网在中国兴起。广电媒体开始通过手机电视、无线 WAP、CMMB、移动客户端等技术形态接入互联网，使客户享受移动状态下的网络视听服务。移动端的视听新媒体业务经历了从手机广播电视到 App 产品的发展。中央电视台通过"央视新闻""央视影音""央视体育""央视悦动"等 App 产品，建设手机流媒体电视业务运营管理平台，开展以手机为接收终端的包括直播、轮播、点播在内的信息网络传播视听节目业务，以及信息推送、视频分享等移动增值服务。城市台方面，扬州文广的"扬帆"、苏州广电的"看苏州"、常州广电的"常州手机台"等都是较具特色的 App 产品。移动互联、碎片化传播使得受众养成多屏互动、快速阅读收看的习惯。据国内调查显示，重度网络家庭用户往往也是高水平的电视收视家庭用户，是两屏媒体使用的活跃家庭。2015 年，广电媒体的微信公众号中普遍增加音视频功能，提供节目直播、点播、回听（看）服务。比如苏州广电旗下"名城苏州网"微信公众号，可随时点播本地新闻及网络端的原创节目。

手机已成为网络视听节目的"第一终端"。截至 2020 年 3 月，我国网络视频（含短视频）用户规模达 8.50 亿人，其中短视频用户规模 7.73 亿，较 2018 年底增长 1.25 亿，占网民整体的 85.6%。2020 年初，受新冠肺炎疫情影响，网络视频应用的用户规模、使用时长均有较大幅度提升。与此同时，移动端广告收入在各视频网站整体收入中的占比也在不断扩大。广播电视正加速与"移动场景"融合。

（三）传统广电与商业互联网媒体融合模式

随着商业互联网巨头纷纷涉足网络视听业务，国内形成了以腾讯视频、爱奇艺、优酷等为代表的视频网站集群，以抖音、快手、秒拍等为代表的短视频集群。相关互联网平台还包括哔哩哔哩、西瓜视频、PP视频等，以及专注音频业务的喜马拉雅、蜻蜓FM、网易云音乐、唱吧等。传统广电媒体与商业音视频网站各具优势，合作共赢成为重要趋势。这种合作可以是技术合作、营销合作，也可以是节目版权合作。例如，建设初期，"东方宽频"就与人民网合作建设、维护、运营人民宽频频道；同时与新浪、搜狐、腾讯等门户网站，PPStream、PPTV、Openv等早期视频网站合作。而传统广电推出的《中国好声音》《中国达人秀》《非诚勿扰》等现象级节目及热门剧集，都有相对固定的商业视频网站合作伙伴。

在节目策划、生产与传播方面，传统广电与商业互联网媒体的合作正步入"台＋网＋端"多方融合阶段。例如，《从地球出发》是2019年底由江苏卫视、爱奇艺、抖音联合出品的国内首档天文科幻科普节目。围绕这档节目，江苏卫视联合爱奇艺、字节跳动这两家国内领先的互联网平台，一台、一网、多端，三方合力，不仅让节目在全媒体传播上得到强有力的提升，也借助台网各方的协作联动，推出了多元化的新媒体产品，扩大了节目的社会影响。

在广电融媒体平台迅速发展的同时，包括转型后的报业集团、通讯社、商业互联网站、社交媒体等在内的新的视听内容生产者和传播者加速入场，形成了一些具有典型融媒体特点的平台模式。在媒介空间被互联网深刻改造的背景下，传统广电已迎来整体形态的优化与革新，其业务形态、组织架构和媒介功能随之调整。但应该看到，国内广电融媒体平台建设还存在不少欠缺。"尤其是在融合性方面表现不足，平台之间从内容生产到营销，从机制联动到互动，都出现不同程度的分离和割裂，真正形成良性联动效应的媒体融合平台并不多。""融合过程中的'两张皮'现象普遍存在，实际上影响了整个融媒体发展的进程以及深度和广度。"①

---

① 周逵：《融合与重构：中国广电媒体发展新道路》，中国传媒大学出版社，2017，第34页。

二、广电融媒体的传受新机制与传播新场景

在构成融合传播内容集群的诸种元素中,视听元素一直居于最重要地位。融媒体时代,视听节目的传受机制、传播场景等正在发生深刻变化。随着社会化网站、社交媒体异军突起,交互性成为传播的新要素。这种交互绝不仅仅是简单地将现实中的社会关系移植到互联网上,而必将催生新的社交方式、文化传播方式和商业模式。从"关系"的视角看,互联网建立起了人与人、人与社会的开放、互动的传播关系。"'关系'直接打通了传媒生产链条的全部环节,成为资源开发、新闻生产、产品延伸、渠道拓展、品牌经营及社会互动等领域不可或缺的结构性因素。"① 在此基础上建构起来的媒介平台具有全新特质——不再仅仅是单纯的内容生产者,而是在一定的空间场所、系统、环境里连接各种生产要素,并为生产某种产品提供服务。无疑,广电融媒体面临着全新的传受机制和传播场景的挑战。

(一)广电融媒体的传受新机制

1. 移动化接入

数字学者迈克尔·塞勒指出:"两大技术潮流的融合使变革势不可当:其一是移动计算技术的普及,其二是社交网络的广泛应用。社交网络能够大幅提高电脑设备的使用率,而移动计算技术会增加社交网络的效用。这是一个互相推动的良性循环。"② 根据 CNNIC 报告,截至 2020 年 3 月,中国网民规模达 9.04 亿,其中,手机网民规模达到 8.97 亿,数量远超使用台式和笔记本电脑上网的网民。智慧城市的建设推动了公共区域无线网络的使用,网络基础设施建设逐渐完善,移动网络速率大幅提高,互联网接入方式日趋多元。在经济发达地区,密集覆盖的 5G 网络会为视听节目在移动状态下的传播提供便利。随着"无线城市""智慧城市"建设的推进,多媒体智能接收终端、可穿戴设备的普及,以及移动客户端应用的成熟,视频的伴随式直播和移动终端的随

---

① 麦尚文:《"关系"编织与传媒聚合发展——社会嵌入视野中的传媒产业本质诠释》,《国际新闻界》2010 年第 1 期。

② 迈克尔·塞勒:《移动浪潮:移动智能如何改变世界》,邹韬译,中信出版社,2013,中文版序。

时使用成为常态。以移动媒体建构起来的日常智能应用趋于普及，人类已经进入并生活在由电视、网络、手机等电子设备所构筑的装置性媒介空间中。

全球信息流动改变了人们传统的时空感受。利用高速传播的视听节目（包括传统电视、直播、短视频、微动漫等），可以立刻进入一个不同的空间并参与其中。基于地理位置的服务（LBS）技术深刻改变了现代空间的人地关系。这种技术通过移动通信网络和卫星定位系统，获得移动终端的位置信息，从而将个体信息传播者的地理位置显示出来，并将该个体在传播过程中的停留地点、移动路径、到达频率、意见表达等一系列行为清晰地勾勒出来，而任意个体信息传播流动过程中的每一个位置，都可能成为信息传播过程中新的转折点和触发点。三十多年前，梅罗维茨曾就物质地点和社会地点之间的联系出现的变化进行思考，他写道，电子媒介"几乎完全断绝了物质地点与社会'地点'的联系。当我们使用电话、收音机、电视或计算机进行交流时，我们身体所处的地方不再决定我们在社会上的位置以及我们是谁。"①

2. 场景化服务

"场景"具有强烈的空间属性，意味着新的"空间的生产"，尤其是关系的构建。在移动互联时代，"场景"不是一个简单名词，它决定用户的行为特征和需求特征，"是重构人与商业的连接"。因此，"场景"可以理解为一种体验、一种连接方式。对于开发者来说，场景思维强调覆盖用户移动和碎片化消费，强调以人的体验为中心，强调契合或者引领新的生活方式。"移动场景"中的消费者更注重体验感，因此，传播机构需要通过营建场景，注入个性服务、文化活动等内容，为消费者"讲故事"，进而增强与消费者的情感交流，与其形成新的连接，并生成匹配目标人群需求的产品逻辑。

空间与环境是定位场景最基本的要素。特定的空间包含着与该空间相关的环境特征，以及人的特定行为模式、互动模式。分析用户身处的移动场景，通常需要关注三个阶段：在哪里、从哪里来、到哪里去，也就是"此时此地""此前彼处"和"此后彼处"。②移动互联技术使"具体而微"的环境感知

---

① 约书亚·梅罗维茨：《消失的地域：电子媒介对社会行为的影响》，肖志军译，清华大学出版社，2002，第109页。

② 彭兰：《场景：移动时代媒体的新要素》，《新闻记者》2015年第3期。

变为可能。城市广电可以通过生产新的场景,进而发展"地点正确、时机正确、感知良好的基于场景的新业务"①。例如,美国的城市电视台已提出并实践"超级本地化"(hyperlocal journalism)策略,通过开办社区频道或推出适合社区传播的内容,转型为"多媒体服务组织",为本地社区提供各种生活资讯。借助地理信息技术,这些频道通常能够提供精确到某个地理标志物的气象预报。类似内容或通过有线数字电视播出,或通过脸谱网等社交网络传播。移动视频场景的应用,正随着大众传播形态变迁与个体生活方式现代化而日趋普遍。嵌入"空间"的时间要素,其自身属性正在不断消解,面对"空间转向",时间的意义生成也烙印上了十分强烈的"空间性"。在当代城市生活中,市民的信息需求越发强烈,这种需求既包括衣食住行等生活信息需求,也涵盖沟通、交友等社会交往需求,而作为重要信源的视听融媒体平台,无疑具有整合信息的强大优势与能力。

3. 智能化体验

随着网络重构人与城市的关系,政府、企业、民间机构和市民之间,更需要共建一个"可沟通系统"。借助数字移动信息平台,可以通过政府机构间的组织和程序变革,促进"以市民为中心"的改革和民间问政的制度化,使之成为"智慧城市"构建最重要的制度保障。美国智慧城市研究专家阿莱克斯·彭特兰举例说:"利用这些从人们留下的数字痕迹中收集的数据,我们可以更容易地回答如下这类问题:人们在哪里吃饭、工作或娱乐?他们去哪里旅行?他们与哪些人互动?"研究发现,"这些行为人群可以提供的典型预测包括消费者偏好、金融风险和政治观点等,其准确性要比基于邮政编码的标准地理人群的预测高 4 倍以上"②。现代商业经营和信息服务都要以科学、真实的数据为指导,移动智能终端的普及使得超越人口统计直接测量人类行为成为可能。

在此技术背景下,"广电智媒体"无疑拥有巨大的想象空间。为让广播电

---

① 玛丽贝尔·洛佩兹:《指尖上的场景革命》,平宏伟、龚倩、徐荣译,中国人民大学出版社,2016,前言。

② 阿莱克斯·彭特兰:《智慧社会:大数据与社会物理学》,汪小帆、汪容译,浙江人民出版社,2015,第 137 页、第 139 页。

视在新时代焕发全新生命力,国家广播电视总局正着重推进打造智慧广电融媒体:运用大数据、云计算、人工智能等成果提高"算力",用优选"算法"将广电媒体内容进行有效分发和精准传播;突破一般性"算力"或"算法",将优质信息的投放扩大到更多受众,实现优质信息的更大规模阅读和消费。智慧广电的"智"还在于突破固定终端,将媒体信息实现各终端覆盖,真正实现媒体的"全程、全息、全员、全效";在于突破传统功能局限,将数字经济和数字生活与数字媒体紧密结合,成为数字中国可依靠、可依赖的中枢和终端;在于双向互动、在充分感知和了解受众的"回音壁"前,提高信息传送的"时度效"水平等。①

(二)视听节目传播的新场景

美国学者罗伯特·斯考伯与谢尔·伊斯雷尔认为,依托大数据、移动设备、社交媒体、传感器和定位系统5个技术要素的日益普及完善,人类社会已经进入场景传播时代,视听节目的关注点和触发点正在发生变化。

1. 地域之变:从区域传播到全球传播

传统广播电视传播有信号覆盖范围的限制,有有线网络铺设区域的限制,更有行政地域管理的限制,因此,其更多表现为一城一地之媒体。早在1963年,中央广播事业局就为北京电视台制定了"立足北京,面向世界"的方针,但那时的远距离微波节目传送仅限于京津之间,"面向世界"只能靠寄送节目的方式实现,"立足北京"成为无奈的现实。

如果说传统广播电视节目只是区域化传播,那么融媒体节目就是全球化传播。互联网和移动互联网的发展,使视听节目覆盖到更加广阔和多样的现实地域。在赛博空间,传统的节目编排和播出方式因数字技术而颠覆,来自各个地方的广播电视节目呈碎片化分布,进而建构起一个全球时空拼贴的后现代场域。一个典型案例是从2010年开始发展的"城市联合网络电视台",这个由全国60多家城市电视媒体参与构建的网络视频社区带给我们迥异的空间想象——似乎一个同时基于实在空间与虚拟空间的"电视城市群"正呼之欲出。类似应用并不鲜见。若使用iPhone手机,在App Store中选择"iHeart

---

① 广电总局:打造智慧广电融媒体突围,中国政府网,http://www.gov.cn/xinwen/2019-03/20/content_5375467.htm。

radio",点击"Clear Channel Broadcasting"应用,安装之后便可收听全国各地的地方无线广播。借此,全国的"地方电台"被整合到一个虚拟平台,真实地点被赛博化了。再如,在上海、南京等地铁城市,"地铁0号线"网络广播可以通过手机客户端和互联网双重平台收听。也就是说,虽然名为"地铁电台",但实际上借助移动通信工具,听众可以在国内任一地点随时移动收听。在可以预见的未来,越来越多的听众将选择用移动互联网获取来自外部世界的新闻,而与此相伴的重要进程是全球范围短波广播的衰落。

传播范围的改变导致了视听节目关注点的变化,"即在全球化的经济与文化语境中报道地方性内容,用地方化的视角报道新闻时体现出国际化的报道水准和报道风格,以及用全球化和地方化的双重视界对重要的新闻事件进行深度阐释和评论"。[①] 于是,一方面,地方性受到网络的冲击和挑战;另一方面,经由互联网,来自故土的乡音与影像能够被远在异域的游子轻松寻获。据 Alexa 网站统计,江苏网络电视台有5%的访问者来自香港、3.9%来自美国;而浙江网络广播电视台(新蓝网)有18.7%的访问者来自韩国、9%来自日本。[②] 即便是如"无线苏州"这样的城市广电新媒体,其用户也已遍布全球近百个国家和地区。正是由于能够方便地"引进来""走出去",一些传统的地方广电媒体也开始策划创作无地域限制的模式化节目。

2. 地点之变:从客厅媒体到伴随媒体

观看行为只有置于具体空间才有意义。要探究观众是在什么地点打开电视、打开电视后是否一定在看节目、以什么方式在看节目、是自己想看还是受他人的影响而看,等等,必须将观众还原到他们看电视的空间环境(客厅、卧室或是公共场所)中,考察具体的收视环境对收视行为产生的影响。只有这样,才能理解人、讯息与社会之间的互动方式。

从这一视角进行分析,不难发现,移动互联网的出现颠覆了传统电视基于客厅、以家庭为中心的观看方式,无处不在的移动终端正在形成与消费

[①] 陆晔、陈立斌、李蕾:《全球化风格、地方化视角:多频道时代地方电视新闻的竞争策略》,《新闻记者》2004年第8期。

[②] 罗昶:《内容・媒介・受众:省级网络电视台"融合传播"层次分析》,《现代传播》2012年第8期。

者全场景的融合。在中国，2014年开始大规模商用的4G移动通信技术推动了移动互联网的发展，而后者的勃兴强化了电视观看行为的变化趋势。借助DLNA（Digital Living Network Alliance）应用，包括电视机在内的各种消费电器、PC终端、移动设备等能够实现互联互通，数字媒体和内容服务无限制共享成为可能。DLNA的口号"享受你的音乐、图片和影像，在任何时空"（Enjoy your music, photos and videos, anywhere anytime）形象地概况了这一特征。互联网拥有更强的渗透力，终端更普及，也更为多样化。2019年，国家广播电视总局印发的《关于推动广播电视和网络视听产业高质量发展的意见》明确提出，要努力"实现大屏小屏融合互动，让电视大屏用户充分享受通信红利，满足用户对跨屏、跨域、跨网、跨终端的收视和信息需求，实现广播电视人人通、移动通、终端通。"

随着无线城市建设的推进、流媒体传输技术的发展、多媒体智能接收终端的普及，以及移动客户端应用的成熟，视听节目的伴随式观看将成为常态。"这是一种特别的、包围性的、无处不在的环境，也能立刻变得到处都在。你不能走向它，但能够从任何地方上网联机。网络交互作用的完全空间化打断了地球编码的钥匙。"[1] 人类已经进入并生活在由电视、网络、手机等电子设备所构筑的装置性媒介空间中。从客厅到"无处不在"，一个影像弥漫的时代到来了。不少电视人及时把握新媒体传播特点，对现有资源整合利用，实现了传统媒体和新媒体相向而生，彼此促进。伴随《中国诗词大会》在电视热播，一个名为"为我定制的专属诗"的H5小产品快速在"朋友圈"刷屏，形成了病毒式传播，进而又助推电视收视率大幅增长。

基于地理位置的服务（LBS，Location Based Services）再次深刻改变网络空间的人地关系。这种技术通过移动通信网络和卫星定位系统，获得移动终端的位置信息，从而将个体信息传播者的地理位置显示出来，并将该个体在传播过程中的停留地点、移动路径、到达频率、意见表达等一系列行为清晰地勾勒出来，而在任意个体信息传播流动过程中的每一个位置上，都可能成为信息传播过程中新的转折点和触发点。LBS技术将真实地理信息注入虚拟网络空间，将"物质地点"的重要性凸显出来。这一技术广泛应用于电子商

---

[1] Martin Dodge, Rob Kitchin, Mapping Cyberspace. London, 2001, P62.

务、社交网络、生活信息服务等领域。针对地理位置变化,进行精确的节目推送,为用户提供更为个性化的融媒体视听服务,已然成为可能。

三、从广播电视节目到融媒体节目

以"共享、聚合、互动"为核心理念的媒体融合带来了传播观念的变革,并深刻影响着传媒生态的格局。美国麻省理工学院教授亨利·詹金斯认为:"媒体融合不是将多种媒体功能汇集到同一设备中的技术进程,事实上,是不同媒介内容在多媒体平台间的流动、不同形态的媒介产业间的合作以及受众为了获得最佳的媒体服务而在不同媒介间自由迁移的行为。"[①] 这种汇集、流动、合作和自由迁移,正是融媒体节目产生的宏观背景。

(一)多样化呈现

区别于传统广播电视节目单一形式和物理介质的传播,融媒体节目通过集纳文字、音频、视频等形式,将内容制作成多种文本,或者在同一文本中集上述形式于一体。融合传播的过程,是综合运用多种形态的传播工具,对同一新闻事件、信息内容向受众进行多渠道、全方位、多文本传播的过程。在新的传播动力机制作用下,视听传播主体和互动行为发生显著变化,"基于空间思维的视听信息呈现模式"[②] 逐渐成形。针对互联网的传播特点,近年来,各级各类制作和播出机构策划了一系列融媒体报道和活动,综合采用VR、5G等技术,运用系列报道、图文、直播、H5、视频、微视频等多种形式,创新传播手段,推出一批有内涵、"颜值高"的视听节目。

传统的节目呈现方式并没有消失。互联网时代带有强烈的"去中心化"特点,但借助科学合理的编排提升节目传播效果的想法并未过时。所谓节目编排,在业务层面是指"按照一个台或一个频道的性质、服务宗旨,有比例、有步骤地将一个一个编排好的节目和专栏以时间为序,集中起来以'套'的形式

[①] Henry Jenkins, Convergence Culture: Where Old and New MediaCollide. NewYork: NewYorkUniversityPress, 2006: 2–23.

[②] 周勇:《电视会终结吗?——新媒体时代电视传播模式的颠覆与重构》,《国际新闻界》2011年第2期。

不间断地播出。这里的'序'如何安排，'集'如何串联，依然有一个编排的过程"[1]。这种编排，除了考虑节目内容的组合规律，还需重视观众心理和收视习惯。在思路上，通过编排实现节目呈现，依据的仍是时间的线性规律，但这种方式在互联网时代正发生深刻变化。

以新闻节目为例，传统电视播出的新闻节目是一个固定时长的整体，由主持人将若干具体内容有机串联，构成一个完整单元，观众收看时要在固定时间选择固定栏目。在媒体融合的初期，"将整档节目直接搬上网"的做法曾被广泛使用。如今，这种早期电视台网站惯常采用的简单化做法正逐渐消失——尽管一些相对弱势的城市台网站仍保留了这种方式——随着网络电视台和移动手机台的兴起，互联网视听业务加速升级，"界面之变"成为重要趋势。"界面"在视频经由互联网传播的年代无处不在。这种变化在编辑类新闻节目中体现得最为明显：在网络状态下，"栏目"的概念消弭了，取而代之的是重新剪辑、编排的新闻，用户自主选择，点击标题链接即可到达。于是，由开场词、结束语、串联词、点评等组成的主持人话语序列被肢解，甚至主持人部分被完全剪辑掉。此外，"媒体融合还要求新闻视觉所呈现的不是简单的版面稿件的重组和配合，而是要在丰富的视觉表现中强调新闻事件的联系，通过组织设计，最大化地呈现文字和图片所要表达的意义，并以整体的效果呈现给受众"[2]。

许多网络视频平台通过大数据分析用户的使用习惯，自动推荐用户可能感兴趣的内容。这种"私人订制"服务，进一步打破了栏目之间、频道之间和平台之间的屏障。于是，原有栏目界面不复存在，由主持人的屏幕行为建构起来的节目完整性也荡然无存。虽然以主持人作为核心元素的访谈、评论、脱口秀、体验式节目等受到的影响要小，但时序的整体感也会削弱。由空间规则建构起来的视频新闻网页，其界面特征和视听感受与传统电视的时间性特征大相径庭。可以说，传统电视节目的呈现策略是基于线性编排方式和收视率规律的，而在互联网条件下，基于"界面"的呈现，由大数据主导的、基于"兴趣推荐"的编排方式已成为主流。

---

[1] 石长顺：《当代电视实务教程》，复旦大学出版社，2005，第341页。
[2] 周洋、阎安、刘永昶：《融合新闻传播实务》，江苏凤凰教育出版社，2017，第12页。

为适应这种变化，在业务架构上，视频网站（或网络电视台）一改传统电视的频道制，代之以更符合用户认知习惯的内容集群，体现出非线性的传播特性。视频与各种形式的信息之间是相互补充、照应的关系，这样才能提升内容的利用效率与传播效果。融媒体时代，除了传统的文字，以及图片、音频、视频、图表、漫画、Flash 动画等多媒体元素，还可以利用新技术创新多媒体表现形式，使各种媒体元素相互交织、共同作用，提升视频页面的整体可看性，增强用户的现场感、参与感、沉浸感。

（二）民主化生产

工具的民主化将导致生产的民主化。根据美国市场研究公司 ABI Research 对智能终端影像技术的研究，2018 年全球有超过 27 亿智能终端摄像头的出货量。互联网的移动智能终端日趋普及，便携式、傻瓜化、易分享的摄录像技术被植入手机、平板电脑和大量可穿戴设备中，由此诞生了继家庭录像师、DV 族之后的"第三代民间影像创作者"，而且这一群体的规模正在逐渐逼近网民的数量。在网络带宽和计算机硬件加速升级的当下，图像（包括以流媒体形式存在的活动图像）日益成为网络传播的主要方式。有机构预测，未来互联网上的信息流量 90% 以视频方式出现，[1] 而其中绝大多数将由业余影像制作者发布。

1993 年，央视已故著名电视人陈虻为《生活空间》栏目确立了"在飞速变化的社会背景下，为未来留下一部由小人物构成的历史"的创作方向，由此开创了电视媒介参与社会空间建构的著名案例。之后，更为草根的以家庭纪录片、创意短片、恶搞视频等为代表的"自制节目"开始大行其道，这种尼葛洛庞帝所称的"没有执照的电视台"[2] 逐渐显山露水，成为构建新的人与人交流机制的重要力量。社交平台的勃兴必将引入新的影像传播者。对于网络空间而言，由于其开放的信息平台性质，对民间影像具有较强的包容度，因此，网络空间影像格局的混杂性也更加明显，越来越多的"自制节目"发烧友通过视频分享网站，构筑个人的"影像家园"，美国的 YouTube、中国的 Bilibili 等

---

[1] YouTube 高管称视频未来将占网络流量 90% 份额，http：// tech.qq.com/a/20120114/000067.htm。

[2] 尼葛洛庞帝：《数字化生存》，胡泳等译，海南出版社，1996，第 205 页。

皆以此为特色。散布于网络空间的视频影像,其形态内容各异,既包括传统的影视内容,又有新兴的各种网络剧、微电影、非正式制作的视频短片、公民视频新闻,以及媒介融合语境下的手机视频、数字广播、数字动漫等。

2005年,江苏广电曾推出过一个名为"ShowDV"(已关停)的专门网站,主打用户自制内容,是广电新媒体引入民间业余影像的早期尝试。2009年,央视网发布"爱西柚"网络视频互动产品,以互动、分享为核心理念,为网民创作、发布、搜索和欣赏互联网视频内容提供便捷途径。这一平台后期升级为"央视喊你上电视"征集平台,用户上传自己的作品参与征集,即可有机会参与电视节目的播出或在央视网展播。进入媒体播出的非专业视频大体上可分为两类,一类是城市事件的记录,如用户将身边的新鲜事、烦心事、感人事等拍摄下来,上传至互联网,与电视机构、网台用户共同分享,而一些有价值的事件会被传统电视台采用,作为新闻线索和新闻素材。另一类是个性化、观念性的创意作品,如微电影、实验短片、恶搞性的电影剪辑等,有时带有鲜明的实验、先锋和个人色彩。从实践层面看,当前非专业视频主要来自安保监控、行车记录仪、执法记录仪、家用DV、智能手机、智能可穿戴设备、微型摄像头等数码产品。其获取行为独立于专业记者的新闻采访之外,也是非新闻职业活动的衍生品,或普通用户的随性之作。就其本身而言,并不刻意追求新闻价值,却往往是专业媒体影像的有益补充。[1] 扬州广电的《三把叨》就是一档利用UGC进行"二次创作"的融媒体节目,编导将大量"拍客"视频再编辑和再评论后集中播出,深受观众欢迎。

现代社会,在影像的视觉质量和诱惑力高度提升的同时,相反的倾向会呈现出来,那些充塞在一切角落的高度人为性的商业视觉形象将遮蔽我们对自然形态影像的观照。如美术史家罗伯特·休斯所说:"我们与祖辈不同……'自然'已经被拥塞的文化取代了,这里指城市及大众宣传工具的拥塞。"[2] 产业化的"复制"带来了消费性视觉形象的堆积和过剩,久而久之,受众就会形

---

[1] 阎安、王志龙:《电视新闻中非专业视频的使用类型与优化路径》,《电视研究》2016年第8期。

[2] 罗伯特·休斯:《新艺术的震撼》,刘萍君、汪晴、张禾译,上海人民美术出版社,1989,第285页。

成对媒体影像产品的冷淡和无动于衷。而民间业余影像带来的正是对这种视觉暴力的反抗。"自制节目"的勃兴,不仅有助于满足现代人日益增长的主体参与意识,更是对商业压制性和人为性视觉形象的反思,是解决城市文化下"视觉餍足",避免"复制时代"影像趋同化和视觉暴力的重要手段。①

(三) 社交化传播

通过与社交媒体融合,融媒体平台的社区定位和社交属性进一步凸显。国内视频网站Bilibili、短视频网站抖音、快手等,先天带有社区或社交传播的基因。而传统广电的社交化转型是在早期的市民信箱、热线电话、短信平台等"弱交互技术"与受众互动的基础上,在互联网技术推动下发生的。若区分不同的发起主体及线上线下关系,可发现融媒体节目的社交行为大致分以下方式。

1. 媒体及媒体人物发起线上互动

在互联网条件下,媒体人物与受众的交往不受时空和节目模式限制。越来越多的广播电视节目建立起自己的意见反馈平台,特别是网络论坛、QQ群、微博、微信、网络直播平台等已日趋普及;传统媒体的主持人、记者可以通过花样繁多的社会化网络应用与受众沟通,以提高节目水平,或利用网上调查,确定节目的编排方向。网络视听用户除可以实现"人机对话",还能借助虚拟界面与媒体人物进行交流,那些具有知名度的媒体人物可以提高广播电视网站的人气,而网络人气的积累也会对扩大广播电视受众群带来实际帮助。在互联网发达的中国城市化区域,2009年以后,微博这一网络社交工具从精英阶层开始,逐渐为社会接受。一线广播电视播音员、主持人、记者和演艺明星,纷纷开微博、晒图、爆料、预告节目、点评时事,征集栏目建议或嘉宾。2014年以后,微博开始向三四线城市和年轻族群拓展,不少热点栏目的官方微博和媒体明星的个人微博仍保持高度活跃状态,用户黏性稳步提升。2017年以后,以抖音、快手为代表的短视频应用开始崛起,微博的视频化趋势日益明显。媒体的线上互动方式更加多样化。

2. 在线互动内容置入节目

在线互动已成为构成融媒体节目形态的重要元素。借助互动技术,在线

---

① 阎安:《民间业余影像的成长与传播》,《新闻大学》2000年冬月号。

直播的互动游戏成为现场广播电视节目的有益补充，受众甚至可以在节目播出的同时，进入聊天室与主持人即时交流。早在2005年，主持人李静就与新浪UC合作，推出了国内第一档网络视频互动节目——《静距离》，这也是国内第一个电视主持人在新媒体中开设语音、视频的现场谈话节目。而今，将网络论坛、博客或微博、即时通信、语音留言、在线音视频聊天等互动内容嵌入节目，已成为一种常态化做法，节目由此成为城市社会交往的有机组成部分。央视《机智过人》创新推出"虚拟站队"即时互动，以"摇一摇"技术实现大小屏同频共振，有效提升参与度和用户黏性。《中国诗词大会》设计了微信同步答题；开通官方微博，发布节目预告和精彩视频；组织网络版飞花令，网友在评论区接力对诗，极大地延长了节目热度。再如，杭州文广集团与华数传媒合作，在杭州影视频道推出新闻互动直播评论节目《有话大家说》，直播间外的观众也可以直接参与。这种互动既让受众深度融入节目中去，增加了用户黏性，又能获得精确的用户需求和传播效果反馈。作为融媒体用户的兴趣集中点和社交谈资，互动产生了可观的经济和社会效益。

3. "朋友圈"分享与社交电视

社交软件和社交网站是建构信息空间的重要力量。它将无数个节点（人）互联，并以其独有的形式为受众提供并流、互动、联系等服务。基于此种架构，用户随时随地使用、分享和讨论视听节目成为可能。爱立信消费者研究室的一项数据显示，62%的用户在观看电视节目和视频时使用社交媒体。[①] 另据美国最大电视指南服务公司TV Guide的调查，有49%的观众会边看电视边在社交媒体上谈论感受。也有许多用户倾向于使用移动终端，以求更方便地与朋友进行分享或展开讨论，其结果是，这种讨论会激发那些潜在观众的兴趣，进而促使其选择收看节目并加入互动。

网络社交平台既是节目宣传平台、收视互补平台，更是节目接受市场检验和节目内容互动创作的平台。当前，多数传统广播电视台都在网络播放窗口打通第三方社会化媒体分享通道，这便是社交电视（Social TV）的雏形。在讨论平台上，QQ空间、新浪微博、微信和腾讯微博的使用比例明显高于其他社交平台。以绍兴广电为例，其在几年前便率先尝试通过《直播绍兴》《风

---

① 周夏宇、杨状振：《社交电视发展状况探析》，《声屏世界》2013年第7期。

尚绍兴》《第1热线》《绍兴正能量》《941绍兴交通广播》等20多个QQ群和"两微"账号实施线上线下互动，运营节目粉丝，实际效果明显。升级版的"视频社区"可将微博、微信、QQ等社交媒体，以及弹幕互动直接引入页面，实现"边看边聊"的交互式观看，这种同步互动的交流，提供了快速交换意见的可能，便于社会公众形成共识。统计数据显示，社交电视受众的跨媒体接触行为表现明显，超过60%社交电视受众的跨媒体接触类型为"互联网+电视"型。[①] 当前从接触终端上看，电视和个人电脑是社交电视受众的主要终端，而80后和90后人群的移动收视特征更加明显。

随着技术的进一步发展，即时互动和参与将成为视听节目社交化传播的理想形态。这种变化有利于用户范围的扩大和公众话语平台的拓展。借助互联网，观点的即时互动和共享已经实现，这时的"共享"更具实质意义，因为用户能够借此感受到他人与自己具有同样的存在方式。在这个意义上说，传统广播电视节目在融合推广上，不仅要涵盖"两微一端"，还应重视腾讯视频、爱奇艺等视频网站，以及抖音、快手等短视频App，不少节目将二次元弹幕直播平台Bilibili也作为官方选定播放渠道之一。这些平台聚集大量90后、00后人群，为节目精准传播、快速扩散与发酵发挥了重要作用。

第二节 视听节目的构成元素、形态与类型

无论媒体融合如何发展，节目始终是视听传播最基本的内容单元。在广播电视学中，所谓节目，是一个按时间段划分、按线性传播的方式安排和表现内容、依时间顺序播送内容的系统。[②] 在传统媒体时期，电台、电视台媒体播出的各类节目，既是有血有肉的实体，又是作为广播电视节目系统的组成部分起作用的。在融媒体平台上，传统的节目系统让位于多媒体内容体系，

[①] 徐立军：《中国电视收视年鉴（2016）》，中国传媒大学出版社，2016，第242页。
[②] 赵玉明、王福顺主编《广播电视辞典》，北京广播学院出版社，1999，第219页。

但节目作为最基本的内容单元并没有本质性的改变。

一、视听节目的基本构成元素

内容与形式是构成节目的两大基本元素,融媒体时代亦不例外。内容与形式是辩证法的一对基本范畴。内容是事物一切内在要素的总和,形式是这些内在要素的结构和组织方式。内容和形式是辩证统一的。任何广播电视节目既有其内容,也有其形式,不存在无内容的形式,也没有无形式的内容。一般而言,内容决定形式,形式服从内容。

内容的构成元素因节目类型而异。例如,在对传统电视节目的研究中,有学者提出:"真人秀节目有七个构成元素:参与者、悬念、竞争、淘汰与选拔规则、时空规定、现场记录、艺术加工。"[1] 其中多数都属于内容元素。也有学者则认为:"内容元素主要有经济、政治、文化、社会、情感、故事等元素,形式元素主要有视觉、听觉、时间、空间、刺激、技术等元素。"[2] 节目策划固然首先是内容的策划、选题的策划等,但形式策划也十分重要,而构成节目形态的主要是形式元素。如克罗齐所说:"审美的事实就是形式,而且只是形式。"[3]

从视听符号系统的角度看,构成节目的元素又可以分为视觉元素和听觉元素。当然,音频媒体只有听觉元素。符号是信息传播的意义基础,是人类传达知识、思想和感情的一种形式、一种载体,它具有承载、象征、暗示自身以外另一种东西的功能。视听媒体以其特有的符号系统区别于印刷媒体。音频媒体以创造声音形象为己任,听觉器官正常的人基本能够听懂,它能够最大限度地调动人的心理能力来参与创作过程。而视频媒体则给人们视听兼备的直观形象,视听符号系统依托声画"双声道"以及声画的不同组合方式来传递意义,观众通过耳闻目睹,可以获得非常清晰、完整的印象,感觉更加

---

[1] 尹鸿、陆虹、冉儒学:《电视真人秀的节目元素分析》,《现代传播》2005 年第 5 期。

[2] 谭天:《论电视节目形态构成——一种用于节目研发的理论模型》,《现代传播》2009 年第 4 期。

[3] 克罗齐:《美学原理·美学纲要》,朱光潜译,人民文学出版社,1983,第 20 页。

直观、具体。音频和视频适应各种不同内容的表现，由此也产生了音频节目与视频节目在形式方面的种种差异。

视听元素符号有表征功能，也有结构节目的功能。如果节目策划者懂得视听符号的结构作用，通过创造或置换一些能够成为符号的节目元素，即有可能创新节目形式。在此，我们对节目中常见的视听符号元素的类型做简单梳理：

（一）听觉符号元素

1. 有声语言

语言是音频传播最基本、最直接、最重要的手段。在音频节目中，语言的含义是诉诸听觉的社会约定俗成的音义结合的符号系统。传统广播和相当一部分电视节目中的语言都是依托声音进行传达的，主要是有声的口头语言，包括传情达意的言语，以及起辅助作用的类言语。融媒体音频节目自然也不例外。言语是声音和语义的结合体，类言语则是声音和情态的结合体。在视听传播实践中，它们相类相从，不可或缺。声音形象主要凭借有声语言塑造，节目内容依托有声语言传达。有声语言的主要功能在于，将大家共同会意的语音讯息通过修辞手段，传达出特定含义，从而达到"信息交流与共享"的目的。在节目中，有声语言主要发挥传布信息、整合节目、制造情境、描述情节等作用。

2. 音乐

音乐是通过一定的谐音曲调形式来表达感情、反映社会现实的艺术。通过音乐旋律、节奏、和声、复调、音色、力度、速度等要素构成艺术表现形式，它是在一定的时间和空间条件下延展声音旋律的动态艺术。当音乐经过电子技术处理，并列入音频节目序列时，就成为我们常说的音乐节目，包括声乐、器乐等演唱、演奏艺术，以及带有曲调特点的戏曲、说唱、曲艺等艺术形式。由于音频节目中的音乐表演自动失去了舞台上的视觉成分，所以实为"听感音乐"。音频节目中的音乐既可以成为独立的节目单元，也可以成为节目单元的一部分。在节目策划实践中，前者称为音乐节目，后者称为节目音乐。在视频节目中，音乐主要起着丰富、充实、烘托、揭示、强化画面内容的审美作用。

3. 音响

音响不同于音乐，它是客观环境中自然产生的，给人以真情实感的听觉效果，如笑声、哭声、喧嚣声，以及汽笛、喇叭、雷电等。音响蕴含着丰富多彩的表现力，比音乐具有更强的时空感和逼真性。在现代视听节目中，自然音响与人工拟音效果有所区别。前者是指自然环境和社会生活中的原生音响，其获取的主要方式是现场采录，从而最大限度地还原真实效果。自然音响作为音频节目的构成要素，其准确运用能够起到叙事、表达情感和渲染情绪气氛的作用。拟音则是一种通过人工方式模拟出的音效。在数字技术条件下，拟音的逼真性大大提高，还可以"模拟"出一些并不存在的音响，比如科幻作品中的激光发射声等。在强调真实性的非虚构类节目中，拟音通常是禁止使用的。如新闻性、专题性节目中所使用的音响一般都应是真实的自然音响，其目的是为了更真实地表现事物的自然状况，给人以如临其境、如见其人的感受。尤其是新闻节目，音响本身就是一种客观事实，不允许虚构、渲染。而文艺性节目的音响效果则可以虚构、模拟、制作、移植，以满足剧情发展的需要，达到艺术形式与内容的统一。

（二）视觉符号元素

视觉传播是人类的主要信息来源。"人类获取信息的总量中，80%以上来自视觉。"① 电视传播符号中出现了形象的活动影像，这是电视区别于其他传统媒体的最重要特点。除了这种可视性的非语言表意符号，电视传播也使用解说词、台词等有声语言符号，以及字幕等文字语言符号。融媒体视听节目综合运用多种视听符号传递信息，但核心是视觉符号元素，具体包括：

1. 画面

所谓画面，是指"屏幕框架内所展示的能传达一定信息的可视形象。它是造型语言的基本视觉元素。电视画面由框架、影像、构图三个要素组成"②。画面是视觉符号系统中最重要、也最核心的要素。画面具有与声音完全不同的特性，主要表现为再现性与纪实性、时空一体的连续运动性、画框

---

① 保罗·M.莱斯特：《视觉传播：形象载动信息》，霍文利译，北京广播学院出版社，2003，第18页。

② 赵玉明、王福顺主编《广播电视辞典》，北京广播学院出版社，1999，第239页。

的限定性、摄取过程的主观性、孤立画面的含义不确定性等。其中,再现性是视频画面的本质特征。摄像机摄录的对象是具体的客观存在物,画面能客观、准确地再现镜头前的拍摄对象,包括对象的运动、色彩、影调等。画面具有客观性。在信息传播过程中,对观众而言有着"百闻不如一见"的强大优势,画面中的形象具体、鲜明、可信。画面的这种特性使之成为真实再现客观世界的绝佳媒介。视频画面包括若干具体的影像要素,如景别、光线、构图、角度、运动等。

2. 非活动图像

主要是照片与图片。一般是作为影像的补充,用于没有、无法或不宜拍摄活动影像的情况。传播形象画面是视频的优势,但对摄录设备的依赖又制约了它的灵活性。在某些特定条件下,无法或不容许进行拍摄,不能获得活动影像,此时照片或绘画图片成为形象表达的另一种选择。例如,按照美国法律规定,庭审现场是禁止摄影和摄像的,于是,由专门画师绘制的庭审现场图画便成为新闻报道重要的视觉素材。

3. 示意图与图表

示意图是事物、形态、关系等的简约化形式。由于它删除了一切无关的细节,使其意义得以凸显。图表是以坐标系统形成的结构,用以显示数量或层级的差异和关系。示意图和图表在信息传达上具有展现内在状态、使抽象概念形象化、复杂信息简明化、复杂关系条理化等能力,适用于传达内在性、系统性、整体性、宏观性、对比性的信息。例如,在电视新闻中使用"图解"方式,将使政策解读更加灵活、事件呈现更为简洁、数据报道更具美感。针对节目内容发展需要,实现动图与漫画元素的结合、虚拟图表与现实场景的融合、智能交互式图形的应用,将成为电视节目"图解"技巧的发展趋势。[①]

4. 文字

通过文字传达准确的限定性信息,能够弥补影像多义性和声音易产生歧义等局限,发挥补充、说明、介绍、引导、强调、扩大信息量和美化画面构图等作用。有声语言和文字同步播出,既利于受众接收,也利于加深记忆,

---

① 阎安、刘敏:《电视新闻的"图解"技巧及其优化策略》,《电视研究》2017年第1期。

加之与有声语言相比,文字具有不易产生同音歧义的优点,因而对于重要会议公报、政令、名单等密集抽象性信息内容的传播,可以帮助观众更好地接收。此外,文字还不会对声音产生干扰。在不宜出现解说语言的特定条件下,通过文字传达必要的信息,就是一种可行的方式。文字包括两类:一是画面文字,一是屏幕文字。画面文字是指出现在画幅内的文字(如路标、招牌、会标、文件等),这类文字由于处于特定的现场,因而它往往表现了现场的某些要素,如路标表明了事件地点,会标有时能表明事件参与者的身份,文件用于证实被采访者反映的情况或者记者的调查采访。画面文字的巧妙运用,有时比使用单纯的语言描绘更为简洁,更有说服力。屏幕文字又称画外文字,是视频节目制作者在后期制作时通过字幕制作软件叠加到画面上的字幕,包括节目标题、人物姓名、重要的数字、时间、地点等信息,还包括为避免口音等问题造成传达障碍而在图像下方打出的唱词字幕,以及片尾的工作人员名单及制作时间等。

5. 电子特技画面

即运用电子特技手段处理过的画面图像,如快慢镜头、定格等。电子特技常用作"转场方法",包括淡出淡入、化出化入、叠化和叠印、划、定格、翻转、多画面、马赛克效果、位移等。一些特技带有含义,被称为电视的"'标点符号'语言"[1],比如画面由明转暗直至完全隐没的过程叫淡出,它象征着时间的流逝;画面由暗转亮直至清楚的过程叫淡入,给人以新段落的开始感。动画也是特技的一种,它是指"利用人类视觉暂留的特性,快速播放一系列静态图像,使视觉产生动态的效果。动画属于假定性手法,人物、动物、植物等是通过绘画手段画出来的,同样,环境也是画出来的。动画具有广阔的思维时空,它广泛地运用夸张、变形、装饰等手法。"[2] 当前,随着计算机图形学和硬件技术的高速发展,制作人已能够使用计算机生成高质量的图像。在文艺类节目中,动画可以丰富画面语言,带给观众完美的视觉享受;在纪实类节目中,适当运用动画也可以弥补现场画面素材匮乏的局限,增加节目的形象性。

---

[1] 宋昭勋:《非言语传播学》,复旦大学出版社,2008,第188页。
[2] 黄匡宇等:《电视节目编辑技巧》,中国广播电视出版社,2002,第206页。

二、视听节目形态、模式及其创新

节目形态是内容与形式的集合体,但其更主要地从属于形式的范畴。节目形态是体现节目的定位、视角、内涵、形式、格调的一个总体表征。无论是纪录片,还是直播类节目,或者谈话节目,都有其相对固定的节目形态。形态是一个介乎于抽象的形式和具体的样式之间的中间状态,它与具体的节目样式和结构方式关系密切,可以说它是节目模式的基本构成。同时,它强调对节目内容的承载和传达,因此它与内容之间既有独立性又有关联度。对传统广电的研究表明,"电视节目形态是电视节目内容的形式载体和结构方式。它既是具体的节目形式,又是节目模式的基本构成。"[1] 也有观点认为,"节目形态是构成一个视听节目的各个形式要素依照不同的组合方式、不同的功能指向,而最终形成的节目的存在样态,具有相对稳定的外部形式和内部构造。"[2]

节目形态的策划是节目策划的重点。李幸教授就此谈道:"研究节目实际上主要就是研究节目形态。我们现在回忆以往的节目,在脑子里留下的更多的是形态,而不是内容。对形态有感觉是一种职业素质,因为这种感觉对怎么做电视节目特别灵。"[3] 从基本形态看,有学者提出,电视节目的形态有六种,分别是纪录片、谈话节目、现场直播、电视剧、真人秀、动画。[4] 这六种节目的制作方式存在显著差异。事实上,绝大多数视听节目都是复合形态,也综合使用多种制作形式。

节目形态不仅是节目的制作形式,还是节目的播出形式,或者说既是形式产品,又是播出产品。从制作上看,传统电视制作的 ENG 方式 (Electronic News Gathering,译为"电子新闻采集")、EFP 方式 (Electronic Field Production,译为"电子现场制作")、SNG 方式 (Satellite News Gathering,译为"卫星新闻采集")、ESP 方式 (Electronic Studio Production,译为"电子演播室制作"),其实都对应着特定的节目形态。随着新媒体技术的发展,传统广播电视制作

---

[1] 谭天:《论电视节目形态构成——一种用于节目研发的理论模型》,《现代传播》2009年第4期。
[2] 熊忠辉:《视听节目形态解析》,化学工业出版社,2018,第3页。
[3] 李幸:《电视节目形态之我见》,《电影艺术》2004年第1期。
[4] 谭天:《电视节目策划实务》(第二版),暨南大学出版社,2015,第16页。

方式被不断"再造",节目生产已被整合到多媒体融合制作的整体流程之中,融合形态的新节目层出不穷。从播出方式上看,直播、录播和点播方式也对应着不同的节目形态。传统广播电视多数处于录播与直播穿插进行的状态,而融媒体节目则是直播与点播相结合。

历史地看,节目形态不是一成不变的,事实上其一直处于变动与创新之中。这里面既有整个社会文化和媒体技术变迁的背景,又有节目制作人不断推陈出新的追求。无论是20世纪80年代的专题片,以及此后大行其道的电视散文,还是20世纪90年代发端的"新纪录片""电视新闻杂志""热线直播节目",或是21世纪以来的民生新闻、引进模式的综艺节目,以及孕育于互联网平台的网络视听节目,其兴衰无不意味着节目形态的不断演进,也意味着某些合理的"形态遗产"将得以传承,而另一些则会被遗弃。

互联网介入电视节目,最初主要是通过广告植入的方式实现的。比如,与《花样姐姐》合作的电商平台多次在节目中被提及,《前往世界的尽头》中所体验的极限行程在网络店铺同步售卖。但互联网与电视的"联姻"并没有止步于表层,视频网站与电视台和制作机构的深层互动合作,为视频节目形态的构成要素带来了新的变化。2015年,天津卫视播出的《百万粉丝》是全球首档网台联动社交生存真人秀。12位选手将在"封闭式能量城"完成90天的互联网生存考验,唯一可与外界联系的方式只能通过互联网。选手们在密闭空间的一切活动将通过近百台多角度的高清摄像头进行全程24小时网络直播,天津卫视则在每周五晚播出当周比赛情况。

对于策划人而言,了解节目形态演变的历史是非常有益的。因此,本书在撰写过程中,刻意引用了不同历史时期的节目案例,并试图还原其在当时社会文化条件下真实的传播效果。其中不少已成为"经典",也有的成为"明日黄花"。在视听节目策划的研讨与实践中,善于吸收以往传统媒体成功节目形态的经验,将有利于在扬弃的基础上不断创新。

具体的固定化的节目形态通常被称为节目模式(Program format)。模式的本义,是一种成熟的、经过考验和验证的,有稳定的内在规定性与外在指向性的标准样板[1],具有特定的规则和套路。模式的内在规定性由一系列的理

---

[1] 雷蔚真:《电视策划学》,中国人民大学出版社,2008,第68页。

念、程序、结构、规则等构成,是模式生发审美空间和艺术创造的内在张力,而其外在指向性由时代精神、价值取向、生活变迁等构成,则是模式实现与时代同行、与社会同步的外在动力。模式的内在规定性与外在指向性共同规约着模式的生命动力。成功的节目模式,既遵循着既定的模式的内在规定性,又随时调整模式的内在因素,以适应外在的新变化。①

节目模式的研发在很大程度上是节目模块的设计,但节目形态的差异性更多体现在微观层面的元素符号上。节目模式是由节目模块(板块)或节目环节构成的。不同的节目模块会承载不同的传播功能,其排列组合更是千变万化。成功的节目模式不仅能够有效提升节目内容的影响力,还具有极高的商业价值。因为模式一旦定型,就可以不断复刻、输出。例如,《好声音》起初在荷兰电视台成功播出后,便被Talpa推给了美国NBC电视网,美国版取得成功后,在短短两年内输出到了50个国家。前些年,中国也曾掀起过节目模式热,《中国好声音》《爸爸去哪儿》《我是歌手》《奔跑吧,兄弟》等一大批热门节目都是从海外引进的模式。模式的形成与一个国家或地区的文化传统以及文化工业发展水平密切相关。在综艺领域,常见的海外模式包括欧美模式、日韩模式、港台模式等。据粗略统计,在2010年至2015年,中国大约引进了超过200个海外节目模式。近几年,中国原创节目模式取得了一定成功,无论是传统媒体,还是视频网站都进行了积极探索,但总体上来看离大规模向国际市场输出还有不小距离。

三、视听节目的类型与面貌

(一)视听节目的类型

分类是认识事物的一种有效的思维方式,是人类思维精密、系统和条理性的良好体现和运用。对节目进行科学的分类,就是为了学习各类型节目的产生,了解其发展现状,以把握其运行规律,并在此基础上优化、改革或是创造新的节目。要对融媒体时代的视听节目有深入的了解,也必须分门别类地对不同的节目类型进行分析、研究。因为不同的节目有不同的形态以及不

---

① 胡智锋:《电视节目策划学》(第二版),复旦大学出版社,2019,第101页。

同的创作动机、创作流程与创作规律，只有把握住了各种节目丰富的个性，才能更有效更准确地把握住其共性，进而把握住各种节目形态的特点和规律。

由于分类的视角与标准不同，节目可分为不同类型。所谓类型，一般指由于不同的题材或技巧而形成的节目产品的范畴、种类或形式。换言之，"题材或技巧"的差异是对节目进行分类的标准。但是，依此进行划分未免过于琐碎。因为节目的题材是不断创新的，其技巧也必然随之花样翻新。节目的分类具有一定的规律性和原则性，这一规律性是要求以相同性和相等性为科学分类的基本视角。相同性的核心就是要求以相同属性为标准来分类。譬如，新闻节目的基本要素就是"正在或新近发生""事实""报道"，它们构成了新闻节目的共同属性。凡具有这些属性的节目都可划归在新闻类节目中。所谓相等性就是指节目在属性或类型、层级上要对等。不对等的节目不能够归为同类。如新闻类、文艺类和专题类就是不对等的。目前业界和学术界对节目类型的分类还不统一，不同的标准和视角会产生完全不同的分类形式。造成这一现象的原因，一是因为节目系统的庞杂性，二是因为节目系统的动态性。这很容易使现在的分类走向分类过细和过粗这两个极端。分类过细容易成为所有节目的简单罗列，起不到分类的作用；而另一方面如果分类过粗，显得太简单，难以描述和涵盖一个多特性节目的主要特点，同样达不到分类的效果。

在传统广播电视学理论中，通常以内容为视角，将节目按"六分法"或"四分法"进行分类。这不是我国学界唯一的看法，却是许多人认可的基本看法，它抓住了广播电视节目系统里的重要元素，便于理解和实际运作。"六分法"把节目分为：1. 新闻类节目；2. 言论类节目；3. 知识类节目；4. 教育类节目；5. 文艺类节目；6. 服务类节目。"四分法"将节目分为：1. 新闻性节目；2. 教育性节目；3. 文艺性节目；4. 公共服务性节目。[①] 对比两种分类方法，后者显得更加直观、清晰和实用，同时国际或国内也多以"四分法"为主。但无论是"四分法"还是"六分法"，事实上都只是为了管理和研究的需要做出的界定，在实际的节目策划中，并不会按照这样的区分来运作。

考虑到本书主要立足于融媒体时代的节目形态进行论述，在综合两种常见分类方法的基础上，结合网络视听节目策划的实践特点，将音频节目与视

---

① 毕一鸣：《现代广播电视论纲》，中国广播电视出版社，2007，第212页。

频节目分列,并对视频节目从五个类型进行细分,以作为进一步研究的分类标准。应该看到,对节目的研究存在丰富的分类方式,这些分类标准虽未被本书采用,但仍有重要的参考价值。本书将着重对几种不同类型的视听节目的策划活动进行理论总结和实践提示。

(二)影响节目面貌的主要因素

1. 社会政治经济文化的影响

一个社会的政治经济文化发展水平是节目发展的大环境。在我国,20 世纪 90 年代舆论监督类节目的兴起,以及近些年"问政议政"类节目的发展都与特定的社会环境密不可分。我国社会主义建设事业从根本上推动了节目的不断丰富、发展。一个良性、稳定、繁荣和可持续发展的社会环境是节目运行的根本保障和基石。

2. 技术设备条件的制约与影响

技术设备是节目制作的必要条件,是节目产生和发展的根基。20 世纪 70 年代以后,ENG 采制方式的普及使电视新闻前所未有地具备了现场感和时效性;90 年代以后,SNG 的普及,使电视新闻节目的时态由"过去时"变为"进行时";2010 年以后,智能手机和移动通信技术的大规模普及,推动了内容生产的大众化,与此同时,使用小型无人机、如影、运动相机等拍摄的民间视频也大量出现在电视节目中。

当前,广播电视和网络视听行业正主动发挥先进技术的引领支撑作用,加快大数据、云计算、人工智能、IPv6、5G、VR、AR 等新一代信息技术在广播电视和网络视听节目制作播出和传输覆盖中的部署和应用。推动打造面向 5G 的更高格式、更新应用场景的视频业务新形态;创新视听内容呈现方式,提升视听体验,引导产业向中高端价值链延伸;加快高清电视和 4K/8K 超高清电视采集制作、集成播出、互动分发、数据中心、管理平台等系统建设,推动高清、超高清电视频道建设;推动高清、超高清电视在有线电视、IPTV 和互联网电视的应用,推动普及高清、超高清机顶盒,加速高清、超高清电视机和显示屏、机顶盒,以及各类具备视听功能的智能手机、可穿戴设备、沉浸式体验设备等智能终端的应用和配备。可以说,技术的进步有助于生产和制作优秀的节目,更有助于新形态节目的诞生。但这并不等于说,有了优

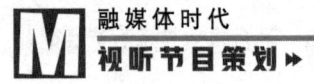

越的设备就一定能制作出优秀节目,如何"用好技术"才是节目策划的关键。

3. 节目创作主体主观认识的影响

好的节目会表现出一种只可意会不可言传的气质和神韵,这其实是制作主体自身人格和机构形象的某种无意识表露。比如,同为新闻节目,央视的《新闻联播》和中央人民广播电台的《全球华语广播网》节目给人的感觉就不同,前者严肃而后者活泼;同为选秀节目,腾讯视频的《创造101》给人活力四射之感,就有别于央视《青年歌手大奖赛》的稳重大方。应该注意的是,节目创作主体不仅指节目制作者,还应该包括媒介机构。创作者的思想和意识、知识和素养,以及媒介机构的形象定位和文化底蕴都会影响节目的形式和风格。

此外,受众的接受心理、接受方式和文化素养等,规定和影响着节目的发展趋势。优秀的节目可以帮助受众更好地接受需要的信息,养成良好的收视习惯和类型认知,同时这种良好的收视习惯和类型认知又会反过来促进和改善节目。

第三节　融媒体时代视听节目的策划内容

进入融媒体时代,节目策划者不得不正视两个方面的问题:一是由于传播平台和分发渠道的变化,有必要重新对视听节目的时长、体量、语态、编排方式等要素进行设计;二是因为全新互动方式的出现,特别是社交媒体的普及,节目的传播方式、参与方式、营销方式和盈利模式也在发生深刻变革。同时,由于网络原创视听节目的兴起,传统广电遇到更加激烈的竞争。如何适应融媒体传播规律,加强视听节目策划,不断提升传播效果,是不容回避且亟待解决的问题。

一、节目策划的意义与特点

在内容生产领域,"策划"亦作"策画""企划",是一种旨在推动内容产品销售的创意性实践活动。对节目策划的研究始于传统广播电视学。所谓广播电视策划,就是对于广播电视的某一种行为,借助特定广播电视媒体信息、素材,为实现广播电视行为的某种目的、目标而"提供的创意、思路、方法和对策"[1]。广播电视策划的外延从客体形态来看,可分为节目策划、栏目策划、频道(频率)策划等。其中,最基础、最大量的策划就是节目策划。从节目类型来看,策划可以细分为新闻节目策划、社教节目策划、综艺节目策划、电视剧策划、广告策划等;从节目样式来看,又可分为谈话类节目策划、直播类节目策划、演播室节目策划、主持人节目策划等。

(一)节目策划的意义

凡事预则立,不预则废。"预"就是预测、准备、谋划的意思。当代视听传播一个显著的特点是对象的广泛性和无契约性。它和受众之间既无金钱的约束,也无法律的控制,融媒体时代受众的选择更加丰富、更为便利。视听节目传播信息,服务受众,影响力大,制作成本高,表现手法多,传达信息价值丰富。如果不经过精心策划,就难以保证节目质量,也就难以吸引受众,自然也不利于节目在市场上生存。实践证明,只有重视节目的全期策划,才能有效减少内容生产的盲目性,降低市场竞争风险。

由于节目制作是整个内容生产的核心,节目策划在整个策划业务活动中自然是居于重要的基础性地位。在标准化的节目生产工作流程中,策划处于"前"前期的位置。策划活动一方面提供了新观念、新思路、新方法,给实践以明确而有力的指导;另一方面也有利于避免大的决策失误、行为误区以及资源浪费等,从这个意义上可以说,"策划是一种新的生产力"[2]。

(二)节目策划的特点

策划是一种丰富、复杂、综合性的劳动和活动。通常,节目策划应根据对象的不同提出理论与实践相结合的观念、创意、思路、方法,以及实施方案(包括背景分析与前景预测)。从实践上看,节目策划有其共同特点:

1. 明确的目标性

节目策划是围绕传播目标、任务、受众而进行的有计划、有目的的创新

---

[1] 胡智锋:《电视节目策划学》(第二版),复旦大学出版社,2019,第1页。
[2] 胡智锋:《电视节目策划学》(第二版),复旦大学出版社,2019,第3页。

性思维活动,其关注点多集中于具体的传播内容。无论何种节目类型,其策划都是按照明确的目标进行的。这种目标性要求策划人准确把握节目的宣传目标、受众目标、市场目标,把各种要素和资源,从无序转化为有序,从模糊变为清晰,进而使节目生产顺利进行,达到预期的效果。因此,找到目标,是节目策划的起点。要找到目标,得依靠科学的测评和研判,需要借助量化和质化的多种方法,需要有科学的依据。在这个基础上进行节目策划,才可以说是"有的放矢"。

2. 高度的创意性

创意是策划的核心。所谓创意,是创造意识或创新意识的简称。节目策划是创造性的活动,必须做到"人无我有,人有我新"。从这个意义上讲,创意是对传统的叛逆,是具有新颖性和创造性的想法,是不同于寻常的解决方法。创意成果直接决定了策划活动的性质和走向。当前,节目模式已成为一个新兴的创意产业,目前每年的全球节目模式贸易额超过 30 亿欧元。在国际节目模式市场上,荷兰这个国家表现颇为耀眼,多年以来,它的模式输出数量始终占据着第三名,仅次于英国和美国。很多风靡世界的成功模式如《好声音》《老大哥》《幸存者》等均来自荷兰。为促进创新,荷兰的公共电视台设立有"电视实验室"制度,每年 8 月安排一周的晚间时段播出各个机构提供的新节目样片,根据观众反馈来决定节目是否可以获得整季预定,很多创意十足的新节目模式就是从中脱颖而出的。

3. 严格的政策性

节目策划与一般性的艺术创意实践不同,它受到大众传播法则和规制的约束,也会受到一定时期国家政策的影响。在我国,国家广播电视总局是广播电视和互联网视听节目服务的行业主管部门,负责对视听节目服务实施监督管理。近年来,国家广播电视总局多次对视听节目的生产和传播进行规范。例如,2012 年,强调不允许网络红人、有丑闻劣迹的人物上电视节目做嘉宾;2013 年,强调每家卫视每年新引进的国外版权模式节目不得超过 1 档;2015 年发布《关于加强真人秀节目管理的通知》,涉及真人秀主题、内容、模式引进、制作成本、高价明星、未成年人参与情况、真人秀的尺度等各个方面。这些政策都会对节目策划实践产生影响。在明确什么不可以做的同时,行业主管部门也对节目研发策划的正确方向进行了引导。2017年，印发《关于进一步加强网络视听节目创作播出管理的通知》，引导和鼓励网络原创视听节目制作单位和主创人员在创作中坚持以人民为中心的创作导向，重人民需求、重社会效益、重内涵品质，把握网络传播规律，紧跟时代发展，努力创作更多传播当代中国价值观念、体现中华文化精神、反映中国人审美追求，思想性、艺术性、观赏性有机统一的优秀网络视听作品。近年来，广电总局还多次强调"小大正"（即"小成本、大情怀、正能量"）的自主创新方向，这也是今后各类节目创作必须遵循的一个重要原则，是一个重要的政策风向标。

4. 实践的动态性

在不同历史时期，节目策划实践的重点不尽相同。在以宣传为核心取向的计划经济时期，所谓"策划"，更多是为节目寻找选题和设计表现形式，以提升宣传效果；在市场经济条件下，在受众可选择的节目内容极大丰富的时期，节目策划就不得不考虑市场竞争因素，研究如何形成比较优势，谋划如何获得更高的视听率；在全球化、全媒体的全新生态下，来自行业内和行业外的竞争无处不在，节目策划面对的压力前所未有，广电媒体的转型升级和节目策划方式的升级换代刻不容缓。传播学者大卫·麦克奎恩曾举新闻节目的例子说明这个道理，他讲道："今天被电视新闻编辑部视作新闻的许多事件在30年前毫无疑问会被否决，反之亦然。不仅'重要的和有趣的'评判标准已经发生了戏剧性的变化，就连包装信息的方式也是经过许多年以后才发展成为我们今天所确认的样式。"[①]

在融媒体生态下，节目策划实践更具动态性，可以说没有"一招鲜，吃遍天"的策划模式，也不存在"包打天下"的节目形态。当前，"从传播空间来看，广播电视节目从传统渠道延伸到互联网，形成了一个全媒体多终端多形态的传播空间；从经营空间来看，节目经营从线上拓展到线下，包括活动、衍生产品及相关服务，形成了一个从内容到服务的全产业链。"[②]策划人必须加速适应内外部环境的变化，把握受众喜好和媒体使用习惯，时刻追踪节目

[①] 大卫·麦克奎恩：《理解电视：电视节目类型的概念与变迁》，苗棣等译，华夏出版社，2003，第85页。

[②] 谭天、覃晴：《作为空间产品的电视节目》，《现代传播》2016年第2期。

研发潮流，不断调整节目的生产与传播策略。

二、视听节目策划的基本内容

策划是一种全程性的以处理相关信息，解决相关问题为主的创造性脑力活动。通过节目策划，能够使播出的节目内容体现出一定的编辑思想、传播目标和传播政策；能够赋予节目更加准确的定位，使其对象明确，符合传播要求；能够让节目形式活泼，内容深入浅出、通俗易懂，更便于交流和参与。其最终目标在于取得好的收视收听效果，实现社会效益和经济效益的"双赢"。视听节目策划的主要内容：

（一）外部环境的调研与评估

策划的首要环节是明确策划的节目给谁看，目标对象在哪里，有什么特点和需求。这需要对目标对象或者说目标市场做细致的市场调研。市场调研的方法主要有定性研究、定量研究、观察研究、实验研究等。

1. 研究受众，设置定位

受众研究是节目策划的基础。受众是传播的对象，他们对节目选题是否关注，对节目内容是否有兴趣，对节目的评价如何，是衡量节目策划成功与否的一项重要的决定性因素。受众与节目定位之间是作用与反作用的关系。一方面，受众的需求决定了节目形态的定位；另一方面，"不同的节目形态在规定着不同的节目内容，并选择着不同的观众，是形态在对应着观众的性别、年龄、受教育程度并决定着观众的规模"[①]。策划者在做决定时，要预先掌握有关受众的信息，这种掌握其实是对节目的一种"前馈"性控制；而节目播出后，对受众反应的收集和处理，以及据此调整后续节目的制作和播出，则属于"反馈"性控制。依据受众的基本情况，可以设置节目的基本定位。一般而言，传统的节目定位包括三个方面：一是内容定位，二是形式定位，三是节目播出时段的定位。准确的定位有助于节目"锁定"目标受众群，也有助于争取好的广告收入。

2019年，国家广播电视总局印发的《关于推动广播电视和网络视听产业

[①] 郑蔚、孙薇：《电视节目形态的引进和创新》，《现代传播》2002年第3期。

高质量发展的意见》,明确提出要"开展基于用户收视行为深度分析的内容生产"。在融媒体环境下,可以借助大数据技术,通过全样本分析,实现选题科学化,找准节目创新的发力点。着眼受众现实需求,运用大数据分析技术挖掘筛选出最有效的主题、形式、时空节点等关键要素,用于指导节目创作生产,提升视听内容的传播力、竞争力。2020年B站跨年晚会总策划、B站市场中心总经理杨亮说:"从选题选曲上,策划团队和主创团队基本是围绕B站内容生态来挖掘,用一句话说就是'选材不决问B站'——问数据和搜索,从数据的数量和质量上综合评判节目方向。"大众传播媒介面向的是大多数的社会公众,作为一个节目或一个栏目的策划者,其创作的栏目(节目)必须得到用户的认可。策划人必须牢固树立以用户为中心,为受众服务的新理念,真正做到"贴近生活、贴近群众、贴近实际"。①

2. 评估政策环境与市场因素

任何内容生产都是在一定社会环境和自然环境中进行的,外部环境因素对节目制作具有制约作用。外部环境因素最直接、最主要的有两个方面。一是政策性因素,即对节目内容具有强烈约束作用的相关政策、法规、纪律方面的信息,如确定经济类节目的选题要考虑有关的经济法规,确定教育类节目的选题要考虑有关文化教育的政策。还有一类是针对新闻传播工作自身的,比如新闻职业道德规范、党和政府对新闻宣传工作的要求、有关保守国家秘密的纪律规定等。二是市场性因素,即节目市场的竞争态势。竞争者是媒体外部环境的一个重要因素,俗话说"知己知彼,百战不殆",节目策划要取得好效果,必须研究如何扬长避短、克"敌"制胜。

(二)节目形态设计

1. 确定内容与信息量

信息量既指节目的信息容量(信息数量),又指节目的信息含量(信息质量)。对于新闻类节目而言,数量要求常常是多而密集,新而解渴;质量要求是有用、实用、管用。但节目的播出时段、具体的呈现形式,甚至播报方式的不同,都可能影响节目策划时对信息量的确定。比如,同样是新闻,早间的资讯播报强调"短、平、快",而夜间的新闻故事则常常被策划为"聊

---

① 祖薇薇:《大数据抓年轻的心 B站跨年晚会"出圈"》,《北京青年报》2020年1月7日。

斋""评弹""夜话",等等,信息量自不相同。

在新闻节目中,确定信息量还需要对节目对象进行分析。在可供传播的众多客体中,什么适宜进行深度报道,什么适宜简单性报道,什么不宜报道,客体自身的特质是第一位的决定因素。在分析客体情况时,要注重考虑两个问题:一是背景信息,包括事物涉及的政治、经济、文化、道德、科技、环境、习俗等各方面背景情况,以及有关事件本身过去的存在状态的信息;二是前景信息,即根据报道客体目前的存在状态及其条件,对未来发展变化的预见性信息,特别是在深度报道中,对报道客体的未来走势的分析预测已经成为必不可少的要素。

2. 确定视听效果

这是节目策划始终关注的兴趣点。策划人员要力求在视听效果上体现创作者的各种新创意,也要考虑节目的声音、画面是否为受众"最想听到的""最想看到的",以及这种视听效果是否是本收视群体"最喜欢的表现形式"。而这些必须在前期策划时加以通盘考虑。要做好视听效果的设计,节目策划主体应熟悉视听语言和编导技巧,拥有丰富的视听形象想象力。在策划案中,对最终呈现的视听效果应用专业且形象的语言进行表述,有时还应附有效果草图。

3. 确定受众参与方式

无论是直接参与节目还是间接参与节目,受众参与都能产生"共鸣"、交流和沟通,使节目拥有互动的亲和力、凝聚力和吸引力。在节目制作前期,应该就受众参与节目的方式加以考虑。常见的节目参与方式包括场内参与和场外参与,场外参与形式又可区分为线上参与和线下活动参与等。从电视时代过渡到网络时代,媒体融合的发展为受众提供了更多新的参与方式,既可以在节目制作前期向受众广泛征集创意方案,又可以在节目播出过程中实现跨屏幕、跨平台实时互动。因此,如何更好地引导受众参与就值得精心设计。

4. 设计融合传播方式

从内容生产的维度看,传统广播电视与新兴媒体深度融合已成趋势,视听节目借助各类社交媒体与受众互动成为常态。视频分享社区、网络电视台日渐成熟。于是,"电视"泛化成"视频",传统电视产业的"范式"也发生了巨变，正在演变为电视新媒体产业、数字电视产业、视频通信产业相结合的"大电视产业"[①]。新技术条件下的视听传播系统正日趋网络化，台、网、端的深度融合拥有了更广阔的发展空间。因此，在节目设计之初，进行科学的融合传播方式策划已然不可或缺，如考虑如何同步生产网络视音频产品，节目如何通过社交媒体进行宣推，主体节目的周边内容怎样在网上呈现，等等。

（三）预估节目的效果和影响

节目的影响主要表现为对社会政治经济文化和道德观念秩序的影响程度和受众对该"话题"的关注程度、议论广度和潜移默化的行为作用等。在大数据时代，运用智能思维就可以对视听节目传播效果进行智能化的猜测、想象、设想。能够产生广泛的社会影响，是节目价值的体现。通过大数据智能分析技术，可以实现预测智能化，推动传播价值最大化。所谓"价值"，可以从三个方面加以认识。一是有教化作用，就是对受众的思想、道德、人生观有积极的引导作用。二是有认知作用，可以使受众获得有关社会、人生、自然、科学等方面的知识。三是有怡情作用，即体现出一种积极、乐观、健康向上的情趣。如何将"三个作用"发挥好，是前期策划必然要加以评估和考虑的问题。

三、视听节目的延伸策划

在现代传播理念中，生产节目只是"万里长征走完了第一步"。围绕节目进行广告售卖、品牌开发、IP 运作、周边营销、产业链建构等，构成了传媒经营的整个链条。随着传统广电与新媒体的深入融合，这种链条还在不断延伸，不断拓展。

（一）品牌策划与 IP 运作

在美国，综艺节目总收入中约有 40% 来自广告，剩下 60% 来自对节目品牌的延伸营销。因此，由节目品牌所带来的延伸性的相关品牌产品的开发才是节目投资方关注的战略重点。依靠《流行偶像》发家致富的 Fremantle 传媒公司，仅凭借《美国偶像》一项，就从 FOX 集团赚得 7500 万美元授权费用；

---

① 高红波：《电视新媒体研究的四个维度》，《声屏世界》2015 年第 12 期。

《流行偶像》冠军 Will Young 首张单曲销量突破 180 万，成为英国年度最畅销单曲；《流行偶像》和《美国偶像》以视频游戏的形式登上 PS2 和 PC 两大平台，观众开始真正身临其境地体验"偶像"的乐趣；2004 年，持续高烧的美国消费者在《美国偶像》的授权产品上花去了 2.15 亿美金——产品涵盖玩具、糖果、商业卡、电子游戏、杂志、图书等 35 个大类。短短四年时间，"偶像"系列品牌产品的全球累计销售额就已高达 10 亿美元。可见，《美国偶像》的收入依托，是成熟的唱片工业及娱乐产业链，其品牌运作颇具代表性。

在国内选秀节目商业运作的早期，《超级女声》的营销策划与产业链建构较具代表性。从单纯的电视节目到全媒体、全方位经营的商业品牌，其成功运作，对于文化产业链的形成与实现多赢等命题带来全新思考。在营利模式上，则改变了以往电视台以广告收入为主要来源的传统结构，将诸种媒体充分融合，并充分运用手机、网络等新媒体，使"超女"影响力辐射至全国。从电视节目、艺人合约到唱片、图书、网络等项目，构建起新的文化产业链，将传统电视节目并入一条崭新的品牌流水线。值得一提的是，湖南卫视成立了专门的品牌运作与衍生产品开发公司——天娱传媒，将国内电视品牌运作的商业模式推向成熟。作为品牌所有者，天娱传媒主要收入来自"超级女声"品牌的延伸，包括签约"超女"的广告代言、演出、唱片发行收入等，而选秀节目只是这个娱乐品牌的起点。天娱公司在上马节目之前，先从节目策划、节目制作、广告运营、商业活动和新的盈利模式等方面进行了整体考虑。只有这样，节目在播出之后，后续开发才成为可能。

营销活动应当贯穿节目策划与生产的始终。其中，主要包括节目自身营销和广告营销两个方面。节目自身营销的常见方法：1. 节目信息导视；2. 有奖收视；3. 建立品牌识别系统；4. 活动推广；5. 通过整合营销方式，实现多媒体、多渠道销售。对于广告营销，则应考虑通过多种形式推介产业链上的利益合作方。常见广告形式有贴片广告、冠名及品牌赞助、植入式广告等。

2012 年以后，国内节目的经营模式更加成熟。《中国好声音》不同于以往的节目对明星导师们采取付费的方式，从节目开始到选拔结束，包括选手后续签约以及签约之后的商业演出，还有导师开发音乐学院、演唱会、音乐剧、线下演出在内的全部产业链,制作公司都参与分成,明星导师共同打造产业链的模式让明星们长期共同投入,这无疑将使得明星效应更大地发挥出来。《中国好声音》制作方灿星制作很早便成立了经纪公司,以准艺人的方式来打理,第一季初步入选的 56 名选手(每位导师旗下 14 人)中签约 46 人。作为全球 *The Voice* 系列节目的传统营销模式之一,选手所唱曲目的网络彩铃下载也变成节目组非常重视的产业链条环节之一。中国移动为消费者提供打包付费彩铃下载业务,节目组和中国移动按比例进行分账。

从产业链建构的角度看,在节目研发与策划的过程中,应充分考虑延伸产业链上的各个要素,主要包括:[①]

序号	品种	
1	版权	
2	音像制品、图书电影、电视剧	
3	新媒体业务	网络投票
		电信增值服务
		会员服务
		新媒体互动
4	商业演出	
5	艺人经纪	
6	特许授权的纪念产品	
7	游戏	
8	课程开发	
9	博彩	
10	慈善拍卖	

综上所述,营销活动已经深深渗透进视听节目生产的血脉之中,在融媒

---

① 谢耘耕、陈虹:《真人秀节目:理论、形态和创新》,复旦大学出版社,2007,第 219 页。

体节目策划的每个环节，都能找到商业营销的因子。好的综艺策划可以按 IP（Intellectual property，原意为知识产权）进行培育。而当 IP 成熟到一定阶段，就可以开始进行授权等商业化探索。通常，一个成熟的 IP 有足够庞大的受众群体，且能够跨平台发展，呈现多样化形式。例如，浙江卫视推出的大型户外竞技真人秀节目《奔跑吧，兄弟》（后改名为《奔跑吧》）曾连续多年同时段收视率第一。"跑男"IP 的开发颇具代表性，相关运营公司相继策划开发了"奔跑吧兄弟乐园"，将单期节目拍摄场地作为景点进行授权，策划推出同名手游并进行广告招商，邀请韩国 *Running Man* 的嘉宾共同拍摄《奔跑吧兄弟》大电影，打造"跑男团"商业区线下体验活动，进行手环、服装、徽章等衍生产品授权开发等。

从创意发起、节目制作播放、市场运营，到品牌运作与衍生产品开发，各种相关产业被整合在一起。其中，节目制作商、节目品牌运营商、冠名赞助企业、广告代理商、电信运营商、短信增值服务提供商、娱乐包装公司、网络公司等默契配合，联动运作，与卷入互动娱乐的选手、新闻媒体、"粉丝"及无数普通观众们一起，创造出一个个市场价值巨大的节目品牌。依托品牌，处于产业链中的各类商业参与者，都将获得巨大收益。

（二）融合营销策划

在媒体融合环境下，受众已经不再满足于单向被动地接受广播电视所传递的信息，随时随地观看、拥有多样选择、亲身参与体验是他们新的诉求点。互联网的介入，为人们提供评论吐槽的互动渠道，让制作方及时获得各种反馈意见，不断丰富节目内容和规则。利用社交软件的关系链进行宣传营销，使节目的各种话题不断扩散发酵，吸引更多人的关注。视频网站的巨大空间还成为广播电视媒介的有效延伸，传统广播电视可以把"装不下"的海量内容放在互联网上展现，让受众根据自己的喜好有针对性地进行选择。

在融合营销方面，《中国好声音》极具代表性。在早期与搜狐视频合作期间，由于"好声音"本身的节目内容未能完全满足广告商的兴趣，所以搜狐视频借势推出了大量"好声音概念"的周边节目，如《K 歌之王》《英雄谱》《娱乐播报》《成长教室》《冲刺好声音》等，初步构建起"好声音"节目矩阵。借助"好声音"，搜狐视频的品牌价值也得到了提升。

后来，《中国好声音》与腾讯的合作，就不仅限于版权销售传统形式，腾讯全平台（包括腾讯网、微信、视频、微视、QQ以及游戏产品等）都参与到整个腾讯视频"好声音"的生态圈中。以第三季《中国好声音》为例，"观众"变为节目的一环。在互动玩法上，腾讯视频策划推出一系列原创节目，其中一档节目通过特殊的内容和产品交互设计，使网友可以在观看节目的同时，通过"线上转身"的形式来表达自己的喜好和态度，真正参与到节目中。引入"弹幕"，实现上千万网友一起"吐槽"的观战体验，营造和许多粉丝一起观看的影院式氛围。腾讯视频移动端的"影视圈"功能，则可以让网友轻松截下节目精彩画面，加上自己的创意和点评，实现与朋友们的即时分享和沟通。另一款产品"粉丝吧"，不仅可供网友发起对喜爱学员的相关话题，还有可能与学员交流，过一过做幕后军师的瘾。除此之外，"好声音"概念在游戏领域被首次开发——腾讯游戏《中国好声音》官方游戏在节目热播期同时上线，也为观众提供了另一种参与节目的途径。

第二章

■ 类型化与微融合：
融媒体时代广播节目策划

　　广播至今仍是最重要的大众媒介之一。在与报刊、电视、互联网等媒体竞争合作的过程中，广播节目创新创优的步伐一刻也不曾停止。"数字技术的发展让广播更具有可移动性。移动互联网与通信技术的进步逐渐构架了广播的新兴移动平台。"[1]通过整合资源、聚力"微端"，广播媒体在互联网时代的适应性不断提升，一批符合广播传播规律、受到大众欢迎的名优节目不断涌现。"扬独家之优势，汇天下之精华。"传统的 AM/FM 广播仍能赢得人心，而播客、流媒体和智能音箱的内容需求，不断推动在线音频节目向前发展。据艾媒网数据，2018 年中国在线音频市场用户规模达 4.25 亿人，预计 2020 年达到 5.42 亿人。得益于知识付费内容、有声读物等新媒体产品的爆发，依托音频媒介获取知识、信息、娱乐，已成为越来越多用户的选择。这为融媒体时代声音媒介与音频节目的创新升级提供了强大的外部动力。

---

[1] 潘武：《移动的广播：技术进步与广播的发展趋势》，《现代传播》2013 年第 11 期。

◀ 第二章 类型化与微融合：融媒体时代广播节目策划

第一节 融媒体时代的声音媒介与音频节目

一、声音媒介的特征

尽管界面和渠道正发生深刻变化，声音媒介的基本传播特性并未动摇。对声音媒介传播规律的认识有助于我们把握音频节目策划的内在规律，这种认识是从对传统广播的研究开始的。吴缦、曹璐在《新闻广播研究》中提出广播传播具有"远距离""线性""非实体""一对众"等原生性特征[1]；李幸教授提出广播具有"点对面传播""平民化传播""便捷性传播"等特征[2]；郝朴宁、陈路则认为广播传播的特点是"传播的快速性与声音的易逝性""传播的广泛性与收听的随意性""内容的丰富性与接收的被动性""声音的传真性与信息的变异性"[3]。学界关于声音媒介传播特征的思考颇多，其中有两点共识值得关注。

其一，声音媒介是时间性媒介。

任何传播媒介都以一定的形态存在于时间和空间之中，并显示出自身独特的性质。书籍、杂志、报纸、照片、石碑等，是占有空间的媒介；广播、电话、对讲机、无线通信等，则是时间性的媒介；面对面交谈、面向公众演讲、电影、电视、电脑等，则是时空兼具的媒介。空间性媒介是以负载有序的线型的文字符号为主，因而较适宜用来传播高深的观念、复杂的思想、琐碎的情报和严谨的材料，也适合用于传播篇幅长的、准备作为证信的或不紧急的信息资料。时间性媒介是以负载有规律的诉诸听觉器官的声音符号为主，因此较适合用来传播悦耳的音乐、紧急的事情和短促的、无须留存或不准备作为证信的信息，也适合用来表述"弦外之音"和进行情感暗示。

音频节目以时间为"篇幅"。其时间性是指：不占据物理空间，而仅在时

---

[1] 吴缦、曹璐：《新闻广播研究》，北京广播学院出版社，1997，第54页。
[2] 李幸：《早期广播所确立的媒介特征》，《现代传播》2000年第2期。
[3] 转引自在线收音机博物馆，http://www.942radio.com/museum/dde55de6-b99b-4d19-b78c-777ba220ad0c.html。

间中展开；声音的超距离、大范围传递信息的特性,大大延伸了耳朵的功能；声音传播稍纵即逝,其线性不可逆性质,使接受者在信息的选择上受到限制。还应该看到,即便是传统广播,也能够吸引一定区域内大规模的不特定受众同时"在场",并能够进行实时的直接互动。

其二,声音媒介是伴随性媒介。

伴随性是声音媒介区别于其他电子媒体的重要属性。伴随性也称"伴侣性"(Companionship),是指人们在收听音频节目时,还可以从事其他工作,也就是说,收听可以只作为一个伴随行为。[①] 这是声音媒介最突出的特点之一。

其实,伴随性有两层含义,其一是说收听行为常常与人的其他活动同时进行；其二是说音频媒体具有便携、移动的接收优势。众所周知,一定响度的声音传播距离是有限的,距离声源越远,清晰收听信息的难度也就越大。如果接收终端无法便携,则必然导致听众只能在声源附近的有限距离内活动,其结果,不是声音伴随人,而是人伴随声音。早期的收音设备体积和重量都比较大,人们只能围坐在收音机周围收听,或在有限范围内活动。为了解决这一问题,街头巷尾的"大喇叭"和进村入户的"小喇叭"一度得到迅速发展,但直到便携式、移动式的收音设备普及,声音媒体的伴随性才真正得以实现。"随身听"正是对这一状态的形象化描述。

移动是声音媒体最大的生存优势之一。美国广播界有句名言:"车轮子和干电池拯救了广播。"说的是 20 世纪六七十年代,当美国广播被电视逼到悬崖边缘时,车轮子和干电池赋予广播在移动领域的优势,使广播继续生存下来,并且有了今天三分天下有其一的局面。现如今,便携式电视接收机、便携式影像播放器、便携式电子书、便携式互联网终端(智能手机、笔记本电脑、平板电脑等)、可穿戴媒体终端纷纷出现。但在伴随性上超过广播的还比较少,除了技术因素,广播仅借助声音进行信息传播的"单信道"优势也是重要原因。数据显示,用户在运动、开车、家务等体力劳动时、上下班通勤时最常收听音频。

---

① 毕一鸣:《现代广播电视论纲》,中国广播电视出版社,2007,第 315 页。

二、音频内容的传播符号

声音是"构成广播的唯一的物质材料和运动形式,没有声音便没有广播。用声音传播信息是广播的主要特点,听觉感知是广播的本质属性"。声音性是音频传播的首要特征,音频和视频节目的最大区别也在于此。"声音对人的依赖、声音的独特感染力、声音在时间中展开时具有的空间容量(多路声音同时混播)、声音的转瞬即逝等,是全部广播节目制作的根据。"①

从传播符号的角度看,声音符号包括语音、音乐、音响三大要素。其中,语音也称有声语言,是信息的主要载体,是传情达意最主要的手段;音乐、音响则是渲染气氛、增强真实感、提高传播效果的辅助手段。由语音、音乐、音响等听觉讯息构成的节目内容,通过电磁波传输,最终转换成电波讯号,听众通过听觉器官感觉到声音讯息,通过对声音的感知、分析和理解,接受节目中加载的信息内容——这便是音频内容传播的全过程。

对于广播节目策划者而言,必须以创造声音形象为己任,而视频则给人们视听兼备的直观形象。声音形象是诉诸听觉的,通过听觉激发人的思维和想象,产生"闻其声如见其人"的效果。从这个意义来说,广播节目能够最大限度地调动人的心理能力来参与创作过程,为受众预留了相当一部分的想象空间。而视频通过耳闻目睹,可以获得非常清晰、完整的印象,这种感觉比较直观、具体。听觉和视觉适应各种不同内容的表现,由此产生了其在策划上的某些差异,如"夜话节目""心理咨询"等需要保留受众部分隐私,就不适合暴露直视,而更适合在声音中交流,"热线电话"则更是传统广播的专利。

三、广播节目形态的构成机制

准确把握广播节目形态的构成,对于策划人来说至关重要。一般说来,策划者要充分考虑以下因素,正是它们的差异,影响和制约了广播节目的具体形态。

---

① 李岩:《广播学导论》,杭州大学出版社,1997,自序。

（一）声音要素的组合

耳感性信息主要通过有声语言、自然音响和音乐来传达和表现。它们是广播节目的三大要素，这些要素的不同组合构成了千变万化的节目样式，其常见组合方式有以下几类：

1. 纯语言类组合

由于广播节目需要那种富有表现力、明白晓畅、悦耳动听的语言表达方式，所以我们也称它为播音艺术语言。这种语言本身就具有音乐性，所以从传统广播时代开始就一直受听众的欢迎和肯定。除了消息、通信、评论三大新闻性文体的朗读以外，纯语言类组合还包括专题服务、文化教育、文学作品的播音及演播，以及主持人谈话类节目。

2. 纯音乐类组合

主要是指"无主持人音乐节目"或"音乐频率"等，即确定某类音乐主题以后，不需要主持人串联，周而复始按节目单元自动播放，各音乐单元有机、自然过渡。但大多数广播音乐节目都少不了语言的编串，那种简单的报题、插报仅起整合节目的作用。所以我们仍认为这类节目为纯音乐类节目。

3. 纯音响类组合

过去国外有电台策划过这样一种节目——整日播放海滨的浪声、森林中的林涛，以及鸟鸣虫啾、微风阵阵的大自然音响。现在的潮汐App以及各种白噪音软件都提供类似的服务。人们置身其中会排除喧嚣的城市噪声，得到一种静谧、和谐、温馨的环境氛围，从而放松紧张的身心，获得轻松自然的感受。这可能是声音媒介功能的一种延伸，它满足了人们在烦嚣都市生活中一种新的心理需求。

4. "有声语言 + 自然音响"组合

这类节目主要由有声语言和自然音响构成，常见于现场报道和录音报道。现场报道是在新闻事件发生的现场，拾取实况音响，其中，一种特殊的现场报道形式是现场直播。它所报道的事实是随发的、真实的，通过记者或主持人的解说，给人如临其境的真实感受，如二战时美国著名记者爱德华·默罗在英国广播公司楼顶所做的现场报道《这里是伦敦》。

录音报道与现场报道的区别在于，它是非同步性的，是对已经发生的事实的报道。记者自己的描述语言和人物的讲话录音及客观事物的实况音响融汇于一体,形成完整的新闻报道。这种报道是在录音的基础上,经过编辑、剪接合成之后播出的,属于选择性报道,因此音响更精练也更有表现力。

5."有声语言+节目音乐"组合

这类节目除了新闻中的配乐通信以外,大多是文学类或文艺类节目。在这些节目中,由于主题内容不同,音乐素材的运用也不一样,可以分为两种情况:一是以音乐为主,语言为辅;另一种是以语言为主,音乐为辅。前者主要是指经过语言解说后合成的音乐节目,譬如主持人在播放一首新歌或一部音乐作品时,需要借助有声语言进行点评或介绍;后者主要是配乐故事、配乐小说、配乐散文、配乐诗朗诵等文学类节目。

6.混成类组合

即"有声语言+音乐+音响"形态。常见于广播剧,此外有些专题性新闻节目也使用这种方式。

(二)编播方式的选择

对于早期广播来说,"读报上的新闻,放几张唱片",节目只是一个个界限并不清晰的内容单元,"没有用节目时间表的方式对外公布,既不是天天都有'准节目',也不是播准节目都在相同的时间,更没有什么确定的名称"[①],不少节目都是临时决定播出的,更谈不上给节目"挂牌""命名"了。在当代广播业务中,所谓节目,是一个经过编排的完整播出时段,可以理解为由多个具体的内容单元(如一条消息、一支歌曲、一次访谈等)组成的集合体。因此,编排方式、播出方式(录播或直播)直接影响了一档节目的具体形态。

1.栏目化方式

栏目是按照一定的宗旨和目的,把一些或一组题材内容、内容性质、功能目的或形态相近的小节目纳入一个定期、定时长的某时段中播出,并将这一定期、定时长播出的某时段冠以名称。这一冠名播出时段的节目我们习惯称之为栏目。栏目是格式化的播出产品,强调"定期""定时""定量",即有固定的栏目头、播出时间,以及相对固定的节目长度和包装形式。栏目化形态有利于听众记忆和收听,有利于电台对节目的管理、运作和编排,也有利

---

① 陈尔泰:《中国广播发轫史稿》,中国广播电视出版社,2008,第123页。

于打造节目品牌。

早期的广播理论没有"栏目"的概念,不论是挂牌的名称还是播出的内容,统称为"节目"。经过多年栏目化运作,"栏目化形态"的广播节目在我国已经发展成熟。2005年,我国评出首届广播十佳栏目,其后,栏目策划成为广播策划的重要内容。

2. 板块化方式

板块与栏目代表着节目的不同结构形式和编排思路。在广播电视学中,"板块"是对集合式节目的一种形象性称呼。板块式节目是指具有基本固定播出时段及周期、节目内容融新闻、信息、服务、文化娱乐等多种节目类型为一体,多采用主持人串联形式播出的大时段节目,亦称"杂志型节目"。在我国,板块化形态源于1986年珠江经济广播电台开创的"大时段综合"节目。这个用全新方式广播的频率,一反传统的"录播"和"分割式"节目编排,采用"以新闻信息为骨架,以大板块主持人节目为肌体"的形式,按听众的收听习惯和需要安排内容,通过主持人灵活地将新闻、资讯、服务、娱乐等各种内容熔于一炉。进入20世纪90年代,上海东方电台开始推行24小时主持人直播板块节目。当前,在国内互联网音频市场,也有以直播方式存在的大板块音频节目,以荔枝、克拉克拉等平台为代表。

大时段节目的策划,通常要考虑到板块式编排的优势:打通不同栏目的界限,在内容上做关联性处理,形成整体的节目布局,有利于发挥整体优势;形式上以主播进行串接,连贯性强;按受众接受习惯(主要是时段习惯)编排,选择性明确;集中满足目标受众的多种需要,使节目更容易获得稳定的受众群体,形成高收听率广告优势。当然,互联网音频直播的随意性较大,普遍缺乏传统大板块节目的策划意识。

3. 类型化方式

类型化电台,国际上称为Format radio,又被译为格式化、个性化、风格化电台。它淡化一个个节目,而凸显整个频率的面貌;听众不需要节目表,打开收音机随时收听所需内容。与此相对应的是栏目化电台,或称堆砌栏目的电台(Block Programming Radio),每个节目区格明显,听众必须依照节目表锁定特定时间收听特定节目。类型化意味着以一种时钟循环的概念运行和操作节目,广播节目成为一种"循环流动的内容"。美国纽约类型化新闻台880WCBS以一小时为一个组合体,逢整点为新闻网联播,4分为本地新闻,8分为天气、路况信息,12分为本地新闻,14分为最新要闻快览,15分为体育报道……如此循环往复。

按照类型化原则进行编播策划,事实上是淡化名牌栏目,转而以策划品牌频率为目标。我国第一个类型化电台是2002年推出的中央人民广播电台"音乐之声",这个开播第二年即在北京创下31.13%收听率的频率,却几乎没有一个知名主持人和品牌栏目。2002年"音乐之声"诞生之时,中国大陆尚没有一家类型化音乐广播。中央人民广播电台立足实际,对第三套节目调频立体声进行了彻底改革。这次改革打破了文艺综合频率的定位,精细定位流行音乐的类型,颠覆了以往音乐广播板块型播出形态,大区块划分时段。18小时的音乐节目整体设计,统一风格呈现,以2~3小时为单位,将全天节目划分为"早安音乐""中国Top排行榜"等8个栏目,并对语言与音乐的比例进行严格规定,给音乐广播带来了全新的理念、全新的风格。在短短几年时间里,先后有近40家省市电台效仿"音乐之声"类型化的频率定位、独特的节目设置、独家的频率包装等,纷纷推出自己改革后的音乐广播。

经过2008年、2011年两次大改版,中央人民广播电台"中国之声"已常态化采用"板块+轮盘"的播出方式。所谓"轮盘",其实也就是按类型化编排的时钟循环。相比传统编播方式,类型化形态更加符合听众收听习惯和尊重传播规律。对听众而言,则更容易记住电台特色,更容易形成高的忠诚度。

4. 融合化方式

互联网音频的出现并没有让栏目消亡。在融媒体环境下,传统"音频流"仍会继续存在,而"网播"节目则增加了依托交互式界面点播的方式,以及与图文内容混排的编辑模式。把题材、性质、功能目的或形态相近的内容巧妙地排列组合,这是网络专题的常规操作思路。2020年初,央视新闻正式入驻喜马拉雅音频平台,仍选择保留《新闻联播》《早啊,新闻来了!》《主播说联播》以及《夜读》四档王牌节目的栏目架构。由互联网原创的各类音频节目,一旦形成相对稳定的形态并长期更新,也通常会参照传统的栏目化思路进行运维,如喜马拉雅平台上的《晓说》《观复嘟嘟》《上官文露读书会》都是较有影响的头部栏目。区别在于，相比传统广播，网络音频栏目的时间约束性没有那么强。

"台+网+端"融媒体直播、与视频内容混播等方式正成为主流。而随着人工智能技术的发展，AI 主播也将逐渐登台亮相。相对于电视的虚拟主播，借助耳感性信息传播的音频 AI 主播或将更快发展成熟。对于类型化的资讯、音乐等节目，这些 AI 主播可以根据内容要素，比如，歌曲的创作背景、曲风、作者故事、传唱度，以及前后内容的情感逻辑，自动配置适宜的情感、语言、语速、节奏。对于简单的新闻资讯、路况、天气、通稿等，自动播报将逐渐成为常态。在 24 小时无"人"值守电台出现之后，需要深度互动的节目类型将更多体现"真人"优势。

（三）语体风格的定位

作为有声语言的主要使用者，播音员、主持人是声音媒介的"界面人物"，担负着与听众沟通交流的中介作用，其语体风格决定和制约着音频节目的具体形态。确定合适的语体风格，也是节目策划必须考虑的环节。一般认为，"语体是话语主体在特定的语境中，为了适应不同的交际目的、对象、内容等的需要而形成的语言运用的体系，是运用全民语言材料所形成的语言功能变体"[①]。与书面语体相区别，广播语体属于口头语体。随着受众需求的变化，单一语体的播音状态不可能满足不同节目类型的需要，语体多样化成为一种必然。

1. 朗读语体

"有稿播音"即为典型的朗读语体。根据 1994 年出版的《中国播音学》关于"文体播音"的分类，"新闻播音""评论播音""通讯播音"以及"文艺播音"等都属于朗读语体。由于历史原因，"朗读"一度被异化，强调"爱憎分明、讲气势、重激情、求规范"，其结果是导致播音与日常口语分离。中国广播电视传统的"播音腔"即为这种风格的代表，"传统风格"不仅源自播音活动本身，更源于意识形态需要。在改革开放之前的很长一段时间，广播是"团结人民，教育人民"的工具，是宣传新中国建设成就，同国内外各种敌对势力进行斗争的工具。改革开放之后，播音语体逐渐由"精英"回归"世俗"。播音员和

---

① 李水仙：《播音主持艺术的语体特征》，《新闻界》2005 年第 5 期。

主持人在播报状态、语气分量、速度节奏等方面做出调整，经过"降调——口语化——新风格"的转型，更加贴合受众心理。

目前，朗读语体主要出现在报道式节目和部分社教类、文学类节目形态中，以新闻播报最为常见。播音员、主持人将消息的文字稿件转化为有声语言进行传播时的语言样态，即为"新闻播音"或"播新闻"。在西方，此类主持人被称为 Newscaster 或 Newsreader。在互联网音频领域，不少有声读物也采用此类语体。

2. 阐说语体

阐说实际上是一种演讲语体，通常认为，演讲就是在听众面前就某一问题表示自己的意见或阐说某一事理。其基本特征：面向大众，阐述己见；出口成章，言之成理。无论传统广播电视，还是视听新媒体，常见的现场报道、现场直播、现场解说、新闻点评、广播讲话等，都带有明显"阐说"语体特征。①

"说"有时会变形为"侃"或"聊"。与"播"不同，"说"是口语化色彩较浓的"告知"，而非"报告"。这种方式有助于缩短受传双方的距离，便于受众接受和理解，优化音频节目的传播效果。"说"通常在"无稿"状态下进行，或采取"提纲加资料"的方式，主持人或主讲人因而有了一定自由发挥的空间，能够对节目内容进行解释、说明、补充，并稍加评论，从而为受众的理解提供引导和服务。

3. 谈话语体

"谈乃相语说之意"，谈话是双向的言语交流。谈话语体是传统广播节目常见的语体形式，也是大部分网络音频节目惯常使用的语体形式。当前，越来越多的音频节目致力于创造一种双向交流的情景，特别是在在线互动的状态下，当谈话情景出现时，必然要求使用交流性的谈话语体。谈话语体更为口语化，句式也较为简练、松散、灵活。由于句式结构比较自由，根据对象对语意的理解程度可以灵活调整，应对如流。谈话的双向性，使得反馈及时，可以不断矫正表意不足的缺陷，做出补充性说明。所以这种语体沟通及时，便于理解。

---

① 毕一鸣：《广播电视语境和适应性语体》，《新闻知识》2004年第7期。

谈话语体将人际交流融入大众传播，以"一对一"式的交谈，实现"一对众"的沟通。在广播中，"主持人节目是指主持人主导、运用交谈方式进行双向传播的节目结构形态"。① 主持人节目一般使用谈话语体，相对于播音员的朗读，主持人采取"交谈式播音，谈话体语言"。在广播节目中，谈话语体通常依托"谈""访""评""讲""辩""串"等主持业务，节目形式包括交谈式、访问式等。上述特征同样适用于各类融媒体音频节目。

4. 演播语体

演播语体强调"演"，即运用文艺表演的形式来表达内容。除广播剧外，多用于知识性内容、文艺专题性内容和广告，一般是根据节目内容设计一定人物、情节和场景，通过艺术形式来表达某种观念和感受。

一些新闻性节目也"跨界"使用演播语体。如辽宁电台的《新闻演播厅》，它把新闻演绎成故事，像是一个配乐广播剧。《新乌鸦与麻雀》节目的两位主持人则以动物角色出现，把自己比喻成乌鸦或麻雀，再由此就一些新闻性、社会性、娱乐性话题进行讨论、交锋。沈阳台的《叽喳姐妹》也是角色型的，两位主持人一位是成熟保守的姐姐，一位是聪明前卫的妹妹，两人在节目中以角色的性格特征主持节目、发表意见。再如，杭州交通经济广播《惊喜躲不开》节目，主持人与编辑会依据当天一些选题设置某种情景，通过饰演听众身边所熟悉的亲友、同学与听众连线互动。主持人在节目中具有一定的表演技艺，更具有按照预先设置驾驭整期节目的能力，在与听众互动中制造某些悬念，让听众不知不觉成为节目中的某种角色。类似的还有大连台的《HAHAHOHO》，长春台的《晓锌说吧》等。

（四）参与形式的变化

传统广播时代，听众只是被动接受者，广播是"我播你听"的单向传播。20世纪90年代以来，让受众更多地参与到节目中来，已成为业界的共识，也是广播节目发展的基本趋势。广播互动从听众信箱转为了热线电话，后来是短信平台、微博、QQ群、微信，以及微信公众平台等。在喜马拉雅、蜻蜓FM、阿基米德等聚合音频平台，基于社交的互动方式进一步强化了音频节目的参与性。同时，技术进步也让用户在某种程度上参与到节目制作播出过程

---

① 陆锡初：《主持人节目学教程》，中国广播电视出版社，2001，第1页。

中来，这就给了用户更多通过公众媒介直接参与社会活动的机会，使传受相互渗透，彼此交融。

1. 网络参与

网络参与的形式包括网络直播、在线点播、在线互动、论坛留言点评等。早在1999年11月22日，广东人民广播电台播出的主持人节目《评说"神舟"首航成功》就率先运用网络、电话等手段把分散在各地的嘉宾、听众、网友联系在一起，互相促动、彼此交流。在网络发达的现代社会，"粉丝"还可以跨越真实与虚假，在网络空间建立自己的认同和迷文化（Fan culture），让线上线下互动成为常态。主持人也以节目组的名义举办多样化的听众互动活动，派生出由节目"粉丝"组成的听友会、听众俱乐部等民间社群。在分众的背景下，那些拥有相似生活形态的网络受众重新聚集，形成各种不同的小群体。对融媒体音频节目的研究显示，"网络在模拟线下的生存格式，线上生存格式也会反作用于真实的人际圈子。广播的线下圈子体现为新媒体影响下的新型'广播圈子'"[①]。也就是说，收听同一节目的人将形成新的关系社群，进而衍生出新的节目形态和节目营利模式，这是网络时代音频受众社群化的结果。

2. "两微一端"参与

随着移动互联终端的发展，近年来以微博、微信和客户端为代表的"两微一端"迅速占领移动传播平台，成为受众接触大众传播媒体的重要方式。传统的广播也纷纷借力微博、微信等强势移动互联平台进行传播，或通过微博、微信征求网友对热点新闻话题的意见、对节目的看法，从而使节目更有针对性。例如，全国广播创新创优栏目、浙江之声的《方雨大搜索》便十分注重利用微信平台，提升听友参与度。为配合杭州整治交通大行动，栏目请网友发表如何劝阻那些不听指挥、乱闯红灯、横穿马路的行为，众多网友建言献策，一时成为城市热议话题。"两微一端"良好的交互性、便捷的伴随性和不断优化的用户体验，为"网播"状态下的广播更好地与受众互动提供了便利。

与传统的直接打进电话不同，微信参与节目属于一种"延时交流"，从信息发出到被念读存在一个时间差。但这种参与方式避免了热线电话太"热"导致的"挤出效应"，也便于主持人编辑、把关。在智能手机普及之后，传统的

---

① 孟伟：《新媒体语境下广播传受互动理念的建构》，《现代传播》2012年第7期。

短信参与迅速被微信取代。微信平台互动性更强，更廉价、便捷，微信语音留言还可以让听众的声音出现在直播节目中。目前，全国有将近600个广播电台公众号活跃在微信上。从2013年底开始，"中国之声"广播微信公众平台每天推出的《为你读诗》节目，诗歌简短隽永、音频制作精美，时长在3分钟以内，不仅有央广的雅坤、凤凰卫视主持人陈鲁豫等知名主持人读诗，也有大量普通诗歌者和朗诵爱好者参与读诗。据统计，《为你读诗》节目的阅读用户平均达到每天6万以上。

3. 现场参与

现场参与节目是沟通媒体内外联系渠道，密切受众关系的有效方法。在这样的传播活动中，要求主持人按照节目宗旨，组织协调群体关系，融洽场内气氛，调动场外受众参与。由于借助声音传播信息，广播节目演播的现场空间相对有限，因此，现场参与节目多是电视所为。但一些广播电台邀请热心听众走进直播间录节目，或将直播间搭建到公共场所，吸引普通群众参与，或组织主持人与听众的现场互动并进行报道，这也都是听众参与节目的具体形式。

四、广播节目的基本类型

我国现行的《广播电视管理条例》中没有对节目类型的限定。因此，为了对广播节目的类型有一个清晰的认识，可依据目前节目的表现方式、播出性质以及制作方式，进行多角度的分类。董旸编著的《广播节目策划与制作》提出，按节目表现方式分为新闻节目、谈话节目、戏剧节目、娱乐节目、音乐节目、对象性节目、广告节目、信息服务类节目和网络广播节目；同时，依据播出性质分为新闻性节目、教育性节目、文艺性节目、服务性节目和商业性节目。[①]

声音媒介发展的历史经验耐人寻味——在广播鼎盛时期出现过多种节目形态，诸如"广播播报（News casting）""广播表演（News acting）"等，在我国还有独具特色的"广播大会""广播体操"，但媒体发展的历史表明，

---

① 董旸：《广播节目策划与制作》，中国传媒大学出版社，2007，第58页。

"音乐+新闻+谈话"的节目形态是广播最基本也是最具生命力的节目形态。[①]

音乐节目是广播最初的节目类型。世界上第一座广播电台KDKA每天播出音乐、谈话、新闻三类节目，其创办者工程师康拉德自己介绍唱片，播送新闻。在20世纪60年代中期至70年代，随着调频广播的兴起，一度受到电视冲击的广播迎来了"第二个春天"，对文化事务与古典音乐喜爱的人们成为调频广播最重要的受众群体。无论是60年代的美国，还是90年代的中国，音乐和娱乐始终是最重要的广播节目。

新闻节目的兴起与战争和危机传播紧密相连。二战时期，广播是世界各国人民获知战事的最重要的媒介。后来，随着流动装备的发展和磁带录音机的使用，电台新闻报道的数量大大增加，从战场、从轰炸机和作战中心都可直接发回报道，重大战事的即时播报是电台在竞争中异军突起的重要原因。此外，每每危机时刻，广播播报重要新闻的功能都异常突出。比如，1998年抗洪期间，广播除了及时通报最新汛情之外，还担负着现场动员的作用；在汶川地震之时，广播凭借其特殊优势，成为关键媒体，在突发事件应急管理中扮演着重要角色。

谈话节目是一类较为古老的广播节目。广播历史上最为著名的谈话节目，是美国总统罗斯福的"炉边谈话"，他使广播成了当时美国人最信赖的伙伴。在某种意义上来讲，广播媒介是一种"危机媒介"，其自身特点决定了它在危机时刻不可替代的地位。

基于传统广播电台拓展转型而来音频新媒体，继承和延续了上述节目类型的一贯优势，特别是新闻资讯类节目。但随着平台形式多样化，行业格局不断扩大，音频和视频、文字一同组成内容服务矩阵，成为真正的融媒体。当前，商业互联网音频媒体的运营重点集中在盈利模式清晰的一些领域，包括音频节目、有声读物、音频直播、网络电台等，内容涵盖二次元、教育培训、健康养生、历史、旅游等多个方面。以喜马拉雅为例，其庞大的在线音频资源共包括有声读物、儿童、人文、音乐、相声评书、教育培训等22个类别，合计305个子类，同时聚合了传统广播电台的多种节目资源。

---

① 栾轶枚：《广播曲线启示录》，中广网，http://www.cnr.cn/home/column/2004gflt/gdzs/200410220510.html。

考虑到不同的垂直领域各有不同的形态特点，本章将主要立足不同节目类型的个性化特征，从近年业界的实践探索出发，着重探讨音乐节目、新闻节目、谈话节目和广播剧等节目形态及其策划思路。

第二节　类型化广播节目及其策划

一、广播音乐节目及其策划

音乐是"听"的艺术。虽然演唱会、音乐剧等音乐类型，因为融合了其他艺术元素，强调视觉效果和现场体验，但"听"仍是最重要的欣赏方式。正因为此，音乐与同样强调"听"的音频媒体有着密不可分的联系。在传统广播业中，音乐节目的发展十分活跃，音乐节目和音乐频率的附加价值仍在不断提升。研究发现，当前音乐广播的核心受众覆盖了从 15~44 岁的听众群体。拥有了广大热爱音乐的群体，广播经营者就有了更多"出卖"音乐的机会，就能赢取更多的广告商，音乐频率的听众也更愿意购买电台出版的附属媒介产品，如音乐杂志、音乐在线广播等。

对于音乐广播来说，音乐就是介质，始终贯穿节目类型选择、创意与编排之中。音乐节目的常见类型：1. 音乐报道；2. 音乐专题；3. 音乐知识；4. 音乐欣赏；5. 音乐剧。[①] 此外，在流行音乐节目的策划中，还有两个常见的内容元素，一是排行榜和数据统计（唱片销量、下载量、转发量等），二是音乐明星的"八卦"轶闻。

（一）欣赏类音乐节目的策划

从各音乐栏目和音乐频率的播出情况看，音乐欣赏无疑是最重要的节目类型。从策划结果看，有两种常见形态——纯音乐形态与综合形态。

1. 纯音乐形态

纯音乐形态的广播节目常见于类型化编排的音乐频率。当然，虽然称为

[①] 董盺：《广播节目策划与制作》，中国传媒大学出版社，2007，第205页。

"纯"音乐,但并非没有人声,只是尽可能减少主持人的评论和串联,尽可能地完整播放歌曲。中央人民广播电台"音乐之声",节目以2小时为一个段落,音乐和主持人语言有严格的比例限制。主持人在节目中每小时评论时间限定在7分钟,同时要求主持人在每首歌间隔之间插入的话语是具有衔接性和整体性的。这种限定时间注重质量的方式使得"音乐之声"节奏快且内容丰富。主持人在节目中对音乐的评论通常是点到即止,主持人的作用更多的是根据听众的要求来安排音乐播出,带动气氛。这样策划,使主持人的工作职能回归到了原始的DJ状态。

与此类似的有湖北电台音乐频率。考虑到现代人生活节奏加快,听众不喜欢听主持人说太多话,主持人的语言每小时限定在5分钟内。各节目虽然标称为"音乐放清新""音乐放经典""音乐放流行""音乐放精彩"等名目,但并没有严格意义上的不同,只是在不同的时间选择了不同的歌曲作为区分。频道策划的宣传广告是:"FUN MUSIC RADIO……音乐放不停、音乐不归零",也就是让音乐与听众随时相伴。

在美国的广播电台中,所占比例最高的就是类型化的音乐台,有9000多家,其中乡村音乐台数量最多,有2134家,其他还有各种抒情音乐、摇滚音乐、福音、蓝调音乐台,其中有不少是无主持人的音乐台。[①] 美国流行音乐台常见的运作方式是循环播出,也就是将最热门的流行歌曲,按排行榜位次的高低决定其播出的频率。最流行的歌曲在最短的时间内回放,位次靠后的歌曲回放的频率降低,间隔时间拉长;歌曲依排行位次递减且回放次数递减。流行榜每天在打,音乐根据排行榜不断改变,今天和昨天是不一样的格局。

2.综合形态

综合形态的音乐节目构成元素较为丰富。除了音乐,在策划时还为主持人预留了较多空间。从内容上看,普遍融入音乐知识、音乐报道等;或与时令话题相结合,以一定的时令主题统领音乐的编排,如策划"情人节专题""毕业生专题"等;主持人亦有较多的评论与串联。综合形态的音乐节目常融主持人脱口秀、情感交流、文学欣赏、讲故事、资讯播报、听众互动等于一体,在"大板块"编排的节目中较为常见。

---

① 张勉之:《世界广播趋势》,中国广播电视出版社,2005,第16页。

在音乐节目中,听众互动的最主要方式是"点播"歌曲,这一方式已有较长历史,从最初的热线电话点播,到融合传播环境下的"两微"平台留言、网络讨论版留言、App 互动等,点播内容以"送祝福"为主。其他的互动方式还有幸运抽奖、趣味竞猜、音乐相关知识答题等。

从节目策划的视角看,综合形态的音乐节目与纯音乐节目的本质区别在于对主持人作用的不同定位。由此带来主持人在音乐节目中是"多说"还是"少说",有声语言和音乐在节目中各自的比例如何确定等一系列问题。从国际经验看,类型化编排的纯音乐频率更符合广播节目生产的通行标准,但从其在中国的实践看,并非放之四海而皆准,其中,"江苏音乐台现象"值得关注。20 世纪 90 年代,大板块热线直播开启了江苏广播的黄金岁月,深具个性色彩的主持人,征服了无数听众。"类型化"改版之后,原来拥有多位知名主持人的 FM89.7 改为 CITY FM 城市之音,以打碟方式连续播出流行歌曲,主持人作用被严重削弱。几年下来,忠实听众渐渐减少。不少听众认为,类型化电台功能与一个随机播放的智能播放器无异,"它让人能听,但是没有牵挂,不会上瘾。"于是,江苏音乐台再次改版,把已经实践了约五年的"类型台"风格彻底颠覆,重返"古典主义",全天提倡主持人"有个性,有态度,有引导"。结果仅一个月,收听率跃升两级。可见,类型化编排的音乐节目缺乏人性化、个性化元素,也失去了 DJ 的灵性与魅力,对于听众来说,虽多了音乐欣赏的空间,但少了人际交流的快感。

在互联网时代,"类型化"并非中国音乐电台的唯一模式。通过网络音频聚合平台,单纯听歌更容易实现。不仅可以锁定特定的歌手、专辑,还可以由大数据平台通过算法推荐用户喜好风格的作品。因此,传统音乐广播融入 DJ 的个性化风格不失为一种策略。毕竟在竞争条件下,差异化乃是胜出之道。

大项音乐活动节目是综合类音乐节目的重要子形态,其策划与组织也是各种专业音乐媒体创新内容、提升影响、塑造节目品牌的重要方式。中央人民广播电台"音乐之声"旗下两大品质节目《中国 TOP 排行榜》《全球流行音乐金榜》已成为华语流行音乐的风向标。年度"Music Radio 中国 TOP 排行榜颁奖盛典"是全国唯一经中宣部批准的国家级流行音乐颁奖典礼,经过多年的完善已成为中国最具权威和影响力的品质节目与品牌活动。再如"东方风云榜"的策划运营,该排行榜是上海东广以"音乐动感101"的音乐节目为依托推出的,包括评选和颁奖活动两大环节,目前已发展成为中国内地最著名、最权威、最有影响力的原创音乐排行榜。"东方风云榜"的评选环节融合了周榜成绩、阿基米德App社区投票、专家评分等多种方式,是典型的线上线下结合、传统媒体与新兴媒体融合的音乐活动。

(二)参与类音乐节目的策划

除音乐欣赏类节目外,另有一种特殊的音乐节目——听众唱歌节目。这类节目属于参与类音乐节目,带有比较明显的娱乐节目色彩。根据参与方式的差异,又可分为"录音唱歌"和"热线唱歌"两种。

1."录音唱歌"

在传统媒体时期,制作某些以声音见长的受众参与节目,可以发挥广播的独特优势。早在1986年,"全国越剧中青年演员广播大奖赛"就引发轰动。广播策划人正是从媒介的特点出发,一开始就把注意力放在演唱质量和录音质量上,从十多个省、区、市初选出来的50名参赛演员的唱段,全部采用立体声录音,用一个多月时间在7家电台反复播放,最后根据10万多张选票决出优胜者。这可以说是一次成功的听众参与节目策划。由于注重演唱质量,节目办得精美,既充分发挥了参赛者水平,又满足了人们高标准的欣赏要求。

目前,一些电台策划的"校园歌手""楼道歌手""的哥唱歌比赛"等,由参与者自己提供歌唱录音,上传至指定网站或网络客户端,有时也邀请其中的优秀者进台录音。海口广播电视台M95.4旅游交通广播自2013年起,连续举办六届"的士好声音"歌唱比赛。2019年又把公交工作者、网约车司机群体纳入活动中,把节目打造成"公交·的士好声音",覆盖范围更广,节目影响力也更大。

2."直播唱歌"

"直播唱歌"节目融合了热线直播、平民化唱歌、"海选"、真人秀、网络互动等元素,是一种互动性强的音乐节目样式。早期,台湾飞碟电台的夜话节目《夜光家族》拥有稳定的高收听率。其中"在线家族KTV"单元,就是由听众通过热线参加歌唱比赛,任何听众均可以传真或热线形式推荐身边会唱歌的高手,透过话筒,尽情展现歌喉。类似形态的音乐节目如山东广播娱乐调频的《幸福放声唱》、深圳广电集团音乐频率的《K歌我最红》、福建经济广播电台的《醉想听你唱》等，都曾有过不错的市场表现。

"直播唱歌"节目在一定程度上借鉴了电视选秀节目的形态元素，由于广播具有匿名、隐身等特点，又形成了自己的特色。从平民化的角度看，广播唱歌节目更具草根精神，也更加原生态。但由于电话传输本身的局限，演唱的专业性受到一定影响，加上节目元素相比电视唱歌节目单一，制约了此类节目的发展。目前，不少"热线唱歌"节目选择与组织群众参与性歌唱活动相结合，或邀请草根歌手走进直播间，或参与网络歌唱选秀，辅以投票或网络互动，以提高节目质量，扩大影响力。

随着互联网的发展，特别是移动互联网的普及，"听众唱歌"形态在技术层面被进一步"激活"，例如唱吧App即属于此种模式的代表。这种形态的出现，意味着音乐内容产品发生了从"听歌"到"点歌"，再到"唱歌"的转变。尽管在未来的音频节目策划中，"听歌"形态仍将占据主导，但随着互动的增加，听众的主体意识已经觉醒，参与性音乐节目也会越来越多。

二、广播新闻节目及其策划

在传统电台的内容布局中，"广播新闻节目以播出新闻消息为主，同时也播出专稿、评论、广播谈话等。"[①] 在综合频率，新闻节目常以栏目或板块的形态出现；在类型化频率，新闻则呈滚动刷新状态。在融媒体格局下，广播新闻的传"声"优势与互联网的快捷、多媒体、强互动特点结合，形成新的优势。

（一）新闻节目的基本定位

1. 快闻速递窗口

由于制播技术更为简单，发稿流程更为便捷，不受发排、印刷的限制，"快"成为广播新闻最大的优势和魅力。美国传播学者雪莉·贝尔吉谈到，广播这一起居室中心的媒体，已经被移入了卧室、汽车，甚至浴室。美国90%的家庭有收音机，每5个成年人里有4位每星期至少听一次广播。40%的美

---

① 李岩：《广播学导论》（第二版），浙江大学出版社，2005，第124页。

国人在上午 6 点到子夜 12 点的某个时候听广播。电视发展以来，广播并没有消亡，在快速的新闻发布和最新热点报道方面，音频媒体优势明显。

一般情况下，新闻节目多为编排播出；在特殊情况下，单条消息也可以以插播的形式在其他类型的节目中出现。2003 年 3 月 20 日 10 时 40 分 30 秒，中央人民广播电台突然中断正在播出的老年节目《桑榆情》，插播了一条仅有 20 个字的快讯，在国内首先发布伊拉克战争爆发的消息。这条消息领先了央视国际频道 11 秒，领先了新华社大约 3 分钟，领先了央视一套 8 分钟。

在互联网条件下，广播的"快闻"优势得以进一步强化。例如，"中国之声"便运用新媒体手段改进时政报道工作，策划特别专栏，第一时间通过官方微博播发国家领导人在考察、出访活动中的现场讲话音频，并配发文字说明和图片等；入驻喜马拉雅等网络音频平台，把《新闻进行时》《新闻纵横》等各类广播节目以专辑的形式呈现，方便用户自由选择收听。

2. 要闻资讯总汇

传统广播新闻有录音新闻、录音通讯等体裁，长消息、新闻专题、社教节目一度成为广播记者精心打磨的对象。然而，研究发现，人们如今收听广播新闻更多是为了获知信息，而非长篇大论，在某种程度上，深度报道、调查报道、解释报道、精确新闻等报道形式已不能构成广播的核心竞争力。广播新闻节目在与报纸、电视对弈的过程中必须重新定位，"简明新闻""信息集纳"因其"即时、简短"的优势，成为听众新宠。尽管我们仍能听到《新闻纵横》这样体现深度报道与新闻评论的新闻节目，但"短""快""活"的节目定位不断得到强化。事实上，老牌新闻栏目《新闻与报纸摘要》中的"简讯"和"报摘"（媒体报道集萃）单元就一直以"言简意赅、大信息量、汇天下精华"的编排，备受听众瞩目。

要闻总汇的形态特征在类型化新闻频率中体现得十分明显。最典型的类型化新闻电台当属 1965 年就开始播送新闻的纽约 "1010WINS"。其节目构成为每 20 分钟一个组合体，新闻都是提要式的，每条长度不超过 40 秒，定位为"给我们 20 分钟，我们给你整个世界。"中国国际广播电台 2005 年开播的环球资讯广播（CRI NewsRadio）以小时为单位，每小时又细分为若干个板块，涵盖国际、国内、财经、科技、体育、文化、娱乐、媒体浏览、天气资讯、新闻英语等内容。听众想变换听觉感受，等待时间不会超过 3 分钟，即欧美流行的"24 小时资讯便利店"模式。

互联网时代的海量信息为新闻资讯类节目的发展提供了便利。例如，浙江之声在 2010 年秋季改版时策划了《方雨大搜索》栏目，口号是"你还在路上，我已为你翻开今天的世界"，节目定位清晰，融媒体特点鲜明，主持人点评有节制，信息量大而有序，赢得了听众的青睐。为提升信息容量，该节目还设立"联通微世界""微信动起来""人物微语录"等小插件，与网络紧密联动，做到第一时间呈现网上最新热议话题。

3. 生活服务平台

现代传播强调信息服务的功能。传统广播的信息服务囊括经济、科技、市场、文化、生活等各个领域。从具体的节目内容看，路况信息、天气预报、证券行情、彩票信息、演出动态等，是近年来出现的最主要的信息服务节目类型。新闻信息服务的兴起与市场经济的发展和社会环境的变化密不可分。比如，城市汽车拥有量的增加、交通问题的凸显使得路况信息炙手可热；人们对天气变化的关注、对灾害性天气的预警，使得天气预报成为收听率最高的节目。

信息服务类节目依据具体类型的不同，或"插播"，或以独立节目的方式呈现。比如，北京交通广播的路况信息播报覆盖每天的 7：00~23：00 时段，并贯穿各个节目。交通平峰时段平均 15 分钟至 20 分钟定时播报，交通高峰时段随时插播，每 30 分钟由交通民警直播全市范围的路况，做出提示，或指导司机绕行。

4. 直播连线中枢

传统广播新闻节目制作比较烦琐，记者从采访到成稿再到录音制作，需要一定的时间，而记者的连线报道能使其采访到的新闻在第一时间播出。同时，由于单纯的音频连线较电视的音视频连线更加方便，使用移动电话进行连线已成为广播新闻发挥时效性优势的"法宝"。电话连线的新闻传播方式，能将各方面信息进行整合、过渡、衔接，在直播状态下，主持人与前线记者随时连线，记者以第一人称，通过声音展现新闻第一现场，发布最新的现场新闻，充分体现了电子媒体的时效性和传真性优势。在一些电台，连线报道不仅仅用于突发事件报道，异地连线直播节目已趋于常态化，新闻直播间成了连线八方的信息中枢。随着手机的使用，外派记者几乎可以做到随时随地发回报道。

（二）音频新闻节目的策划要点

1. 典型形态

传统的广播稿新闻、录音新闻、报摘新闻（或"网摘"新闻），以及更为流行的现场新闻、连线新闻，加上滚动直播条件下简讯与深度报道、新闻分析相互穿插，以强调信息量为主的编排模式，构成了当前音频新闻节目的典型形态。

2. 非典型形态

强调广播"更适合做资讯服务，不代表广播媒体就不可以解读新闻，也不意味着广播媒体就不能做深度报道，关键在于能否消除节目的单调、乏味感，让听众在一种相对轻松的状态下收听节目。因此，以强化听众收听兴趣、消除听众收听疲劳为旨归的新闻节目碎片化追求，成了广播节目形态变革的主要内容"[①]。有学者据此提出，可以"通过信息的分解与组合解读新闻"，还可以通过"说"和"聊"的形式报道新闻，以实现新闻的"碎片化"。这就涉及广播新闻的一些非典型形态，如植入式新闻。一些媒体在专题节目、娱乐节目、脱口秀的直播过程中，可以随时插播"交通信息"，连线路况记者，念读短信平台或微博平台上的"新鲜事儿"……这类植入非新闻板块或栏目的"新闻信息"，散布面广，随机性强，十分快捷机动。

融媒体时代的新闻形态更为灵活多变。《小新的一家》是黑龙江广播电台都市女性频率策划的一档民生资讯节目。其宗旨是"给听众带来实用的信息，给听众带来好听的故事"，节目以生活化、故事化的方式呈现，主要关注民生、养生、教育、科普等方面内容。主持人均以角色化身份出现，以演绎的语言样态表达；人物角色设置为爸爸、妈妈、小英及小新姐妹俩，人物血型、星座、性格都不相同，因而形成了人物间冲突，产生了故事剧情，节目时长为1分钟至3分钟。这种单元小、信息量大、节奏感强的节目类型，不仅符合听众碎片化的审美，还易于吸引广告商的投资。

---

① 申启武：《广播节目：形态变革进行时》，《中国广播电视学刊》2008年第1期。

新闻节目的形式策划,还可以尝试与"音乐""谈话"节目融合,"嫁接"这两类节目的优势,创造独特的新闻播报方式。比方说,可以"音乐+新闻",在背景音乐映衬下播报新闻,江苏文艺台名牌栏目《音乐早报》几个板块的新闻内容就分别辅之以不同风格的音乐;还可以"新闻+谈话",既然声音是"贴身媒介",娓娓道来当然比高高在上亲切自然。

3. 与视频联姻

广播新闻的另一种策划思路源于与电视(视频)的联姻。我国各省市广电合并之后,一些广播电视台的采编力量被整合为一体,节目制播方面的合作得到深化。如我国第一家省级广播新闻类型台——江苏新闻广播(FM93.7)就是一家由广播电视资源共享、联合打造的电台。江苏新闻广播与同集团内部的强势电视媒体——江苏城市频道强强联合,除品牌、线索、人力、宣传推广等领域的协同外,还同步直播知名电视新闻栏目《零距离》等。2019年"两会"期间,《央广直播间》节目更是打通了广播和电视的屏障,让两方主持人"同屏",同时直播解读"两会"新闻。

从传播符号系统、主持人语体、节目形式等方面看,电视新闻的音频版毕竟不能等同于广播新闻节目。"音频版电视"只能作为一种非主流广播新闻形态出现,而更为符合传播规律的做法是:其一,对电视播出的重要新闻加工后再度使用;其二,深化采编领域合作,充分利用"两微一端"等新媒体平台以及类型化广播滚动刷新的直播优势,第一时间消化新闻线索和资源,弥补电视栏目在规定时段播出的局限。

三、广播谈话节目及其策划

自广播诞生开始,谈话节目就被视为电台的宠儿。早期节目形态多为一个人唱"独角戏",没有主持人与听众的互动交流。1933年,广播谈话节目有了进一步的发展,听众开始出现在节目中,而这种节目也越来越吸引听众的注意,因为大家都想知道别人在想什么。由此,谈话节目的内容也开始向广大听众关心的热点靠拢,如热点时事、公共事务、家庭生活等。

从内容角度划分,谈话节目可分为新闻性谈话节目、教育性谈话节目、娱乐性谈话节目以及商业性谈话节目；从谈话者的角度划分，又可分为一人直述式、两人对话式、圆桌座谈式以及听众参与式。[①] 也有学者认为，谈话节目可分为：(1) 有话题节目，即根据栏目定位，每次设置一个中心话题；(2) 无明确话题的节目，但栏目本身有主旨范围和指向，如《往事回忆》、《你好，老爸》等；(3) 无话题节目，即以热线为主的无主题交谈节目，如情感类的《孤山夜话》《今夜不设防》《伴你到黎明》等。[②]

现对音频谈话节目的策划思路做如下总结：

（一）突出人际传播优势，以"双向交流"彰显沟通力量

声音的交流功能具有独一无二的价值。把日常生活中的人际交流和群体互动引入节目是策划的核心理念。谈话一般都会有一个操持者（如家庭主人或会议主持等），广播谈话追求"双向交流"的传播效果，是典型的主持人节目。主持人节目的特点和优势在于：其一，传播者以个人身份出现；其二，传播者与受传者的关系是朋友式的。[③] 传播实践表明，要使传播内容作用于受众，使受众、主持人展开积极的思想交流，有效方法之一就是缩短传播者与受传者之间的心理距离，而个性化、人格化的表达无疑有利于拉近这种距离。日本民间放送联盟编写的《日本广播电视手册》认为：广播节目个性的好坏取决于个性化的主持人、信息和音乐这三方面因素。他们用"Personality"（"个性""人格"）来注释广播中长时间直播节目的主持人，"这是因为其作用不单纯是进行节目的播出，正确地传达信息，而且还要以自身的人格和个性与听众进行面对面的交流"。

谈话节目主持人和听众之间利用人际通信媒介——电话、手机、语音留言平台等，沟通感情、交流思想，再通过大众媒介把人际间的这种真情实感广泛渗透、深入人心。调查发现，参与广播谈话的听众消除了披露个人隐私的顾虑，从而保护了他们的自尊。同时它又有助于听众克服孤独感，与社会保持联系。法国国际广播电台的《喂！玛霞》节目，曾经产生过很大影响。主持人玛霞·贝朗治女士每天深夜1点到3点，在电台播出听众与她通话的实况，

---

① 董昕：《广播节目策划与制作》，中国传媒大学出版社，2007，第137页。
② 俞虹：《节目主持人通论》，中国广播电视出版社，2004，第236页。
③ 毕一鸣：《现代广播电视论纲》，中国广播电视出版社，2007，第244页。

她把普通的谈话化为倾诉衷曲的谈心，她热心为听众服务，甚至成全了21桩姻缘……由于电话产生的双向交流更加直接、便捷，使得广播谈话节目愈兴愈盛，其社会影响不容低估。

谈话节目的优势在于扩大参与面，网聚人气，但同时也是一种制作成本相对低廉的节目类型。这种优势在互联网时代得以进一步强化。从节目策划的角度看，以"热线直播谈话"为代表的广播谈话节目最具特色。主持人、"热线"等元素，使谈话节目区别于传统的"单向"模式。主持人在双向沟通中营造出"交流情境"，以人格魅力和个性化的真实，满足多样化的听众需求。

（二）把握公共意见走向，以"舆论领袖"实施社会引导

谈话节目包含访谈、聊天、对话、辩论、交谈等多种元素，是聚合舆论的场所，不同观点特别是对立观点常常在节目中汇集。一般来说，谈话节目中的嘉宾、听众总会存在一些不同的观点和认识，从而形成矛盾冲突，而展开矛盾并疏导众人意见，最后形成意向性结论，则是这类节目的一般性程序和内容策划的突出特点。

从节目策划的实践看，主持人是谈话节目的灵魂和核心。主持人起着控制整个节目节奏的作用。在谈话节目传播群体中，主持人是唯一固定的，嘉宾和现场观众则是流动的。主持人对节目的进程、节奏、内容、格调甚至节目的整体质量起着至关重要的作用。主持人在节目开始是引言人，中间是串联人，结尾是总结人，全程节奏是控制人。当然，强调谈话节目中主持人的核心作用，并不意味着节目可以变为主持人个人发表意见、自说自话的园地。在我国，谈话主持人实际充当着舆论领袖的角色。中央人民广播电台中国之声节目主持人青音在微博的粉丝数达到400多万人，也经常原创发送一些人生哲理和价值观的微博，具有相当的影响力。

在国外，访谈节目主持人（Talk-master）、热线电话节目主持人（Hot-liner）被视为能够阐释各类社会问题、公共关系问题或心理问题的专家，他们在构建"谈话场"，引导谈话方向的过程中发挥着关键作用。美国知名谈话电台WOR710HD的《乔伊·布朗博士秀》（The Dr. Joy Browne Show）栏目，是美国最受欢迎的心理谈话节目。在20世纪80年代，主持人乔伊·布

朗是全美第一位做广播节目的有行医执照的心理学家,今天,她的节目是美国本土电话交谈治疗类节目中经营时间最长的节目之一。节目由数段听众热线电话组成,在对话过程中,主持人帮助听众找到面对问题的解决方法,在家庭伦理、性、子女教育、工作关系等方面给予具体的建议和行为引导。

在谈话节目中,"热线"是实现听众参与、开展双向交流的一个最为直接也较为有效的方式。通过互动参与,让听众的声音直接在电波中流淌,多种声音的汇集、碰撞使"广播是声音的媒介"这一基本特征得到进一步体现。但正是由于互动直播的存在,给主持人驾驭谈话节目带来了一定的"风险"。

(三)注重社会联系功能,以"广播对话"构建公众论坛

谈话节目的参与性,又称介入性,不仅仅是指听众打入"热线"或进行语音留言互动,更主要是引发受众心理上的参与感受。谈话的参与者多是普通群众,不受思想、文化、表达能力限制,大家可以实话实说,畅所欲言。这类节目的策划播出在一定程度上启发了群众的自主意识,调动起公众民主参与的热情,构建起广泛参与社会生活的话语平台。从更加积极的层面来理解,它对推动社会民主政治建设也会起到积极作用。

所谓"广播对话",最早出现在20世纪80年代的美国,它给广播事业注入了活力,而且形成一支社会政治力量。1989年,美国国会企图给自己加薪51%,全美国成千上万的听众打电话给节目主持人,表达他们的愤慨,并让主持人将电话信息转达给国会办公室,迫使国会让步。众议院在1990年提高了薪金,但远远低于原先设想的标准。纽约杂志分析家形容谈话节目主持人是"90年代的政治组织家"。[①]

在我国,1992年上海人民广播电台开办了《市民与社会》节目,把党政领导、专家学者、普通市民都邀请到广播中来,相互对话,共同讨论。在传播方式上改变了"你播我听"的单向模式,建立起在同一时间里有来有往,有问必答,此呼彼应,平等讨论的双向和多向交流模式,国外传媒称这个节目为中国独特的"公众论坛"。从节目策划的角度看,当前不少公众谈话节目都是"新闻话题+嘉宾访谈+热线电话(或网络互动)"的节目模式。

江苏广电基于全媒体平台打造的《政风热线》是此类节目当前的代表。《政

---

① 詹姆士:《广播对话的力量》,《北京广播学院学报》1993年第3期。

风热线》最早是成立于 2003 年的江苏新闻广播《政风热线》栏目，与省纪委、省委宣传部、省监察厅、省政府纠风办和省政府各厅局及窗口单位联办，每天邀请省直职能部门的主要领导和有关业务处负责人轮流走进直播室，通过"热线"与听众对话，或围绕某个主题，解答听众的政策咨询，受理听众对相关部门的投诉，栏目记者则追踪采访，在节目中及时通报问题的处理结果。这种形式有利于保障和延伸广播的舆论监督功能，最大限度地满足了城市市民的知情权和话语权，促进了舆论的充分表达。据统计，栏目年受理群众投诉与咨询 10000 件以上，办结率超过 90%，不少关乎群众切身利益的老大难问题得到解决。2011 年，电视版《政风热线》在江苏公共频道播出，最终形成与江苏新闻广播、《新华日报》、中国江苏网"四位一体"全媒体联动监督模式，即电台直播、电视跟踪、报纸点评、网络互动，成了名副其实的融媒体节目。与此同时，江苏省 13 个省辖市、43 个县（市）都相继开设了"政（行）风热线"，成为城市公共空间建设的重要推动力。近年各地兴起的"行风政风热线"和"问政"节目，事实上是延续了"广播对话"的策划定位，得益于移动互联网加持，一个个"舆论场"或"公共论坛"开始形成。

四、广播剧及其策划

广播剧（Broadcasting Play）是指在广播播送，主要为播音员或配音演员所演出的戏剧，也称为放送剧、音效剧、声剧。广播剧是广播节目的最高艺术形式，也是一门具有想象力的艺术。1950 年，为纪念"二七"铁路大罢工，中央台制作了反映铁路工人修复铁路支援国家建设的广播剧《一万块夹板》，标志着新中国广播剧的诞生。1996 年，中宣部将广播剧列入精神文明建设"五个一工程"。在广播剧目发展的过程中，还出现了音乐广播剧和戏曲广播剧的形式。伴随新媒体的发展，广播剧出现更多的题材类型和创新形式，有研究认为，"按题材就出现了武侠、科幻、言情、侦探、恐怖、逗趣广播剧等，按形式出现了微剧、系列剧、栏目剧、小说剧、多人剧、汽车剧等，紧跟时尚，以新的魅力赢得了特定听众群的青睐。"[1]

---

[1] 李浩然、王诗畅：《新时代国内广播剧发展路径》，《中国广播》2019 年第 3 期。

（一）广播剧策划：驾驭纯声音的艺术

广播剧作为艺术形式的一种，具有戏剧艺术的基本特征和基本要素，如由演员扮演角色，塑造人物形象，展示矛盾冲突，等等；但是它作为听觉的戏剧艺术，又有与一般戏剧艺术不同的特征。其基本点在于它只凭借声音（有声语言和音响）进行表演，并由此形成了自己独特的艺术规律和艺术风格。与舞台戏剧和影视剧相比较，广播剧的优势在于不需要舞台的装置、人物的形体表演，以及图像和画面，相对来说录制迅速简便，成本耗费不高，同时由于制作周期较短，在及时反映现实生活方面无疑具有较强优势。但广播剧仅用声音来表现，不如视觉实体和电视剧直观、鲜明和生动，这是其局限性。

融媒体时代，广播剧行业迈进了精品化和高质量发展时期。黑龙江广播电视台推出的两部以生态文明建设为主题的剧目《虎啸山林》和《森林小镇》，均获"中国广播剧研究会专家评析奖"一等奖。《森林小镇》讲的是在一个叫布罗镇的小镇上，一个叫阿洛的年轻人成了小镇邮局的邮递员，他肩负着沟通布罗镇人与人之间亲情关系的使命，给别人带去消息、带去美好……在最后的灾难面前，人类和森林里的动物们达成了最真诚的合作，最终让布罗镇和森林两处的居民真正融合在一处，携手共渡危难，重新找到了美好和幸福。这个故事具有清新的东北山林气息，表达人与自然和谐共处的深刻内涵，也适应了都市听众返璞归真的心理需求。

在新的市场环境下，不少网络小说、热点新闻等被改编成广播剧，如根据"鲁荣渔2682号惨案"改编的《太平洋大逃杀》。这部由蜻蜓FM、乐视影业和时尚传媒联合出品的网络广播剧共6集，每集15~22分钟，在剧本编排和章节设计上贴合了移动端用户的收听习惯，叙事结构较为精致，声音元素细腻抓人，同时又符合网络传播碎片化的特点。借助蜻蜓FM的市场号召力，该剧在社交媒体进一步转发推广，实现了跨平台的融合传播。2016年，央广"中国之声"首次推出新闻纪实广播剧。其中，《遇见海昏侯》（7集），首创"历史广播剧+录音报道"形式，该剧用报道呈现海昏侯墓考古重大发现，用广播剧还原历史事件；《生死关头》（10集），采用"广播剧+口述新闻"形式，用声音生动、细腻地呈现长征史诗般的色彩，荣获国家广播电视总局创新创优大奖。此外，基于影视 IP 开发的同名广播剧，或与电视剧捆绑打造的原声广播剧也成为行业热点。2020 年，广播剧《安家》与电视剧同步播出，获得市场认可。

广播剧的策划制作是把广播剧本声音化的过程，它考验创作者对故事情节、感情的理解及对声音艺术的想象力和创造力。无论题材和载体如何变化，广播剧创作者要善于通过声音塑造艺术形象，营造场景，激发听觉美感。因为声音是广播剧的第一媒介，"凡是思维能达到的语言就能达到。加之声音语言中的音色、音高、力度、节奏更可以传达人物的情感、性格和气质，更能为听众所感知所理解。音乐、音响不仅有配合语言抒发感情，渲染戏剧气氛，营造典型环境，推动情节转换和发展等作用，而且它是剧情中的音乐、音响，具有'语言的性质'，以表达人物内心深处的隐秘或更激烈的思想意态。"[①] 根据听众只能凭听觉进行欣赏的特点，广播剧通常以人物对话和解说为基础，充分运用音乐伴奏、音响效果来加强气氛。失去视觉手段乃是广播剧的弱点，但是，听觉手段可以充分调动听众的想象力，使之直接参加创造，从而获得特殊的艺术享受。在国外，不少广播剧尝试表现梦境、幻觉、回忆等题材，也获得了成功。

（二）广播剧栏目的策划

在西方，一些公共媒体办有主打广播剧的频率，如 BBC 的 radio 4。其典型栏目包括名著改编系列（Classic serial，每集大约一小时）、女性剧场（Woman's Hour Drama，每集 15 分钟，大多由经典剧目、名人故事或重要事件改编）；此外还有以紧张、神秘著称的"周六剧"，情节美丽动人的"周五剧"，以及每天下午固定播出的广播剧栏目。

创办于 20 世纪 80 年代初期的《广播剧院》（后改称《广播剧》）一度是中央台最受欢迎的文艺广播栏目，曾经位居听众收听排行榜第二名，仅次于《新闻和报纸摘要》。由上海电台推出的大型系列广播剧《刑警803》也可谓家喻户晓。这个系列从 1990 年 8 月播到 1995 年 7 月，共 39 部 208 集。其规模之大，延续时间之长，均创中国广播剧之最，全国有 33 家电台先后播放，掀起了经久不衰的收听热。2001 年，上海台文艺频率策划推出新版《刑警803》，

[①] 张凤铸：《中国广播文艺学》，北京广播学院出版社，2000，第 276 页。

取材近年来有影响的真实案件,再度受到欢迎,累计播出超过1000集,成为广播剧界的常青树。

不过,随着新的文艺和娱乐形式的普及,一段时期以来,广播剧创作出现低谷。不少电台对于投入大、效益低的广播剧不甚感冒,广播剧栏目逐渐淡出频率,取而代之的是形态更为简单的小说连播、"主持人讲故事"节目,有的电台则直接剪辑播放热门的影视剧录音。中央人民广播电台第一套节目"中国之声"曾专门开办过广播剧栏目《黎明剧场》。网络广播兴起之后,喜马拉雅、蜻蜓FM等多个音频聚合平台都相继开通广播剧频道,节目数量繁多,而其中最受欢迎的是都市类广播剧。

在节目交易市场,目前小说类广播节目价格相对较低,而广播剧单期价格则相对更高,需要有剧本、音效、角色扮演,以及后期录音师的剪辑制作,工艺流程更为复杂。从节目形态角度看,广播剧有其局限性。一是互动性弱。广播与其他媒介相比,重要的优势就是它能和听众之间构成即时互动,广播剧则几乎没有互动,所有节目都是演播。二是时效性差。因为录播,与当下社会的许多热点话题多少处于脱节状态。三是缺少"有用"性,难以长时间有效吸引听众。四是对听众的卷入度要求高。广播剧不仅要求听众投入时间,还要求听众投入情感,甚至投入智力,并且是长时间的投入。这么强的卷入度要求,不太符合当下听众的收听心理。生活节奏的加快,使人们更注重广播的伴随性,高卷入度使广播剧流失了不少活跃的年轻听众。

(三)广播栏目剧的策划

任何事物都会在自我扬弃和脱胎换骨中获得新生。广播栏目剧即为一种新兴的节目形态,由于通常每一集都较为短小,因此也被称为"广播小品"。从策划的视角看,与传统广播剧相比,在形式上它借鉴了小品的艺术元素,有规定的情景、相对固定的人物和一些简单的情节。内容上则更加灵活,无论是评议时事、服务生活还是娱乐大众都可以;风格上则贴近普通听众生活,讲求时效;由于基本上是日播,因此制作上相对于传统广播剧要简单得多。广播栏目剧带有典型的栏目特点,通常会发展成一个长期延续的系列。中山电台的《庆记茶寮》已持续播出十多年,累计3000多集,可谓长盛不衰。

《阿亮的烦恼生活》是浙江电台策划播出的一档广播情景剧。节目紧扣时事新闻，演绎百姓生活。主持人阿亮在节目里扮演各种角色，既是主持人又是主人公。有时候还添加一些额外的角色，由工作人员客串。通过角色的生动幽默，富有时代气息的对白，演绎现实生活中百姓对新闻事件和社会现象的看法。目前，北京电台的《都市人》、山东电台的《老鲁一家亲》等都成了当地家喻户晓的名牌栏目。在珠三角地区，粤语广播小品更是深得当地听众青睐，几乎每家电台都有类似栏目。《老友鬼鬼》是广东电台城市之声的一档广播新闻评论剧。剧中角色都由主持人扮演，情景设定在一家甜品店。节目借用小吃店员工和食客之口，对社会热点进行点评，嬉笑怒骂，针砭时弊，将市民心声表现得淋漓尽致。

　　近些年，一些广播电视台都在尝试推动广播剧的产业化运作，并形成了良好的示范效应。如黑龙江人民广播电台下属的龙脉影艺公司于2007年成立，经过多年发展，成为年产2000部（集）、广播长书8000余小时的音频生产类文化企业。成立于2005年的湖南金鹰之声传媒有限公司近些年策划和制作了广播剧《青瓷》《长沙、长沙》《三十，而立》等，在市场上获得了良好的口碑和经济效益。从某种意义上说，广播栏目剧"短小集中""注重矛盾冲突""情感冲击力强""语言智慧幽默"等特征决定了它的风靡流行。

　　《的哥哈喜喜》是宁夏广播电视台策划推出的一个午间方言类广播情景系列剧，2006年推出至今，已累计播出2000多集，成为当地老百姓非常喜欢的广播品牌节目。值得注意的是，该剧的演播采用了无剧本现场演播的方式，主创人员在录制时依照前期策划好的故事大纲和主题在演播室内即兴表演。两位主创人员"哈喜喜"的演播者江涛和"夏莉莉"的演播者马茵现场编排主体情节线索，边录制，边创作，一个小时内完成18分钟左右的剧集录制。究其优势，一是现场感强。无剧本演出使得戏剧演员与现场观众的互动性加强，增强了观众的参与性。二是时效性强。通过即兴的评述和表演，将新闻性事件带入戏剧情境中，使得戏剧内容有了新闻的时效性特征。快速录制可以缩短新剧与听众见面的时间，将生活中发生的新事件及时纳入广播剧进行演播，以此拉近与听众的时间距离。此外，无剧本创作的另一个好处就是有效降低了制作成本，为广播剧的市场化运作提供了更多可能。

(四)"微剧"的策划

移动互联网的发展和用户碎片化收听习惯催生了微广播剧,也称"微剧"。近年来,脱胎于传统广播剧并具有共同美学精神的微广播剧登上大雅之堂,继而在新媒体上大行其道。微广播剧改变了传统广播剧的结构形态,具有时间短、内容精、互动强、易传播等特点,已逐渐发展成为与传统广播剧并驾齐驱的全新音频产品。

2012年,中国广播剧研究会、浙江交通广播、宁波鄞州广播电台联合举办首届中国广播剧微剧大赛,以"畅想未来"为主题,通过微型(每个作品时长3分钟至8分钟)广播剧的制作、选评、展播,促进中国广播剧事业的创新发展。该项赛事已连续举办三届,这种新型的广播艺术形式充分适应了现代人在网络时代碎片化、自主性阅读和收听的习惯,通过广播电台播送、微博和微信转发、网站手机在线或下载收听等方式推动,为内容产品影响力实现最大化。

"微剧"策划的关键在于适应"微"时代的传播特点,把握碎片化、社交化、移动化的创作规律。移动网络用户能够在短时间里快速欣赏专业的广播剧艺术是一件很享受的事情。例如,获金奖的作品《爸爸》累计点击率达到300万人次,在短短10天的网络展播期内,点击量和手机分享量便超过50万人次。分析此类广播"微剧"不难发现,其本质定位在于打造适合手机终端的情节化短音频内容。此类节目的成功探索了广播剧在社交媒体的传播路径,也提升了广播媒体的品牌价值。可以说,它是对广播剧形式和结构的重塑。

第三节 融媒体音频节目策划

一、模式改革与音频节目创新

改革开放以来,我国广播界多次吹响改革号角,每次改革都是节目形态演进的契机。可以说,音频内容的形态变化与策划创新,都与中国广播改革

的大潮相生相伴。

（一）"珠江模式"

1986年，广播界以"珠江广播模式"拉开改革大幕。珠江台一反传统的"录播"和"分割式"节目编排，采用"以新闻信息为骨架，以大板块主持人节目为肌体"的形式，每逢半点播出新闻，逢正点播出经济信息，按听众的收听习惯和需要安排内容，通过主持人灵活地将新闻、资讯、服务、娱乐等各种内容熔于一炉，开通热线电话与听众即时交流、实时直播，实现了听众的直接参与，展示了广播的大众性、信息性、服务性和娱乐性等崭新面目，赢得了听众。"珠江模式"的开创，使广播电台实现了与听众直接双向的交流。但这种直播对话只是点对点，听众参与面仍然有限。而今天的互联网则改变了信息的传递和接收模式，信息的传播者与接收者的角色融合度更大。

（二）"东广模式"

1992年，以东方广播电台成立为标志的"东广模式"为广播第二次裂变的标志。他们倡导以提高节目信息量为标志的开放型改革思路：新闻编排上打破了先本地、后国内、国际的陈旧模式，根据新闻本身的重要性"排座次"；不"画地为牢"，"请进各方代表人物进直播室，将各方面新闻媒介的最新消息尽快提供给听众"；努力开发节目资源和频率潜力，实现24小时直播。东方广播电台的做法，深化了大板块直播节目的内涵，实现了广播节目与社会活动的内外联动，树立电台的品牌形象。

（三）专业化实践

20世纪90年代到21世纪初，以全国各地频率专业化探索和建设为广播第三次改革的标志。90年代以后，广播的核心受众群正在由乡村转向城市；随着私家车的迅猛增加，受众由固定收听转向移动收听；由收听调幅广播转向收听调频广播甚至数字音频广播。北京、上海、广州、深圳、南京等城市，率先建立了诸如文艺频率、新闻频率、音乐频率、交通频率等专业化频率，我国广播开始了"窄播"和频道类型化的实践。

（四）融合化探索

伴随着互联网浪潮的汹涌澎湃，传统广播媒体纷纷"互联网+"，展开了融合化、新媒体化的大胆探索。尼尔森网联《2019网络音频节目用户研究报告》显示,中国网络音频节目听众占网民规模的82%。频率收听方面,本地广播电台仍然是网络收听主力。

广播的融合化探索,起始于门户网站,兴盛于"微端"。数据显示,排行百强的广播电台几乎全部入驻了网络音频客户端,其中,位于排行榜第一的中央人民广播电台"中国之声"更是选择多家入驻。目前,其新闻内容不仅在传统广播中播出,还会在微博、微信、新闻客户端、央广网以及各类音频聚合平台同时呈现。2020年3月,中央广播电视总台发布"云听"App,定位为高品质声音聚合分发平台,被认为是总台广播频率改版及传统广播向移动音频转型提供技术和平台支持,也是"移动优先"战略的具体体现。

二、融媒体音频节目的形态重塑

媒体融合背景下的新音频节目,具有许多区别于传统广播的特点。以社交媒体为代表的新媒体具有自发传播、感染力强、参与性高等特性,传统广播需针对融合化平台的传播特点,为用户"量身打造"节目样式,形成与传统节目的差异化,使之各具特色,相辅相成。

(一)"全媒体广播":广播与互联网的嫁接

从世界范围看,广播与互联网的嫁接基本都经历了两个阶段。早期的"嫁接"即简单地将传统广播节目"照搬"上网,将网络视为传统广播的扩展和补充,但这种方式并没有获得普遍成功,互联网用户对此并不"买账"。当前,这种嫁接进入了"互联网+广播"的新阶段,即认为"新终端上的内容产品是严格意义上的互联网产品,照搬传统广播的内容是行不通的,必须跳脱传统广播的理念、流程和生产方式,把优质的、用户最感兴趣的音频产品在合适的时间、合适的位置推送给用户。"[1] 基于此种认识,在传统广播生产和经营的具体实践中,经营者除了借助新媒体的力量在创新与融合中变革节目形态、丰富节目内容、进一步凸显广播的功能和优势外,还应充分利用新媒体推送一些具有新媒体特色的音频及衍生产品。2013年4月雅安地震,国家

---

[1] 王求:《革旧纳新天地更宽——中央电台发展新媒体的实践与思考》,《中国记者》2013年第8期。

应急广播运用多媒体传播,第一时间开通微博、微信等在内的社交媒体,很多用户在最快时间里通过社交平台传播受灾图片,在社交群里互相问询情况,还在朋友圈里发布地震后的自救措施,或等待四川的朋友报平安,迅速扩大了突发性事件的传播影响。

"中国之声"已成为全媒体广播的代表。打开"中国之声"官方微信公众号,页面不仅设有"收听直播""节目单""主持人"等菜单,还设置了"新闻调查"专属互动平台,内容每日进行更新,话题互动性很强。"中国之声"官方微博改变了主流媒体应对网络热点时迟缓和失语的状态。2014年3月8日8:45,官方微博发出第一条关于"马来西亚航空公司飞机失联"的图文微博,短短15分钟内,用户评论和转发累计次数达到2500次以上。此后的半个多月,"中国之声"持续跟进的报道,用户参与的频次累计达到几万次。截至2019年底,"中国之声"微博粉丝已超2600万,成为广播媒体微博中粉丝数量、影响力指标均排名第一的官方微博。此外,"中国之声"微电台也一直位列微电台收听榜新闻类第一名。

在广播与移动互联网嫁接的过程中,蜻蜓FM、考拉FM、喜马拉雅电台等移动音频聚合平台相继出现,成为音频节目创新的新平台。例如,中央电台文艺之声《海阳现场秀》脱口秀节目,将广播的1小时节目长度拆分成5分钟左右的小制作音频,放在蜻蜓FM、喜马拉雅等App。辽宁电台还推出"广播级故事音频聚合平台",用户通过手机登录腾讯微博就可听到"瓢虫"网络广播,并在24小时内不间断地收听广播故事。在融媒体时代,必须站在基于移动互联网的IT产业链上来实现传统广播与新媒体之间的创新、融合、发展,而不能简单地把传统音频节目移植到新媒体上。研究新媒体用户的体验和需求,把以往对"广播听众"的认识对接到"声音用户"的理念上来,是广播新节目策划的起点。

(二)"播客广播":广播与UGC的嫁接

所谓UGC,即User Generated Content,意为"用户原创内容"。以UGC为特色的网站如各大论坛、博客和微博站点,其内容主要由用户自行创作,管理人员只是协调和维护秩序。不过,相较纯文字或图片内容而言,广播内容生产始终存在一定的专业门槛,这导致互联网上的原生音频一度显得相对

"业余",不过,视角独到、选题精到、贴近草根的 UGC 内容仍具有传播优势。这完全打破了此前依靠传统节目单来"听广播"的旧模式,甚至也打破了为用户划出使用范围的"用广播"模式,转而变为"玩广播"。播客是"音频自媒体时代"到来的标志。随着移动互联网的普及,一些与网络相互融合的音频节目呈现良好的发展态势,尤其是网络播客、微博、短音频的兴起对广播节目影响很大。它们彻底改变了传统媒介时代大众传播的"传受模式",使大众传播的主体从"专业化媒介组织"变为个体的人。为顺应这一趋势,不少传统电台基于微信平台通过"微应用"为知名主持人开办"自媒体网络电台",这实际是一种 PUGC(Professional User Generated Content)的创作模式。

传统广播利用热线电话等形式和听众发生互动,但听众对电台节目选择、编排的影响较小,听众间的交流和互动也较少。而依托网络形态的广播则不同,强互动性使个性化的收听成为现实,听众可以选择自己喜爱的节目内容。更重要的是,听众变成用户,在一定程度上获取了传播者能力,听众可以上传自己制作的节目(即 UGC 内容)并与其他听众进行交流。让 UGC 音频创作者获得成就感的还有"打赏"这一仪式,如今,"打赏"已成为自媒体工作者的收入来源之一。双向互动和交流,以及用户内容生产,还直接影响到电台节目的选择和编排。由此,广播的传播模式变为电台与用户之间的"多点对多点"的网状传播。

《NET 仔 NET 女 K 时代》是佛山电台知名度最高的节目之一。节目特点在于广播同网络的结合,通过广播给青年人制造了一个展现自我的平台。具体的操作方式是:佛山电台同广州日报网站合作,共同建立了一个网站。音乐爱好者注册为网站会员后,可以将自己唱的歌曲(原创、翻唱均可)通过软件上传到网站。网民登录网站便可以收听这些歌曲,并对歌曲的优劣进行评判。主持人根据网民给出的分数将歌曲排定次序,形成榜单,在节目中播放。在周六的特别节目中,主持人还将歌手请到户外直播间为现场听众演唱。节目还不定期的举办演唱会,在经济和社会效益上都取得了不小的收益。

《波哥播客秀》是上海东广都市 792 频率策划推出的一档广播节目。众多的"播客"将其音频作品发送到"新广播网"参赛,入围作品可在节目中播出。播出的作品将进一步通过广播和网络接受网友、听众、手机用户的评选、投票、评价。经过初赛、复赛、决赛，选出最后的优胜者。《波哥播客秀》节目也同时在"新广播网"播出。《波哥播客秀》不仅播出"播客"作品，还报道"播客"生活；"新广播网"不仅是参赛和非参赛"播客"作品的集散地，同时也成为电台专业 DJ 的"播客"作品展示平台。《波哥播客秀》是全国第一档反映"播客"内容的广播节目，策划者想"实现传统广播媒体新的互动参与方式"，"实现传统广播跨媒体多平台的新的运作方式"，"把广播业与 IT 业嫁接起来"。

在广播剧领域，UGC 的壮大直接催生了网络广播剧，即编剧、演播、音乐、合成、传播等所有工序均在网上完成并在网络圈流行。剧本以网络小说家原创或改编自网络小说为主，由网络演员在各自所在城市分别演播后提交音频在网络上制作合成，团队成员可能互不相识，只为一个目标共同工作。现在能够追溯到的最早的中文广播剧论坛是 2000 年出现的 E 时代论坛，该论坛在短短四年时间里制作出了数十部广播剧，其中不乏优秀原创之作。最具代表性的当属原创音乐广播剧《当心，看车》，其开创了广播剧生产的网络制作先河。①

（三）"可视广播"：广播与视频的嫁接

虽同为 Broadcast，广播与电视的媒体形态有所差异。广播的"单信道"特点使广播成为"想象力媒介"，听众需要发挥自己的想象力，弥补图像缺失的遗憾。以广播节目主持人为例，不同听众"心中"的主持人形象必然有所差异，这反而给广播主持人披上了神秘的外衣，愈发吸引听众的好奇。然而，百闻终究不如一见。于是一些媒体开始策划使广播可视化，以满足听众对主持人及其工作状态的好奇。

早在 2006 年 7 月，浙江电视台钱江都市频道就推出了全新的午夜谈话节目《万峰时间》，将浙江广播电台文艺台的著名节目《伊甸园信箱》搬上了荧屏，每晚 23：45~00：30 播出。这是广播与电视结合的一种尝试。广播谈话节目主要依靠人物的有声语言传播，谈话内容的质量是关键。电视媒体由视觉和听觉语言系统构成，具有传播符号的综合性、事实氛围的传真性和深度涉入的参与性等特征，偏重于动态的视觉效果。因此，广播形态的节目要转

---

① 李浩然、王诗畅：《新时代国内广播剧发展路径》，《中国广播》2019 年第 3 期。

化为电视形态,必须制造出画面元素。钱江频道的策划是,将镜头对准在电台直播间的万峰,真实记录万峰主持节目的原生态场面,经过剪辑后以录像形式在电视台播出,中间插播广告。《万峰时间》的主画面为主持人近景,下方以滚动字幕播放经过编辑的观众评论,这不仅丰富了画面元素,更增加了节目的参与感。由于《伊甸园信箱》是直播节目,在一个半小时里,存在很多不确定因素,如没有听众打进热线电话,节目就显得不够饱满、连贯;而《万峰时间》经过剪辑播出,有效地控制了节目时间,使受众能最大限度地欣赏到精彩内容,可以说是《伊甸园信箱》的浓缩版。《万峰时间》无疑是电视节目,但也是广播节目《伊甸园信箱》的衍生产品。通过记录万峰的一言一行、一举一动,很好地展示了万峰的神态,保留了广播节目原汁原味的精华,满足了受众对主持人工作的好奇心。

类似的嫁接来自江苏电台曾经的"播ing网"。江苏台通过一个具有直播和点播功能的音视频网站,将《男生宿舍》《股市直通车》《梨园漫步》等主持人节目推至"幕前",进行跨媒体互动视频实时播出。与直接嫁接电视有所不同,"播ing网"不受电视节目播出时段和容量的限制,能够提供更多的"可视化广播"节目,同时具有更好的时效性和即时互动性。然而,此类广播节目衍生产品出现的初衷,源于受众的好奇心,而非通过视觉通道传递的核心内容信息,因此,受众好奇心能维持多久,决定了节目的生命力。"播ing网"就在开播两年后退出了市场。

如果节目长期保持以静为主、以听为主的画面,很容易导致受众的"审美疲劳";而一旦融入更多的动态视觉内容,就变成了真正意义上的视频节目。事实上,由成功的广播谈话节目衍生出电视谈话节目,并不鲜见。广播也曾进驻过电视演播厅与电视台进行实时联动直播,比如南京电视台生活频道的《城市晚高峰·下班万万岁》,实现了双主持人双播出模式无缝对接。在融媒体时代,"可视广播"走向网络成为必然,直播平台的兴起为广播网络直播提供了便利。2015年,安徽电台进驻360"水滴直播",主推直播节目《车市互联网》。2018年,QQ音乐推出网络视听节目《见面吧!电台》,以"可视化电台"直播的新形式助力音乐宣发,并融入点赞、刷弹幕、竞猜等互动玩法,具有较强参与度。2020年,该节目推出太空主题演播室,融入了虚拟 AR 技术,在内容的可视化呈现上更进一步。可以预测,随着技术不断成熟,将有更多音频节目进驻网络直播平台。广播可视化时代或已到来。

(四)"透明广播":广播与户外展示的嫁接

通过户外直播形式,策划"透明广播",是加强与听众直接交流的重要方式,也是电台节目推广的常用策略。早在20世纪80年代,就有媒体进行过此种尝试。1987年5月,珠江经济广播电台在文化公园与听众联欢,蜂拥而至的人群将整个公园挤得水泄不通。几个月后,人民路高架建成的第一天,珠江台与有关部门发起"高架路上万人行"活动,记者站在附近高楼上的直播点发回直播报道。1992年10月,珠江经济台与南方大厦合办"南大直播室",这是国内第一家看得见的直播室。直播室开播后,好奇的听众经常到"透明直播室"前观看主持人做节目。

融媒体时代,在城市繁华地段或公共空间开设户外直播室,把一些大众参与的节目搬到户外做,依然是不少电台的选择。2010年,为服务世界博览会,上海交通广播、东方都市广播,把电台直播间搬到世博园区,为听众提供了新鲜、全面的世博播报;2012年元旦,湖北楚天交通广播透明直播室启用,四档节目在此上线播出。走到户外,走向听众,与户外展示媒体巧妙嫁接,能够让节目产生更大的吸引力、号召力和影响力。与早期的"户外电台直播"不同,2015年以后,网络视频直播加速兴起,为音频融媒体的形态创新提供了更多可能性。QQ音乐的《见面吧!电台》将实体直播间设置在北京CBD的世贸天阶,利用核心商圈的密集人流,有效吸引青年潮流人群关注,并为粉丝互动提供了下线空间。应该看到,视频这一形式的加入,有效强化了"透明广播"的互动效果和直播吸引力。

户外活动(节目)也是音频媒体重要的展示形式。传统的户外活动主要有沟通型、服务型、晚会型、竞赛型等,现在则融入了网红、电商、直播等新概念。活动策划一般包括时间、地点、人员、主题和流程五个要素。其中,人员包括活动主办、协办(联办)、承办、赞助等方面的相关机构与工作人员;主题包括该次活动的主要目的、中心任务和意义;流程则指按照日程顺序和人员分工来安排活动的分项目。在融媒体条件下,还要考虑线上宣推、报名、互动等环节。通过策划活动，节目制作、节目推广和听众服务活动实现"三位一体","无形"的节目办出了"形",也做到了与听众"零距离"。

案 例

创新策划视角 重铸共同记忆

——融媒体特别节目《难忘二战岁月 共同历史记忆》策划始末[①]

2015年5月6日至14日,中央人民广播电台《国防时空》推出纪念中国人民抗日战争暨世界反法西斯战争胜利70周年特别节目《难忘二战岁月 共同历史记忆》,连续播出《中国人的卫国战争纪念章》《抗战中的"新丝绸之路"》《奋战在国际大通道上》《兰州战略中转站》《雪中送炭的苏联装备》《胜利背后的无名英雄》《真诚的盟友》等7期内容,以现场寻访的形式,真实再现了1937年至1941年,中苏两国人民相互支援、密切合作、建立国际战略大通道的历史故事,形成了积极正面的舆论声势。这是抗战胜利暨世界反法西斯战争胜利70周年宣传启动以来,中央媒体首次从两国并肩战斗的独特历史角度切入的大型融媒体报道,也是国内媒体首次全方位展示中苏战略大通道的报道,具有较高的史料价值和研究价值,同时有力配合了习主席出访俄罗斯参加红场阅兵等相关纪念活动。

一、立意高远，从中俄两国共同纪念胜利的现实高度审视历史

策划之初,中央电台军事中心紧紧围绕"铭记历史、缅怀先烈、珍爱和平、开创未来"主题,突出宣传中国人民抗日战争胜利的伟大意义,突出宣传中国人民抗日战争在世界反法西斯战争中的重要地位和历史贡献。2015年初,电台军事中心邀请国防大学、军事科学院、军事博物馆、解放军出版社等单位的专家学者进行多轮选题策划,初步提出了寻访抗战老兵、抗战名将、抗

[①] 根据中央人民广播电台军事记者、主任编辑孙利撰写的文字材料和口述进行整理。

战名城、抗战战场、抗战中的外国人、抗战中的武器等10余个报道角度。经研究认为,大多数视角在抗战50周年、60周年报道中已有充分体现。那么,抗战胜利70年报道站在什么样的视角来破题才有新意呢?

(一)基于中俄两国现实关系确立报道定位

2014年2月,习近平主席应邀出席俄罗斯索契冬奥会开幕式时表示,中俄两国2015年将共同举办庆祝中国人民抗日战争暨世界反法西斯战争胜利70周年活动。策划团队认为,国家电台抗战宣传,必须站在中俄两国现实关系基础上思考定位,卫国战争的胜利决定了第二次世界大战的进程,同时中国作为亚洲反抗军国主义的主战场,付出了千百万生命的代价。从两国并肩战斗的角度展开报道具有重大现实意义。在策划会中,专家提出了苏联援华军事物资国际大通道的选题。大家认为,这一角度新颖,能够在一定程度体现两国在战斗中结下的友谊,但如果仅限于苏联单方面援华,不能体现两国今天的平等关系。经研究,在此基础之上增加了中国参与苏联卫国战争、中苏官兵在东北共同抗击日本军队等主线,形成了明确的报道思路。

(二)基于中俄共同战斗历史选择报道视角

毛泽东曾指出,伟大的中国抗战,不但是中国的事,东方的事,也是世界的事。积贫积弱的中国,要取得抗战胜利,离不开国际援助。同样,苏联卫国战争的胜利,也离不开中国人的帮助。之前已有媒体对美国援华的滇缅公路、驼峰航线等进行大量报道,却极少有人知道苏联援华的"西北国际大通道"。由于种种原因,这一重要的历史事实国内几乎没有深入报道。策划团队在讨论中认为,历史上的"西北国际大通道",今天已经是"一带一路"的起点。两国人民在战争中结下的友谊,今天更不能忘记。在纪念反法西斯战争胜利70周年这一重要历史时刻,推出这样一个大型报道,可以说恰到好处地呼应了当前错综复杂的国际形势,有利于进一步增进两国人民之间友谊,威慑那些妄图否认二战历史并蠢蠢欲动的敌对势力。

(三)基于重大历史题材和全媒体特点策划报道流程

主题确定后,中心抽出人员组成专项任务报道组,先后到俄罗斯驻华使馆、清华大学、北京大学、国防大学查询资料,下载论文,累计收集整理了1000多万字的中、英、俄文相关文献。找寻到毛泽东、刘少奇、朱德等老一辈无产阶级革命家的后代，采访国民政府参与苏联援华的历史当事人，共获取了30多位当事人的有价值信息。经过反复论证认为，这组报道既要突出中国共产党在全民族抗战中的中流砥柱作用，又要准确适度介绍正面战场作用，还要正确把握中国人民抗日战争与世界反法西斯战争、东方主战场与欧洲战场的关系；既要宣传中国人民的贡献与牺牲，又要宣传苏联为中国抗战做出的巨大贡献，还要宣传两国人民为维护二战胜利成果和确立战后国际秩序做出的不懈努力。随后，军事中心协调中央台融媒体指挥中心，安排视频采访力量，协调中国之声、央广网等新媒体，加大全网推广力度，力求形成融合传播的合力。

二、创新模式，"记者+专家"联合寻访"西北国际大通道"历史故地

特别节目以记者走进俄驻华大使馆采制的《中国人的卫国战争纪念章》开篇，而后沿着国际大通道线路依次奔赴新疆、甘肃、湖北等地寻访，既有对历史的回顾，又有对现实的描绘，历史纵深感很强。先后采访了毛泽东、刘少奇、瞿秋白、刘亚楼等老一辈无产阶级革命家的后代。创新采访模式，邀请国防大学教授刘波等一路随行，对重要历史事件的时代背景进行详细介绍和深度解读，并与地方史研究专家面对面对话，共同寻访历史细节。

（一）深入挖掘文物旧档，力求准确全面

苏联援华开辟的"西北国际大通道"时间距今甚远，历史遗留物散落在新疆乌鲁木齐、伊犁、哈密等地的博物馆、史料馆，还有部分散落民间，而博物馆、档案馆里保留的文物，很多都被放置在库房，没有经过系统整理。为了挖掘第一手资料，采访组一行探访了伊犁、乌鲁木齐、哈密、武汉等地大大小小数十个档案馆、史料馆、八路军纪念馆，翻阅查找了数万份（件）文物和档案。在伊犁州档案馆查阅时，众多资料混杂在库房，采访组逐个翻阅了1937年至1942年的数万份档案，找到了当年盛世才维护援华公路的命令、设立中运会机构命令、霍尔果斯旧公路照片、中运会机构人员名单、反映大通道高效运转的照片以及共产党保障通道畅通而编发的报刊宣传品等。

很多资料还是新中国成立后首次被提取查阅。每到一处，采访组都会根据之前掌握的线索，对当地专家逐一拜访请教，确保每期节目都有详细的史料做支撑。

（二）寻找旧址和知情群众，确保真实权威

根据史料档案和学者专家提供的线索，采访团一行还深入伊犁机场、二台转运站旧址、霍尔果斯口岸等史料记载的地点，以及部分少数民族群众家中进行实地探访。他们不顾危险，徒步进入人烟稀少霍尔果斯山谷，寻找当年的旧公路，在天山南北留下了忙碌的身影。虽然许多当事人都已过世，在世的也年事已高，但为了验证史料的相关记载，经过多方寻找，还是成功采访了年近八十的赖江波、维族老人萨塔尔·达吾提等知情群众，深入了解了当年西北各族民众团结起来共同保障"西北国际大通道"畅通的一系列可歌可泣的历史故事。

（三）量体定做形态，力求生动自然

从一个鲜为人知的领域介绍二战历史，怎么报道才好？策划者是动了脑筋的。报道中有大量史料、群众讲述、记者现场采访、专家跟随解说，还有当地文史专家的紧密配合，不同元素灵活穿插，寻访感尤为明显。每次采访前，记者都会根据之前收集的资料，对相关背景进行串场，抛出话题让专家学者现场解读讲述。在采访当地群众时，注重让专家现场补充，并且注重展现寻访过程。记者对"西北国际大通道"上的《筑路歌》《马车手之歌》以及二台转运站老照片的介绍都和专家解读巧妙结合，把历史事件演绎得既厚重大气，又引人入胜。

三、视角新颖，以广播为核心的系列全媒体产品产生强烈反响

《难忘二战岁月 共同历史记忆》系列广播节目制作完成后，中央台军事宣传中心、融媒体中心将其加工成为视频产品和微信专题，在习主席出访俄罗斯，出席红场阅兵式期间在中央人民广播电台和央广新媒体平台推出。同时，采访组将有关内容翻译成俄语，连夜制作成光盘，经有关部门协调，作为国礼，由中国军方代表团向俄罗斯国防部赠送。同时，这一报道也在军地史学

界、媒体同行和广大听众网友中产生强烈反响。

（一）主题鲜明，思想内涵深远

军内外专家普遍认为，这组特别节目以回顾中苏两国同仇敌忾、并肩作战的二战岁月为主题，以寻访中苏两国军民开辟"西北国际战略大通道"的非凡历程为主线，热情讴歌了两国传统友谊，深刻揭示了维护世界和平与正义，离不开中俄两国的团结合作。特别节目选择在国际社会隆重纪念世界反法西斯战争胜利70年的时机推出，既洋溢着鼓舞人心的力量，又敲响了战争与和平的警钟。正如第7集《真诚的盟友》所说，"在纪念一个以千百万人的死亡为代价的胜利日时，所有的国家、所有的民族、所有的军队都应该深深思考这样一个问题——如何才能让悲剧不再重演，让和平永驻人间！"江苏听众周长越说："听完《国防时空》纪念中国抗战暨世界反法西斯战争70周年特别节目，由衷感到自己仿佛读完一部厚重的二战历史大书。掩卷沉思，烽火岁月历历在目，印象极其深刻。那中苏两国并肩作战的深厚情谊与感人故事，那担负着输送苏联援华物资的国际大通道，那血洒长空、英勇无畏的苏联援华志愿航空队和无数援华抗战牺牲的无名英雄，都深刻铭记在我的脑海中。"

（二）视角新颖，内容客观真实

听众普遍认为，中央台派出精干记者、邀请国内党史军史专家共同编成采访组，始终本着实事求是、尊重历史的精神，坚持以史料和史实说话，用事例和实物作证。该节目既注重讲述中国共产党在抗战中做出的巨大贡献，也着力叙述了当时国民政府及地方军阀发挥的积极作用，既列数众多中华优秀儿女在苏联卫国战争中的特殊表现，也介绍了苏联对中国抗战的大力援助。呈现在节目中的历史遗迹、遗物，以及两国军民并肩战斗的动人故事，成为中苏两国共同打击日本法西斯的历史见证。专家认为，这是我国主流媒体首次对中苏军民共同开辟的"西北国际战略大通道"进行全面报道，填补了多项空白，既具独特的宣传价值，又有重要的史料价值。

（三）融合报道，形式生动活泼

《难忘》在前期策划、实施采访和形成报道等阶段，始终坚持"一次采集、多种生成、多元传播"，实现了传播效果最大化。一些网友在节目微博、微信上留言表示，节目重视发挥广播优势，运用全媒体手段展现，突出运用现场音响、历史音响，生动展现了当年开辟抗战"新丝绸之路"的神奇与艰辛，也集中披露了发生在国际大通道上的动人故事，成功塑造了苏联飞行大队长库里申科、伊宁航校学员王光复、维吾尔族车夫扎伊尔等鲜活的人物形象。中央台《专家监听简报》认为，这组报道披露了许多鲜为人知的历史事件，如李敏讲述的贺子珍、毛岸英参加苏联卫国战争的经过，刘亚楼之子讲述的"刘亚楼准确预见了德军进攻路线"，阎宝航为苏联提供了德军进攻时间的准确情报，以及"西北国际大通道"在支援中国抗战中所发挥的重要作用。丰富翔实的讲述，如同在网友面前展开了一幅两国人民并肩抗敌的全景画卷。这些内容对于回应互联网上甚嚣尘上的历史虚无主义言论和抹黑抗战英雄的流言，具有重要的现实意义。

第三章

新语态与新样态：
视频新闻节目策划

自诞生之日起，新闻一直是大众媒介传播内容的重要组成部分。在我国有"新闻立台"的说法，这是因为新闻类节目在广播电视台节目播出系统中占据主体地位，其竞争水平直接反映媒体的竞争水平。在中国特色的制度环境下，新闻类节目还承担着传达政令、引导舆论、凝聚共识等社会功能，其地位就更加凸显和重要。因此，对于新闻类节目的策划，应从更加宏观的层面加以考量，兼顾传播效果和舆论影响。在融媒体时代，新闻的报道方式、形态要素、播出平台和需要协调的内外部资源等都变得更加丰富，只有充分尊重新闻传播规律，不断创新理念、内容、体裁、形式，切实用好融合传播手段，才能真正提高广播电视媒体的传播力、引导力、影响力和公信力。这自然对新闻节目的策划提出了更高要求。

第一节 融媒体时代的视频新闻节目

一、视频新闻类节目的子系统构成

新闻节目自成系统，包含若干子类型。根据对新闻事实的不同报道形式和处理方法，大致可分为消息类新闻节目、专题类新闻节目和评论类新闻节目三类。在我国，新闻节目的采制播出仍以传统广电媒体为主，例如中央电视台的《新闻联播》《新闻30分》《焦点访谈》《新闻1+1》等名牌节目，以及省市各级电视台、网络电视台播出的新闻节目。

（一）消息类新闻节目

融媒体时代，消息类新闻节目以"快"为核心的特点得到了进一步强化。消息类新闻节目以报道动态新闻为主，迅速、广泛、简要地对国内外最新发生、发现或正在发生的新闻事实进行报道。它在新闻类节目中处于重要地位，是新闻类节目中的主体、骨干，是视听媒体实现国内外要闻总汇的主渠道，也是受众了解国内外大事的主要窗口。

一是快速。消息以快取胜。它在时效上的要求是报道最好是当天，刚刚或正在发生、发展的事实。卫星传输设备、融媒体直播车、4G/5G即摄即传系统等传输和采访工具，使得各种重大新闻的同步现场转播成为可能，极大提高了新闻的时效性。

二是简短。快和短是相辅相成的关系。消息类新闻节目的任务是迅速、简要地报道国内外大事，至于新闻事实的来龙去脉，前因后果的详尽分析、解释则是专题类电视新闻的任务。消息一般都以简明扼要的方法对新闻做大意上的阐述，尽可能用最简要的语言、最快速的传递方式表达出对新闻主题的提炼。消息虽然短，但并不意味着单薄。它要让观众清晰地得知何时、何地、何人、何故、采用何法做了何事。

三是广泛。消息类新闻节目要实现成为国内外要闻总汇的目标，不仅要力争在节目时间内容纳更多的消息，提供更多的信息，而且要拓宽视野，扩大报道面，广泛反映各个领域的发展变化。但凡是新近发生、有价值的新闻事实都可以成为消息播报的对象。

四是鲜活。鲜活，即新鲜、生动，有较强的易受性。新闻内容的新鲜来源于两方面：一方面，是要横向地看，就是对生活中日日更新的新生事物的捕捉，比如，新颁布的政令、新工程的竣工、国家外交上的新举措，以及生活中各种新人新事新气象；另一方面，是要纵向地看，就是对同一事物因不断变迁而产生的现象的报道。

（二）专题类新闻节目

专题类新闻节目往往围绕一个主题，采用消息、通讯、特写等多种体裁，对新近发生、发现或正在发生的新闻事实进行一次或多次的充分报道，它是进行深度新闻报道的一种节目形态。这类节目的形式有固定的专栏节目，如中央电视台的深度报道专栏节目《焦点访谈》等，以及各种特别节目。播出时间也长短不等，从几十分钟到几小时的都有。

电视专访、电视讲话、新闻调查、系列报道也是专题类新闻节目的重要形式。电视专访是电视台记者或者节目主持人对有关的新闻人物、重要的新闻事件和社会问题进行专题访问报道的一种节目形式，一般都采取问答或交谈的方式进行。电视讲话是请新闻人物、权威人士在电视上就某一问题发表讲话，以介绍个人的看法和有关情况。电视讲话有命题准备讲话和现场即兴讲话之分。在我国的特殊国情下，党和政府所做的电视演讲都包含在电视讲话范围内。新闻调查是就某件新闻事件，或某个重大的社会问题、社会现象做深入调查的节目形式，它也是电视新闻进行深度报道的一种形式。新闻的系列报道是对同一新闻主题，从不同角度、不同侧面所进行的多次性报道。系列报道是由多个系列单元组成的报道整体，单元之间既各自独立，又相互承接，形成系列，使受众通过多侧面的报道对新闻事件的全貌有比较深入的了解。

专题类新闻节目的主要形态特点包括：一是兼具时效性与时宜性。时效是新闻的命脉，没有时效的新闻就没有了价值。在众多的新闻类节目中，新闻消息是时效性最强的，相对于它而言，新闻专题的时效性要求并不是那么突出，但还是要讲究时效性的，节目内容应紧扣新闻事件，紧随时代脉搏，紧抓适合时机。2017 年 9 月，为迎接党的十九大胜利召开，中央电视台携手全国 30 多家省级电视机构，推出大型全媒体特别节目《还看今朝》，节目持续播出 20 余天，记者足迹遍布全国 31 个省、直辖市、自治区，300 多个地区。从普通人的点滴生活中，看一城一村的巨大变化；在日新月异的日子里，看中国人追逐梦想的不悔执着；在砥砺奋进的五年里，看震撼人心的中国成就。《还看今朝》特别报道的时效性虽然不是着眼在"今天"或者"明天"这些具体的时间点上，但它具有"这五年"这个时效。

二是全面性与深刻性。在新闻报道中，一般是消息在先，后发专题。消息讲究的是时效，以快与新取胜，而专题讲究的是广与深，以对消息的补充、延伸和拓展见长。新闻专题的优势在于可以选取消息中有价值、有社会反响的素材，补充相关事实，增加背景资料，提供理论依据，将新闻事实置于与其他事物的关联中，从而超越了仅对时事层面上意义的把握。观众在专题中领略到的内容已经超越了消息所提供的"点面"上的含义，了解现象背后的原因、过程、道理，从而形成了一种较为全面的、深入的、透彻的认知。如曾获全国电视新闻专题类特等奖的《诱人的广告背后——来自永嘉报道》就是一期以深取胜的好节目。这期新闻专题立意深远，材料翔实，从生活中一个单纯的现象入手，通过对现象背后原因的层层剖析，将某些工厂利用广告行骗的内幕逐渐地揭示出来，通过层层剥笋，由表及里，由内到外的手法，将骗术之所以存在、衍生的原因有理有据地挖掘出来，这也为观众的思考提供依据、指向和引导。

（三）评论类新闻节目

评论类新闻节目也称言论类节目，是评论者、评论集体代表媒体机构对当前具有普遍意义的事件、问题或社会现象表达意见和态度的一种电视新闻节目。评论类节目通过对新闻事实的理性思考，分析发表议论，阐述道理，以观点和见解来引导舆论，是新闻类节目的旗帜和灵魂。评论类新闻节目和其他媒介的新闻评论一样，在内容上具有新闻性、政论性、导向性、群众性等特点，同时在形式上也有自身的特征：短小精悍、浅显易懂、样式多样。

在媒体融合条件下，台网互动成为常态。那些在微博、朋友圈、论坛等虚拟空间"发声"的普通网友得以更方便地参与到节目的讨论中来，通过发表观点、表达立场，使电视舆论空间与网络舆论场交相呼应、同频共振。中央电视台策划制作的《中国舆论场》，作为国内首档融媒体新闻评论节目，将电视、互联网、移动新媒体深度结合，创造性地引入"在线观众席"，通过融媒体模式带动全民参与新闻话题评论。

新闻评论是媒体直接发言的主要手段之一，也是公众判断媒体的政治面貌和衡量媒体政治态度和思想水准的主要标尺之一。绝大多数媒体都将新闻评论（言论）节目作为争取观众的重要节目。加拿大广播电视台（CBC）英语电视台节目主任斯拉克·立克姆基夫曾说："和美国节目的竞争是场惊人的战斗，我们要让新闻中有自己的言论，帮助我们的观众认识新闻中隐含的普遍意义，从而争取更高的收视率。"

新闻评论的分类方式有多种。按照评论自身所具的规格，可将电视评论分为本台评论、评论员文章（谈话）、短评、编后话等。其中，本台评论规格最高，相当于报纸的社论，适合于用来论述重要的理论观点，阐述党和政府的方针、政策，评论全局性的、具有普遍意义的重大问题和国际国内重大新闻事件，评论党和国家的重要会议，纪念重大的节日和纪念日等。例如，中央电视台以新媒体为依托，推出时政评论"央视快评"和国际问题评论"国际锐评"，做到了重要讲话、重大活动、重大事件必发声，被誉为时政评论的"轻骑兵"。评论员文章是以评论员个人的名义发表评论，其规格较本台评论略低。评论员文章的适用范围很广，如论述某些重要的但属于局部性质的问题，评论新闻事件的新闻人物，倡导某种工作作风、社会风尚，提醒人们注意某种倾向和社会思潮等。短评的规格低于评论员文章，篇幅也相对较短。编后话是最低规格的评论，在新闻报道完后，编后话用极为简练的语言，揭示新闻的意义，给受众以提示或启迪，虽只是三言两语，却起着画龙点睛的作用。

评论类新闻节目有两种形态最为典型。一是"论理"与形象结合的"评论片"形态，或称"述评类节目"。"论理"是新闻评论节目的主体，"以理服人"是新闻评论节目的传播目的。画面语言与编辑语言的并置，使这种评论不仅具有一定的新闻信息量（"述"的部分），更增加了思想的穿透力（"评"的部分）。用画面叙述事件，其可信度超过其他媒介。在剪辑时还可以利用蒙太奇的不同处理，使一个个具体的画面形成不同的逻辑关系，从而超越了物象本身的含义，达到说理的效果。例如《焦点访谈》播出的《谁给私盐开绿灯》中，黄骅市盐政主管单位和上属单位的两名领导都煞有介事地向记者介绍了黄骅市盐政的工作情况，而他们所说的黄骅地区私盐加工点已被取缔、打击效果较好的情况，正与记者在报道前面部分拍摄到的私盐泛滥的现状形成了鲜明对比。节目利用谈话与报道事实的前后矛盾达到了对盐政主管单位为制售私盐"开绿灯"的批评目的。

二是具有谈话类节目特点的言论形态。这种节目常以谈话、对话为方式，邀请评论员、新闻当事人、现场观众等参与，形成媒介传播和受众认同的双向交流。如中央电视台著名谈话节目《实话实说》，有不少选题就非常具有新闻性，如《硕士村官》《一块钱的官司》等。现场嘉宾与观众共同评论社会问题，这样使得主持人或评论者与观众处在同等地位，传播者在节目中只是客观地对所发生的事件作"有选择"的描述。这种参与感使得观众在心理上产生了一种"认同感"，也使节目表现出了大众传播与人际传播的双向交流特性，从而使受众更容易接受。

二、视频新闻节目的形态特征

新闻节目内容极其广泛，几乎无所不包，涉及政治、经济、科技、文化、军事等社会生产生活的各个领域。从其定义我们知道，新闻节目重在强调"新近发生"或"正在发生"，报道的是这一事实的"最新变化"。这类节目的形态特征可以从以下方面把握：

（一）传播内容的综合性

正所谓"汇天下之精华"，新闻节目能够综合各种传播媒介的信息，利用自己的综合手段加工处理，使得信息的有效利用率更高。一条消息、一档新闻节目，往往不仅仅完成传递信息的功能，还要完成引导舆论、传播知识、文化娱乐、服务群众等多种功能。新闻节目的内容是综合性的。除了及时宣传党和国家的方针政策外，还着力报道那些普通受众普遍关心的问题，如疫情信息、价格动态、城市建设、消费科技等。画面传递的信息也是综合多样的，它对事件的反映是全方位的、共时空的，给观众提供了丰富的生动形象。

（二）传播对象的广泛性

虽然受到新兴媒体的冲击和挑战，电视在世界范围仍拥有相当广泛的受众群和社会影响。电视观众分布广泛，层次多样，不同的观众对节目的选择各有不同，但新闻节目无疑是接受范围最广泛的。这其中的缘由也是多方面的。首先，它通俗、生动、形象、易懂，适合各种文化层次的受众接受；其次，由于传播内容的综合性，使其能满足最大范围的受众需求。

（三）传播速度的迅及性

一直以来，电子媒介就具有传播迅及性优势。在直播条件下，视频节目可以通过卫星直播或 4G/5G 连线及时获得"新闻事实"现场的声音和画面，进而使"今天新闻今天报"（Today News Today），发展为"即时新闻即时发"（Now News Now），真正实现了新闻报道与新闻事实变动的同步化，打破了信息传播的时空限制。

（四）活动图像的直觉性

人们从其他媒介获取信息，要通过大脑的联想去还原景物。而视频报道则把现场的图像再现于观众面前，给人以深刻的直觉印象，对语言解说有一种旁证作用，给人带来不容置疑的真实感。日本将此类节目称为"生放送"，直译为"未经加工的播放"。这提示我们，对于真正的原生态，画面的直觉性表达可以取代一切中间环节，而直接反映对象本身。它把语言、文字信号的"线性"传输变为"信息阵"传输。传输内容的客观真实，满足了观众"百闻不如一见"的心理要求，使观众如同亲眼看见。

（五）视听兼备双通道性

人们认识外界事物首先靠自己的感觉器官把各种信号输入大脑，所调动的感觉器官越多，对事物的认识就越透彻。观众可以通过眼睛和耳朵两个通道直接了解新闻事件。相比之下，音频通过耳朵感知信息，报纸通过眼睛感知信息，不像视频那样容易理解。正是由于视频内容的双通道性，使一些最新的新闻信息在不中断正常播出的情况下，就可以及时传播出去。这种既不中断观众对原来节目的欣赏流程，又可以传递最新消息的特点，为加强新闻时效性提供了保证。

（六）传递信息多符号性

视频传播符号是多元的。不仅有文字、声音、图片，而且还有形象、颜色等，同时还能反映新闻事件的瞬息变化。仅声音通道还可以分解为解说、同期声、环境声和语音、语气、语调多种符号；视觉通道更是可以利用丰富细腻的无声语言符号，传递出图像的某种"言外之意"来扩充和丰富解说的内容,延伸深化主题。

(七)身临其境的现场性

现场这个特定的时空有着重要的内涵。它是新闻事实的起点,是采访报道的场所,是传播过程与时间发生共时性的根据,也是受众关注的焦点。新闻的主要事实、新闻现场的环境、时间细节和可能在现场猎获的各方面反映,有记者在摄像机前一一道来,这一系列行为都发生和完成于新闻现场这个特定时空,一览无余地暴露于观众面前,自然产生耳闻目睹、身临其境的效果。在融媒体时代,随着VR/AR、全景镜头、全息影像等技术的不断成熟,观众能够获得更强的沉浸感和代入感,产生更加逼真的现场体验。

(八)时序播出的流程性

"视频流"有其特定的时间线。视频新闻是按时间顺序播出的,每次新闻节目的内容以时间上的先后次序依次传播,在传统广播电视技术条件下,时序播出的排他性无疑是电视传播的弱点。如今越来越多的观众选择通过网络电视或视频网站收看新闻,点播、时移、变速播放等技术为观众提供了更多选择。但要完整收看一条视频,还是要遵循时间上的先后流程,"倒金字塔""反转情节"等都是时序性的产物,而静态图片和版面阅读则更强调空间规律。

三、视频新闻策划的概念与要素

央视《焦点访谈》栏目曾提出:"不做无策划的重点报道"[①],策划是影响新闻报道能否成功的重要因素。所谓新闻节目策划,通常是指围绕确定什么选题以及如何采访报道所进行的多维性思维活动。有学者将其解释为:"策划人以新闻传播的基本规律为指导,以电视传播的基本特性为依托,以创意为核心,以创优为目标,对传播环境、对象和内容进行全面分析,制定相应的传播策略和具体思路与方法。"[②] 在具体实践中,它包括两层内涵,一是对于

---

① 梁建增:《焦点访谈——从理念到运作》,学习出版社,1998,第51页。
② 张晓锋、周海娟:《电视新闻策划》,北京师范大学出版社,2014,第9页。

已经发生的新闻事实的报道方式、形式、程序、时机、角度等策划;二是由媒体主动策划的、先前未曾发生的媒介事件。其共同特点是,在不改变基本新闻事实的前提下,对报道方式、形式等的策划。

就第一层内涵看,包括很多具体的情况。例如:消息类新闻节目的编排策划;专题类新闻节目的选题策划、采访策划;访谈类新闻节目演播室策划、嘉宾策划、话题策划;直播节目的整体策划和构思。就第二层内涵看,主要是大众传媒参与策划并实施报道的"媒介事件",以及一些新闻行动或新闻活动的策划。大众媒介主导的"事件"越来越常见,这是传媒间竞争的产物,也是媒介发挥自身影响力的一个重要手段。当生活中没有新闻时,媒介参与制造"事件"以满足大众信息需要,这种策划与制造并没有违背新闻的定义。

新闻节目的策划要素,从整个采、编、播的制作流程看,大致包括以下几个主要方面:即选题策划、采访策划、嘉宾策划、节目形式策划、编排与播出策划。① 其中,选题策划主要表现在连续报道和系列报道这两种节目形态中。采访策划常常和采访技巧、采访经验、采访准备、采访程序等内容联系在一起。嘉宾策划则应着重考虑候选人是否知情、是否身份对应、是否专业权威。形式的选择所体现的是如何运用视听手段把策划者的报道意图充分实现。构成节目形式的要素主要包括节目类型、播出长度、编辑特点、结构方式、交流方式、形象包装等。这些都需要策划者通盘考虑。而编排与播出策划是针对已经制作完成的新闻节目而言的,它包括新闻消息类、杂志类的编排和新闻专题类节目的播出。

可以说,视频新闻节目的策划涉及面非常广。"策划不仅在一期节目中负担先期'思维引擎'作用,而且成为贯穿该期节目始终的'智慧线'。"② 本章仅择其重点,主要就新闻节目选题策划和语态设计等问题进行解析,并以融媒体报道为例,围绕新闻行动和新闻直播两种具体节目样态,讨论其策划技巧。

---

① 胡智锋:《电视节目策划学》(第二版),复旦大学出版社,2019,第33页。
② 梁建增、孙克文:《解析东方时空》,高等教育出版社,2003,第19页。

第二节 视频新闻的选题策划与语态更新

一、必须要尊重新闻规律

无论视频新闻的选题策划,还是语态创新,都需要充分尊重和把握新闻规律。因为在一定意义上说,新闻规律代表了可信性和传播效果。从新闻规律的角度看,通行的新闻节目选题标准主要包括:真实性、新鲜性、时宜性、典型性和独家性。

(一)真实性

策划不是无中生有,必须以真实存在的事实为依据,这一点在互联网时代也不例外。新闻真实性指的是在新闻报道中的每一个具体事实必须合乎客观实际,即表现在新闻报道中的时间、地点、人物、事情,原因和经过都经得起核对。真实是新闻的生命。通过策划,使新闻事实更加生动、感人,而不是制造"事实",杜撰新闻。

北京电视台生活频道《透明度》2007年7月8日曾播出过一条名为"纸做的包子"的调查性报道。后经有关部门调查,其实是该栏目记者在没有发现有人制作、出售肉馅内掺纸的包子的情况下,为了谋取所谓业绩,人为"策划"、炮制的所谓"新闻"。化名"胡月"的该记者冒充建筑工地负责人,对制作早餐的商贩谎称需要定购大量包子,要求为其加工制作。后携带秘拍设备、纸箱和自己购买的面粉、肉馅等,以喂狗为由,要求加工人员将浸泡后的纸箱板剁碎掺入肉馅,制作了20余个"纸箱馅包子"。通过后期制作,采用剪辑画面、虚假配音等方法,生产出一条虚假新闻。"纸做的包子"严重损害了相关行业商品的声誉,涉事人员被一审判处有期徒刑1年,并处罚金1000元。

(二)新鲜性

电视新闻选题策划要重点关注社会生活中的新事物、新现象、新问题。"新"是新闻的核心价值之一。它所强调的是新信息、新观念。发现和捕捉"新"闻的能力,不仅是一个记者的基本素质,也是一个媒体核心竞争力的重要体现。

1. 内容要新

记者要善于在新事物或新问题刚刚露头，尚未引起足够重视的时候，就以对其发展趋势的判断，紧密跟踪，相机报道。例如优秀人武部干部、大学生军官向军华的典型报道，大的背景是大学生就业难，教育部希望更多大学生到部队工作，而当时社会上很多适龄青年对军队并不了解，大学生参军更是一桩"稀罕事"。正是因为把握了这一新动向，选题策划才有了成功的可能。

2. 角度要新

角度是记者以新闻嗅觉，挖掘、表现事物的新闻价值时的着眼点和侧重点。选取报道角度的新颖，可以避免公式化、模式化现象。大家对各种交易会揭幕的报道已司空见惯，浙江电视台记者在桐乡县采访秋季商品交易会时，没有满足于对开幕剪彩的一般性报道，而是从"不登大雅之堂"的粪桶畅销揭示了市场变化。

3. 立意要新

立意是记者对客观事物新闻价值的挖掘和认识。新闻不是自然主义地披露社会现象，而是蕴藏了记者的主观倾向、思想感情，因此，立意往往透射出新闻主题。《择业与创业》（内蒙古台）通过记者的深入采访，把"就业"这个陈旧而又热门的话题摆在观众面前。记者在待业青年登记就业的现场点评，强烈地体现了记者的立意——启发观众去重新思考择业观念，正确选择人生的道路。立意的独特性和思辨色彩来自于记者对客观事物的宏观把握和认识高度。

（三）时宜性

在重大新闻的报道上，缺乏时效性的新闻媒体不仅会失去市场，而且会失去媒体的权威和信誉。可以说，时效性是电视新闻选题策划的一个基本要求。但也要看到，新闻策划同样讲究时宜性原则。所谓时宜性，是指新闻事实作为新闻予以报道的时机同新闻在传播后引起受众接触兴趣和产生社会效果的相关性。及时选择受众最迫切关注的新闻，在最适宜的时机进行报道，是充分显示新闻价值和取得应有最大社会效果的保证。因此，中国新闻界又称之为"宣传火候"。这是进行选题策划时需要着重考虑的一个问题。

（四）典型性

典型性是针对新闻的内涵而言的。如何在大量信息中提炼出有价值的新闻，是衡量电视媒体新闻采集和加工能力的一个重要指标。典型性也可以理解为开掘性，它强调的是，媒体在确定一个新闻选题时，要充分认识到这个新闻是否具有丰富的社会内涵，是否体现着事物的某种本质特征，是否包含有价值的、能够进一步开掘的信息。2020年4月，全国在做好新冠疫情防控工作的同时，复工复产速度不断加快。那么反映复工复产的新闻在这一时期就具有典型性。基础建设开工情况对于体现全国复工复产情况又具有典型性。央视新闻采制报道《"挖掘机指数"显示出中国经济加速回暖》，以挖掘机的工作数据直接反映基础建设开工率，可谓用典型数据体现典型趋势。而从"挖掘机指数"这个小侧面，又看到了中国工业领域对大数据和物联网技术的应用，反映了数字经济的发展趋势，同样具有典型性。

（五）独家性

新闻选题策划有"周期性""季节性"的规律，但也要注意到，"独家性"才是对一个媒体新闻策划的更高要求。强调独家性，是说新闻不仅要追求新鲜、时效和典型，还要独家。要用第一手的采访、第一手的报道，吸引受众的注意力。这里说的独家性，还包括对新闻事件解释的独家性，也就是说解读是独家的，是与众不同的。独家性和权威性息息相关，它同时也是一种话语权利。话语权是一种命名的权利，它包括第一时间说话（报道）和第一时间解释（评论）的权利。媒体竞争的核心是命名权的争夺。媒体一旦掌握了这种权利，将有效地建立公信力和媒体权威。

二、常见选题策划技巧提要

好的选题是成功的一半。优秀的新闻作品首先要有好的选题策划。所谓选题策划，即根据一个时期的政治、经济等形势，制订这一时期的报道方针、目标、重点，以及为实现这一方针、目标、重点进行的重大选题部署和采访安排等。新闻节目的选题策划应充分考虑栏目、频道的定位。不同指向性的新闻栏目、不同级别的播出平台、不同受众定位的专业化频道，都有自身的选题原则和特色。例如，作为央视一套节目黄金时间播出的深度报道栏目，《焦点访谈》将选题思路确定为"领导重视、群众关心、普遍存在"，这不是没有道理的。

一般而言，实施选题策划有下列技巧：

（一）一点突破，避免面面俱到

新闻选题的涉及面越窄越好，突破口越小越好。一条电视消息1分钟左右，300来字，不可能面面俱到，而是只能选取某一个侧面，或者某个侧面的某一点引发开去。例如，在大力弘扬社会主义核心价值观的背景下，某电视台报道了江苏大学基建处退休教工、人称"百万善翁"的邵仲义老人的事迹。多年来，这位节俭老人设立的"爱生奖学助学金"资助了200多名大学生，老人去世后，还将存款和遗体全部捐献。报道《追忆"百万善翁"感受大爱无私》以邵仲义老人告别仪式为切入点，通过采访受到老人生前资助的学生和临终前照顾老人的志愿者，现场拍摄老人居住的房间和遗物，以生动的事例和鲜活的细节，讲述了邵仲义老人的感人事迹，在网上引起强烈反响。可见，题破得越窄，口切得越小，材料越集中，越容易把问题说透。然而世间任何事物又都是立体的，有好多个面，那就应该对这若干个面进行精选，从最能展现事物特点的那一点去选题。

（二）平中觅奇，避免索然无味

有些题材并不重大，但是比较奇特，也能够成为优秀新闻。其关键在于"平常事，细观摩"，这"细观摩"三个字，便道出了觅奇之"秘诀"。央视网有过这样一则新闻：一群燕子的旧巢被顽皮的孩子捣毁了，无家可归的燕子在空中盘旋，一位好心人在屋檐下挂了个竹篮子，燕子起初疑惧不敢下来，后来试着飞入篮中仍然警惕观察，最后安心住进新居。燕子本来是人们很少关心的小生命，记者却赋予它"人格化"的力量，使平常事件披上了新奇的外衣，同时也反映了人与动物和谐相处的主题。从这个意义上说，重大题材不是人人都能遇到和发现的，但是抓取好新闻的机会对每个记者来说却是均等的。一些看似寻常、司空见惯的新闻题材，只要肯下功夫找出思想意义，同样能平中见奇。

（三）点面结合，避免贪大求全

所谓"点"，是指新闻题材所选的人或事，而"面"是指社会性的大背景。"点面结合"，就是说在选题时要善于从一点出发，透出一个宽广的面。一个好的新闻选题，必须要有"面"上的宣传意义，必须放在大的背景上来观察衡量，必须是有时代意义、有普遍价值的人或事。例如，同样是宣传"五年规划"，常见的节目策划都是"解读"或"展望"，而央视《经济信息联播》的记者找到了一个更独特的"点"，一期名为《深圳农民工：我也要圆大学梦》的节目，讲述了一位在深圳务工的"90后"得到当地总工会"圆梦计划"资助，免费上大学而改变人生的曲折故事。这个故事被置于我国未来五年将"不断深化改革开放，全面发展社会事业，着力保障民生，推动经济社会发展再上新台阶"的宏观背景下，令人印象深刻。

（四）以小见大，避免管中窥豹

所谓以小见大，就是要求电视记者从小题材入手，于细节中挖掘题材的意义，反映重大主题。以小见大法要掌握两个要素：一是题材小，二是主题大。如同探照灯一样，光源虽小，辐射面却大。《先有文凭后种地》（黑龙江台）就是这样一条成功的新闻，它从绥化市西长发镇的庄稼人种地要先有"文凭"这一典型事件入手，生动反映了当代农民经过普及教育，在思想意识上发生的重大变化，揭示了我国的农业生产正由传统的生产方式向现代化过渡这一深刻主题。大与小的辩证法告诉我们，越小越具体才愈深刻。这就要求策划者学会"大中取小，小中见大"的本领，想大主题，抓小题材，把大与小统一起来。所谓"管中窥豹"，比喻只看到事物的一部分，所见不全面。在策划实践中，"小"不是目的，归根结底不是要"小"，而是要"大"，是要通过深刻开掘而获得"大"，那个具有思想力量的"大"，也就是反映时代精神的"大"。

（五）逆向思维，避免墨守成规

逆向思维也叫求异思维，是对司空见惯的似乎已成定论的事物或观点反过来思考的一种思维方式。选题策划要敢于"反其道而'思之'"，能够让思维向对立面的方向发展，从问题的相反面深入地进行探索。聪明的记者应该有辩证头脑，在选题上搞一点逆向思维，从正反两个方面做文章，选择新闻价值大的报道面。《玛纳斯县在抗洪期间组织跳舞引起公愤》（新疆台）就是突出的例子，记者本来是报道当地抗洪抢险活动的，当看到担负防洪抗洪重任的有关人员每天还有闲情逸致跳舞时，感触颇深，毅然正题反做，批评了这种现象，促进了救灾工作的改进。类似的新闻还有《振兴经济座谈会开成催眠会》《扶贫会上轿车多》，等等。逆向思维法的应用，需要记者头脑清醒灵活，善于具体问题具体分析，而不是墨守成规，不敢越雷池一步。

三、视频新闻语态的变化与创新

"语态"一词来自语言学，是描述句子中动词与参与此动作的主语之间关系的一个术语。在新闻传播学中，"语态"被引申为对受众说话的态度、叙述的方式，有时直接体现为新闻报道的语体与文风。叙述的内容、态度，以及传播语言、语境、语气等诸多元素都与语态密切相关。2003年，时任央视新闻中心主任的孙玉胜出版了《十年——从改变电视的语态开始》一书，首次提到电视新闻"语态"这一概念，他认为，"要降低电视媒体讲话的口气，尝试一种新的语态，也就是新的叙述方式。对于电视而言，新的叙述方式不仅仅是指电视节目解说词的写作文风，更重要的是如何用特有的语言吸引观众，而这些改变首先要从转变语态开始"。[1]

在中国广播电视史上，先后出现过"新华体"（"联播体"）语态、平民化语态、故事化语态等多种新闻语态。过去我们一直沿用的是强势语态"播音体"，它作为特定历史语境下的产物有其存在的合理性。1993年中央电视台《东方时空》开播，提出了"真诚面对观众"的口号。正是这个口号，开启了平民化语态的大门。相对于"新华体"的高高在上，平民化语态力求平实、亲切，贴近百姓生活，电视语言开始从说"官话""套话"向说"人话"转变。2003年，以《南京零距离》为代表的电视民生新闻横空出世，平民化语态开始被电视新闻广泛采用。21世纪以来，面对市场竞争，电视传播者也尝试运用一种激发和吸引受众注意力资源的传播策略，并逐渐形成了"故事化语态"。

---

[1] 孙玉胜：《十年——从改变电视的语态开始》，生活·读书·新知三联书店，2003，第48页。

随着媒体融合时代的到来，新闻报道的基本模式已悄然发生变化，新闻的时新性、接近性、显著性、重要性、趣味性等特征的变化牵引着语态的变迁，信源大众化、新闻资源共享、对用户的重新认知等，也进一步改变了新闻传播的语态。

（一）播报语态更贴近社会动态

融媒体时代对时新性的要求更高，表达速度要求更快，所遴选的内容要求更新，播报语态要求更贴近社会动态。在"反映什么"的层面，着力关注民生、体察民情，展现城市底层人群的"细语与呼喊"，给弱势群体更多关怀；在"如何反映"的层面，以平视的镜头展现普通人的渴望与追求，以邻家大哥式的主持人和你聊天，由高高在上的"播报"演变为"说新闻""拉家常""讲故事"；在"谁来反映"的层面，引入全新报道理念和方式，实现话语权由上到下流动，普通民众不但是新闻报道的对象，更有机会以"线人""拍客""发言人""调解员"等身份参与节目，成为"老百姓讲述自己的故事"的主角。例如，2015年至2016年连续两年春节，央视新闻频道策划推出了"百姓自拍·回家过年"特别报道，通过征集观众手机拍摄的过年视频，剪辑制作后播出，获得了较为强烈的社会反响。这一策划能够获得成功，在很大程度上得益于准确把握普通群众的关注点与最新的社会动态，适应了观众年节期间的收视需求。

（二）传播内容更观照用户微观需求

说某个新闻事实重要，通常是因为其对相当数量受众的切身利益造成了影响。在传统媒体时代这种影响更多来自国家政策层面的变动，这使重要性带有某种宏观色彩。而在移动互联网时代，对重要性内涵的理解变得宽泛起来。互联网增强了个人事务的重要性，凸显个体价值。2016年1月25日，一段名为《女孩怒斥医院号贩子》的视频在网上热传，视频中女孩指责医院号贩子"猖獗"，并质疑医院保安对号贩子不管不顾，导致自己和其他普通人排不上号。在全国"两会"报道《2016·两会·声音》专栏中，全国政协委员刘玉村提及此事，央视记者以《热议如何打击号贩子破解挂号难》为题进行了追踪报道，社会反响强烈。社交媒体的用户每时每刻都在生产大量的信息内容，当一些个人事务在利益冲突特征极度明显时就有可能引发网络围观，个人事务就有可能变成公共事件或群体事件。本来只限于当事人利益冲突的个人事务就会释放更大的意义,变成了影响更大范围内公众利益之争的事实象征,其重要性变得愈发明显。可以说,"在互联网环境下,新闻受众是个人化的或至少是分群的,因此他们对于重要性的把握是不一致的。"① 所以,新闻的重要性更强调对用户微观层面需求的关注,于是,那些平民化的,甚至草根化的,与受众的利益紧密衔接的内容大行其道。电视新闻正在视角平视、语态平民化的方向上越走越远。

(三) 信息表达更全面贴近用户

在媒体融合时代,"显著"的主要含义还是"明显、著名"。声名显赫的事物总是容易受到关注,人们对名人、大公司、大国总是容易产生兴趣。但新媒体环境下普通人物被关注的概率有了翻天覆地的变化,按照传统标准无法被报道的普通人物,在融媒时代却越来越多地被报道被传播,这也成为新闻传播"语态"转变的重要标志。"语态"的变迁又有效降低了人物显著性的要求,普通人做得稍微有些不寻常的事情都能成为新闻。对于新闻采制而言,已经不仅仅需要依靠一个记者或一个记者团队,还需要广泛的受众参与其中,社交媒体已经在提供最新消息方面扮演越来越重要的角色。在这种媒介环境中,传统广电媒体的甚至可以说在抢新闻方面一个职业记者可能比不过一个普通的网民,许许多多的新闻并不是由新闻记者最先发表的,而是由遍布在社会各个角落的网民抢先公布的。YouTube 全球内容主管罗伯特·金瑟尔认为:"电视意味着覆盖,而 YouTube 意味着参与。"2005 年上线的美国"潮流电视网"(Current TV)早已开始将节目的制作过程对大众开放。它有三分之一的节目是由年轻观众用 DV 拍摄和电脑制作的② 采用手机视频等民间影像作为新闻素材,既能弥补记者不在场的遗憾,也有助于优化新闻节目的"语态",即提供更多新鲜的视角、选题和报道领域,使电视新闻的画面语言拥有更多"群众语言"的特色。

(四) 趣味性地位更显著提高

在媒体融合时代,新闻的趣味性越来越受到媒体的重视,过去"高八度"

---

① 杜梅萍:《网络新闻对新闻价值的消解与延伸》,《新闻与写作》2011 年第 5 期。
② 王淑兰:《美国"潮流电视"探析》,《现代传播》2008 年第 6 期。

的"播报语态",逐渐被"平民化语态"所取代,趣味性被放置到更为重要的位置上来,相应的表达方式也随之变成寓教于乐型。现代社会生活节奏在逐步加快,人们感受到的压力也在逐渐加大,愉悦的体验变得越来越珍贵。趣味性的意义在于为用户提供轻松愉快的新闻收受体验,让生活变得更加轻松有趣,缓解人们的精神压力。从这个角度讲,我们也应该重视趣味性的价值。相对传统媒体而言,融媒体更容易实现对趣味性元素的展现,更容易增强用户收受新闻的愉悦体验。近几年,"萌化语态"开始在电视新闻中出现。"卖萌",网络词汇,即刻意显示自身的萌。在褒义的词性下,指故意做可爱状,打动别人;在贬义的词性下,指故意作秀。这里指媒体用语"接地气",有亲和力,或刻意"装可爱"以求讨好和拉拢受众。"我去吃块巧克力!""爱你一生一世!"等萌系播报相继出现在央视新闻播报之中。事实上,用户对趣味性的需求是没有止境的,同时用户本身也在创造着无穷的趣味价值,这一点甚至远远超过了职业记者的想象。"当公民新闻将它们的故事性、趣味性与民间智慧结合在一起,加上丰富多彩的发布形式和互动形式时,传统新闻媒体在这方面的努力就显得相形见绌。在这个问题上,人民的智慧和想象力总是无穷的,而新闻媒体则总是苍白的。"①

话语创新从表面上看是一个语言表述问题,实质上是一个涉及思维方式、思想认同、价值立场等多方面的重大问题。因为不同特色、不同风格、不同气魄的话语表达,形成的传播力、竞争力、吸引力、感染力、影响力是不一样的。而简单拼贴几句网言网语,并不是真的语态创新,滥用"跪求体""哭晕体""吓尿体"等自以为时髦的网络话语,甚至效仿"标题党",则更是浮夸自大文风的表现,必将造成传播"失度",消解媒体公信力。广播电视的语态要与时俱进,既要深度展示中国话语体系的大度与包容,彰显中国文化基因的自信,又要着力打造连通线上线下的共同意义空间,把观点鲜明、指向性强、容易传播的议题讲得有温度、有态度、有力度。

---

① 胡翼青:《自媒体力量的想象:基于新闻专业主义的质疑》,《新闻记者》2013年第3期。

第三节 融媒体新闻行动策划

在媒体竞争越来越激烈的今天，通过策划和实施大型新闻行动来彰显传播能力、扩大媒体影响力成为越来越多电视媒体的选择。区别于传统的新闻报道，新闻行动以新闻事件为载体，通过整合不同的资源，变单一、片面的记录，为多侧面、全景式、立体式的呈现，形成强大的宣传声势。在实施新闻行动的过程中，媒体的角色也发生了变化——从"信息传播者"转向"新闻要素的整合者"，变被动的新闻"记录者""播报者"为主动的活动"策划者"以及新闻事件的"推动者"。[①]

一、融媒体新闻行动概述

本书所谓的融媒体新闻行动，是以广播电视台或视听新媒体为主体进行策划、组织和实施的一种融合性媒体行为，也是一种特殊的新闻节目样态。我们可以将其理解为媒体有意识、有策划地实施某种行动，这种行动是媒体与社会的互动，而其本身也是新闻报道的内容，媒体和媒体人员成为新闻的参与者、推动者，甚至内容的主角。在报道形式上，新闻行动多采用特别报道、系列报道；在采访方式上，新闻行动多使用寻访式、探访式、行进式采访；在组织实施上，通常为多家媒体联合采访、融媒体全方位报道。一般来说，这种特殊的新闻节目周期长、规模大、需要整合协调的资源多，具有较大的操作难度，这也就对前期策划提出了更高的要求。

近年来，无论是中央级媒体，还是省市级媒体，都相继策划推出了一系列新闻行动，其中又以广播电视媒体主导的大型新闻行动最具特色。例如，中央电视台2012年重阳节前后曾策划推出新闻公益行动"我的父亲母亲·关注失智老人"。这项大型新闻公益行动集合了央视新闻中心核心制作

---

① 邵一平：《大型新闻行动：整合新闻要素 提升舆论引导力》，《视听纵横》2012年第7期。

力量,以及政府机构、民间公益机构和多媒体平台合力支持,共同关注"阿尔茨海默症"也就是老年痴呆症患者及家庭成员这个长期被社会公众忽视的群体,通过新闻节目和专题报道,消除公众对于这一病症的误解和歧视,传递预防及护理常识,让更多人了解它的相关医学指征以及"患者和家属"的情感需求和物质需求。为扩大传播效果,李瑞英、张泉灵、王世林、鲁健等4位央视著名主持人担任了公益行动的宣传大使,相关报道在《朝闻天下》《东方时空》《焦点访谈》等品牌栏目持续播发,与此同时,央视联动多家门户网站、微博平台共同发起为"老年痴呆症"的正名活动,吸引百万网民参与。

  广播电视台是融媒体新闻行动策划与组织的核心,这是因为在绝大多数案例中,视听节目都是新闻行动最吸引受众的关键性内容,而广电媒体的品牌优势也有助于新闻行动形成积极正面的社会影响。2017年,为迎接党的十九大,四川广播电视台策划推出了《砥砺奋进五年间》大型航拍新闻行动。报道分为大型航拍报道《雄关漫道——牢记总书记嘱托 砥砺奋进五年间》、人物故事《不忘初心——党代表风采录》、海采《我的这五年》、海采《寄语党代会》等不同板块,多角度全方位解读梳理四川五年的发展成绩单。《砥砺奋进五年间》新闻行动,采取传统媒体和新媒体融合报道模式,以大型航拍新闻行动、政论性报道、海采、H5、新闻脱口秀等多种形式来完成展示。其中主题报道《天府十问》分4条线路,向全省东南西北四个方面行进,带领观众飞上云端俯瞰变化;《四川新闻》等栏目的主持人则亲赴一线,用大数据和身边的故事梳理五年四川发展十大关键命题。可以说,这一策划充分发挥了全媒体传播优势,带给观众极大的视听震撼。

  在新闻行动的策划组织实践中,大量新技术、新手法、新节目形式被综合使用。每次"战役性"报道落幕,都会大大推动视听媒体的业务创新。2019年5月20日,浙江卫视以一场"大型城市灯光秀配合百余架无人机空中编队表演"的方式,开启了大型融媒体新闻行动"一起翱翔"的序幕,直播节目采用5G技术,上百家网络媒体同步参与直播,相关网络阅读量超过500万人次。通过最新技术手段和网络流行元素相结合,创新地诠释了献礼新中国成立70周年的主题。

二、融媒体新闻行动的特点

除了在空间上开拓视角,在内容上深度挖掘,大型融媒体新闻行动能够有效整合信息,将新闻报道、记者观察、百姓体验、专家解读融于一体。用政府视角权威发布、用专家话语精确解读,用多元视角呈现变化,用百姓视角体会成就,最大程度延伸报道的广度和深度——这使得新闻行动具有不同于小型化动态报道的独特优势,以至于被相关学者称为"宏大新闻"[1]。

(一)以"大主题"推动价值观传播

相当一部分新闻行动都属于主题报道。在新闻学中,所谓主题报道,"是媒体聚焦特定议题对目标受众进行成规模、建制化的传播活动,一直是重大政治和新闻议题的报道载体"[2]。传统主流媒体在主题报道方面有非常丰富的经验,已形成了一整套较为成熟的报道理念、框架和表现手法。主题报道需要主题的引领。电视新闻行动往往有很强的主题性,而非一般的强调信息量的节目,因此需要策划者准确把握时代脉搏,代表社会发展的方向。

例如,为纪念中国共产党成立90周年,浙江卫视策划推出大型新闻行动《红船新航程》,每篇报道由"光辉印记"、记者寻访和专家点评等有机组成,感性的体验式报道和理性的新闻评论相得益彰。鲜明的主题策划使得这一报道具有强烈的导向性。

像2018年改革开放40年、2019年新中国成立70周年、2021年建党100周年,等等,对中国而言,都是具有重要历史意义的时间节点;像转变经济发展方式、加强社会管理创新、党员先进性教育、干部队伍廉政建设、树立社会主义核心价值体系,等等,也是我们国家某个发展阶段的战略主线。只有深刻领会这些重大主题的战略意义,用新闻专业视角进行思考,用以指导实践,新闻行动的策划才有灵魂、有高度。在这个意义上说,新闻行动是重大主题报道创新的一种尝试。

---

[1] 杜骏飞:《让宏大新闻推动国家发展——江苏卫视大型新闻行动的理念分析》,《视听界》2007年第5期。

[2] 张涛甫:《记录新时代,主题报道当有新作为》,《新闻战线》2018年第5期。

（二）以"强策划"整合多新闻资源

新闻行动被认为是电视活动传播的一种形态。"电视活动传播指的是电视媒体根据需要举办各种各样的活动，借以传播自己需要影响大众的内容。相对于电视新闻节目、电视纪录片、电视广告等传统电视传播形式，电视活动传播推出的是一个全新的内容载体，即'活动'。"[①] 所有的电视活动，都需要媒体主动策划。近些年较为流行的活动样式包括"感动人物"评选系列、"寻找最美人物"系列、"走基层"系列，等等。其共同特点就在于通过"强策划"，整合社会资源，形成全媒体强势传播，并产生持久影响力。

成功的新闻行动是新闻报道和活动策划的完美融合。在具体操作中，要求组织者充分发挥聚合效应，一方面融合广播电视、报纸报道、门户网站、移动新媒体等多种形式，共同为新闻行动服务；另一方面建立内部联动机制，通过日常报道、特别述评、大型活动等各种各样的新闻形态，形成立体宣传效果。浙江卫视推出的大型新闻行动《新长征路上的浙江人》，就是一次成功的多媒体融合、多形态联动的报道实践。这一纪念红军长征胜利的大型新闻行动，除了每天一集的新闻报道、每周一期的专题报道、长征路上的大型直播活动之外，还连续播出以"留住历史、认护长征旧址"为主题的公益广告，并发起足迹遍及长征路沿线八省区的公益行动，形成了全方位的传播效果。与此同时，该新闻行动利用广播、电视、报纸、网站等多种技术手段，进行立体宣传。报道人员在博客上实时发布体验长征路的点点滴滴，引发各方关注。

2016年底，北京电视台推出"天涯共此时"——BTV跨年大型新闻行动，该报道站在国家高度、全球视野，围绕习近平总书记提出的"一带一路"倡议在过去三年所取得的成就、现阶段所做出的努力，以及未来规划进行报道，对沿线国家与中国在设施联通、贸易畅通、民心相通等方面所取得的成果进行重点报道。节目除每天在BTV卫视频道与新闻频道同步播出外，还与北京新媒体集团联手，通过《北京时间》进行全媒体联动，推出"与丝路记者同行"新媒体互动板块，倡议网友与前方记者共同行走，形成电视与网络、线上与线下的交流与交融，让更多观众和网友关注新闻行动并参与其中。可见，

[①] 潘知常、栗振宇：《从大型新闻行动看电视活动传播》，《视听界》2007年第5期。

大型新闻行动区别于以往单一、扁平、单维度的新闻报道,而是从不同视角、不同层次全景关注新闻事件的进程,这就要求在空间上拓宽视角,在内容上丰富层次,调动多种采编手段和传播形态,营造报道声势。

(三)以"在路上"实现跨地域报道

所谓"行动",首先就有"行走""动作"的意思。融媒体新闻行动大多采用行进式报道方式,通过策划"走出去""走下去"的选题,实现跨地域的新闻报道。在新闻学中,"行进式报道是媒体围绕某一重大报道选题和某一备受关注的新闻现象,借助于各种运行的工具,在有限的时间、明晰的行进路程、不同的空间,在各类节目形态中完成的具有明确主题思想和连续性,多种节目形式参与并循序渐进的报道方式。"[①] 相比其他报道形式而言,行进式报道侧重于关注行进过程中的人物和事件,也因此多为涉及单一主题的新闻"密集型"报道方式,其报道关注的对象是行进过程的"点",往往能带给受众非同寻常的新闻享受。

上文提到的"天涯共此时"新闻行动,总计历时近 80 天,由 40 多人组成的前方摄制组沿"一带一路"线路横跨亚、欧、非三大洲,他们兵分 5 路,途经蒙古、俄罗斯、白俄罗斯、捷克、塞尔维亚、德国、法国、英国、泰国、孟加拉国、斯里兰卡、阿联酋、沙特阿拉伯、埃及、肯尼亚、埃塞俄比亚、南非、马来西亚、新西兰等 33 个国家。就报道难度而言,运动性、变化性正是行进式报道的难点、重点和亮点。这主要是由于记者的采访状态时刻处在行进中,采访行程、采访对象乃至采访选题无时无刻不处在一种动态变化中。

对于多数新闻行动来说,按照时间和空间顺序展开是常用策略。大型新闻行动有时采用多路并进的方式策划,但每条路线都是依据时间或空间的顺序展开的。视听语言和灵活的时空表现方式为新闻行动的呈现提供了便利。江苏卫视策划的名为《时空新飞越,空中看江苏》的新闻行动,在 65 天时间里,摄制组转战大江南北,地面行程 6000 多公里,升空 50 多架次,飞行时间 98.5 小时,飞行距离 1 万多公里,使用了 5 个军用机场、2 个民航机场和 2 个临时起降点。空中和地面 8 个摄制组共拍摄了 150 多个小时的新闻素材,其中航拍素材 70 多个小时。报道一经推出,就带给观众极大的视听震撼。融

---

① 郭长江:《广播行进式报道的"行进式思维"》,《中国广播》2010 年第 1 期。

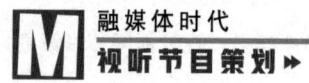

媒体新闻行动不是电视媒体的专利，但由电视媒体主导的新闻行动无疑具有更鲜明的优势和特色。

三、融媒体新闻行动策划思路提要

新闻行动是"策划出来的新闻"，是媒体成为"主角"的新闻。不同传播形态联动互补、新闻媒体和新闻受众互动，放大新闻的传播价值；通过整合新闻事件的不同节点，策划热点、持续关注，让报道和新闻事件本身互为推动，不断掀起新闻传播的高潮。要实现这样的传播效果，必须强化新闻行动的策划设计。一般而言，应注意以下问题：

（一）以小见大，找准切入点

越是宏大主题的新闻行动，越需要找准具体的切入角度，善用典型素材和鲜活案例。在采访选题策划上要能够同中见异、老中求新。究其本质，是要善于找到"大主题"下最接"地气"的报道内容，也就是坚持"三贴近"这一任何新闻类型和报道方式都不可回避的根本原则。浙江卫视曾在《浙江新闻联播》中推出大型新闻行动《寻找可游泳的河》。它以"清清河水，共同呵护"为主题，以寻找可游泳的河为主线，查找问题原因，反映群众呼声。在短短两个月中，共播出30多篇调查式新闻报道，引发了社会各界对水环境污染问题的极大关注，得到业界普遍好评。

在这个案例中，"关注生态文明建设"是大的主题，应对水体污染是具体的选题，而"寻找可游泳的河"则是一个以小见大、富有新意的好创意。自古以来，只要是河就能游泳，何需寻找？这个创意看似违反生活常识，实则是对当时水环境被严重污染状况的一个辛辣讽刺。这样沉重而紧迫的话题必然会引起社会的普遍关注。其实，这个创意源自温州企业家"悬赏20万元请环保局长下河游泳"这个网络热点话题。虽然这种行为被很多人视为炒作，但节目策划者很敏感地"蹭"到了这个舆情热点，进而反映出公众对于水环境治理、重新拥抱蓝天碧水的美好期盼。

随着新闻行动被越来越多地策划推出，组织者更应该注意摒弃程式化的问题，坚持贴近实际、贴近生活、贴近群众。在策划之初，就应该将报道所选择的素材聚焦于老百姓身边的人和事，通过百姓身边的细微变化来反映各类系列报道的主题。同时，通过策划"走下去"的选题，鼓励记者沉下身子，走进街道社区、镇村农户，与城乡群众交朋友、谈家常，客观反映事实，回应百姓关切，但也要注意以独特的视角进行筛选，去粗剔伪，做到同中求异、赢在创意。

（二）融合联动，传播全样态

大型新闻行动多采用多媒体融合、多形态联动的方式，以求放大传播效应。在广电媒体内部和兄弟媒体之间，需要密切协同，有效联动，合力传播。为纪念抗日战争暨世界反法西斯战争胜利70周年，四川广播电视台新闻频道策划推出了大型新闻行动《铁血川魂》并推出特别直播。直播从纪念日上午9：00持续至11：00，共出动3台SNG、1台无线网络设备和多组记者。全程直播了成都三地的纪念活动，并与北京台、上海台、江苏台、湖北台等多家媒体连线报道纪念盛况。类似这样的新闻行动，在前期查阅资料和确立主题的基础上，最重要的环节就是统筹实施直播连线和多家电视台的联合行动。因此，在思路确定后，要马上和兄弟台联系，建立合作策划机制，甚至需要邀请各个台的分管领导和采编骨干进行集中策划并召开碰头会。

在广电媒体和网络新媒体之间，需要加强网台联动，实施全媒体策划。例如，江苏卫视为庆祝新中国成立65周年，策划推出了被誉为"脚尖上的中国"的《你所不知道的中国》大型新闻行动。它以现代文明和古老文明为两大主题线路，以古老技艺、风土人情、传奇历史、神秘物种为主要表现内容，通过邀请孟非、蒋昌建、毕淑敏、贾平凹、谭咏麟、李克勤等34位来自娱乐、文化领域的名人嘉宾，以及10位美女记者分赴全国34个省级行政区探秘的形式，为广大观众呈现了一个不为大家所熟知的神奇中国和文明中国。策划之初，江苏卫视就搭建了网络专题，全程同步推进。在节目拍摄期间，江苏广电旗下的新媒体平台江苏网络电视台、荔枝新闻App等独家策划了"记者手记""精彩图文""独家路线"等七个栏目同步宣发、立体呈现。与此同时，《你所不知道的中国》系列宣传片及花絮报道也陆续在江苏广电旗下各平台播出，将拍摄过程中采访到的一手资料进行亮点剖析，化解成适合网络传播的片段提前释放。

又如，为庆祝改革开放40周年，江苏卫视联合全省13市电视台，推出大型新闻行动《潮起扬子江》。这一次，江苏卫视借助微信小程序，面向网友征集"晒晒家乡这40年"老照片；开发换脸互动游戏"我的40年穿越照"，吸引网友参与；直播当天还推出线下活动"潮起扬子江环省行"，由当红主持人与观众在现场零距离互动，听当地老百姓讲述这40年来的故事，并现场设置"时光照相馆"AR互动体验装置。多种多样的融媒体操作为新闻行动锦上添花。

（三）系列呈现，注重连贯性

新闻行动的实施周期长，内容丰富，信息量大，也因此多采用系列报道、连续报道的方式进行设计。在新闻学中，系列报道是在某一特定时间内，围绕同一个新闻事件或新闻主题进行多阶段、多角度、多侧面的追踪、补充报道。系列报道在结构上一般为横向结构，或称积累式连续报道。可以认为，其是对某一新闻主题或某一新闻事实，从各个不同的侧面、多角度做连续报道，每个侧面或角度构成一条相对独立的新闻报道，又构成事实整体中的一个环节，往往是对非事件性新闻的报道。如浙江卫视大型新闻行动《小康村里的幸福事》，巡礼浙江城乡，走进村庄社区，突出反映了浙江走在全面小康征程中的城乡新变化。这一新闻行动为形成贯穿全年的宣传效应，在策划时就决定采用"启动仪式+系列新闻报道+大型主题展览"的核心框架，并联合全省十多个县市区电视台派出多路报道团队，进幸福村、找幸福人、晒幸福事，传播效果在不断累积中得以放大。

所谓连续报道，则是对一个阶段内正在不断发展变化的某一事态进行及时而持续的报道，力求有始有终。它是对重要的正在发生发展过程中的事物在一定时期内进行的连续多角度的报道，因其一段时间内对新闻事件集中、突出的报道，往往能造成一定声势，产生一定社会影响。与一般新闻相比，连续报道对事件过程相对较全面完整，解决了"浮光掠影"与深入报道的矛盾，还可以使整条新闻在一系列新闻报道中突出出来，引起更多的人关心和重视。从策划思路上看，连续报道一般是纵向的结构。围绕某一新闻事件，根据时间发生、发展的不同阶段，连续地进行追踪式报道，往往是就一个事件性的新闻或新闻人物在一个阶段内的有关情况的发生、发展、结局的持续性而进行的报道。上文列举的《寻找可游泳的河》新闻行动,从报道内容来看,首先以四篇街头采访抛出话题,引起公众注意,接下来沿着"挖掘河道污染深层次原因——提出解决污染问题办法——促使政府部门拿出整治措施"这样的纵向逻辑层层推进,整个系列报道思路清晰,连贯完整。

大型新闻行动《走向蓝海》,追踪舟山这个我国海洋经济发展示范区,从前期建设到国家批复,到深入推进的全过程。它的策划思路是以行进式调查为主要手法依次展开,层层推进——首先通过记者的现场发现展示现状,直面各地发展海洋经济所面临的瓶颈;接下去通过记者的现场追踪,展示变化,记录各地破解难题的新思路、新举措;最后通过记者现场追问权威部门、提问市长,展现海洋经济发展前景,描绘未来宏伟蓝图。随着不同时间段的不同跟进,在时态上具有连贯感,持续形成舆论热潮。

可见,无论是连续报道,还是系列报道,它们都具有新闻性,都是由多个独立报道构成的,都是出现多次的连续性的报道。由于它们顺应事实的发展规律,顺应人们的心理需求,涵盖面广,信息量大,报道完整,传播效果好,因而在新闻行动的策划中被普遍使用。

第四节　融媒体新闻直播策划

最早的新闻直播源于广播媒介。现场直播报道与事件发展过程是同步的,能够给受众提供一种身临其境的现场感。它不仅最大限度地缩短了受众与事件现场的空间距离,而且在时间上达到了同步。中国电视史上著名的长江三峡截流、香港回归盛典、北京奥运会,以及抗日战争胜利70周年阅兵式直播等,使亿万受众仿佛身临其境,受到现场氛围感染和激励。2000年11月27日,《东方时空》改版后,推出全国第一个新闻性直播报道栏目《直播时刻》,后改名为《直播中国》,成为中国电视新闻直播走向常规化的重要标志。进入融媒体时代,"直播"开始变得日常化,并逐渐拥有了截然不同的新面貌。2020年新型冠状病毒引发的肺炎疫情暴发期间,央视频App借助"5G+云"的直播方

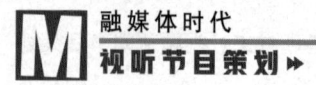

案,对武汉火神山医院和雷神山医院建造过程进行"慢直播",超9000万网友化身"云监工",共同见证"中国速度",也让直播从网红娱乐走向了主流社会事件的传播。

一、新闻直播节目的概念

所谓融媒体新闻直播,是指媒体借助融媒体平台将在新闻现场采集的图像、声音,以及记者的采访报道等信息,同步公开向受众传播的一种即时播出的报道方式。它在记录新闻事件发展变化的同时,把记者的现场报道、播音员或主持人的现场描述或背景介绍同步传输,集报道新闻、提供知识、分析事态于一体。

现场直播的具体流程为利用微波、高速移动网络或卫星信号传输系统等,将设在新闻现场的多个拍摄机位摄录的画面、音响,结合背景资料,通过现场记者与演播室主持人的采访、串联、评述,经现场编辑、切换,并实时播出。它实现了信息生成、信息采集、信息传播和信息接收四个环节的完全同步,因此能够以信息衰减最小的方式,将正在发生的新闻事件予以全方位、多角度、立体化地即时呈现,最大限度地保证新闻事件的真实、客观与完整。在移动互联网条件下,直播也可以以相对简化的形式展开,有时仅通过一个智能手机就能完成。

需要加以辨析的相似概念是"现场实况直播"与"演播室直播"。"演播室直播"并不是新闻报道方式,而是一种节目播出方式。演播室直播是指节目在演播室边播边传送的一种节目播出方式,它是相对于录播而言的。通常,演播室直播主要是主持人直播,其好处是新闻编排更加灵活,重要新闻"随到随播"。而作为个体的新闻报道和播出一般并不同步,多是前期制作合成好的。比如《新闻联播》这样的栏目,虽然是"演播室新闻直播",但其中的绝大多数新闻并非"现场实况直播"。

"现场实况直播"是一种特殊的新闻报道样式。在这种报道中,除了位于演播室的主持人处于直播状态外,位于现场的实况记者也处于直播状态,新闻报道在主持人与现场记者的直播连线过程中"一次性"完成。此外,还有学者认为，实况转播与现场直播有所区别。新闻发布会、记者招待会、两会现场等一般是实况转播，而带有记者现场解说和报道的称为现场直播。

中国广播电视政府奖评奖标准要求，新闻直播节目必须以新闻现场为直播主体，来自新闻现场的直播信号长度不得少于整个节目长度的1/2，所用录音、录像资料不超过总长度的1/3。纪念会、报告会、文艺演出及以演播室直播谈话为主体的节目不得参评。同等条件下，现场信号为本台自采者占优。当前，新闻直播报道已成为一种特殊的视听节目体裁和节目形式，并日益引起社会各界的关注。

在融媒体时代，网络直播尤其是移动直播成为最能展示融媒体属性和优势的一种信息方式。乘着直播的快车，整个社会也迈入到了"人人都能当主播"的新时代。网络直播的出现，打破了传统媒体的直播垄断权，斗鱼、映客、一直播等商业直播平台迅速崛起，抖音、快手等短视频应用相继开通直播功能，传统广电旗下的新媒体平台也纷纷增加直播通道。融媒体直播让过去只在电视上呈现的新闻节目能够以直播流方式进入网站、手机客户端等新媒体平台，实现多屏联动推送，立体多元传播，有利于节目扩大影响力。

二、融媒体新闻直播节目的特点

对重大新闻事件在第一时间做出现场同步报道，是现代媒体的发展趋势和理念共识。"现场直播与其他节目形态区别就在于它可以不受各种编码规则的制约。由于现场发生事件的不确定性和不受编码规则的制约，不可预知的直播过程和多机拍摄的现场感给观众带来更多的期待和体验。"[①] 从技术和业务层面看，直播是节目的后期合成、播出同时进行的播出方式。因此，时效性和现场感强是新闻直播最主要的特点，在互联网技术条件下，直播还拥有了前所未有的互动性。

（一）传播的实时性

新闻直播的意义，在于对正在发生的变动事实的报道。从传播学角度看，

---

① 谭天：《电视节目形态构成——一种用于节目研发的理论模型》，《现代传播》2009年第4期。

所谓直播时效的零秒差是指新闻现场发生的"信源"与新闻传播者采集加工发送信息、与新闻信息到达的"信宿"这三个方面在时间上是同步完成的。在常规情况下，记者选择新闻的时候，都会倾向于同步见证对国计民生和社会有重大影响的事件。当然，一些突发事件也是直播类报道的重要关注点，如美国总统肯尼迪遇刺事件、挑战者号航天飞机升空爆炸、中国长征2号E型火箭发射失败等。自CNN开始，对战事的实时报道已成为重要的新闻竞争手段。2001年的"9·11"事件成就了凤凰卫视，随后的阿富汗战争又让半岛电视台声名鹊起，被誉为"中东的CNN"。中央电视台则以2003年伊拉克战争为契机，打断正常节目，即时插播战争的最新现场画面。

（二）客观的纪实性

新闻直播的客观纪实性主要表现在两个方面：一是纪录过程的完整性；二是多侧面、多层次、全方位地记录事件，并以一种不加修饰的方式传达给受众。现场直播留下的画面和音响往往成为珍贵的历史资料。1969年，美国"阿波罗11号"宇宙飞船成功登陆月球。在NASA的策划下，全球亿万观众通过卫星转播，在同一时间实时观看了宇航员阿姆斯特朗踏上月球的第一步。通过安放在月球上的摄像机，人类第一次从月球这个角度看到了地球独特的样子。这也是迄今为止，人类实现的距离最远的一次有"记者"到场的新闻直播。

（三）强烈的现场感

现场感是来自于新闻事件现场的鲜活信息作用于观众而产生的新闻真实感。现场直播通过声画兼备、场景直观、细节生动的优势，以强烈的现场感、参与感、融入感吸引观众，以强烈的心理感受弥补了观众无法亲自介入的不足。直播具有明确的共时性，它以现场记录、同步传播的方式反映新闻事件，主持人和新闻记者可以如同"导游"一般，引领观众从视觉上"进入"新闻现场，并用自己的情绪感染观众，使他们感受到新闻现场的气氛，在心理上同步参与事件的进程，从而产生身临其境的感觉。新的技术条件进一步提升了直播的现场感。2017年4月，央视网对天舟一号发射进行虚拟现实（VR）直播，这是我国首次在航天领域进行VR直播，距离发射点最近距离只有100米，并且首次在VR直播中引入了专业讲解员，带给观众立体可感的现场震撼。

（四）过程的悬念性

直播节目之所以吸引人，还在于它与事件的发生同步，能使观众对直播对象未知的发展产生关切的心情，这种"欲知"所造成的悬念紧紧地吸引着观众。比如汶川地震发生后"到底有多少人受灾？""通往映秀镇的道路能否打通？""受灾的百姓能否得到妥善安置？""还会不会有余震？"等问题，会把受众吸引到屏幕前，收看直播成为其最佳选择。2004 年 9 月 3 日下午，在俄罗斯北奥塞梯贝斯兰市解救人质现场，有一段在战斗最前线的电话连线。这是凤凰卫视现场直播中一段激动人心的新闻报道，尽管记者卢宇光气喘吁吁，声音中还带有点颤抖，但是他在现场连线报道中的一句话"恐怖分子冲过来了！"作为新闻直播史上经典的声音之一，迅速传遍全球。

（五）互动的参与性

在互联网条件下，视音频新闻直播融入了更多的互动元素，网友可以实时参与直播进程，与主持人、嘉宾，甚至新闻当事人互动。2016 年，中央电视台新闻频道推出《守护候鸟迁徙：我欲乘风追万里》融媒体报道，通过直播方式展现候鸟飞跃路线，讲述候鸟迁徙的故事。在 6 天时间里，广大网友通过在央视微博和央视新闻客户端"候鸟迁徙"板块留言，反馈候鸟迁徙线索；央视通过搭建在广东的全实景演播室进行直击和专家解读；而位于四川、内蒙古等地的"追鸟小分队"则进行实时的直播拍摄。通过创新方式，《候鸟迁徙》实现了电视、新媒体、网友交互直播。首场直播吸引 13 万网友在线观看，阅读量超过 5500 万。随着互联网和移动平台的逐渐升级，传统电视直播固有的单一架构优势正在逐渐减弱，而移动平台开始占据更多的直播市场份额，其中就包括了大量的内容和形式创新。大多数视频网站开通了即时留言、转发、点赞的功能，"弹幕"也被普遍应用于视频直播之中。

三、融媒体新闻直播节目策划思路提要

直播节目的策划重点不在于报道什么，而是如何报道。有学者提出，新闻现场直播的策划要点包括：现场感的充分再现，为动态信息预留空间，纪实手段的充分运用，重视对现场细节的捕捉，直播内容的主题设计，多种手

段的组合报道形式,直播过程中悬念的设置。[①] 其实在实践中,不同类型的新闻直播操作方式不完全相同。

(一)直播节目的题材选择

直播节目的题材可分"大题材"和"小题材"两种。所谓"大题材",主要有两大类:一类是公共突发事件,另一类是重大活动或会议。台风、洪水、地震、重大事故等公共突发事件本就属于新闻热点,社会影响大,特别是由于事件发展趋势不可预测会给节目内容营造悬念感,是最适合直播的题材。直播策划与实施团队需要做的是精心策划,递进式推进报道,不断满足公众对新闻事件信息的期待。而重大活动或会议由于内容和程序既定,出乎意料的惊喜不多,观众收视期待的强弱程度因题材而异。直播策划与实施团队必须想方设法放大新闻价值,突出情感冲击力强的环节,让直播内容和公众关注点尽可能同频共振。

在西方电视理论中,上述两种类型分别被称为事件性直播和仪式性直播。前者是无法预见的,而后者通常可以预见。有学者曾举例说,肯尼迪遇刺的直播是事件性直播,而肯尼迪葬礼直播就是仪式性直播。由于大容量、长时间,所以画面、解说词、音乐、采访、特技、动画、模型、图表,等等,所有这些表现方式在现场直播报道中都可以得到充分运用。从国内实践来看,仪式性直播常常表现出一种史诗式的朗诵风格,张扬地承载着主流价值观的传播;而事件性直播则在事件的重重矛盾与悬念中展开叙述。

所谓"小题材",主要是社会新闻或民生新闻题材。近十多年来,国内各级媒体特别是省市广电媒体借助卫星移动传输系统,以SNG方式进行了大量连线直播报道。此类报道内容不少都是日常社会新闻,如交通路况、火灾、突发案件等,形式上多编排进入综合性新闻节目,不占据独立大时段,可谓"常态化的小型新闻直播"。

基于4G/5G信号的移动互联网,直播变得更为"平民化"和日常化。一些传统电视媒体不常选择的"小题材"也得以进入直播流程。2019年底,"广州小蛮腰慢直播"正式上线。通过广州日报新闻客户端和新花城客户端直播平台,观众可以24小时随时观看CBD美景,领略别样风采。这种日常化、"小

[①] 胡智锋:《电视节目策划学》(第二版),复旦大学出版社,2019,第53页。

题材"、原生态、长伴随的新媒体直播,被形象化地称为"慢直播"①。慢直播还广泛应用于安防监控、阳光厨房、交通路况监测等领域,如何将其转化为具有可看性的融媒体内容产品,是值得策划者认真思考的问题。

（二）直播节目的整体设计

1. 内容设计

直播内容通常是有选择的。大多数融媒体新闻直播不可能如"慢直播"的操作一样,24小时播出几个固定场景,记录下分分秒秒的信息。在一次直播中所能展现的往往只是事件片段或者阶段性综述,其叙事结构也是开放而非封闭的。这符合人们在真实的生活中感知事件进程的规律:生活是没有起点与终点的,在人们的感知范围内,所有事物的发展也只具有阶段性的状态。而观众希望看到直播的,往往是与己相关的重大事件或者感兴趣的关键场景。因此,无论哪种直播,策划都要重视悬念设置。在长时间的收视过程中,受众会出现心理疲劳期,策划者要善于根据新闻事件的发展预设兴奋点。

由中央电视台联合各省级电视媒体策划制作的喜迎十九大特别节目《还看今朝》在"广西篇"设计了三段融媒体直播连线:一是在南宁轨道交通装备制造基地感受"南宁地铁南宁",倾听广西高端装备制造业加快发展的铿锵足音;二是在柳州三江侗族自治县的风雨桥上分享百家宴上脱贫致富的喜悦,讲述动车通到山区带动旅游发展,群众日子越过越红火的新时代故事;三是在北海铁山港码头领略古代"海上丝路"的现代气息,感知广西"向海经济"的新航程。这三段内容的设计是合理而有效的——先进制造业、扶贫动车和"一带一路"合作等直播内容让广西以外的观众看到的是颠覆他们往昔印象的完全不一样的新广西,加之直播出镜记者在表达上锐意创新,大胆吸收网络语言活泼生动、幽默诙谐的特点,给人耳目一新的感觉。

2. 结构设计

仪式性直播的总体结构是预先设计好的,每一个中心点的事件性信息包括出席人物、出场时间、行走路线等基本是固定的。因此,策划人更像一场盛大舞台剧的导演,要将每一次启幕、落幕的时机,每一个重要人物的登台,

---

① IT江湖:《直播新画风:"慢直播"有料更有趣》,http://www.sohu.com/a/111645271_345256。

或者最佳机位的设置与调度等都排演得丝丝入扣,如"国庆阅兵"直播就属于此类。而事件性直播从一开始就无法完全预知,此类直播报道更像一次探险,没有人知道下一刻会发生什么。

在业务流程上,或为线索单一的时序结构,按新闻事件发生、发展的时间顺序安排,记者的叙事与事件的客观进程一致;或采用导引结构,由记者对新闻事件的概况作简要介绍,再把报道内容转到现场事态,进一步在现场挖掘新闻事件。海峡之声电台关于神舟九号发射的特别报道《梦想的延伸》,以"神舟"飞天为明线,以海峡两岸同胞和海外华人华侨的家国情怀为暗线,双线索推进,结构设计可谓新颖。

3. 时空设计

现场的时间、空间应相对集中,以便记者能在一定时间里通过自己在现场的采访和报道活动,展现事件的发生、发展和来龙去脉。特别是对于仪式性新闻直播,一定要精心设计。现场最好有丰富的同期声或环境声等音响资源。如纪念中国人民抗日战争暨世界反法西斯战争胜利70周年阅兵庆典直播,就需要通过习主席讲话声、现场观众的掌声、阅兵总指挥宋普选的报告声、受阅官兵呼的号声、军乐声、4万多人齐声高唱《歌唱祖国》的声音等,为听众营造立体的空间感。如果是多点连线直播,空间跨度大,就需要密切协同,在策划时做好地点转换、场景过渡方面的设计。

4. 互动设计

强化多屏互动是融媒体直播必须重视的问题。如果网站、手机客户端、微博等平台的用户都能随时随地参与直播进程,就会有效弥补传统电视媒体与生俱来的互动性不足的短板。2017年,央视庆祝中国人民解放军成立90周年阅兵融媒体直播节目,在强化互动方面做出了有益的尝试。这次直播专门增加受众实时互动环节,主持人在直播中分几次对央视网网友、央视新闻客户端和央视新闻官方微博用户参与互动的人数进行了通报,并筛选网友和新媒体用户的言论用弹幕形式在电视大屏上呈现,精彩言论还可以点击放大进行重点展示。这次直播参与互动的人数从阅兵直播开始时的30多万跃升到临近结束时的110多万,截至当年9月底超过300万人。在直播过程中,策划者可以考虑把观众、网友及新媒体用户参与互动的评论和留言通过大屏集中呈现,这对于强化电视平台的互动性多所裨益。

(三)直播节目的要素策划

无论哪种直播形式,策划和编导人员都需要熟知新闻直播节目的构成要素。直播节目通常由演播室(播音室)主持人、现场主持人(记者)、嘉宾、现场图像、资料片等要素构成。在策划文稿中,这些要素应清晰地予以体现。

1. 演播室要素

演播室是利用光和声进行空间艺术创作的场所,其构成要素主要包括两部分,一是人的要素,二是物的要素。其中人的要素包括主持人、嘉宾、现场观众及工作人员等,物的要素包括摄录编设备、声、光设备等。"作为现场直播节目的一种表现元素,演播室起到了穿针引线的作用,尤其是在大型现场直播节目中,演播室就是一个直播的调度中心,担负着组织协调的功能"。[①]为使直播节目完美地呈现出来,演播室的环境设计应贴近新闻主题,契合节目内容,演播室内的各个要素必须密切配合。

2. 新闻现场要素

一是记者的现场报道。记者在现场反应迅速、判断准确、出口成章,其现场解说的难度较大,但这种即兴语言具有很强吸引力。首先要有及时观察、采访和报道的能力;其次要善于提供有价值的背景材料;再次要有驾驭语言的口头表达能力;此外,还要善于在各种现场条件下处变不惊,有控制和调节自我的能力。直播节目充分体现了即兴口语(允许事先准备简单的文字提纲和资料)的魅力,再加上现场画面与音响的运用,能充分体现视听媒体的优势,因而是各国媒体与观众喜爱的一种报道形式。

二是现场画面和音响。直播媒体在新闻事件或公众活动发生、进行的同时,把现场的声音、图像,以及记者采访、报道等直接同步播出。因此,现场报道要善于营造"形象",利用影像、音响调动受众的想象力。

演播室要素与新闻现场要素需要有机配合,合理穿插。为配合南京大屠杀"国家公祭日"活动宣传,江苏电视台卫视频道、公共·新闻频道、国际频道、荔枝新闻客户端、我苏网联合推出国家公祭日融媒体直播节目——《国之祭·2018》。记者在侵华日军南京大屠杀遇难同胞纪念馆、南京中山码头、

[①] 张晓锋、周海娟:《电视新闻策划》,北京师范大学出版社,2014,第117页。

清凉山等遇难同胞丛葬地,在上海淞沪抗战纪念馆,以及日本、美国等国家和地区发回现场报道,共同缅怀在 81 年前那场浩劫中死难的所有同胞,祈愿和平。而在演播室环节,节目组邀请北京大学历史学教授徐勇、评论员洪琳,深入剖析《中华人民共和国英雄烈士保护法》《南京市国家公祭保障条例》两部法律法规先后出台的意义及社会影响,共话"以史为鉴、面向未来;珍爱和平、开创未来"。

现场感传达得是否充分真切,是决定整个直播报道成败的关键。现场直播要有画面感、层次感,使观众能够"一目了然",记者的报道思维方式应有立体感、时空感,要用视觉思维去考虑如何做现场报道,最大限度地呈现现场形象。具体说,新闻直播除在数量上要增加现场信息采集量以外,在质量上也要截取那些新闻含量丰富、最具现场感的声音或画面。与此同时减少解说词的比重,增加记者现场报道的分量和力度,包括出镜记者在现场的独特个人感受的表达。这些手段,会进一步强化直播的现场感。对此,策划人员应有清晰认知。

(四)临场变化的应对策划

再周密的策划也"难逃"直播过程中的意外。要做好现场直播,前期准备非常关键,主要有两方面:一是进行事前采访,尽可能充分掌握将要报道的事件的背景和有关情况;二是做出技术性安排,如勘查场地,确定录音、摄像位置,制定传输方案等。当然,由于现场直播随机发生的变化比较多,不同于在演播室制作的节目那样,可以按照事前的安排和详细的分镜头计划有条不紊地进行,现场直播要根据临场变化而随机应变。

央视在直播香港回归事件过程中就曾遭遇不少"意外"。著名记者水均益后来这样回忆[①]:

> 在报道彭定康离开港督府的时候就出现了一个小插曲。我们在港督府外面安排了一台摄像机和一位现场记者,准备随时向观众报道现场的情况。按照事先了解到的情况,彭定康在主持完港督府降旗仪式后将乘车在港督府院内绕场一周,以示惜别之情。为此,我们在现场的记者精

---

① 水均益:《前沿故事》,南海出版公司,1998,第 72 页。

心设计了一段现场解说词，大意是：彭定康的汽车在港督府内绕了一圈，车轮缓慢，试图表示港督对这里的依依不舍。然而，历史的车轮却滚滚向前，香港的回归已是任何人都无法阻止的现实。

果然，彭定康在降旗仪式后钻进了汽车。汽车也果然围着港督府的院子开始转圈。于是，那位现场的记者不失时机地将那段解说词说了出来。可是，当他说完"历史的车轮将滚滚向前"，只见彭定康的汽车在转完一圈后，并没有像事先预定的那样开出大门，而是继续围着院子又转了起来。我们那位记者大概对这一临时出现的情况没有思想准备。他先是沉默了一会。紧接着，他在画面外说道："彭定康的汽车又在院子里转了一圈。"

也许是因为害怕冷场，他把刚才说过的那段"车轮滚滚"的解说词又重复了一遍。彭定康好像存心要和我们那位记者作对，他的汽车在转完了第二圈以后还是没有出门，继续开始转第三圈。万般无奈的记者这时说出了一句后来遭到不少观众批评的解说词：

"汽车又转了一圈。"

这个案例虽发生于二十多年前，但很好地说明了前期策划和后期"意外"之间的关系。香港回归72小时特别报道是当时央视规模最大的一次"直播工程"，动用了大量人力物力。但多数主持人和记者都是第一次参加如此大规模的直播，现场表现已算差强人意。对于仪式性直播，先期策划主要集中于如何提前设计制作相关背景资料；对于突发事件的直播，重点则在于前方记者是否能够及时拍到现场，发现和抓取独家信息，以及灵活应对事件发生过程中的突发情况。但无论哪种直播，都应有尽可能周密的处置预案，尽管现场情况千变万化。

（五）融媒体直播在不同平台的呈现

直播节目在传统大屏的呈现通常会受到频道、时段等因素制约，互动相对简单，参与性较低，但大屏具有高清晰度的视听优势，新中国成立70周年阅兵式，央视进行了70小时不间断直播，栏目通过70多路记者、90多个机位、30多个特殊视角无人值守机位、1600多个镜头精心为观众随时播报阅兵庆典的前前后后。4K 超高清画面、三维全景声技术让强军风采得到了前所未有的真实呈现，这种如临其境的震撼是小屏难以实现的。

小屏直播的优势在于不受节目时长限制。央视综合频道从 2019 年 1 月 1 日开始，推出了一档名为《秘境之眼》的短节目，以我国上万个保护地布设的红外相机和远程摄像头拍摄的珍贵的动物视频为素材，把观众带入祖国东西南北中，高山、密林、湿地、荒漠的秘境——保护地之中，每天一期，每期只有 1 分 40 秒。而同样是这些红外相机和远程摄像头拍摄的画面，在央视频 App 则以慢直播的方式呈现，用户在手机端可以随时进入这些国家级自然保护区的实时监控画面。"电视短节目＋手机慢直播"，这就是《秘境之眼》的内容呈现策略。此外，小屏还具有移动与互动的优势，用户有较强的参与感。

通过打通大屏和小屏，融媒体直播可以跨越多种应用，实现联动。单个电视频道及相关新媒体平台的覆盖面和影响力终归有限，融媒体直播要进一步提升传播力、引导力、影响力、公信力，应考虑跨地域联合、广电与新媒体跨界融合的路子。立体多元的传播格局有利于扩大节目的影响力。广西电视台新闻频道、卫星频道 2017 年 3 月 30 日推出的"壮族三月三 八桂嘉年华"大型直播就是这种大联合大融合催生的产品。直播邀请了安徽、内蒙古等 8 家外省电视台的主持人和记者到广西参与直播及采访，全国 16 个省份的 IPTV 平台参与直播报道和传播，69 家融媒体平台分发直播优质内容，送达用户超一亿人次。

实施多屏联动策划，要考虑的内容"除了直播节目在电视、网站、手机客户端等多个平台融合播出以外，还应该包括直播前期策划阶段的联动预热宣传和直播结束后对视频资源的再加工再推送等"[①]。当前，电视新闻"直播流"进入网站、"两微一端"等已较为普遍，但直播前期的联动预热和直播结束后的再加工再推送，尚未得到应有重视。作为大型融媒体直播的策划方，应考虑在直播前针对不同平台的特点，分别设计视频宣传片、专题网页、H5 等进行宣推；在直播结束后，对精彩片段和幕后花絮等进行再加工、再创作，制作成适合新媒体传播的短视频，利用融媒体平台二次发布，将直播内容产

---

① 刘红明：《融媒体直播：电视新闻频道现场直播转型方向》，《中国记者》2018 年第 2 期。

生的效益最大化。

案 例

走近平凡英雄　唱响家国情怀
——对话大型融媒体主题报道《我和我的祖国》策划采编团队①

2018年9月28日至10月8日,中央电视台7套节目《军事报道》栏目,联合央广"国防时空"、解放军报融媒体平台、中国军视网等新媒体平台,推出国庆69周年特别报道《我和我的祖国》。派出10路记者分赴东海前哨开山岛、西北大漠东风航天城、全军海拔最高的河尾滩边防连、守护祖国南海的中国海警船等多个标志性地点,真实记录官兵在平凡岗位的忠诚与坚守,深情讲述国旗背后的感人故事。报道内容先后被中国日报网、文汇网、澎湃新闻、光明网、中国新闻网、中国国际广播电台、央广网、人民网、环球网以及今日头条、腾讯新闻、一点资讯、新浪等185家新媒体和平台转载,累计阅读量超过5.3亿,社会反响热烈。节目播出的最后一天,新闻故事里的24位主人公带着10面特殊的国旗来到北京,与200位军事记者一同参加天安门广场升旗仪式,并与国旗护卫中队共同举办"同升一面旗 共爱一个家"主题活动,中国军视网进行全程网络直播。这组报道充分激发了广大网友的爱国激情,"我和我的祖国"的歌声在全国各地不断响起。《我和我的祖国》能够成为国庆报道的"亮点",与其背后的策划意识和融媒体传播方式密不可分。围绕大型主题报道的策划组织与采访实施,我们与主创团队核心成员进行了对话。

一、主题报道创新从突破语态开始

《我和我的祖国》出炉的过程,从采访拍摄到媒体融合再到主题活动,从单一媒体的单个策划到整个中心各个平台的联合互动,充分体现了强烈的"联合＋融合＋聚合"的意识,更展示了解放军新闻传播中心组建后推进媒体

---

① 本案例内容由杜江帆采访,阎安校改。

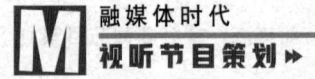

融合的进展和成效。

问：是怎么想到做这样一个大型策划？

倪宁（解放军新闻传播中心广播电视部新闻节目室主任、高级编辑，以下简称倪）：这个大型主题宣传分为两个阶段，前面是广播电视部独立策划制作的，后面则是中心统一组织的"同升一面旗，共爱一个家"融合报道。我们之前做了很多的思考，目的就是一个——改变语态。这也一直是当前主题报道改革的一个目标。我们一直在试图改变被别人称作"八股"的这种语态，但是从什么地方找突破口呢？

讲故事。以往，在我们的屏幕上更多看到的是一些时政报道、部队演训、典型模范标兵。普通人、平凡人很少，但是去年王继才的报道，给我们打开了一扇窗，让平凡人成为我们屏幕的镜头的焦点。聚焦平凡人，这是我们做这个策划一开始就定下的基调。

我们要做区别于以往那种典型报道或者是这种模范人物的、贴标签式的、口径性的、材料性的语言。我觉得在整个策划中，聚焦小人物、平凡人，让我们的军事报道在语言风格上有了很大的突破和变化。

问：那么，又是怎么去寻找这些平凡人的故事的呢？

倪：故事从哪里来？嗯，我们所选取的故事，一个是边防，一个是那些默默无闻的平凡岗位。边防，我们这次就提出来。第一，要找那些平时很少去的，或者记者很少到那里去拍摄的。举个例子，我以前去伊木河拍过连长杜宏的新闻，后来也一直在跟踪伊木河的报道。我们去伊木河的路上，每次在牛耳河这个地方歇脚。有一次，我遇到一个战士，那个战士告诉我："其实我们这儿跟他们是一样的，我们就相差了不到十公里，我们环境也非常美，我们这里甚至比伊木河还美。为什么每次记者来都去了伊木河，就很少到我们这来？"这个确实一下打动我了，我们的新闻往往去关注那些大家都去关注的。你说神仙湾，大家都去关注神仙湾，谁去关注河尾滩呢？伊木河大家知道出了英雄，都去关注伊木河，谁又去关注牛耳河呢？

其实有很多这样的边防哨卡，这样的站点，他们一样都在坚守，他们一样都在赤诚，他们一样有很多的故事等待挖掘。所以这次我们就把北疆放到了牛耳河。过去，我们对那里的描述经常是，长达七个月的大雪封山期啊、冻土层啊、与世隔绝、雪海孤岛，等等，我们用很多这样的词。但那个战士告诉我，其实这里还有很美的一面。你们（记者）总在春节，总在很苦的时候来，你们为什么不在我们很美的季节来呢？

十月份就是他们最美的季节。有一周的时间，他们那里会一天一个颜色。那种大美边疆、风景如画，战士们巡逻在其间，就像走在一幅油画里。这些都是他们战士自己的语言，这些东西恰恰给我留下了很深的印象。所以这一次我们策划，就要去拍最美的边疆。拍最美的边疆，我们更多是要看到战士最美的心灵。

杜娟（解放军新闻传播中心广播电视部新闻节目室副主任，以下简称杜）：在选题明确了以后，首先看人员这一块。我们大概两个组，二三十个人，我们要先从里面选拔适合做某种题材的这样一个记者。比如说有的记者，像秦然比较擅长做走基层类的、纪实类的，那选题可能就给他。因为这一路上，他要经历很多的事情，跟官兵们一起巡逻，一起体会巡逻路上艰辛，那他可能更擅长。有的擅长作历史性的、回顾性的；有的擅长做外军的。每个记者都是有自己的专长，所以要分类别给他们安排适合自己的任务。

第二，从总体上来讲，还有共性的内容。他们都比较擅长做故事类，因为"我和我的祖国"这个选题，重点是故事类的新闻。所以我们相对来说派的都是叙述能力、表达能力和镜头语言使用能力都比较强的记者。每一条新闻都有七八分钟，很多经验不足的同志，可能驾驭不了这样一个结构，这是我们在选派记者上的一个考虑。

二、"走下去"的采访关键是"走心"

情感真切是这一系列报道最为显著的特征。前期采访中，超过30名记者分赴高原海岛、边关哨所，跟随官兵们一起巡逻执勤、风餐露宿。做到身临其境，更注重"心"临其境，用真情记录官兵的思想感情，用真诚讲述改革强军故事。这种亲历式体验式的采访接地气冒热气，让新闻报道鲜活生动、真实可信。在采制《翻越十层大山寻访零号界碑》时，记者秦然与官兵在两天一夜的巡逻中翻越了一座因山峦一层一层往上叠而得名的"十层大山"，双脚多处被蚂蟥叮咬得血肉模糊；在采制《三千里川藏线 流动的赤子心》时，记者吴毅与官兵们一起睡了九晚的汽车板厢，腰痛得几乎无法站立。脚下沾满泥土，心中沉淀真情。每一篇报道的背后，都是一条艰险的巡逻执勤路，是军事记者与部队官兵的心灵交会。用平实的语言讲好普通人的故事，用真挚的情感讲述平凡岗位的坚守。这也是新形势下贯彻落实习总书记"不断增强脚力、眼力、脑力、笔力，努力打造一支政治过硬、本领高强、求实创新、能打胜仗的宣传思想工作队伍"重要指示精神的具体举措。

问："十层大山"有很多记者报道过，但是很少有记者真正跟他们翻越十层大山来拍新闻的。您为什么要从起点到终点，完整地走一趟巡逻路？

秦然（解放军新闻传播中心记者）：没去之前，主任就和我说这个地方有多艰苦，蛇虫鼠蚁路难走，要做好心理准备。但等真正到了那个地方，感觉还是明显不一样。进入热带雨林的不适应、恐高、整条腿上全是蚂蟥……你刚才也说了，有很多之前的报道，只是选举其中的几个点，然后做重点报道。我整个走下来这一趟之后，还是有几点自己的收获。

第一个是真正体验了一下边防战士的生活。你真正全程走了，这种感受是完全不一样的。咱们栏目主要是以编辑为主，主要是依托于别人的稿子。我们来来去去改稿子、编片子，但是真正是什么样子的？不知道。军事报道老用的那些词儿，什么迂回啊，在训练新闻里面经常出现。什么叫迂回？真正是什么样的，并不知道。你只有真正走到他们中间，和他们一起去经历这些事情，才会对这些词，对这些固有词汇，对于这些就像倪主任说的"军八股"这样的词汇，才会有真正的理解。然后才能把这些词汇转化成普通人都能听得懂的语言。

第二点，记者是跟人打交道的。你可以采访一些院士、将军、一级军士长，但更多的，你是要跟普通官兵、基层士兵打成一片。就比如这次在十层大山，一开始你跟他们接触的时候，他们对你多多少少有戒备心理。我们的战士都是很质朴、很可爱的，你跟他一起吃过一顿饭，你跟他一起在崇山峻岭之间摸爬滚打了之后，他会告诉你很多，他会还原一个真实的自己。所以说当我跟他们一起走下来之后，战士们也会认为这个人就是我们的一员，所以他愿意跟你讲，愿意跟你聊。

我做这个片子其实没想体现什么情怀啊，或者什么样的东西。我就是想告诉大家一个真正的巡逻是什么样的。咱们说实话，过去新闻里面有很多东西是摆拍出来的，对吧？但是真实是什么样子？《军事报道》就要去还原，把真实的东西还原出来。其实不用过多渲染，你看就像我做的那个片子，我戴着 GoPro，走着走着就摔一跤，过那小河，看着腰那么深，要踩不对真的就差点儿给我冲到下游去了。

对记者来说，有了这种体验，再写稿子的时候，做视频处理的时候，你就会知道，这个东西他的真实情况应该是什么样子的。我觉得记者就是应该走出去，而不是仅仅在编辑室里拿别人的成品，在这个地方再加工一下。你真正经历这些东西，你去创作一些东西的时候，你会把自己的感情、自己的认知都揉到里面去，然后就能把带有感情的、带有温度的新闻报道呈现给观众。这样的话，大家也会更好理解，更好消化，甚至说有情感上的共鸣。

杜：这组策划，我们从最初的想法到最后的呈现，我们每一篇稿子都按着故事线索不断地向前推，不是说以往的做了很精准的一些策划之后再去实施。我们很多的稿子片比非常大，其实这其中有大量的记录，就是用纪录片的方式去拍新闻。这样做是为了真正能够跟采访对象，跟我们的边防战士对话，能够真正走进他们心里。我觉得这才是我们最终要呈现出的东西。

三、国旗符号是这个策划的魂

系列报道《我和我的祖国》的特别之处在于，并非单纯反映戍边官兵巡逻路上的艰险，或者官兵以苦为乐的崇高精神，而是在国庆这样一个特殊的节日，将国旗作为一个强烈的符号贯穿始终，彰显国旗在戍边官兵心中的神圣地位。纵观整个系列报道，鲜艳的五星红旗始终是新闻画面的主要聚焦点，悠扬的《我和我的祖国》旋律贯穿报道始终，无时无刻不在向观众们传递着这样的信息——在辽阔的国土上，在漫长的国境线上，一面面升起的国旗将太阳迎进祖国，而国旗的背后是军人的忠诚和坚守。

问：为什么要选择国旗作为贯穿整个策划的符号？

倪：国旗我们看了很多了，但是你只有走到边防，你才会感到你跟国旗的距离，你才能够感受到国旗的重量。我记得阿拉山口边防连，那种脸盆大的鹅卵石堆积而成的、半个篮球场那么大的国旗，那是我见过的最震撼的国旗，让我感觉到那种国旗的分量。不仅是感官上的分量，更是深入心里的分量。那里是大风口，任何东西要不了几天就会被风吹走。但是那种国旗，不仅仅是紧紧地压在半山坡上，更是压在每个人心里。

其实这些地方都是我当年曾经去过、采访过的，但又留有遗憾的或者是心有感悟的一些地方，并且印象很深的。在我电脑里面留存了非常多的不同形式的国旗。对我个人来讲，这么多年从事记者工作，是受到震撼的。那种石头的国旗、那种西沙用海马草种出来的国旗，还有北疆哨所战士们用红柳编织的国旗乃至永暑礁上的国旗、护航编队的国旗……我记得有一年去神仙湾采访，当我采访拍摄完要离开哨所的时候，那个指导员追上来，让我给国旗班带一件礼物，最后一看是神仙湾的国旗。

西沙的南沙岛礁、西沙岛礁，我跑了很多趟，但我真正看到中建岛上用海马草种出来的国旗的时候，看到那个战士，这种对祖国对家乡的情感，确实让我留有很深的印象。所以这一次我们做的时候，正好在国庆节，我们一定要以国旗为我们关注的焦点。它是一个很物化的形象，这些很特殊的国旗也是普通观众平时很难接触和看到的。

杜：国旗，就是祖国在我心中这样一个概念。我们面对国旗的时候，肯定是肃然起敬的。从小学升国旗，到天安门广场看升国旗，是有一种英雄的精神在国旗里面。所以它作为一个载体贯穿其中的话，相对来说，观众比较容易记住。

编导在设计的时候，在讲述这些故事的时候，也有意识把国旗作为其中一个重要的叙事元素。不是说我就是用作一个画面元素、一个标识，我随便用，不是这样的。国旗有很多种，故事都不相同。有高原上的国旗，有海岛上的国旗，有边防线上的国旗，也有维和的时候飘扬在异国他乡的五星红旗。讲述的虽然都是国旗，但是每一个背后的故事都是不一样的。

问：除了国旗这个特殊符号，这组报道还使用《我和我的祖国》的旋律贯穿始终，这是什么考虑？

倪：《我和我的祖国》那首旋律如果放到边防，你眼前扑面而来的是一座座雪山、一个个战士,其实在那种特别缺氧的环境下,那种虚弱的环境下,这种轻柔的旋律慢慢悠悠地飘进来,就会给你带入那种意境。

在边防我们听到最多的,其实没有雄壮的旋律,没有伴奏,是战士们和着高原的风声在唱的国歌。但是每一次我听到这种国歌的时候,感觉一点也不亚于天安门广场的任何一个升旗仪式。可能就只有五六个兵,但是他们都是在缺氧状态下,嘶声竭力地用生命在歌唱。让你感觉到的,就是个体和祖国之间的这种联系。

所以当时我们策划的时候就说,这个系列报道,我们要突出我们的主题,一个是国旗,这是很形象的符号,一个是《我和我的祖国》,那是一个轻柔的、但带有情感的音乐符号。这两个符号要贯穿所有的节目。

杜:对系列报道来说,有一个贯穿的标识,是非常容易引起观众关注的。如果每一集各有各自的特点,但是没有一个贯穿的线索的话,可能大家不容易记住它。所以我们突出了这样一个旋律。为什么选择这样的旋律?《我和我的祖国》是大家耳熟能详的、很多人都能唱的一首曲子,如果说我选择了一个大家很陌生,即便曲子很有情绪,但是不容易引起人们的共鸣。我们选取的是小提琴的版本。音乐可以有不同的版本,有电子琴、钢琴、等等,但是用弦乐的话,会有更强的情绪感染力。

另外,电视是一个多元素的集合体,它融入了声音的元素、画面的元素等,更容易让人入情入景。比如说开山岛,当《我和我的祖国》这个声音,随着国旗的升起,回响在这个小岛上的时候,不用过多文字去描述,人们就已经被音乐带入其中,自然而然地就有一个强大的感染力。

四、线上线下结合点燃节目高潮

此次系列报道,不仅局限于新闻本身,更做了很多线下的工作。比如,摄制组策划南沙老兵回到老部队重逢,让东风航天城的老人观看从未见过的年轻时的影像资料,让新闻故事里的24位主人公带着十面特殊的国旗来到北京,与200位军事记者一同参加了天安门广场升旗仪式,并与国旗护卫中队共同举办"同升一面旗,共爱一个家"主题活动,等等。

问：故事本身已经很精彩了，为什么还要做很多之外的工作？

倪：在《南沙渚碧礁第一面国旗背后的故事》中，我们的记者找到了30年前飘扬在南沙渚碧礁上的第一面国旗。南沙的风，南沙的雨，让这面国旗残缺了一半，但上面的签名仍依稀可见。国旗上有几行字："兄送弟，南沙行，保国之地，立大功……"兄是谁？弟是谁？那些斑驳的名字又是谁？他们现在在哪里？带着这些问题，我们的记者辗转五省六市，叩开一位位老兵的家门。当得知国旗上的九名老兵南沙分别后从未谋面，我们又精心策划了当年站在一块礁石上的战友在老部队的一次久别重逢。

去年是酒泉卫星发射中心组建60周年，是我国航天事业一个非常特殊的日子，一个非常值得纪念的日子。有一天酒泉台的一个报道员找到我，他说他们挖掘了很多当年的电影胶片的史料。我很感兴趣。我们去查阅这些史料才发现，有很多是未公开的一些老胶片。那里面记录了我国的第一颗洲际导弹，记录了两弹结合，记录了一次次给中国人底气，给中国人力量的瞬间。我们专门把那个电影拿出来，给他们这些老人放了一场电影专场，叫他们在屏幕上寻找自己，寻找年轻的自己的影像，寻找曾经生活战斗的地方，寻找一起拼搏奋斗、朝思暮想的战友。这不仅是一种报道上的策划，更是对老人们的尊重，对我们国家历史的尊重，更是对后辈的一种教育。这难道不是我们军事新闻应该去做的东西吗？

所以那个片子拍摄的过程，其实是引领着老人们回到故地再去寻找的过程。所以在《有一个地方叫"东风"》里面，观众们看到了老人们看到老胶片那种激动，回到老发射场的眼含热泪，到了东风烈士陵园看望阔别多年的战友的那种真挚情感。整篇报道情感逐层递进，感人泪下、催人奋进。就像有观众评价的，故事"抓人"、内容"走心"、主题"提神"。

杜：我们一直在默默地做一件事情，就是策划把这些国旗汇聚到天安门广场前。因为以前国旗班有很多国旗，都是我们的记者到边防采访之后带回来送给他们的。如果祖国东西南北、边关哨卡的那一面面国旗能够汇聚在北京，是一种怎样的感觉？去年的"十一"，我们做到了。我们把那些山上的国旗、用柳条编的国旗、南沙的第一面国旗，等等，都带到了北京。国旗班的战士很受感动，他们第一次知道原来有很多的战友跟他们做着同样的事情。

我觉得最后那样一个升旗仪式，才是我们整个策划的高潮。其实我们前面做的所有铺垫，都是为了最后在天安门一起升国旗。当西藏无名湖哨所的战士、王继才的爱人和他的儿子、十层大山的边防官兵，当他们同时站在广场前向国旗敬礼的时候。我觉得，这真是让我们看到了国旗在每个人心中，每个普通人、平凡人心中的分量。

五、融媒体平台聚力传播优势明显

此次融合报道活动，各部门发稿统一采用"解放军新闻传播中心融媒体"这一发布平台，进一步强化了融合意识和品牌意识。中心融媒体指挥部值班员与融合报道小组记者及各部门值班员实时沟通，第一时间将相关产品向今日头条、腾讯、新浪、网易、一点资讯、爱奇艺、360、搜狐、凤凰网等媒体平台及新闻资讯网站进行重点推介。同时，各部门所属网站、新闻客户端、微信公众号等也同步推广，全平台覆盖，形成集束传播的共振效应。

问：在这样一个策划当中，融媒体平台发挥了怎样的作用？对融媒体平台今后的建设，有什么借鉴意义？

杜：媒体融合，实际上就是打破了各个平台之间的壁垒。这个活动相当于一次"练兵"，把各家媒体有效地整合起来，既能有效整合，又可以发挥各自专长，对整个主题进行服务。如果只有我们电视搞，它的影响力就不一定有这么大了。通过网络平台进行直播，我们实际上已经把新闻以一个活动化的方式来实施，而不仅仅是做报道。

这次大型主题报道的圆满成功，充分体现了资源共享、集智聚力的优势。9月28日率先发布宣传片，并于从当日起每天推出一集专题报道，截至10月8日，先后推出11期精品视频。活动前后，广电部发挥前期报道中积累的丰富文字及音视频背景素材的优势，为其他部门共享资源，提供便利条件。同时，各部门在做好"规定动作"的基础上，根据各自特点创新"自选动作"，形成了立体多元的融媒体报道产品。

每一个平台都在采用不同的方式进行播出，比如广播通过声音，网络通过直播的形式，实现了融媒体立体化传播效果。在这个过程当中，融媒体起到了一个很好的资源整合利用的作用,就像"中央厨房",所有资源都在那儿。我们的记者手记可以放到报纸上,拍摄花絮可以作为短视频进行传播。做好融合报道,需要力量上科学调配,行动上统一指挥,资源上融合共享;需要中心各部门各平台团结协作、优势集聚、融心融智融力;需要精心组织策划、持续发力;需要做好内容采制、融合分享和运营推广。这是一个很庞大的工作,需要我们不断努力去探索重大主题活动融合报道的机制,去实现从"相加"到"相融",再到"创新"。通过组织重大战役融合报道,在实践中提高本领,目的是打造出一批高品质、高流量、高影响力的融媒体内容精品。

第四章

硬科普与软表达：
视频社教节目策划

　　社会教育类节目简称社教节目，在国外又被称为"公众利益服务节目"或者"公共教育节目"[①]。社教节目是视听媒体对观众进行社会教育、文化教育的一种节目样式。这类节目题材广泛，编辑播出手法灵活多样，寓教育于娱乐，寓教化于服务，寓宣传于信息、文化、知识的传播之中，是集中体现媒体机构特色和水准的一类节目。2020年，广电总局印发的《关于加强广播电视公共服务体系建设的指导意见》明确提出："继续推进节目栏目创新创优，加强少儿精品节目栏目建设，鼓励办好农业、科技、法治、医疗卫生等群众喜闻乐见的节目栏目。"从题材类型上看，这些节目多数都属于社教类节目。在当代视听节目体系中，社教节目也出现了与其他类型节目相互借鉴融合的趋势，其具体形态更加多元化。一方面，传统的"你教我听"的社教模式逐渐式微；另一方面，综艺类、服务类节目日益显现出鲜明的社教功能。本章将着重对知识类和教育类节目的经典形态和融媒体策划思路予以解析。

---

　　① 王哲平：《电视节目策划新论》，浙江大学出版社，2015，第124页。

第一节　融媒体时代的视频社教节目

一、社教节目的功能

社教类节目突出的作用是向受众传授维系社会发展所需的社会规范和知识，承担个人社会化的功能。从节目的功能定位上看主要有方面：一是通过日常播出的各类节目，对听众、观众进行德、智、美，以及意识形态、价值观等诸方面的教育，以提高全民族的思想觉悟、道德素养和科学文化素质；二是通过开办各种传授系统知识的正规的电视学校，以及举办专门性的知识讲座，直接为社会培养专业人才。在中国，通过视听节目进行理论教育、思想教育、法制教育、科学知识教育、文化教育等，都是媒体文化教育功能的具体体现。

（一）意识形态功能

"电视竞争不仅为林林总总的娱乐节目提供了一个框架，同时又担当了重在成功的意识形态范畴的载体。"[1] 在中国，意识形态工作是党的一项极其重要的工作。所谓意识形态，可以理解为对事物的理解、认知，它是一种对事物的感观思想，是观念、观点、概念、思想、价值观等要素的总和。意识形态不是人脑中固有的，而是源于社会存在。人的意识形态受思维能力、环境、信息（教育、宣传）、价值取向等因素影响。视听媒体进行意识形态传播主要包括思想教育、理论普及和政策解读三个部分。随着社会主义经济体制和政治体制改革的不断深入，许多现实问题都需要视听媒体在理论层面给予受众指导和解释。社教节目通过讲座、论坛、对话、专题片等形式，对中央提出的重大理论方针政策进行解读，围绕广大群众普遍关注的教育、医疗、文化等热点问题展开对话，力求明辨是非，释疑解惑。这两年，江苏台策划制作的《马克思是对的》《厉害了，我们的新时代》，湖南台策划制作的《社会主义有点潮》等新样态理论节目，融合故事、问答、动漫、说唱、全息影像等节

---

[1] 安德鲁·古德温、加里·惠内尔编著《电视的真相》，魏礼庆、王丽丽译，中央编译出版社，2001，第81页。

目元素，在传播党的路线、方针、政策等方面发挥了积极作用，经由人民网、新华网等融媒体平台同步推出，受到观众欢迎。

（二）文化传承功能

文化是人类在社会发展过程中，所创造的物质财富和精神财富的总称，文化传承就是指这两种财富在上下两代人之间的传递和承接过程。现代社会高速发展，信息更是呈几何级数增长，受众对知识、信息的渴求也是更加迫切，那么发挥媒介优势，更好地为受众提供精神文化食粮，就成了电视社教类节目义不容辞的责任。电视社教节目主要从传播文化知识，提高公众的文化水平和艺术素养出发，推动文化传承，推动社会主义精神文明建设更快更好地发展。从媒体层面，实现对中华优秀传统文化的挖掘和阐发，使中华民族最基本的文化基因与当代文化相适应、与现代社会相协调，把跨越时空、超越国界、富有永恒魅力、具有当代价值的文化精神弘扬起来。社教节目的内容广泛多样，主要包括文化知识、艺术知识、历史地理知识、社会生活知识等。深受欢迎的《国宝档案》《国家地理知识》等节目就是文化传承功能的具体体现。

（三）知识教育功能

科教兴国是我国的基本国策之一。科学技术是第一生产力，也是社会进步的决定性因素，这已成为人们熟知的道理。通过视听节目传授知识、普及教育，在我国有着悠久的历史。中央电视台创建之后，就开办了教育节目，如20世纪60年代的电视大学，80年代的《跟我学》外语教学节目，以及技术、技能培训讲座，等等。1979年2月6日，由教育部和中央广播事业局共同创建的中央广播电视大学正式开课，通过广播电视播出教学节目。1986年，中国教育电视台建立，随后，全国各地方教育电视台纷纷创办，数量最多时达到1000多所。2001年7月9日，中央电视台科教频道（CCTV-10）正式开播，重点宣传普及现代科学技术知识，传播现代教育理念，推出了《走近科学》《探索·发现》等观众喜爱的电视节目。在数字技术迅速发展、在线教育不断普及的今天，视听媒体仍然是重要的教育载体。在"知识付费""内容创业"等因素综合作用下，知识教育类的网络视听节目加速涌现。可以预想，在今后相当长的历史时期，通过融媒体平台以在线视听方式普及教育和科学文化知识，

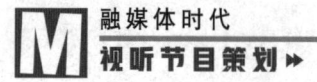

都会是非常重要的方式。

（四）技能培训功能

视听媒体历来被誉为"空中学堂""没有围墙的学校"，它担负着科学知识普及和职业技能教育的重担。随着国家和社会现代化的加速，对就业人员的专业技术要求越来越高，不仅新职工需要培训，而且在职职工也需要更新科技知识技能。借助视听媒体，可以通过教育性节目与教学手段，分行业、有计划地进行专业技能培训；可以通过安排知识讲座，较为系统地传播与普及科学技术知识。中央电视台农业频道开办的《致富经》《农广天地》等节目，用生动事例和人生经历来传授养殖技巧、致富秘诀，备受群众欢迎。

二、社教节目的分类

社教类节目是我国独有的节目概念，它本身是一个非常复杂的节目系统。按照传统的节目分类标准，可细分为以下几种：一是理论类节目，即以讲解道理、阐发论点为特征的思想教育节目，是社会主义电视传播的一个突出特色。二是知识类节目，侧重于知识性与趣味性。节目向受众传授各种领域的知识，上至天文，下至地理，包括文化、科技、经济、法律，等等，一般以专栏或专题的形式编排。三是特定对象节目，这类节目有明确受众对象，一般按职业特点、年龄特点或区域特征划分受众群体，从这些受众对象的实际需要出发，编排特定内容的栏目或节目。比如按职业划分的《农村天地》《中国武警》；按年龄划分的《大风车》《夕阳红》；按地域、经济形态划分的《金陵之声》《走侨乡》《特区之窗》等。

随着网络视听节目内容原创能力的增强，传统的综合性、宽口径社教类节目将趋于式微。在内容上，社教节目的发展方向是高度专业化、垂直化，特别是知识类节目，技能类节目。在互联网视频平台，教育、母婴、美食、理财、选车等高度垂直的领域已有不少原创视频和短视频节目入驻，如孕期健康知识类的《十月呵护》、家常美食教学类的《美食美课》等。

从节目形态看，社教节目还可分为教学型节目和专栏型节目，但其主体是专栏型节目。专栏型节目与教学型节目有明显的区别，它以传播知识、思想教育为主要宗旨,适应不同层次受众的需要。融媒体的发展带给社教节目更多可能性,一些跨界融合的节目样式受到欢迎。

例如,《时间的朋友》是"演讲类节目+晚会+知识分享"样式。2015年,自媒体视频脱口秀《罗辑思维》主讲人罗振宇与深圳卫视合作,用一场主题为《时间的朋友》的演讲,开创了电视行业"知识跨年"的先例。在新旧交替之际,千万电视观众和近万名现场观众同时观看罗振宇4小时演讲。演讲由罗振宇创办的得到App主办,定位为"所有终身学习者的跨年盛会",这一特别节目在当晚11点左右收视率居全国同时段第一。

又如,《头号英雄》是"直播+综艺游戏+知识竞答"样式。2019年,西瓜视频《头号英雄》直播答题活动上线。该活动以"知识造英雄"为核心理念,用游戏的形式传递知识的内核,实现全民知识互动。其中,首日央视新闻专场由央视主播康辉担任"考官",以"《新闻联播》里的2019"为主题,所有题目都出自央视《新闻联播》年度报道的重要新闻事件和正能量人物。策划者希望用户通过答题,回顾2019年曾经"刷屏"的人和事,感受到新闻与知识带来的力量。

需要说明的是,在中国广播电视政府奖评奖标准中,将专题片和纪录片划归社教类节目。本书对专题片和纪录片设专门章节进行分析,在此不予赘述。

三、社教节目的形态特征

"所有的电视都是教育的电视,唯一的差别是它在教什么"。[①] 社教类节目充分运用了现代化的传播工具与信息传播手段,以传播社会教育、科学文化知识为主要内容。与一般社会教育机构相比有明显的优势,也有自身的传播特征。

(一)传播的对象性

社教类节目往往有特定的受众对象,所以也可称之为对象性节目。对象性节目通常以受众的年龄、职业、行业、地域来区分接受对象,以年龄、职业或地域来区分教学对象,如少儿节目、老年节目、农村节目、少数民族地

---

① 威尔伯·施拉姆等:《传播学概论》,陈亮、周立方、李启译,新华出版社,1984,第261页。

区节目等。就算是以一般受众为对象的社会教育节目，也常常具有某种专一性，如《百家讲坛》主要面向知识阶层；《我爱厨房》《天天饮食》等针对家庭主妇或中年妇女；《智慧树》《智力快车》以青少年为接受对象，等等。但也应看到，社教类节目接受对象又具有广泛性特征。接受对象的广泛性说明视听传播的对象面之广，是真正意义上的大众传播。

（二）内容的专业性

社教类节目的传播内容在总体上看是丰富多样的，不仅包括政治经济、法律金融、文学历史、天文地理、物理化学、理工农医，而且囊括服饰、烹调、理财、装修、园艺、育儿，等等，可以说无所不包，无所不容。但具体到某一个栏目，其特定的接受对象的专一性又决定了节目内容的专业性。社教类节目内容整体的多样性是通过局部的专业性来实现和体现的，没有局部的专业性，多样性就会显得杂乱和肤浅。同时社教类节目内容又有着区别于其他教育类内容的时新性，这是由媒体机构的属性所决定的，它的传播内容会在不同程度上打上新闻的烙印。这种新闻性主要表现在选题的针对性和高度的时代感上。

（三）形式的稳定性

区别于新闻节目的求新和综艺节目的多变，社教节目在形态上相对稳定。从内容上看，大时段内容和专业性选题都需要相对简单有效的节目形式。"形式大于内容"是社教节目的大忌。在长期选题的操作中，社教节目会体现出较强的系统性特征，这种系统性主要体现在其教学内容上。理论上讲，完全可以像学校那样按内容循序渐进、系统地传授知识，如中央电视台在固定时段里连续播出的专题教育节目《上下五千年》，内容由古至今，由远及近，体系相对完整。可以说，正是社教节目的形式稳定性和内容系统性保证了节目的科学性。

第二节　知识类节目的新质元素与网感追求

知识类节目的出现迎合了大众学习的需要。当今世界，学习越来越趋于终身化,而大众传播恰好为终身学习提供了丰富的解决方案和个性化服务。1995年,联合国开发计划署发表的《人类发展报告》提出:"人的发展是一个扩大向个人提供可能性的过程。原则上讲,这些可能性也许是无限的,而且随着时间的推移可能发生变化。然而,无论发展水平如何,对于人来说,有三个可能性是主要的,那就是健康长寿、获取知识和拥有体面地生活所需的资源。如果没有这三个基本可能性,其他很多机会就仍然无法得到。"知识类节目正是一种帮助人们获取立足社会、改造社会的知识,从而能够主宰自己命运的节目类型。

一、知识类节目概说

我国早期的知识类节目内容比较单一,受制于当时尚不开放的社会环境,节目选题多停留在一些比较传统的内容上,如书法、刺绣、雕刻,等等。随着社会更加开放,更多的新鲜事物进入了人们生活,一个个全新的概念开始不断在屏幕上出现,如纳米、转基因、PM2.5、科创板、"黑天鹅"和"灰犀牛"等。作为节目或栏目策划者,要善于利用视听语言帮助社会大众了解、学习这些新知识、新技术、新概念。湖南卫视2017年推出的科技秀节目《我是未来》,每期邀请两位全球顶级科学家,通过现场体验和主题演讲等形式,向观众介绍最前沿的科技知识,激发观众对科技的关注和兴趣。知识类节目的内容不仅要满足受众的需要,还要根据时代的变化作预见性的调整,对未来知识的转型做出预见性的引导和传授。在策划过程中,以下两个方面的特点需要引起注意:

其一,传道解惑的专业定位。

知识类节目突出的作用是向受众传授维系社会发展所需的社会规范和知识。知识是符合文明方向的、人类对物质世界以及精神世界探索的结果总和。进入21世纪,人类创造的知识,特别是自然科学知识在短时期内以极高的速度增长起来。"知识爆炸"成为人们对当前大量出现并飞速发展的各种知识现象所进行的夸张和描述。据测算,全世界的知识总量七至十年翻一番。新的知识现象、知识概念、知识热点、知识明星进入媒体的速度越来越快,知识类节目也成为备受瞩目和欢迎的节目类型。例如,央视国际频道播出《语林趣话》节目每天一期,融知识性与趣味性于一体。节目主旨是讲述中华成语典故,追溯中华汉字演变,弘扬中华传统文化。《走近科学》以弘扬科学精神、宣传科学思想、提倡科学方法、传播科学知识为主旨,引发观众对科学的兴趣,引导观众走近科学。《科技博览》则强调严谨、精彩、贴近生活,力求化深奥的科学理论为通俗易懂的语言,以形象生动的方式展示现代科技,让人们在轻松有趣的气氛中领会科学的奥秘,把握科学动向。《人与自然》的栏目宗旨是"讴歌生命,关注环境",致力于介绍动植物和自然知识以及探索人与自然之间的相互影响、相互作用,探讨社会、经济、生态协调发展和可持续发展的有效途径。

其二,寓教于乐的通俗传播。

"寓教于乐"思想对18世纪启蒙运动以及古典主义的文艺理论和文艺创作产生了深远的影响,至今仍是衡量艺术作品优劣的标准之一。寓教于乐把宣传和思想教育的内容渗透到娱乐活动之中,是宣传工作和思想政治工作的一种方法,也就是通过泛娱乐化策划开展宣传和教育活动。以财经类节目为例,这类节目以往给人的印象是形式单调呆板,而如今这方面已有较大改观。有的财经节目以娱乐化、社会化的形式呈现财经知识,比如,央视财经频道的《艺术品投资》《鉴宝》《超市大赢家》等;有的以故事化手段来反映商界沉浮和资本风云,增强大众的观感和降低受众的接受门槛,比如湖南卫视的《财富中国》;还有的采用了真人秀节目模式,比如《赢在中国》《创智赢家》等节目,它们都产生了较大的影响力。可见,专业性并不等同于刻板和艰涩,只有给单调刻板的专业知识披上多姿多彩的外衣,让受众在轻松愉快的氛围中接受主创者想传递的信息,才能取得良好的效果。

总之,知识类节目就是要把科学的严谨性和艺术的生动性巧妙结合起来,不仅要传播知识,还要给观众以美的享受。受众对科学知识的渴求是推动节目创作的不竭动力,日益复杂的知识形象呼唤着更加丰富的视听语言和表现技巧。但真正的优秀作品永远不会只是靠技术生产出来的,它需要每一位编导和策划人在技术与艺术之间寻求创作契机,奉献给观众一个个优质的产品。

二、知识类节目的传统元素与新质元素

现代知识类节目具有更加宽泛的外延。在广义上，包括了所有以传播知识为主要目的的视听节目，内容上涵盖科学类、文史类、生活类知识等。在策划中，要充分考虑受众定位、内容定位、形式定位等，整体风格则应该是观赏性强、参与性好、寓教于乐的。从常见策划思路看，一般会考虑运用以下节目元素。其中，科普元素是知识类节目的核心元素，也是传统元素、必备元素，而娱乐元素和互动元素，是在新的市场生态和媒介技术生态下出现的新质元素。

（一）突出科普元素

科普知识是一种用通俗易懂的语言，来解释种种科学现象和理论的知识内容，以普及科学知识为目的。在知识类节目中，科普元素构成了节目的核心内容。因此，知识类节目选题策划的科学含量至关重要。不仅要依赖栏目自设的策划组出谋划策，还要调集多方人力资源，充分借用"外脑"，多听取专业人士的意见，这样有利于在策划中把握选题的要点和方向。在节目中，科普元素的呈现方式主要有两种，一是知识权威直接科普，二是节目编导间接科普。

1. 直接科普

直接科普必须由权威的专业人士实施，形式多为知识权威人士的访谈、演讲。在传播学中存在所谓的"权威暗示效应"，这一效应又称权威效应，是指一个人要是地位高，有威信，受人敬重，那他所说的话及所做的事就容易引起别人重视，并让人们相信其正确性，即"人贵言重"。在知识类节目中，由大众媒体包装推出的专家、明星学者、知识明星等就扮演着这种"权威"的角色。

中央电视台科教频道的《百家讲坛》栏目坚持"让专家、学者为百姓服务"的宗旨，试图在专家学者和百姓之间架起一座桥梁——"一座让专家通向老百姓的桥梁"，从而达到普及知识和优秀文化的目的。开办初期的《百家讲坛》门槛高，能在其上开讲的人都是学术大家，杨振宁、李政道、丁肇中、周汝昌、叶嘉莹、霍金，这些鼎鼎大名的学者均位列早期的主讲人名单。栏目

选材广泛，曾涉及文化、生物、医学、经济、军事等各个方面，形态为一人主讲、辅之以多种表现手段的讲座类电视节目。

应该注意的是，权威之所以是权威，在于其在某一方面有着强势的影响力和话语权，但权威不是"上帝"，不是"放之四海而皆准"的真理。因此，知识类节目在选择专家时应注意内容的对应性，切忌用一两个专家"包打天下"。

2. 间接科普

除了知识权威直接面向观众进行科普，知识类节目还常用另一种方式，就是栏目编导在采访知识权威、查找相关资料、通晓专业知识的基础上，对这些专业内容进行通俗化演绎，以编导自己的语言（视听语言）呈现于屏幕之上。这种科普方式需要节目制作方首先成为"专家"，然后再将科普知识"转述"给观众。

北京卫视开播于2009年的《养生堂》，以"传播养生之道、传授养生之术"为宗旨，秉承传统医学理论，根据中国传统养生学"天人合一"的指导思想，系统介绍中国传统养生文化，同时有针对性地普及实用养生知识。《养生堂》节目采用"演播室访谈 + 专题短片"的方式，这种节目形态不同于专家主讲的方式。一方面，节目主持人刘洪悦和刘婧在长期参与节目的过程中，也逐渐成了"专家型主持人"，具备了相当的专业知识；另一方面，通过栏目编导精心制作的专题短片，将相对深奥的养生知识可视化、通俗化。

在这个意义上说，知识类节目"不生产知识，而是知识的搬运工"。只不过，"搬运"的过程需要融入视听媒体特有的叙述和表现方式。节目组在消化了相关知识后，需要策划出知识在节目中的载体形式，常见形式包括专题短片、知识小贴士、内容链接、屏幕文字、动画等。

（二）巧用娱乐元素

20世纪90年代以后，娱乐化浪潮席卷荧屏。中央电视台的《探索·发现》栏目直接打出"娱乐化纪录片"的口号，而《走近科学》则将故事片的悬念叙事引入节目，栏目宣传语变成"从疑问开始"。作为大众传播产品的生产主体，知识类节目的策划者必须考虑如何面对科学，如何理解娱乐，以及如何合理地将二者结合。

1. 竞答

也就是参与节目的嘉宾或选手竞相回答知识问题。这种方式早期可见20世纪90年代的"电视智力竞赛",而后作为一种富有参与性、娱乐性和悬念性的元素,大量出现了在各类节目之中,其中又以2000年前后中央电视台推出的《开心辞典》等益智类节目(或称知识类综艺节目)为其发展之高潮。江苏卫视的《一站到底》则打破了《开心辞典》那种平民与主持人对抗的模式,转而采用攻擂形式让平民与平民进行激烈对抗。

《中国诗词大会》是中央电视台策划推出的一档以"赏中华诗词、寻文化基因、品生活之美"为宗旨的知识竞答类节目,始播于2016年,通过对诗词知识的比拼和赏析,带动全民重温古诗词。《中国诗词大会》大胆创新比赛机制和计分规则,比赛设置为单人追逐赛(后增加"飞花令")和擂主争霸赛两部分,单人追逐赛的获胜者作为攻擂者与守擂擂主比拼,竞争本场比赛的擂主席位。节目的策划亮点在于以中华传统文化为核心内容,把一档知识竞答比赛做成了全民参与的融媒体文化活动,观众可以通过央视影音App或央视科教公众号,实时参与答题。选手们竞答比拼的过程也成为全民文化知识交流和传播的过程。

2. 故事

故事是真实的或虚构的用作讲述对象的事情,有连贯性,富吸引力,能感染人。采用故事化的叙述技巧,选择新颖独特的视角,巧置悬念,合理安排层次和段落,是当代知识类电视节目的常用策略。故事化策略在《社会经纬》的改版中得到了体现。《社会经纬》曾是中央电视台的一档高收视率节目,但随着新闻评论类节目的大量播出,节目风光不再,收视率下滑。在随后的改版中,《社会经纬》提出了"在庭审中讲述故事,在冲突中普及法律知识"的全新策划。新版节目将法庭审理的形形色色案件作为报道的线索和依托,充分调动庭内时空、庭外时空和演播室这三个要素,从多个板块组合的杂志型节目演变为每期用45分钟篇幅讲述一个故事的样式。节目紧紧围绕审判活动来展示案件发生的原因和社会背景,挖掘诉讼当事人的内心世界,从而以生动感人的故事、鞭辟入里的分析,将矛盾冲突置于法律的显微镜下加以辨别和放大。《吴越打官司的故事》《未能出庭的受害人》《审判褚时健纪实》等节目在观众中产生了较大反响，也对全社会的普法宣传起到了积极推动作用。

当然，知识与故事的嫁接需要谨慎，一切要以不损害知识本身的严肃性和真实性为准则。改版后的《走进科学》就一度因为故事化手法引发争议，被认为"开始的时候故弄玄虚，充分运用阴森的画面、诡秘的音乐、深沉的解说、鬼片的手法，吊你胃口；然后在最后1分钟里，自说自话，得出一个莫名其妙的结论"。①

3. 脱口秀

脱口秀的起源可以追溯到18世纪英格兰地区的咖啡吧集会，在集会上人们讨论各种社会问题。作为一种电视节目元素，脱口秀可以充分调动主持人的口语表演技巧，围绕某一知识话题尽情"聊""侃""谈"，活跃知识讲坛的氛围。

以《罗辑思维》《晓说》等为代表的知识性脱口秀节目在我国互联网上已大量涌现。此外还有不少是读书类节目，即把几本书的主要内容浓缩一下，由主讲人口述精华，以讲故事的方式传递给观众。许多知识性脱口秀在网络音频平台同步推出音频版本，实现多平台同步推广，《罗辑思维》主讲人罗振宇还创立了"得到"App，以知识付费的方式提供各种知识课程，满足用户的差异化需求。对已经习惯用看视频打发业余时光的网民而言，这样的知识性脱口秀寓教于乐，比看书轻松，比看影视剧有益，因此在青年群体中很受追捧。尽管"在轻松愉快中学到了知识"可能只是一种错觉，但"趣味讲述"毕竟是一种有效的知识传播策略。

除了单口，还可群言。由优酷和欢喜鱼文化联合出品的知识问答节目《你说的都对》由台湾著名主持人蔡康永主持。每期节目，《你说的都对》都会上演一场独具特色的"知识大爆炸"，来自不同研究领域的6位知识大神，围绕简单又接地气的议题，分别从经济学、心理学、生物学、脑科学、文史学等角度旁征博引，一边吸收网络的趣味式内容，一边也充分整合脱口秀的娱乐性。其观点基于较为扎实的科学研究，使观众迅速从节目中获得知识养分。

（三）注重互动元素

互动对于现代传播来说不可或缺。从知识传播的角度看，教学相长就是

---

① 环球在线：《央视节目〈走近科学〉被批装神弄鬼引热议》，http：// www.chinadaily.com.cn/hqylss/2007-06/05/content_887282.htm。

一种最基本的互动方式。在知识类节目中，常见的互动包括作为知识权威的嘉宾与主持人和现场观众的互动，以及屏幕人物与场外观众的互动等。从其发生空间看，可分为线上互动和线下互动。

1. 线上互动

这里所说的线上互动，是指演播现场与屏幕观众之间的互动，线上互动包括观众点题、观众答题、观众投票、观众提问、观众留言等多种形式，通常借助热线电话、手机App、网络连线、社交媒体互动等方式实现。如上海广播电视台的大型戏曲文化类节目《喝彩中华》充分利用融媒体平台，借助微信"摇一摇"，普及戏曲知识点。央视《中国诗词大会》的观众既可以和选手同步在线答题，也可以通过官方微信公众号参与"秀诗词"和"飞花令"在线挑战项目。在知识类节目中，线上互动的加入改变了传统"你说我听"说教模式，使节目形式更加灵活。

2. 线下互动

这里所说的线下互动，主要指节目在线下空间与观众进行互动交流，通常依托线下活动、见面会、外围海选等方式。在策划过程中，应灵活加以运用。《大家》是央视容量最大的人物访谈节目之一，采访主要对象是我国科学、教育、文化等领域做出杰出贡献的"大家"。《大家》不仅是大师们讲述人生经历、展示精神风范的窗口，更是他们播撒知识与智慧的讲坛。《大家》栏目曾策划了一个名为"大师讲科普"的线下科普公益活动，这组系列节目明显区别于其他"讲座""讲堂"节目的独特之处，一是充分融入视听手段，以画面辅助讲座；二是增添互动内容，听众与大师面对面交流，活跃了气氛，增强了现场感，也进一步提升了讲座的影响力。该线下活动选择在中国科技馆现场推出，大中学生和相关研究人员现场互动，主讲嘉宾包括诺贝尔奖得主杨振宁，五位国家最高科技奖得主袁隆平、吴文俊、吴孟超、李振声、金怡濂，以及蜚声海内外的国际应用数学家林家翘、"两弹一星"元勋王希季和"探月工程"首席科学家欧阳自远。而在此之前，《大家》栏目已成功策划"医学大家校园行""名家讲谈"等线下活动，满足了公众多层次的需要。[①]

---

① 梦兰云：《〈大家〉栏目的品牌创新——浅析"大师讲科普"活动》，《电视研究》2008年第11期。

三、网感追求与知识类节目的创新策划

互联网时代，随着视听节目创新创优速度加快，传统的社教类专栏、专题节目出现了许多新变化，而知识类节目的全新样态，如竞答类节目（如《一站到底》《天才知道》）、知识类脱口秀（如《知识就是力量》《罗辑思维》）、科学探秘故事（如《解码科技史》《军武零距离》）、文化表演秀（如《一本好书》）等层出不穷，成为当代中国视听节目市场一道引人注目的景观。随之而来的是知识类节目的高度垂直化和消费人群的逐步扩大。

（一）科学类节目的网感与形态创新

所谓网感，可以理解为由互联网社交习惯建立起来的思考方式及表达方式。传统的科学类节目一般为专题片模式和科技讲坛模式，缺乏巧妙的策划和编导设计。近年来，大量传统社教类节目开始借鉴引入互动游戏、网络脱口秀、故事类节目，甚至真人秀的策划思路，具体体现为节目形态的杂糅与融合。通过形态创新，国际国内重大科技事件、重大科技政策、重大科技成果、重要科技人物等，被以生动多变的形式呈现于荧屏，受到青年受众，特别是互联网用户的欢迎。其中较具代表性的是科学竞赛类节目《中国青少年科学总动员》、科学实验竞猜节目《加油！向未来》、科学游戏类节目《正大综艺·脑洞大开》、科学挑战类节目《机智过人》、多学科融合教育公开赛《全能脑力王》，以及科学类脑力真人秀《最强大脑》等。

《最强大脑》是由江苏卫视制作团队借鉴德国的电视节目 Super Brain 模板，结合中国本土制作模式，推出的大型科学竞技节目。节目以"让科学流行起来"为口号，专注于传播脑科学知识和脑力竞技，全程邀请科学家，从科学角度，探秘天才的世界，并将筛选出的选手组成最强大脑中国战队，迎战来自海外的最强大脑战队，决出世界最强大脑。由于加入娱乐元素，通过艺术化编排与加工，《最强大脑》更具有故事性、趣味性和观赏性。

不少电视机构通过主题化、系列化策划，加强对科学技术题材的挖掘与提炼，实现与当前热播节目要素的融合与再创作。《加油！向未来》由央视创造传媒有限公司制作，央视综合频道播出，每期都会出4个不同的科学实验题。在抛出问题之后，会让大众进行猜想，并之后逐一实验，证明答案的

准确性。第2季由30位18岁以上科学爱好者组成的加油队和30位18岁以下青少年科学爱好者组成的未来队进行科学竞猜。全程分为实验对抗和一对一答题。实验对抗就是通过实验题完成对抗，分数高、时间少的成为代表，再进行一对一答题。最终的"科学猜想王"将获得到北极黄河站进行科考的奖励。

在策划与制作层面，《加油！向未来》实现了诸多突破。一是突破科学节目的选题难题，防止观赏门槛太高；二是突破编导难题，让高难度的科学变得通俗易懂；三是突破传播难题，在科普基础上有趣、好玩，吸引观众持续收看。《加油！向未来》首期节目中的穿甲弹项目创新制作技术，首次使用超高速摄影机记录穿甲弹穿透十层钢板的瞬间，以富有视觉冲击力的拍摄手法展示穿甲瞬间钢水烧化飞溅的画面，展现以穿甲弹为代表的中国兵器力量，这段视频也在互联网上引发了超热的话题讨论。首期中的另一个实验项目"中国首只无壳孵化小鸡"，不仅是电视节目第一次用可观可感的形式展示生命科学的内容，还连续21天以网络短视频的形式见证生命奇迹，将科学实验的传播上升为全媒体科普传播，引起人们的兴趣和广泛关注。这正是将难懂的科学做成有趣的科普节目的成功尝试。

纵观上述科学知识类节目的最新模式，无不是嫁接了综艺节目的表现手法和叙事技巧，以追求更强的娱乐性和吸引力。究其本质，更类似于综艺节目，可视之为知识类综艺或科学类综艺。与之类似，文史知识节目可以改造为文化类综艺节目，如《中国汉字听写大会》《咱们穿越吧》；生活知识节目也可以改造为生活类综艺节目，如《交换空间》《重量级改变》等。在这个意义上讲，知识类节目的策划已经走出了专题片和电视讲坛的简单模式，正在迎来更大胆的创新。

（二）真人秀手法的引入

这里所谓的真人秀手法，是说在传统的知识类节目中加入基于特定规则的情景记录。真人秀通常由普通人（也有部分选择明星）在规定的情景中，按照预定的节目规则，为了一个明确的目的，做出自己的行动，并被记录下来。这种手法与纪录片存在较为紧密的关联。在科学探索类纪录片中，由真人探究真相、探寻真伪、探索知识的模式就十分流行。例如，中央电视台科教频道《发现之旅》栏目播出的纪录片《夜空中的利爪》，就采用了类似方式，一支摄制组为探寻70年前的奇异生物悬案，借助摄像机完成了一个关于蝙蝠的实验。而知识类真人秀与纪录片的区别在于，前者更强调真实过程的记录以及参与者的反应，而非单纯呈现故事和结局。从栏目化制作的角度看，由于真人秀提供的情景常常是可以设计、可以复制的，因此更便于流水线生产、常态化制作。

风靡美国的育儿知识真人秀《超级保姆》便是一个成功的案例。《超级保姆》由美国ABC公司在2005年1月推出。节目主持人乔·弗罗斯特是一位拥有15年从业经历的全职保姆。在节目中，乔亲自出马，到求助家庭中传授"育儿经"。节目采用实景跟拍的方式，展现她解救一对对陷于绝望的父母的真实故事。她赏罚分明，令"调皮楼梯""你这样的行为是十分调皮的"几乎成为普及用语。节目选取的问题家庭非常具有代表性，因而深受欢迎。乔被视为新任母亲的救星，调查显示很多观众觉得节目内容非常实用，拥有可贵的教育性。节目曾被《纽约时报》赞誉为"充满魅力"和"值得收看"。节目另有德国版本，FOX电视网拥有类似节目《保姆911》。2013年，《超级保姆》有了中国版本——《超级育儿师》，先后在央视财经频道、安徽卫视播出。

分析这一案例，不难发现《超级保姆》重在实景记录求助家庭在主持人帮助下学会如何教好孩子的过程。小孩子可塑性很强，不良习惯和行为规律也比较容易掌握，所以相对于改造成年人，其转变效果在电视镜头中更一目了然。节目最大的卖点就是知识的实用性，因为所展现的改造过程对电视机前的其他观众也有示范作用，所以不仅收视率高，相关产品也很受欢迎，主持人撰写的《超级保姆：如何让你的孩子做到最好》连续多周进入《纽约时报》的畅销书榜。美国ABC的《改头换面：家装版》、学习频道的《衣着大禁忌》(What Not to Wear)、Discovery的《负债夫妻翻身战》(Till Debt Do Us Apart)等，从不同的方面满足了现代家庭衣、食、住、行，乃至理财等各方面的知识需求。从这个意义上讲，知识类节目不仅是提供知识，它更是新生活方式的引领者。

在国内，2018年《上新了，故宫》的原创研发颇具代表性。这档由故宫博物院和北京电视台联合出品的大型文化季播节目定位为文史知识真人秀。节目打破了观众对故宫的刻板印象,突破性地将这些未开放区域首次呈现在观众面前,透过由邓伦、周一围担任的"故宫文创新品开发员"徜徉故宫的脚步来探索其中的历史知识,破解背后的文化密码,寻求历史和文物的"前世今生",并从中获取新的创作灵感。每期节目中,嘉宾跟随故宫专家进宫识宝,探寻故宫历史文化,并由顶尖跨界设计师联手高校设计专业的学生,每期诞生一个引领热潮的文化创意衍生品。从策划技巧上看,《上新了,故宫》巧妙地借用真人秀的移步实景,让年轻演员周一围和邓伦带领不同的演员嘉宾一起探寻故宫掩藏在历史深处的记忆,而在各类宫廷剧中屡屡亮相的蔡少芬、宁静、邬君梅等演员则现身节目当中,把自己对历史人物的理解加入到寻访文物的过程中去,同时穿插表演秀、文创产品开发比拼、专家讲解等环节。比起传统的说教性科教片,观众无疑更愿意看到这种充满青春活力的新颖形式。

第三节 从教学类节目到益教类节目

一、教育类节目概说

教育类节目有着悠久的历史。自电视诞生以来,其传播优势就为教育学者所推崇。在对象与内容上,教育类节目可细分为幼儿教育、青少年教育、面向成年人的职业技能教育,以及老年教育等类别。用节目进行教育,应坚持以普及为主、以现代为主、以实际需要为主的原则。以普及为主,就是要通俗讲解数学、物理、化学、天文、地理、生物等基础科学的基本知识,并力求深入浅出、形象具体、生动活泼。以现代为主,即传递最新科学技术信息,介绍国内外科学技术的新发展、新成就,如信息技术、生物工程、新型材料、新能源技术、空间技术,海底开发等。以实际需要为主,就是结合生产实际,重视介绍应用科学、应用技术,推广新技术、新材料、新产品、新工艺;结合生活实际介绍自然科学常识;解释自然界的奇怪现象,逐步提高全民族的科学文化水平和改造世界的能力。

在这方面,中国教育电视台、中央电视台科教频道和各省市的教育频道都进行了非常有益的探索。2003年5月19日,在广电总局和教育部直接指挥下,中国教育电视台在为抗击"非典"期间中小学生提供《快乐课堂》教学节目的基础上,正式开播了面向全国的"空中课堂"频道。2020年春,全国抗击新冠疫情肺炎期间,"空中课堂"再次发挥重要作用,通过全国户户通平台、村村通平台传送,确保边远地区中小学生及时收看到教学节目。

然而,传统电视教育节目的短板也显而易见。有学者认为,由于主要是单方面的信息输出,缺少与观众的相互交流,这种灌输式的教育方法很容易引起观众的反感,对教育的效果产生极大的负面影响。其次,由于观众在长期的家庭收视环境中养成了漫不经心的习惯,接受的非关注性也十分不利于学习。再次,电视是顺时序的"一次过"传播,长于传播形象,短于传播抽象,课堂式教育电视一般采取讲座形式,没有将抽象的知识充分形象化,因此传播效果大打折扣。① 在宽带互联网和4G移动网络普及之后,网络在线教育逐渐取代了传统电视教育,尽管视频教学节目和直播课堂仍是在线教育的主干内容。

在此背景下,传统的以系统传授专业知识为定位的教育电视逐渐转型,电视教育从封闭的"屏幕课堂"发展成为开放的社会教育,收视对象也从少数"求学者"拓展为广大普通观众。它不再拘泥于专业学科知识教育,而发展为多学科、多途径、多样态的知识传播,演化为大众日常接触的知识类节目。例如,2015年,中国教育电视台教育综合频道全新改版,策划推出了《e视界》《国史演义》《揭秘》《博物馆之夜》《法治天下》《请教请教》等创新栏目,构建起人文历史、社会法制、教育服务节目带,研发《中国艺考》《校园足球》《职业竞技》等季播节目,旨在打造一个具有教育传播特点的知识平台。

也有学者对教育电视节目的大众化倾向提出批评。这种观点认为,教育电视节目大众化倾向主要表现为选材的大众化、叙述的故事化和制作的趣味化。电视的生存环境、电视发展的文化背景、电视的传播特性和受众的心理诉求是教育电视节目大众化倾向形成的主要原因。在对教育电视节目"以受众为中心"的理念表示认同的同时,也要清醒地认识到,大众化的滥用可能对于

---

① 杨萍、旷宗仁:《知识类电视节目创作发展趋势分析》,《传媒观察》2007年第9期。

教育电视节目的健康发展是不利的。[①] 国外学者的研究在一定程度上支持了上述看法。20世纪60年代，美国电视台开播少儿教育节目《芝麻街》，但波兹曼认为，用看电视的方式教育孩子是错误的。他指出，电视节目（哪怕是最富教育价值的纪录片）有三条定律：第一，节目不能有前提条件，即不论观众是否具备背景知识，都能看懂；第二，节目不能令人困惑，令人困惑就意味着低收视率；第三，节目必须像躲避瘟神一样避开阐释，因此所有电视节目都是在讲故事。这三条定律决定了电视节目就其内容而言是肤浅而不具备深度的，难以刺激人的思辨能力，只能使观众沉浸在故事中，被动地接受。对此，波兹曼尖锐批评道："如果要给这样一种没有前提条件、没有难题、没有阐述的教育取一个合适的名字，那么这个名字只能是'娱乐'。"[②]

因此，并不是说传统的以教学为指向的教育类节目就应该从屏幕上销声匿迹，相反在一些特定领域，传统的教育类节目仍具有旺盛的需求和生命力。可以说，教育节目是教育与教学的重要园地，必须"为全社会和各级各类教育、教学服务。教育电视姓'教'，其特色在'教'，优势也在'教'。"[③] "教育"是其内在本质，"节目"是其外在形式。相比一般性的知识类节目，教育类节目的一大特点是其更具教学针对性、教学指向性和目的性，对教学效果的关注也更加强烈。

二、教育类节目创新策划思路提要

教学节目仍是教育类节目的重要组成部分，而主要面向未成年人、脱离传统课堂模式、具有教育意义的各种益教类节目则成为当前视听媒体策划与研发的重点。教学节目和益教类节目构成了教育类节目的两大不同派系。从具体形态看，前者多采用教学形态，而后者多采用综合形态。

（一）教学节目的策划

教学节目是利用视听传播手段，系统传授文化科学知识的节目样式，教

[①] 卢锋：《教育电视节目的大众化倾向》，《电化教育研究》2008年第1期。
[②] 尼尔·波兹曼：《娱乐致死》，章艳、吴燕莛译，广西师范大学出版社，2009，第126页。
[③] 张骏德、王哲平：《论我国教育电视的历史使命》，《新闻大学》2006年第4期。

学内容往往与学校教育相对应。其基本形式来源于课堂教学，在题材、手法上，它与益教类节目有着明显的区别。按其传播内容和数量，教学节目可以细分为以下三种：一是综合教学，基本按照全日制学校的课程设置安排教学，一般要进行考试并给合格者发文凭，是一种综合性的学历教育；二是专业教学，专门教授某一学科，与社会上一般的专业专科以及中专学校相似；三是应用教学，类似职业教育和技能教育，适用于知识更新和就业培训。

1. 体系化对象化的内容架构

教学节目是系统地传授某一类文化科学知识的节目。早在1921年，美国马萨诸塞州普林菲尔德WBZ电台就播放"为农村听众讲解农场经营"的教学节目，受到当地农民的热烈欢迎。中央电视台1982年推出的系列电视英语教学节目《跟我学》(Follow Me)，采用主持人讲解和日常生活中的实际情景相结合的方法，颠覆了以往"语法英语"和"哑巴英语"的教学模式，掀起了全民学英语的热潮。百集汉语教学节目《旅游汉语》，则借用情景剧方式，通过故事化的逻辑，用富有情节的系列内容来讲授汉语知识点。对于策划者来说，应该认识到教学节目是课堂教学的扩大和延伸，它突破了传统课堂教学的时空局限，将现代视听传播运用于教育领域。而此类节目定位中的"传授"二字，则意味着其与一般知识类节目不同，也意味着教学内容需科学系统，尽量匹配教学对象的特点。

2. 讲座（宣讲）模式的应用与改造

讲座（宣讲）模式是教学节目的典型模式之一。这类节目将媒体作为讲坛，是现实"课堂"的媒体化形态。从策划角度来讲，首先，需要有出色的主题策划、明确的定位、清晰的思路与有效的环节。其次，需要优秀的主讲人，能够将专业化、学术化的内容转换成相对大众化的语言，用通俗的讲解方式引起观众兴趣。可以说主讲人（主述者）是整个节目的灵魂与核心，如央视财经频道的《中国经济大讲堂》主讲经济类知识，邀请的就是我国经济领域的高端人士，而使用的则是普通观众都能听懂的通俗语言。最后，在主题策划和主讲人之间建立可以延续的关系，某个主讲人、某个教学内容都可以形成有效的主题系列，既显示一定的专业性、学术性与系统性，又容易获得最大化的收视群体。

央视社会与法频道策划制作的《法律讲堂》分为生活版和文史版，结构上将主题讲座与背景介绍结合。文史版的形式与《百家讲坛》相似，旨在"观复而知新"，从古代政律案件中感悟先贤的才智思辨与坚持正义的人文理念。生活版则是现实生活中真实案例的讲解、传授实用的法律知识，提供解决问题的法律途径，提高公民的法律素养。两者除选题方面的不同外，主讲人身份也不同，在生活版中主讲人不是原创者，而是主持人（宣讲人）身份。中央电视台科教频道的《子午书简》栏目撷取古今中外经典优秀诗歌、小说、美文，取其精美章节，邀请名家朗读，并介绍与之相关的历史、文化及人物背景。2011年该栏目改版为《读书》，将宣说式改为多人谈话式，成为书籍的"赏析"与"推介"，取代了原《子午书简》的文字阅读形态。这次改版也反映了不同模式的各自特点。讲座模式受限于主题与主讲人，同时需要观众专注地听，是一种比较静态的学习过程，而交谈式、记录式因为画面信息量大，节奏鲜明，更容易吸引观众注意。但从教学角度来讲，两种方式各有利弊，需要策划者结合具体节目内容进行合理设计。

3. 多媒体的立体呈现

教学节目在策划时，除了利用传统的表现方式之外，还要注意视听语言的合理运用，并融入现代科技手段。例如，可以利用机器人作为节目主持人，增加节目的趣味性；也可以摒弃实际场景，采用虚拟演播室系统来制作节目，这样既可以带来科幻的三维视觉效果，又可以节约节目成本；还可以将教学短片、动画、图表等与演播现场穿插结合，把VR、AR技术等运用到节目制作中，提高节目的表现力。例如，山东教育电视台推出的文化讲坛类节目《孔子大学堂》，主讲人对儒家文化的讲述构成了节目主体，其中大量使用视频、动画、水墨插图等辅助手段，帮助观众加深对儒家文化的理解。可见，合理引入多媒体手法和新传媒技术，重视用形象化手段传授知识点、展现教学的独特魅力，是节目策划实践的关键点所在。

（二）益教类节目的策划

在汉语中，"益"的意思是好处，对什么有益。从字面上看，益教类节目与教学节目的区别在于，前者更倾向于定位为一种辅助性、拓展性的教育类节目，兼顾内容的教育意义、趣味性和实用性，而并非简单的"电化教学"或

"课堂电视化"。这类节目的受众多为未成年人。

1. 服务成长的节目宗旨

益教类节目策划首先需要考虑栏目的宗旨。宗旨就是栏目的灵魂和方向，是整个栏目策划工作的基础，体现了栏目的教育意义、文化意义和道德观念。而服务未成年人健康成长，正是益教类节目的核心宗旨。接下来，要明确栏目定位是体现栏目个性化、专业化的重要环节，包括栏目选题定位和受众定位。选题定位就是要做什么样的栏目、做哪方面的节目，内容可以是道德、语言、文史、自然、社会，也可以是奥运、环保、公益等。内容定位越明确，栏目的准确度和传递的科学性就越有保障。

事实上，即便是对象性很强的儿童教育类节目，其进一步的内容细分和垂直化发展也是非常有必要的。《智慧树》（中央电视台少儿频道）是一档面向3周岁至6周岁的学龄前儿童的日播节目，以活泼生动的形式，寓科学的教育理念于生动的游戏当中，让孩子在游戏中学，在游戏中乐，在游戏中健康成长。《智慧树》每天的节目都是以适合学龄前儿童年龄特点的歌舞开场，由主持人带领现场幼儿，用唱带动跳让孩子在快乐的歌舞中进入《智慧树》乐园。在英语学习时间里，编导们用动画片和英文儿歌为孩子营造轻松活泼的外语环境，更用科学的、有计划的循环播放方式帮助孩子在不断重复和不断探索中学习外语。整个节目的串联被设计成主持人带领孩子进行一场有趣的表演性游戏，让孩子们在浓厚的游戏性体验中参与到节目中来。

美国儿童教育节目的"头牌"当推《芝麻街》（Sesame Street）。这部1969年首播的节目至今已捧回超百项"艾美奖"，创下单项节目获奖最多的纪录。《芝麻街》不仅在120多个国家播放，还与包括中国在内的数十个国家合作制作了本土版。据统计，全球每周有超过600万的学龄前儿童收看《芝麻街》。有关研究显示，收看《芝麻街》的学龄前儿童在字母表、数字、身体部位、形状和分类等知识方面较其他孩子有优势，最突出的是字母认读——这恰恰是《芝麻街》里最强调的部分。[①]《芝麻街》强调由教育顾问来确保节目的教育性。芝麻街工作室注重与幼儿教育、心理学、营养学等领域专家合作，并且会对

---

① 沈捷：《成长良师与贴心玩伴的角色交融——探析〈芝麻街〉等美国著名儿童教育节目的成功之道》，《视听界》2007年第1期。

节目制作团队成员进行专门培训，以确保节目制作团队的专业性，保障节目的教育性。在内容选择方面，依据"完整儿童"的教育大纲来进行策划。这个教育大纲确立的教育内容涉及儿童发展的方方面面，如认知能力的发展、社会性情感的培养、健康运动等。教育大纲以儿童为本位，倡导儿童电视节目除应有娱乐休闲功能之外，还应发挥教育功能，以促进儿童各方面的发展。而在形象设计上，则融入较为先进的教育理念。芝麻街工作室塑造的角色形象都各有优点和缺点，从来不是完美无缺的，这与儿童的真实世界是一致的。

芝麻街工作室始终坚信评估和调查对于节目质量提高的重要性，在节目制作中期的"测试"和后期的"调研"中，均注重收集儿童对于节目的反馈，并据此对节目策划进行调整。这是一种儿童本位的评估。此外，芝麻街工作室还曾在五个国家做过调查统计，收集了大量资料，对儿童的兴趣、儿童最喜爱的形象特点及故事内容等有着非常清晰的了解。所有这些对益教类节目的策划、制作和完善都具有重要的借鉴意义。

2. 丰富多元的表现手法

传统教育类节目趣味性较低，这就要求策划人员采取灵活生动的方式，使小观众易于接受、消化和吸收。就益教类节目而言，要善于抓住未成年人好动、好奇、好胜的心理，尽可能采取能够刺激他们兴趣、诱发他们好胜心的方式。比如，开办趣味知识讲座，让具有一定经验的小朋友自己上台讲述；开办有奖问答，分出几个小组进行抢答，对获胜一方予以适当奖励；开展实地考察学习，结合自然界的情况，将旅游和教学结合起来，增加他们的兴趣。除常规的娱乐化、故事化、游戏化策略外，益教类竞赛亦是策划者可以考虑的方案。如中央电视台"希望之星"英语风采大赛，就是在科教频道《希望英语》栏目的基础上衍生出来的，并逐步进化成为一场青少年"英语达人秀"。

益教类节目对促进和加强精神文明建设，提高文化素质有重要而积极的意义，所以在选材、确定主题、把握情感分寸上对主持人的要求较高，既要注意节目的思想内容和教育意义，又要具备较强的艺术性和审美价值。因为属于对象性节目，又要求主持人贴近未成年人，自然而不做作，在语言的选择上要有一点专业感，又要通俗好懂。

近年来，益教类节目策划的著名案例是教育部与中央电视台合作推出的

《开学第一课》。这档节目于每年新学年开学之际推出，针对中小学生的特点而设计。以未成年人喜欢的方式，在潜移默化中给人以教育和陶冶。《开学第一课》的策划缘起，源于2008年汶川地震之后，人们感觉到安全教育之不足，包括成年人在内的许多人都缺少应急避险的基本常识，补上这一课很有必要。通过灾难，人们也发现在极端环境之下，人的意志力、精神力乃至合作精神对于保存生命同样重要。因此，这就不难理解，《开学第一课》为什么不单是具体避险防护知识的普及，还有潜能、团队、坚持等精神意志方面的内容。2008年播出的第一季《开学第一课》选择将奥林匹克精神与中华民族的抗震救灾精神完美结合，通过对学生进行"避险自救"知识教育，教会学生掌握避灾的常识和技巧，真正"用知识守护生命"。在节目结构上，由"潜能""团队""坚持""生命"四部分组成，陈燮霞、张湘祥、刘春红等八位奥运冠军，姚明、易建联、王治郅等中国篮球队队员和来自灾区的孩子们一起，通过互动、讲述等寓教于乐的形式，将奥运精神和抗灾精神紧密结合，让应急避险教育深入人心。

在后续选题方面，《开学第一课》每年都是针对当年最重要的事情选定节目内容，有利于增强教育的时效性。例如，2009年，配合新中国成立60周年宣传，策划了"我爱你中国"选题。2010年，策划"我的梦，中国梦"，通过4个篇章解读梦想。2015年，结合纪念抗日战争胜利70周年，策划推出"英雄不朽"选题，选取青少年的独特视角，向孩子们讲述一个个英雄故事。

2016年，《开学第一课》以"先辈的旗帜"为主题，邀请多位亲历长征、平均年龄逾百岁的老红军参与节目，为孩子们讲述长征路上真实的历史和感人至深的故事。复盘这一季的节目，有利于我们更好地理解益教类节目的综合性形态与多样化的表现手法。

四集节目整体设计如下：

开篇：新生代中学生组合TFBOYS演唱开场曲，拉开"第一课"序幕

开场：撒贝宁、董卿、何炅三位主持人，带领观众一起探寻"信念不移、勇往直前、百折不挠、坚持不懈"的长征精神

第一课：信念不移

主故事：99 岁老红军胡正先讲述"红军的千里眼和顺风耳"

次故事：94 岁老红军梁天文回忆"同吃一碗饭、同盖一床被"

演唱：凤凰传奇演唱《十送红军》

第二课：勇往直前

主故事：嘉宾贺陵生讲述独臂将军贺炳炎的"硬骨头"

次故事："长征中最小的红军"和她的父亲贺龙

演唱：蔡国庆和孩子们演唱《五星红旗》

互动体验：何炅带领孩子们进行惊险刺激的互动游戏"勇过铁索桥"

第三课：百折不挠

主故事：老红军秦华礼讲述长征中"移动的通信学校"

次故事：耿飚的女儿耿莹，讲述了父亲在长征中"披着毯子上战场"的故事

演唱：陈赓、陈再道等将军的后辈和歌手平安共同献唱《映山红》

第四课：坚持不懈

主故事：航天员王亚平讲述航天人新长征精神

仪式：由国旗班战士护旗、104 岁的老红军秦华礼作为先辈的代表升国旗，主持人号召青少年接过老兵的旗帜，走好新一代人的长征路

演唱：著名歌唱家李谷一和孩子们演唱《我和我的祖国》

从节目的整体策划看，"四课"紧扣长征精神的四句话内涵。在具体形态上，将老红军"讲传统"的课堂模式与主持人访谈、现场互动、电视再现、体验式游戏、文艺演唱、仪式活动等有机结合。出场人物既有著名主持人、歌手，又有老红军和中小学生代表。在内容设计上，为多个故事接续讲述，既充实了节目的整体容量，又有利于不断制造兴奋点。在视觉呈现上，以舞台为中心，营造出神圣、庄严的气氛，又不失青春活力和热血激情。

《开学第一课》还开通了官方微博，通过更新发布节目短视频，与网友进行线上互动，并积极策划线下活动，强化融媒体传播整体效果。在节目制作初期，这种互动仅限于现场范围。如 2008 年的首期节目中，由于舞台规模有限，逃生撤离训练只能组织 20 名左右现场观众参与。随着媒体技术的发展，

"线上+线下"的临场式互动成为现实，2018年的节目中观众就可以扫描二维码实时参与节目游戏，到了2019年，观众可以通过H5链接在所在地区为祖国"升国旗"，"我为祖国升国旗"虚拟仪式参加人数超过300万。

案 例

文明礼仪教育的创新范例
——评《凡事讲礼》的策划技巧

作为全国首档情景式文明礼仪养成教育类节目，江苏广播电视总台教育频道策划制作的《凡事讲礼》以"凡事讲礼仪，生活更美好"为口号，紧扣未成年人思想道德建设"八礼四仪"主要内容，在普及文明礼仪常识的基础上，宣传推广了大量来自各地的创造性做法和典型案例，成为文明礼仪教育电视传播的创新范例。

一、强化示范引领，推动主流价值传播

中华民族，自古以来就是礼仪之邦，《论语》中说"不学礼，无以立"。《凡事讲礼》栏目定位准确，且具有独特性。该节目以文明礼仪传播传承为主旨，主要面向未成年人播出，播出内容导向积极、正面，符合社会主流价值。例如，《讲文明 过新年》这期节目就详细介绍了传统礼仪文化中值得传承的元素，普及了就餐聚会过程中的礼仪常识，并对假期旅游中的不文明行为进行了提示，具有很强的引导性和示范性。节目通过情景演示和嘉宾讲解的方式，评介中华民族优秀传统文化中的礼仪知识，同时积极传播社会主义核心价值观。《凡事讲礼》栏目组还根据节令变换和特殊的节日、节点，如策划《我们的节日》特别节目。2018年农历春节期间，策划制作了《我在中国学礼仪》，邀请在宁外国友人参加，积极推动中华文明和传统礼仪跨文化传播。策划团队认为，现代的礼仪与古代的礼仪已有很大差别，大众媒体必须着重选取对今天仍有积极、普遍意义的传统文明礼仪，如尊老敬贤、仪尚适宜、礼貌待人、

容仪有整等,并结合时代特点进行传播。如该栏目播出的有关礼让斑马线活动的《马路风云》、结合高空抛物拍摄制作的《飞来横祸》等,都在积极倡导文明有序、以礼待人的现代生活方式。可以说,《凡事讲礼》表现出较浓的文化内涵和社会意义,是典型的"小成本、大情怀、正能量"电视节目。

二、贴近日常生活,聚焦文明礼仪养成

礼仪是人们在社会交往活动中,为了相互尊重,在仪容、仪表、仪态、仪式、言谈举止等方面约定俗成的,共同认可的行为规范,是对礼节、礼貌、仪态和仪式的统称。《凡事讲礼》节目在选题策划方面,始终坚持与现实生活和社会热点紧密勾连,以被未成年人熟悉的身边人、身边事为主要内容来源,取得了良好的社会反响。例如,《请你为我停一停》这期节目,从网络热议的发生在高铁运营过程中的"拦阻车门"事件出发,以两个小学生模拟日常生活中的"拦阻电梯门"和"拦阻公交车门"两个具体情景为内容,引出对"公共规则意识缺失"问题的讨论,并引导观众更多地在公共生活中考虑他人利益。伴随着礼仪教育在国内的发展,学生群体对礼仪知识的需求也表现得越来越迫切。《凡事讲礼》节目从身边的故事入手,围绕日常生活中的小事展开,挖掘平凡事情中应该注意的文明礼仪规范。从选题看,栏目始终注意不仅仅以家庭为视角、为单元呈现礼仪,而是展现丰富的日常生活场景。情景剧场景有中小学学校,有大学校园,有学校食堂,有家庭,有公园,有餐厅,有电影院,有地铁公司,有公共交通工具,等等,反映了文明礼仪存在的方方面面。除日常节目外,《凡事讲礼》还策划制作了"八礼四仪"优秀做法校长访谈系列节目,积极推介文明礼仪身边典型。

三、创新节目模式,融合多种表现手法

在节目模式的策划与设计方面,《凡事讲礼》一改传统社教类节目的说教模式,大胆创新节目样态,以剧载情生动演绎,使文明礼仪规范可触可感。例如《非诚勿扰》这期节目,虚拟了青年男女相亲这一场景,通过男女之间,

以及子女与父母之间的初次问候，普及了握手、鞠躬等常用礼仪，生动幽默，可看性强。除了最主要的情景剧呈现方式，礼仪专家在讲解礼仪相关的文史典故、经典论述和诗文辞赋的时候，节目都会插入适当的影视剧画面、动漫资料、图片、网络小视频，或者增加相关社会新闻的链接，以丰富节目的视听元素。《小交警在行动》这期节目现场还引入了"小交警韵律操"环节，《我是女中小淑女》则以富有地方特色的锡剧表演开场，使得礼仪文化内容更形象生动，同时增加了节目的趣味性。在演播室现场，除主持人和礼仪专家外，还邀请不同类型的嘉宾参与节目。礼仪是塑造形象的重要手段。针对"八礼四仪"的不同年龄段，有小学生家庭、高中生家庭、大学生家庭、成人家庭等，参与节目的嘉宾有父子、有母女、有母子、有小学师生、有高校师生，有效达到"小手拉大手、文明一起走"的目的。在电视节目形态创新方面，《凡事讲礼》为文明礼仪养成教育类节目提供了可以参考的原创模式。

四、拓展传播渠道，持续提升社会影响

《凡事讲礼》节目开播以来，栏目组通过拓展传播渠道，使其正向激励作用不断增强，品牌知晓度、社会影响力、节目关注度显著提升，得到了学生、家长、老师和社会各界的普遍欢迎和认可。在传播渠道方面，除通过江苏教育频道播出外，每期节目都通过江苏文明网、总台荔枝网、腾讯视频、优酷视频等新媒体平台发布。为扩大社会影响，《凡事讲礼》创办了微信公众号"JSBC凡事讲礼"，同时借助江苏省文明办网站、江苏省妇联新媒体平台、江苏教育频道服务号等渠道进行宣传推广。策划团队认为，对一个人来说，礼仪是一个人的思想道德水平、文化修养、交际能力的外在表现，对一个社会来说，礼仪是一个国家社会文明程度、道德风尚和生活习惯的反映。礼仪是人际关系中的一种艺术，是人与人之间沟通的桥梁。为扩大礼仪教育的影响，积极策划组织线下活动，在进入全省校园拍摄节目时，还在校园里播放节目视频。在扬州、苏州等城市举办礼仪讲座，每场都有400多名观众参与。为让《凡事讲礼》节目更接地气，节目组还走进校园，并通过教育局发出预告，号召家长和孩子一起收看，形成了积极而广泛的社会影响力。

第五章

潮娱乐与正能量：
视频综艺节目策划

综艺节目是发挥视听媒体娱乐功能最主要的节目种群。它是各类文学艺术形式与视听传播手段相结合而形成的节目类型，并在原作的基础上产生新的艺术感染力。在我国，视听媒体的娱乐性内容有很长的演化历史，但在电视事业发展过程中，单纯的娱乐取向并不被鼓励，寓教于乐、文以载道、艺术审美等诉求是综艺节目策划不得不考虑的问题。随着视频网站的勃兴，自制或定制的"网综"，如腾讯视频出品的《我们15个》《约吧大明星》、爱奇艺出品的《奇葩说》《中国有嘻哈》等获得市场青睐，综艺节目的价值取向和形态创新等话题也不断引发社会关注。当一些数十亿级点击量的头部"网综"在社会产生广泛影响和强大"吸金"能力的同时，也暴露出选题非主流、过度娱乐化、尺度难把控等弊病。2018年，国家广播电视总局发布《关于进一步加强广播电视和网络视听文艺节目管理的通知》，在网上网下"同一标准、同一尺度"要求的规范引导下，视频网站更加注重网络综艺的社会效益，强化内容把控与价值引领。电视综艺与网络综艺呈现出模式互鉴、内容交织的态势，这是媒体融合在内容层面走向深入的一个侧影，也是综艺节目专业化、精品化的一个表现。

第一节　融媒体时代的视频综艺节目

一、综艺节目的内涵与特点

传播学家威尔伯·施拉姆认为："电视基本上是一种娱乐性的媒介。"[①] 在传统电视节目分类中，"娱乐节目""文化娱乐节目""文艺节目""综艺节目""综艺娱乐节目"等概念彼此交叉，常常"你中有我、我中有你"。而从当前实践看，"综艺节目"这一概念涵盖面更广，也被更为普遍地使用。所谓综艺节目，传统观点认为，"就是将各种艺术表演，如音乐、歌舞、戏剧小品、戏曲片段、相声曲艺、魔术杂技、武术等综合在一起，组合成一台完整的文艺表演节目。顾名思义就是综合的艺术"。[②] 正因为是"综合的艺术"，综艺节目的概念内涵较为宽泛，凡是利用视听媒介传播的文艺节目，或是塑造艺术形象来反映社会生活的节目，都可以归属此类。胡智锋教授着眼当前综艺节目的娱乐化趋向，提出"综艺娱乐节目是以娱乐大众为目的，运用各种电视化手段，对各种文艺形式以及相关可提供娱乐的内容进行二度加工与创作，并以晚会、栏目或活动的方式予以屏幕化表现的节目形态"[③]。

全国各级电视台都办有不同定位的综艺类栏目或专业频道。其中，中央电视台综艺频道（原 CCTV-3）最初定位为以播出音乐及歌舞节目为主的专业电视频道，于 1986 年 1 月 1 日开播。之后又先后改称"文艺频道""戏曲·音乐频道""戏曲·音乐·综艺频道"，最终于 2000 年定名为"综艺频道"。而此时的中央电视台，虽然已开播了独立的"音乐频道""戏曲频道"，但仍在综艺频道中保留了《舞蹈世界》《曲苑杂坛》《欢乐中国行》等歌舞和曲艺类节目，后又陆续开发出《非常6+1》《开心辞典》《中国好歌曲》《中国民歌大会》等

[①] 威尔伯·施拉姆等：《传播学概论》，陈亮、周立方、李启译，新华出版社，1984，第 275 页。

[②] 吴保和：《电视文艺节目策划》，中国戏剧出版社，2003，第 68 页。

[③] 胡智锋：《电视节目策划学》（第二版），复旦大学出版社，2019，第 93 页。

不同类型的受众参与性节目，可见其确实是"综合的艺术"。

综艺节目是受众非常喜欢的节目类型之一，也是丰富广大受众业余文化生活的重要方式。综艺节目与新闻类、社教类节目相比，其最主要的特点是"寓教于乐"。中央电视台综艺频道以"弘扬优秀文化、重在文化品位、荟萃文艺精华、注重社会效益"为宗旨。其收视率最高的品牌栏目《星光大道》定位为"百姓舞台"，先后推出了阿宝、凤凰传奇、李玉刚、旭日阳刚、朱之文等一大批观众喜爱的百姓歌手。受众通过欣赏荧屏中的文艺与娱乐，收获轻松与愉悦，也受到思想启迪与艺术熏陶。

网络视频综艺节目的出现是媒体技术发展和平台融合的必然结果。随着网络视频平台发力自制内容，以及社会化制作公司的成长壮大，"网综"已成为综艺节目发展的"新一步"。所谓"网综"，是指由节目制作机构或网民个人制作，主要在视频网站等互联网节目服务机构播出，并由播出平台对节目内容履行审核责任，综合运用各类视听表现手法，广泛融合多种艺术形式并对其进行二度创作，满足大众艺术审美和休闲娱乐需求的专业类（非剧情类）视听节目。[1] 2014年是行业意义上"网综"的发展元年，全年49档网络自制节目中，爱奇艺、优酷土豆与腾讯视频占据38个。自此，网络自制综艺开启新篇。2015年，"纯网综艺"这一概念在业界首次提出，全年96档优质"网综"大规模产出。2016年，《爸爸去哪儿4》《火星情报局》和《明星大侦探》三部播放量破"10亿"作品的出现，标志着"纯网综艺"迎来爆发。2017年，中国第一个突破40亿点击量的"现象级"网综《明日之子》出现，被评论认为是"网络选秀元年"的标志。

随着网络综艺数质量不断提升，头部节目已可比肩卫视综艺。据统计，2018年全网共上线网络综艺385档，同比增长95%。[2] 网络综艺因其覆盖面广、影响力大、渗透力强，在整个社会的文化体系，特别是青年文化体系的构建中起着其他节目形式难以替代的重要作用。同时，也通过引入弹幕、投

---

[1] 国家广播电视总局网络视听节目管理司：《中国视听新媒体发展报告》(2019)，中国广播影视出版社，2019，第101页。

[2] 国家广播电视总局监管中心：《2018网络原创节目分析报告（网络综艺篇）》2018年11月。

票、商品链接等全新互动元素,在内容与样式上出现了诸多新特点。2020年2月,在国家广播电视总局网络视听节目管理司指导下,中国网络视听节目服务协会联合多家视听网站制定了《网络综艺节目内容审核标准细则》(以下简称《细则》),围绕才艺表演、访谈脱口秀、真人秀、少儿亲子、文艺晚会等各种网络综艺节目类型,从主创人员选用、出镜人员言行举止,到造型舞美布设、文字语言使用、节目制作包装等不同维度,提出了94条具有较强实操性的标准。这一《细则》的出台,对于提升我国网络综艺的内容质量,同时抵制个别综艺节目泛娱乐化、低俗媚俗等不良倾向,提供了制度性的依据。

二、综艺节目的形态演化

虽然是"综合的艺术",但在发展的不同阶段,综艺节目的主要观念和具体形态是有所差异的。学者张国涛较早提出此种观点,他认为:"自20世纪90年代以来的历史轨迹,大致可以分为四个阶段,而每一个阶段中又有一个综艺节目类型占据着主导地位,这些主导类型背后又分别体现着四种不同的'电视观念',即表演、游戏、益智、'真人秀'。正是这四种'电视观念'分别引领了中国电视综艺发展的四个浪潮。"[①]这种观点如今在对综艺节目的历时性研究中,仍存有广泛共识。有学者进一步提出,这是一条"由过去的文化训导大众到明星娱乐大众直到今天的大众娱乐大众"的演进道路,"这其中显著变化的是观众的地位"[②]。

(一)表演类综艺形态

这种形态以"明星+表演"为典型特征,也是我国综艺节目的最早形态。能够作为表演类综艺代表性栏目的是20世纪90年代初开播的《综艺大观》和《曲苑杂坛》。从内容方面来说,《综艺大观》内容以小品、歌舞为主,曲艺、戏曲、杂技、魔术为辅,是综合了各个艺术门类的表演类栏目;《曲苑杂坛》以相声、小品、魔术、杂技、评书、笑话、马戏、说唱等为主,同时介绍外国的杂技、马戏和滑稽表演。《综艺大观》和《曲苑杂坛》都提供艺术表演,目

[①] 张国涛:《中国电视综艺的四个浪潮及其思考》,《现代传播》2005年第9期。
[②] 朱述超:《中国电视综艺节目:狂欢化与公共领域》,《当代传播》2011年第1期。

　　　　　　　　　　　　　　　　　　　　　　无疑是主角，舞台表演是
　　　　　　　　　　　　　　　　　　　　之间的串联则由主持人完成。
　　　　　　　　　　　　　　　　　　　了表演类综艺节目的整体面貌与
　　　　　　　　　　　　　　　　　　艺节目与电视综艺晚会在内容和形式
　　　　　　　　　　　　　　　　　大观》无论在节目内容上，还是结构形
　　　　　　　　　　　　　　　语言，都与一年一度的"春节晚会"有异曲同工
　　　　　　　　　　　　　　周末的"小春节晚会"。
　　　　　　　　　　　　　　"在内的各类晚会节目，仍是表演类综艺的主力。作为
　　　　　　　　　　　　　总体上看，表演类综艺已逐渐淡出，但表演元素一直在综
　　　　　　　　　　　　近年来更是在叠加竞赛和选秀元素的基础上不断创新，如乐
　　　　　　　　　　　的乐队》《乐队的夏天》、配音表演《声临其境》、魔术表演《超凡
　　　　　　　　　　歌舞选秀《青春有你》《创造营》、舞蹈选秀《舞蹈风暴》、相声小品
　　　　　　　　　乐喜剧人》等。

（二）游戏类综艺形态

　　这种形态以"明星+游戏"为典型特征，其早期代表性栏目是湖南卫视
年开播的《快乐大本营》。初登场时，散发青春活力的嘉宾、善于插科打
的主持人、游戏的加入，就与央视"严肃"的综艺节目有很大区别。这是一
个以娱乐性为主的节目，侧重的是明星参与游戏，展示明星在舞台上的即兴
发挥和舞台背后的生活。因其集文艺、游艺、访谈、猎奇、绝技等于一体，
也有人称之为"大综艺"节目，虽然有文艺演出的内容，但"文艺"更多地作
为一个配角。《快乐大本营》曾在第十六届、第十七届中国电视金鹰奖评选中
连获头奖、大奖，成为"电视湘军"进军全国收视市场的标志，也为湖南卫视
奠定在省级卫视格局中的领先地位立下了汗马功劳。随后一个时期，"快乐
旋风"席卷全国，各地省级卫视和城市台在短时间内纷纷上马以"快乐"为宗
旨、以"游戏"为内容的综艺节目，其中较为有影响的有《欢乐总动员》《非常
周末》《开心100》《超级大赢家》，等等。至此，"娱乐"成为各种类型化节目
生产的自觉追求。

　　游戏娱乐的兴起，也导致了综艺节目自身形态的变化：一是内容全面游
戏化，暗合当时"娱乐化"的社会心理；二是明星嘉宾成为主角，观众从消

的"看客"变为积极的

是主持人明星化,调动主……

王牌对王牌》,也基本延续了这……

版本,如《智勇大冲关》《男生女生……

吧,兄弟》(后改称《奔跑吧》)。

(三)益智类综艺形态

这种形态以"游戏+知识"为典型特征。益智类……

后在全国普及,可视为央视为治疗"游戏娱乐"之痛……

月,央视2套推出了由李咏担当主持的《幸运52》。这是……

的《GOBINGO》的基础上,根据中国观众的欣赏口味加以本土……

节目样式。开播不久,即以其别致的节目形态、别具一格的主持……

性与娱乐性融为一体等特点,赢得了社会与观众的喜爱。2000年……

2套又在周末黄金时间推出由王小丫、李佳明主持的另一档益智类……

《开心辞典》。

"知识并游戏着"是益智类综艺节目的基本模式,这也是益智类节目超越游戏娱乐节目并掀起一股新的综艺热潮的高明之处。传统综艺一直……"寓教于乐、雅俗共赏",但是这种传统的教化理论往往找不到合适的表达式,导致节目走入难做也难看、传播效果差的恶性循环。在益智类综艺节目中,这种教化理论被完全抛弃。通过游戏这个参与通道,将传播知识、寓教于乐的教化宗旨体现出来,这种形态具有较强的稳定性与相当的开放性。益智类综艺在很长一段时间一直活跃于荧屏之上,其新近代表是央视的《中国诗词大会》、江苏卫视的《一站到底》等。其中,始创于2012年的《一站到底》相继开发出轮答、竞速、人机大战、选择题等不同答题模式,并衍生出"英雄联盟""小学时代""世界名校争霸赛"等特别节目,长期受到观众欢迎。

(四)真人秀综艺形态

自1999年"老大哥"旋风在欧洲刮起,真人秀浪潮已在世界各地汹涌20年。在各国媒体机构争相引进、翻版、改造和创新的过程中,真人秀的类型更加丰富,题材领域更为宽广,收视率持续保持强势,成为世界范围最主流的综艺节目形态之一。作为舶来品的真人秀在进入中国之后,曾一度陷入水土不服的尴尬境地,直至 2004 年湖南卫视推出《超级女声》,真人秀才一改颓势,迅速发展壮大。近年来,国内节目在操作模式上延续平民化(或展示明星的平民面)路线,力图将平民打造成娱乐节目的主角,其实质是传统"综艺"模式与"真人秀"套路在"本土化"理念下的改造与整合。

2010 年以后,国内一线卫视相继从海外引进了《中国达人秀》《中国好声音》《爸爸去哪儿》《最强大脑》《极速前进》等原版节目模式,并由传统的电视单一平台播出,向"台网合作""多屏联动"发展。例如,2015 年天津卫视播出的《百万粉丝》,是全球首档网台联动社交生存真人秀,通过电视与网络同步直播,直接再现"网络生存"故事。伴随着此次"真人秀热潮",大量互联网视频企业加入综艺节目的制播竞争中。在媒体融合背景下,真人秀节目除获得了更为宽广、灵活和高到达率的播出平台,还出现了一些带有鲜明互联网特点的形态。例如,2014 年,由爱奇艺引进韩国 JTBC 电视台版权、推出的明星校园体验式真人秀《我去上学啦》;2015 年,腾讯视频与荷兰 Talpa 公司联合研发,推出了大型生活实验类真人秀《我们 15 个》。

三、作为当前综艺节目主流形态的真人秀

真人秀在国外通常被称为真实电视(Reality TV),泛指由制作者制定规则,由普通人参与并录制播出的竞赛游戏节目。而作为一种节目形态,真人秀"是对自愿参与者在规定情境中,为了预先给定的目的,按照特定的规则所进行的竞争行为的真实记录和艺术加工"[①]。

(一)真人秀的形态特点

真人秀是一种将真实与虚构融合在一起的节目形态。曾成功策划和导演过《走入香格里拉》等节目的陈强认为:"真人秀具体包括三个方面,即特定虚拟空间中的真实故事,全方位、真实的近距离拍摄和以人物为核心的戏剧化的后期剪辑。节目中规则等于内容,志愿者加环境等于情节,编辑方式等于效果。"[②]

[①] 尹鸿、冉儒学、陆虹:《娱乐旋风——认识电视真人秀》,中国广播电视出版社,2006,第 6 页。

[②] 熊忠辉等:《视听节目形态解析》,化学工业出版社,2018,第 143 页。

原央视资讯科技有限公司总经理惠明提出:"真人秀有十个最基本的条件:1.节目由规则来承载;2.没有专业化的演员;3.有人为选定的场所;4.节目一般都设有明确的目的,如大奖;5.节目有虚构性;6.节目有实录性、节目强调目击感、新闻感;7.节目具有故事性;8.节目具有暴露性;9.节目具有天然的悬念。"①

尹鸿教授认为,真人秀泛指"由制作者制定规则,由普通人参与并录制播出的电视竞赛游戏节目"。在《如何理解真人秀的本质和特点是关键》一文中,他进一步提出要从三个字来理解"真人秀"——"人"是核心,"真"是特色,"秀"是手段。②学者谢耘耕、陈虹提出真人秀节目的基本特征是:1.纪实性;2.原生态;3.拟态性;4.冲突性;5.叙事性;6.参与性。③

美国电视艺术与科学学院认定真人秀有两个特征:其一是在所谓"真实"条件下发生的具有娱乐要素的戏剧性事件,其二是具有游戏节目的特点。④

纵观业界和学界对真人秀节目形态特点的概括,我们发现,因对真人秀内涵与外延的认识存在差异,对其特征的理解也各有侧重。真人秀是一种综合性的节目,既有纪录片的纪实性特征,也有影视剧的戏剧化特征,还有传统综艺节目的娱乐性和互动性特征。真人秀综合使用众多元素,如益智、游戏、言谈、竞赛、剧情等,使节目的兼容性和丰富性达到前所未有的程度。如果我们将那些被称为"真人秀"的节目放在一起,就会发现它们是如此五花八门,林林总总,似乎很难确定一种统一的形态。但是,分析真人秀历史上的经典节目,就会发现有两个特征是其共有的。

其一,真实感。

真人秀之"真",是一种"真实感"。"真实"是相对虚构形态的影视剧而言的,但与强调"真实性"的纪录片有本质区别。这种区别体现在,它肢解了电视的纪实特征,没有了常规纪录片对真实的努力追求,代之以高潮迭起的

---

① 惠明:《国内外真人秀研究及收视调查》,http://tech.sina.com.cn/other/2003-10-29/1928250053.shtml。

② 尹鸿:《真人秀节目分析》,http://tech.sina.com.cn/other/2003-10-29/1906250048.shtml。

③ 谢耘耕、陈虹:《真人秀节目:理论、形态和创新》,复旦大学出版社,2007,第1页。

④ Mark Andrejevic: Reality TV: The Work of Being Watched, Rowman&Littlefield, 2004, P8.

游戏情节、模糊的时代背景、性格各异的人物形象等。真人秀节目普遍运用"肥皂剧叙事"模式，制作时运用了特写、背景音乐、蒙太奇镜头、高速摄影等技术渲染气氛，后期剪辑和人为控制大量存在。真人秀标榜"绝对真人真事"，宣称运用"纪录片式的跟踪拍摄和细节展览"满足观众的窥视欲，但电视剧式的人物环境选择和矛盾冲突设置、竞赛节目的巨额奖金设置和淘汰方式又暗示出节目本身的虚拟性。可见，真人秀只是一种超越虚构与非虚构的综合性的娱乐节目。它将纪录片与戏剧紧密结合，由真实与虚拟两个层面的内涵构成，其实质是真人参与的节目游戏。①

其二，可控的虚拟环境。

由普通人而非专业扮演者，在规定的情境中按照既定的游戏规则，为了一个明确目的做出自己的行动，同时被记录下来，这就是真人秀。真人秀节目大的框架是事先设定的，包括奖金的设定、环境的选择、参赛者的选取和游戏规则的制订等。英国导演艾里克斯·霍尔姆斯认为，真人秀本质上是"将真人放置于人为的情景和环境中，拍摄他们如何表现和应对"。真人秀中的"虚拟环境"源于但又不同于客观真实环境，是某种人类生存时空具体而微的拟态，它包括节目的人造环境、人际环境和游戏规则。在人造环境和游戏规则中，后者起决定作用。因为游戏规则的存在，虚拟环境是可控的。除去形式，真人秀节目的价值取向完全在于规则设置，甚至可以根据一个民族的性格制定规则。

（二）真人秀的常见类型

在国外，真人秀另有多种称谓，如 Game Show（游戏秀）、Reality Show（真实秀）、Reality Soup Opera（真实肥皂剧）等。称谓的差异意味着真人秀具体类型的繁杂。当前仅美国荧屏上播出的真人秀节目就超过 100 种。在实践层面，不可能出现一种热门的节目题材，就划分出一种新的类型。对于节目的策划与设计者来说，这样做既无必要，又会为创新带来束缚。根据英国独立电视委员会（Independent Television Commission）的研究，真人秀其实可分为以下三类：

---

① 阎安：《拟态生存中的真人秀——对"真实电视"的一种文化解读》，《现代传播》2003 年第 4 期。

1. 观察类真人秀：在人们日常活动的场所观察众人的行为。

2. 信息类真人秀：使用真实的故事告诉别人某些知识。像驾驶、急救，或宠物等。

3. 虚构类真人秀：将真实的人物放置在设定的可控制的情景下，例如一幢房子或者某个小岛，然后拍摄发生的事情。

按照这个定义，当前为大家所熟悉的真人秀节目，如《老大哥》或《幸存者》都是典型的虚构类真人秀，亦即狭义上的真人秀，其特点是可控的环境和真实的志愿者。其他两类则属于广义真人秀的范畴。而诸如《非诚勿扰》《最强大脑》《奔跑吧》《王牌对王牌》等热门综艺节目实则是在一些环节使用了真人秀元素，"频繁出现的各种选秀节目、益智节目、竞技节目、大奖赛，等等，实际上也都在借鉴真人秀的手法、技巧和意识。"[①] 强调原生态记录与游戏规则下的竞争相结合的真人秀，已成为一种节目策划理念，为各类节目所使用，这也使得真人秀原本就不清晰的外延边界更趋模糊。但正是这种"嫁接"与融合的态势昭示着综艺视频不断创新的未来。从这个意义上说，一个"泛真人秀"的时代已经到来。

第二节 从素人选秀到偶像养成的进阶

选秀节目（Talent Search Show）是真人秀的一个重要子类，也是当前最热门的综艺节目类型之一。自2001年英国《流行偶像》（*Pop Idol*）推出以来，世界范围掀起巨大的选秀浪潮。许多海外流行节目模式在国内都有引进或克隆版本。除歌唱选秀（如《美国偶像》《X元素》《好声音》）外，还有舞蹈选秀（如《舞蹈风暴》《舞林争霸》）、模特选秀（如《全美超级模特新秀大赛》《超模成名技》）、搏击类选秀（如《霹雳娇娃》《十拳十美》）、魔术选秀（如《超凡魔术师》《大魔术师》）等。在国内，十多年间选秀节目走过了从素人选秀（欧美模式）

[①] 尹鸿、冉儒学、陆虹：《娱乐旋风——认识电视真人秀》，中国广播电视出版社，2006，第4页。

到偶像养成（日韩模式）的形态演化过程，其间还出现过明星选秀形态。

一、选秀类综艺节目的形态特征

起源于英国的《流行偶像》、美国 NBC 2006 年始播的《美国达人》，以及荷兰金牌制作人马克·德文克打造的《荷兰好声音》等节目，被认为是选秀综艺最重要的原型模式。由《美国偶像》《美国达人》等开创的三人或四人评委制、零门槛参与、观众投票等规则，成为选秀节目很长一段时间的"标配"。《好声音》则推出"盲选"（Blind Auditions）、组内"PK"（荷兰语称为"De Battle"）、导师制等全新"玩法"。选秀节目的经典模式基本依循才艺竞技的规范，这种规范被不断延续继承，但作为一种主要在演播室制作的室内舞台秀，又有其自身特点。

（一）以舞台为竞技场所

选秀游戏的空间是舞台，准确地说，是电视演播条件下的舞台。这种空间不同于现实生活秀中的日常居所，它天生是为"作秀"准备的，任何有一技之长，认为可以到舞台上一展身手的人，都有机会参与节目。同时，它也不同于野外生存秀中陌生、超现实的极端环境。从物理属性上看，舞台是容易复制的。对于专业演员或进入表演秀最后阶段的"达人"来说，舞台并非陌生化空间；即便对于初次登台的普通参赛者，舞台经验也可以不断积累。从这个意义上说，无论"偶像"在世界有多少版本，舞台总是相同的。当然，作为真人秀节目录制场所的舞台，绝不仅仅只有灯光和布景，它是被融入选秀规则的，是充满了评委、观众等非物化因素的。而这些元素恰是一档节目的灵魂。舞台因主题而有所变化。除了常见的剧场式舞台，模特秀则选用 T 台，功夫秀选用摔角场，汽车表演秀选择赛车场。也有一些歌舞选秀节目从营销的角度考虑，在室外搭台竞技，但无论如何变化，这些"秀场"都是广义上的舞台，它为演员表演提供空间，也使观众的注意力集中于演员表演并获得理想的观赏效果。

（二）以选秀为节目主题

在综艺节目中，选秀与传统的表演类节目存在一定关联。有时也可以将

"表演"简单理解为"秀","秀"是通过人的演唱、演奏或人体动作、表情来塑造形象、传达情绪、情感从而表现生活的艺术活动,代表性门类包括音乐和舞蹈,有时将杂技、武术、魔术表演等划入"秀"的范畴。例如,《美国偶像》是典型的歌唱表演选秀,表演内容以流行歌曲为主。《美国达人》则涵盖动作表演、舞蹈、杂耍、单口相声、魔术、口技,以及很多无法归类的神奇表演,属于广义上的、泛化的才艺。策划者应该注意,作为一种艺术行为,"秀"与生活行为有所区别。生活技能类真人秀有时也融入选拔或竞技元素,但皆以日常生活为主题,强调实用。而"秀"天生具有娱乐性和被观看的属性,重在审美。同时应该看到,"选"才是重点,"选"的环节和过程是传统表演类节目没有的,也因其悬念性和冲突性,成为这类节目的最大看点所在。因此,无论哪种选秀表演,几乎都选用"才艺展示——晋级"的节目模式。"选"决定了此类节目在主体形态上,不可能采用"完成任务——记录"或"情境体验——偷窥"的模式。

(三)以才艺为评判标准

选秀节目在英文中被称为才艺秀(Talent Show),主要以才艺水平的高低作为选拔或淘汰的标准。《美国偶像》前部分为三位评判和一位嘉宾(都是流行音乐界的大腕)到各地挑选人才,他们从上千名选手中选出30名选手,被选中者到好莱坞参加下一轮比赛。那些大牌评委如宝拉·阿布杜尔、兰迪·杰克逊、塞克威尔等,他们专业的评价常常对观众投票产生重要影响。尽管年龄、容貌、偶像气质等因素会在选秀过程中发挥作用,但才艺本身的优劣主导着比赛的进程。在《英国达人》现场,47岁的苏珊大妈不但以惊人嗓音震惊了挑剔的评委,更一举成名征服无数歌迷,证明了外貌并不总与天赋挂钩,才艺水平乃是取胜的主因。在我国,一些选秀节目增设了大众评委或媒体评委,并赋予其淘汰权,但专家评委和专业评委在主导权上无疑更胜一筹。从各国选秀节目的结果看,尽管最终胜出者未必是才艺最优的选手,但其在专业上绝非等闲之辈。

当然,也有节目反其道而行之,如《美国最差车手》便不是选优,而是选劣。也有的选手刻意搞怪,成为才艺选秀中的另类人群,如《美国偶像》成就了"华裔走音王"——丑星孔庆翔,这位五音不全、舞姿拙劣的"龅牙孔"人丑歌烂,却一夜成名,备受追捧。《美国偶像》监制肯·沃维克认为这种现象很常见,并用一专门名词去形容,即"反名人效应"(Anti-Celebrity)。"反偶像"成为偶像并不奇怪:他颠覆了理想型偶像的高大全假大空,掏出大众心中真、小乃至庸常的一面,甚至以反讽、自嘲的面目出现,更容易获得广泛共鸣。国内网综《创造101》中,杨超越尽管"情绪失控",让人哭笑不得,边跳舞边念念有词的小白表演法也不尽专业,但她外形讨喜,个性突出,最终逆袭成为"黑马"。

(四)以造星为终极目标

《美国偶像》港译《一夜成名》,准确概括了此类节目的定位与目标,它是"平民百姓的美国梦";《美国达人》更是打出"全民参与,每个人都可能成为明星"的旗号,冠军将获得一百万美元奖金及演艺合同。列数历届才艺选秀节目,"一夜成名"的故事不胜枚举。酒吧女招待出身的《美国偶像》第一季冠军凯莉·克莱森(Kelly Clarkson),首张专辑一经推出便迅速登上排行榜冠军,创下双白金销量,更以 *Because of You* 在第 48 届格莱美大奖上成功封后。各国选秀节目都是重要的造星工厂,以《美国偶像》《美国好声音》为代表的选秀节目本身就与唱片公司联合运作,获胜者将与唱片公司签约。在选秀进入"偶像养成"阶段后,练习生通过选秀"出道",成为新一种造星方式。练习生是日韩一种挖掘新艺人的方法,几乎每个娱乐公司都有新秀练习生储备,公司会根据规划定期进行选秀。这种选秀被策划为综艺节目而广受关注,随之引发的巨大流量为练习生赋能,并助推其演艺事业发展。韩国综艺《Produce101》《偶像学校》等拥有较为广泛的社会影响,并成为国内热门网综争相借鉴的模式。

二、选秀类综艺节目策划思路提要

肯·沃维克将《美国偶像》的高收视率归结为"三合一"的综艺模式。首先,海选阶段,水平参差不齐的选手进行本色表演,各种搞笑场面令观众捧腹不已;其后,中间的遴选,观众可以通过拨打电话或发送短信参与到评选过程,互动参与激发了收视热情;最后,决赛阶段的激烈竞争扣人心弦,节目达到高潮。集娱乐、参与和艺术于一体,《美国偶像》的成功显得那么顺理成章。这一模式已成为才艺选秀的标准模式。世界上有超过30个国家和地区以此为蓝本,推出了自己的选秀节目。在中国,包括《超级女声》《梦想中国》《加油,好男儿》在内的初代选秀无不参照这一模式打造,时至今日,这种模式仍大量存在于选秀节目之中。综艺节目的设计,至少应考虑以下三个方面的内容:模式(版式)、板块、元素。对于策划者来说,一个由理念主导的节目模式,在具体操作上由多个单元组成,根据节目结构的不同,可以称之为板块或环节。将板块或环节进一步肢解,不难发现,在节目环节中其实融入了各种不同的关键性元素。《真人秀节目:理论、形态和创新》一书列举了表演选秀类真人秀的七大关键元素:海选、游戏娱乐、PK、秀出个性、互动、制造大众明星、创造收视奇迹。① 这些元素在选秀节目策划中发挥着重要作用,并通过不同环节的设置予以体现。

(一)"海选"环节的策划

"海选"原为中国农民在村民自治过程中创造的一种直接选举方式,即村干部直选。国内初代选秀节目《超级女声》让"海选"一词家喻户晓。在这档节目中,所有选手根据报名先后进入摄影棚,面对评委演唱自选歌曲(无伴奏),评委按铃表示演唱结束。评委会对其表现作一简短评价。在海选结束后,评委将从所有参赛选手中选出50名优秀选手进入复赛。其实,"海选"方式在西方同类节目中早已普遍使用,《美国偶像》通常以三周海选开场,但其遴选方式要更加灵活,观众甚至可以通过电话等方式参加初试。《超级女声》在后期增设了"网络唱区","海选"方式趋于多样化。到2010年《花儿朵朵》推出时,智能手机刚刚发展成熟,用户录制30秒至1分钟的演唱片段,上传视频即可参赛。"海选"将节目的主角由明星让位给普通民众,成就了一场场"大型无门槛音乐选秀活动"。不分唱法、不论外形、不问地域,只要喜爱唱歌并且年龄符合参赛限制均可报名参加,这充分激起普通民众的参与热情。"海选"过程的原生态播出则丰富了节目的内容和可视性。

当然,"海选"也降低了表演秀的专业程度,于是在节目策划时可以考虑

---

① 谢耘耕、陈虹:《真人秀节目:理论、形态和创新》,复旦大学出版社,2007,第36页。

不采用"海选"方式,或对"海选"设置一定门槛。例如,《中国好声音》由导演组到全国各地去挖掘学员。导演组认为:"好声音难觅,这是客观存在的,我们导演组在全国寻找好声音,真是碰上一个算一个,有些是圈内音乐人、电视人介绍的,既然是在行业内,有过参加其他选秀经历也并不奇怪。此外导演组还会到一些酒吧、专业院校去挑选,甚至某些大型企业的工会、文工团去找。"这就与常规"海选"策划形成了差异。

(二)"PK"环节的策划

颇具中国特色的"PK"一词,源于网络游戏的"Player Kill",有单挑、对决等意。《美国偶像》选手表演完之后,等待选票和淘汰,并没有选手间的PK,而2005年的《超级女声》则把PK发挥到了妇孺皆知。这一环节是指,两名实力相当的歌唱选手进行比拼,最后只有一人胜出,另一人淘汰出局。多数选秀节目的晋级都会策划"PK"环节。"PK环节"的设置增强了选秀的对抗性和悬念性。2017年以后,随着《中国有嘻哈》《这!就是街舞》等网综的兴起,与"PK"类似的battle一词开始流行。battle在英文里是战斗、争斗、作战之意。作为网络流行语的使用起始于嘻哈文化,常常用于在说唱、街舞中,是选手之间的一种PK和较量,近似于"斗舞"。但究其本质,还是一对一的较量。

类似策划还比如《中国好声音》的"导师考核"环节,其大致规则是4位导师各自在一期节目中,考核自己队内的14名学员。每期节目由导师把旗下的14名学员两两配对,分成7组,通过两人合唱一首歌的方式,选出7名学员。随后将有一名学员被导师"钦点"直接进入今后的"表演秀",剩下的6名学员被分成3组,每人唱一首自选歌曲,最后仅有3名学员能被导师留名"表演秀"。经过"导师考核",每个导师旗下将只剩4名学员。于是,选手的命运就像一场跌宕起伏的连续剧,谁将胜出,谁会摘下桂冠,整个赛事是一个大的悬念,每场赛事是一个小的悬念。一个悬念接着另一个悬念,环环相扣,引人入胜。可见,除赛事本身的悬念外,节目策划者还应善于制造悬念,甚至将悬念迟滞化、过程化。

(三)互动与投票环节的策划

互动是选秀节目的内在动力。在真人秀的生产、流动环节中,与观众的互动扮演着相当重要的角色。有的节目以观众反馈决定选手去留，有的节目以此设计比赛环节，真人秀大多依靠观众参与得到最直接、快速的信息反馈，因而节目一方面能够最大限度地满足观众口味，另一方面方便迅速调整，这也是选秀成功的重要因素之一。早期选秀节目一方面邀请部分观众参与节目，另一方面充分利用网络、手机等途径分区投票，最终产生年度排名。

融媒体时代，综艺节目与社交媒体互动紧密结合，互动策划可供选择的方式也在不断增多。以《中国好声音》为例，通过微博策划热门话题与讨论，甚至借助"热搜"制造娱乐话题，引发粉丝的再次传播与后续互动。粉丝文化与社交媒体互动相结合，还形成了一种特殊的互动方式，称为"打投"。所谓"打投"，通常指粉丝圈里专门组织用来打卡投票的群体，一般直属于明星后援会或粉丝组织。粉丝组织通过社交媒体募集资金，购买账号后，分发给各个打投群管理，然后再分给参与的粉丝。粉丝通过这种极端的投票方式，表达对明星或选秀选手的支持。《创造101》是腾讯视频在2018年推出的偶像女团养成综艺节目。其主要设计是，对101名女练习生进行培训，然后通过PK和观众投票，最终选出人气最高的11位出道成团。为帮助心仪的选手出道，在投票环节，各家粉丝之间的"打投"无异于战争。这种投票互动的方式是设定规则的节目组与粉丝群体"合谋"的产物，随之产生了具有中国特色的互联网"饭圈文化"。

（四）场外环节的策划

将生活中原汁原味的、不加修饰的行为过程完整展现出来，是真人秀最大的魅力。早前的表演类综艺节目，如"青年歌手大奖赛"展现的只是参赛选手经过包装后在舞台上的表演，以及评委的评判和最后的颁奖过程。观众看到的是经过精心安排、不允许有任何与计划不符的节目，"春节联欢晚会"就是这一理念的集大成者。选手们在舞台下的表现、选手的心理活动、舞台下的生活等内容却很少或几乎没有涉及。观众几乎不能获取选手舞台背后的信息。这样的节目发展到最后，形式越来越单调，越来越缺乏创意，观众也出现了审美疲劳。

当代选秀节目一改过去的节目形式，策划了很多场外环节，以展现幕后的精彩。如将选秀活动的海选、复选、预选、决赛、选手培训等过程都原生态地呈现在电视屏幕上。这从某种程度上讲已经不是一个单纯的比赛活动，而是一出精彩的"情节剧"。其中较为典型的如选手培训、幕后公益活动、亲友团助阵、MV拍摄花絮等。《中国好声音》热播后，还适时策划了衍生节目《中国好声音——成长教室》，以12集纪录片完整展现几位导师如何训练学员的场外花絮，再次获得观众肯定。《创造101》更是一个记录从101名女孩中挑选出11名组成偶像团体全过程的节目。整个节目不仅展现她们在舞台上比赛的过程，也展现了她们很多台前幕后训练、生活中哭笑哀乐的状态。观众作为群众制作人，通过App投票，全程参与并选出最希望出道的11人。通过呈现大量台下内容，视频综艺完成了从"秀结果"到"秀过程"的转型。

此外，个性化的评委也是选秀节目的一大"卖点"。如《荷兰好声音》的评委安杰拉（Angela Groothuizen），是个摇滚流行歌手。她除了有力略带沙哑的声音，更吸引人的是其豪爽、亲切而热情的人格魅力。因此，男女老少都愿意加入她的队伍，尤其是孩子们（荷兰办有儿童版 *The voice kids*），特别愿意选择这位"奶奶"。"好声音"系列的诸位评委活泼风趣，互相"斗嘴"，为了争夺一个优秀选手，费尽心思，也成为节目的一大看点。再如《美国偶像》有"毒舌"评委西蒙·考威尔，亦是个性十足、颇受观众喜爱的屏幕明星。从节目策划的角度看，他们是与选手同样重要的人物元素。

三、选秀类综艺节目创新路径

随着越来越多选秀节目的涌现，它逐渐成为一种流行文化。而根据流行文化社会学的定律：流行得越快、越广的事物，其生命周期也越短。有学者依此推论，认为选秀节目很快会落入昙花一现的宿命中。事实上，选秀节目已经走过二十多年历程，不但没有迅速衰落，反而常办常新。在中国，经历了"超女"的极度喧嚣后，选秀虽遭遇发展瓶颈，却随着欧美和韩国原版模式的先后引进，在短期调整后华丽转身，再度步入高速发展期，不断创新的策划成为选秀节目发展的原动力。

（一）选秀模式：引进＋改造＋原创

在"三合一"选秀模式大行其道的同时，中国各制作机构也一直在嫁接和移植的过程中尝试模式的创新。例如，即便是借鉴《流行偶像》的一些经典要素，但也可以进行大胆的本土化改造，增加"PK"赛、"粉丝"团等新概念，大众评委、专业评委和场外投票三方制约的复杂赛制也独具中国特色。国内的各大选秀，每一季的规则都会有所变化，这既是适应政策进行的调整，也是对观众不断变化口味的迎合，更是对同质化节目竞争压力的适应。

2010年以后，国内电视机构加大真人秀节目版权引进力度。就当前国内真人秀节目的发展现状看，版权引进一方面说明原创力不足，但同时也要看到从模仿到买版权是一大进步。因为栏目引进版权一方面可以大大缩短栏目设计的时间，一个栏目从创意、立项、论证、受众分析……要经过很长的时间磨砺，但买版权会让这个时间段大大缩短。版权引进的另一大好处是可以减少风险，因为在引进版权之前就能看到对方的录播带，并知晓其在国外的收视率情况。在大多数情况下，国内外受众的收视倾向是相同的，这就加大了栏目的成功率。

但应该看到，无论模仿还是引进，都不应成为国内电视节目发展的主流渠道。引进节目模式要适度控制数量，避免过度集中在某一地区或国家。而从节目策划的角度看，模式的自觉创新是选秀节目成熟的标志之一。近年来，国内广电媒体和视频平台更加积极地研发具有鲜明中国特色、中国风格、中国气派的原创节目模式。浙江卫视《演员的诞生》、湖南卫视《声临其境》《声入人心》《舞蹈风暴》等节目将当代艺术理念与现代技术手段相融合，实现了选秀模式的集成创新。对于策划人来说，选秀节目在实施等各阶段，都要认真考虑通过环节规则、情境故事、人物言行等，生动体现当今社会的核心价值观，告诉人们什么是应该肯定和赞扬的，什么是必须反对和否定的，做到春风化雨，润物无声。东方卫视的喜剧表演选秀《笑傲江湖》就是一档受到欢迎的原创选秀节目，栏目组找寻的是没有太多表演经历的非专业选手，他们来自天南海北，身份和经历各异，但都热爱喜剧类表演。节目通过挖掘最优秀的戏剧人才、展现欢乐的喜剧才艺，为充满生活压力的人们传递了笑对人生的正能量。

（二）选秀主题：流行 + 传统 + 国潮

原 Fremantle 传媒公司 CEO 汤姆·格特瑞奇说："《美国偶像》就好像麦当劳或者星巴克一样，已经成为美国文化的一部分。"的确，民族性是电视文化的重要属性。当歌舞选秀风靡世界的时候，一些具有民族特色的选秀主题开始风行。

阿联酋阿布扎比电视台策划推出的诗歌选秀节目《百万诗人》，以保存和弘扬阿拉伯民族文化遗产为宗旨，成功吸引了数千万名观众。与唱歌跳舞、展示隐私等纯娱乐真人秀相比，该节目的最大不同在于参赛选手要现场吟诗作赋，在语言感染力、文学才华乃至思想境界等方面一决高下。《百万诗人》的比赛现场布置得典雅素净，选手们一律穿着传统白色长袍，吟诵原创的阿拉伯奈伯特诗歌。5 位专业评审，其中 3 位是来自科威特、沙特和约旦的著名演讲家，另两位是来自科威特和阿联酋专门从事诗歌研究的学术权威，他们对选手的语言表现、诗歌内容和思想内涵进行点评。节目在海湾各国设置多个分赛区，以观众短信投票作为评选依据。负责策划《百万诗人》的编导马兹鲁阿表示："阿拉伯民族素有崇尚文学、喜好诗歌的传统，但是近年来随着西方文化的不断侵入，很多年轻人已经渐渐丢弃了自己民族的文化传统，这是很令人担忧的。作为媒体工作者，保护民族文化遗产，弘扬阿拉伯诗歌艺术是义不容辞的责任。"

即便是在美国本土，非流行文化主题的电视节目也依然受到欢迎，由《美国偶像》策划团队打造的另一档选秀节目《美国发明家》(*American Inventor*) 便是一个成功的案例。这一节目以"美国梦"为主题，成千上万的各年龄段的发明家、修理爱好者、白手起家者纷纷报名参赛。他们在屏幕上展示自己最有价值的发明，从古怪的小玩意，到心脏升温器，一旦获胜，参与者成为发明家的梦想便能成真，他们的灵感、想象力、创造力，也将转变成真实生产的商品。这档海选草根科技发明的电视节目堪称流行文化与民族性格巧妙结合之作。众所周知，美国是一个崇尚发明与探索精神的国度，《美国发明家》正是因为契合了美国国民垦荒、创新的性格而受到好评。

真人秀是大众娱乐、草根文化的代名词，而中华民族是以深刻的思想内涵、高尚的道德情操、相对保守的伦理观念著称于世的。如何巧妙地把大众化的娱乐节目形式和弘扬民族传统文化结合起来，在大众参与娱乐的同时进一步推动民族文化的传承与发扬，让真人秀与中国文化同频共振，成就大众文化与民族精神的无缝融合，是国内策划人需要研究的一大课题。①

如能充分利用中华文化元素、中华美学精神对引进节目模式进行本土化改造，将能够逐渐摆脱对境外节目模式的依赖。近年来，以央视制作播出的《中国诗词大会》《中国汉字听写大会》《中国成语大会》《中国谜语大会》等一批体现民族文化和中国气派的"文化选秀"为代表，根植传统、雅俗共赏成为选秀节目文化精神的新追求。其中，较有原创精神的是爱奇艺策划打造的网综《国风美少年》，这档选秀定位为国风文化创新推广唱演秀，以唱演秀形式为传统文化发声，让国潮回归。根据节目策划，20位国风少年将分成黄金、白银、青铜三个等级进行首次个人舞台表演，青铜班选手将面临淘汰的可能。节目组还设置了"国风品鉴师"这个评委角色，对选手的表现进行严格评判和标记，颇具中国特色。

（三）选秀对象：素人 + 明星 + 练习生

素人即平民、平常人。以《美国偶像》《超级女声》为代表的选秀节目以平民百姓为"海选"对象，其特点是草根和造星，与"平民选秀"策划理念反其道而行之的是"明星选秀"。英国BBC的《快来跳舞》（Strictly Come Dancing）、美国ABC的《与明星跳舞》（Dancing with the Stars）、FOX的《与明星滑冰》（Skating With Celebrities）等皆属此类。其规则大同小异，如《与明星跳舞》每期选6位二线明星和6位专业舞蹈演员组成搭档，当着现场评委和全国电视观众的面展现舞技，由评委打分和观众投票排出名次，每周淘汰得分最低的一对。比赛内容包括拉丁风格的恰恰和古典风格的华尔兹，分别考验女方和男方的表现。上述明星选秀节目都有本土版本，如上海台的《舞林大会》、湖南卫视的《舞动奇迹》、东南卫视的《星随舞动》等。此外，东方卫视的明星戏曲秀《非常有戏》、江苏卫视的明星飞行秀《壮志凌云》也一度引发热议。

---

① 阎安：《从海外流行节目看电视选秀的形态创新》，《东南传播》2011年第12期。

◀ 第五章　潮娱乐与正能量：视频综艺节目策划

　　《我是歌手》（2017年以后改称《歌手》）是湖南卫视从韩国MBC引进推出的明星歌唱真人秀节目，每季邀请7位已经成名的歌手进行竞赛。初季节目共13期，包括排位赛、踢馆赛、复活赛、半决赛和决赛。随着比赛的深入，还策划出"轮盘抽歌""致敬专场""复活赛""突围赛"等新增环节以提升节目的悬念度。最终，根据500名观众听审的打分，决出本季"歌王"。明星真人秀的兴起表明，创新是差异化生存的希望。此类节目迎合了大众通过表演观察明星喜怒哀乐的心理需求。从明星参与度讲，多数受邀明星尚处二线或是过气明星，为增加曝光率，大多乐意参加节目。如果说素人选秀让观众体会到了以自身的力量帮助丑小鸭幻化成白天鹅，那么，明星选秀的策划则告诉观众"你也可以玩转明星！"

　　"星素同台"是策划创新的又一重要思路。由国内多家电视台联合制作播出的《隐藏的歌手》便选择了这种模式。每期节目邀请一位经典流行歌手作为原唱嘉宾，节目中，原唱明星和5位"模唱素人"一同置身神秘的6扇竞演门后，模唱者和原唱者一同飙歌。观众只能凭相似度极高的声音来分辨孰真孰假，只听声音看不见脸，意味着明星也有可能会被素人淘汰。这样的设置增加了节目的悬念感和吸引力。不少观众对这些真假难辨的声音所折服，很多网友发微博称赞节目"温馨感人""充满正能量"。

　　近年来，国内电视机构还策划过专业选秀节目。这类选秀节目为参与者设置了一定的专业门槛，如早些年北京卫视的《红楼梦中人》、湖南卫视的《寻找紫菱》等都是为影视剧寻找专业演员；近年来湖南卫视的《舞蹈风暴》则是一个由众多专业舞蹈演员参加舞蹈创演节目；江苏卫视的《超凡魔术师》参赛选手更是国内外顶级魔术表演者；东方卫视打造的《欢乐喜剧人》是一档由专业喜剧演员参与的喜剧竞赛真人秀节目。与卡拉OK式的"海选"相比，影视表演、主持、导演、曲艺等均属于有一定专业门槛的才艺，因此，此类选秀的参与范围更窄，但水平更加专业。与之类似，腾讯视频的《创造101》、爱奇艺的《青春有你》等"出道选秀"节目，以练习生为选秀对象，这一群体介于明星与素人之间，既具有较为专业的才艺素养，甚至一定的圈内知名度，可谓"准专业选手"，又更接近素人身份，对选秀胜出抱有较高热情。这种设定就增强了节目的激烈性和观赏性。

第三节　竞技与挑战类综艺节目策划

竞技与挑战类综艺节目以参与者的竞技比拼或任务挑战为核心内容，因主题差异可分为不同子类，如人际关系类（如《老大哥》）、科学类（如《最强大脑》《机器人争霸》）、体育类（如《极速前进》《星跳水立方》）、职场类（如《学徒》《职来职往》）、恋爱约会类（如《男才女貌》《诱惑岛》）、生存体验类（如《幸存者》《我们15个》）、自我完善类（如《超级减肥王》《减出我人生》）等。尽管竞技游戏的主题五花八门，但其基本形态和策划机制多有共同之特点。引进海外模式制作的《奔跑吧，兄弟》《极限挑战》《了不起的挑战》等节目，融入中国特色文化主题和价值观，具有广泛的社会影响。

一、竞技与挑战类综艺的形态特征

作为竞技与挑战类综艺的原型模式，美国CBS首播于2000年的户外生存秀《幸存者》和NBC首播于2004年的职场竞技秀《学徒》，可谓影响深远。《幸存者》开播当年，即创夏季收视率新高，2020年，迎来第40季的播出。按照最初设定，节目从应征者邮寄来的录像带中挑选16名参赛者，把他们送到一个荒无人烟的小岛。在4个多月时间里，他们无法得到外界帮助，不能依靠现代技术手段，要经受热带风暴洗礼，靠双手艰难生存，任何缺乏意志或身体不够强壮者都将被淘汰出局。选手定期召开"部族会议"，商量把谁驱逐出小岛，每次以投票的形式驱逐其中一个人。最终获胜的"幸存者"可得到100万美元奖金。《学徒》则是一个将商业运作技巧作为主题的节目，其最大卖点是由后来的美国总统、地产大亨唐纳德·特朗普扮演"学徒"们的雇主，实习地点在特朗普商业帝国的不同企业。通过挑战不可思议的高难度任务，最终获胜者将成为特朗普商业帝国一家公司的总裁。

对于策划来说，节目元素是构成节目版式和形态的基础。研究认为，欧美节目的构成元素包括"场景、俊美性感的人体、暴力因素、竞技、事故与灾难、性、阴谋与帮派竞争、背叛、人际谋略、规则、宗教、伪善、骂街、单相思、友谊、内心冲突"等。为了更好地认识竞技类节目的策划规律，国内学者将其分解为七个基本元素：1.作为故事主体和观众观看客体的人物元素——参与者；2.推动节目、观众和故事发展的动力元素——悬念；3.形成人物关系和情节变化的结构元素——竞争；4.标志人物命运戏剧性转折的环节元素——淘汰与选拔规则；5.形成故事假定性的情境元素——时空规定；6.形成节目基本过程的细节元素——现场记录；7.强化故事的感染元素——艺术加工。[①] 在此，重点从策划的角度对其中四个核心元素予以解析。

（一）竞争模式——谁与谁的对决？

如果说挑战的目标是一种动力、悬念，那么竞争过程就是情节。目标必须通过竞争才能达到，胜利者是唯一的，而失败者却是大多数，因此，竞争是否激烈，竞争是否具有强度，竞争的结果是否难以预料，都决定了节目的情节是否具有足够"魅力"。

竞争环节的策划通常要考虑两种模式：一是"与天斗，与地斗"，即与自然界的较量；二是"与人斗"，即在人际关系领域的竞争，人与人之间的较量。在一个封闭的游戏环境中，参与者会互相产生各种复杂的感情，如爱情、仇恨、嫉妒等，这些情感和利益交织，难免出现冲突。而许多真人秀实际上既包括了人与自然环境的冲突，也具有人群与人群的冲突，如《幸存者》。

在《幸存者》开始部分，部落成员选择的环节就已为日后的竞争埋下了伏笔。节目规则要求，每个部落的第一名成员从剩余的参与者中挑选自己部落的下一位成员，被选入者再选下一位，直至最后。这种选择是两难的，一方面为了能够在与其他部落的竞争中获胜，要选择更强大的伙伴，另一方面又要提防更为出色的同伴挤出自己。这种情节极具张力。参与者为了淘汰其他人而顺利进入下一轮以致最后胜出，要采取一切规则允许的手段打击对手；同时为了不至于被投票淘汰而要使尽浑身解数去迎合后者。由于真人秀的竞争和淘汰环节和社会生活具有一定的相似性，能产生一种更加"现实的效果"，更能唤起观众的心理认同。

一般来说，竞争环节策划得越新奇，竞争的场面就越有趣；竞争的规则

---

① 尹鸿、陆虹、冉儒学：《电视真人秀的节目元素分析》，《现代传播》2005年第5期。

越简单,观众的参与度就越高;达到目标的人越难以预测,竞争的悬念就越强;最后达到目标的人越少,竞争的结果就越有吸引力;达到的目标越艰难,竞争的过程就越有观赏性。

(二)淘汰与选拔规则——为何出局?

竞技类节目的核心是淘汰制。通过层层淘汰,直到最后一人(如《幸存者》)、一对(如《阁楼故事》)或一组(如《垃圾挑战赛》)。也有的节目采用记分方式,变"汰劣"为"选优",最后获胜者获得大奖,这其实是另一种的淘汰。还有的游戏规则是在淘汰的同时进行选拔,让被选拔出来的人具有豁免权或投票权。如《幸存者》就是让优胜者获得豁免权,被淘汰者从非优胜者的群体中产生,甚至,优胜者最后有淘汰别人的特殊权利。

从策划层面看,节目的选手淘汰与选拔有四种常见机制:一是达标淘汰、二是评委裁定、三是观众票选、四是同伴裁决。达标淘汰,即事先确定游戏"过关"的标准,如果竞争者无法达标则遭淘汰,达标者进入下一轮;评委裁定较为传统,是竞技类节目最常见的淘汰与选拔方式;观众裁决多使用互动手段,由观众投票决定,能够比较客观地反映选手的人气状况;同伴裁决则由内部投票进行表决,是游戏残酷竞争性的集中体现。也有的节目综合使用多种方式,以强化节目的悬念和竞争性。

《学徒》的淘汰与选拔环节极具代表性。《学徒》是两个团队之间的竞争,也是16个选手个人命运的厮杀。每一集特朗普都会在最后的"会议室裁定"中淘汰一人。以第一季第五集为例,特朗普下达的任务是用1000元本金购买任意商品,在跳蚤市场出售,看哪一组能够把本金赚回,并收入最多。尼克和克莉斯蒂分别为两队队长,尼克一组在室外出售女性服装和首饰,克莉斯蒂在室内售卖从中国城选择的特色小东西。比赛当日下起了大雨,克莉斯蒂一组非常庆幸选择了室内摊位,可当天气放晴,克莉斯蒂仍然在室内坚守,进展缓慢。最后,组员们终于决定搬出去在室外销售,以弥补在室内没有客人的损失。然而,最后结算时,克莉斯蒂小组意外发现丢了钱,这导致了他们最终因为亏损而失败。克莉斯蒂选择了与自己不和的组员海德和负责财务的欧马一同进入会议室面临裁决。然而,难以捉摸的大老板特朗普最终淘汰的并不是因丢钱而需要负责任的欧马,却是因听从好友建议,没有在会议室中为自己争辩的克莉斯蒂。事实上，克莉斯蒂的好友对特朗普的习性和标准一无所知，在会议室，这位好友甚至不惜"反水"攻击她，她提出的所谓建议更是"损人利己"。在上述一波三折的节目中，多种淘汰机制共同发挥作用。淘汰的标准与结果无从预知，特朗普作为最终裁定者（唯一评委）拥有对所有人的生杀大权。成功的学徒只有一个，在"会议室裁定"过程中，选手可以相互指责中伤，或为自己辩解。会议室成为失败与胜利最后的裁判场。

（三）悬念元素——大奖属谁？

无论是竞技类节目的参与者还是观看者，都需要一种动力性目标，驱使节目的参与者主动行动，而且这种行动的主动性越强，对目标的渴望越强，故事的吸引力也就越强，观众的观看欲望也会越强。因此，故事的目标就作为一种悬念，推动参与者和观众与节目的进程捆绑在一起。

重赏之下有勇夫。节目的参与者一旦达成某个行动目标，如到达某个地点，争取某种胜利，获得某种位置等，都将获得奖励。在竞技类综艺节目中，无论主题如何变换，设置大奖总是节目策划者的不变选择，"大奖归谁"也成为最大的悬念。在节目中，参与者和观众的目标总是预先设定的，但是优胜者却是不确定的。胜利者，可能是最后的幸存者，也可能是经受了考验的最有意志力的人，或竞技能力最高的人，或运气最好的人。他们将得到高价值的奖赏，如巨额金钱、房子、汽车、高级用品、特殊体验的机会、高薪职位，甚至优秀异性，等等。奖励能调动参赛者主观能动性的充分发挥，从而增强节目的可视性。奖赏究竟会落到谁手中，由于什么样的原因获得胜利，谁也无法得知，这些都是不确定的。观众无从控制，甚至节目的制作者也无法得知。这一悬念一般要等到最后一集才能揭晓，于是巨奖悬念贯穿始终。

例如，在《幸存者》中，最终的获胜者将获得节目提供的100万美元（这是美国真人秀节目的常规奖励额），但究竟谁是最后的胜者，观众无从得知。第一季的大结局，要从剩下的三位参赛者中选出谁是最终的获胜者。三人在烈日下手扶一根图腾柱，最后松开的人将获得投票权，从剩下的两位选手中淘汰一个。结局出人意料，理查德选择退出竞争，获得投票权的女士淘汰了老人，而最后的结果是，其他选手却把票投给了理查德，让他成了最终的获胜者。可以说，整个过程跌宕曲折，没有人能预知谁是最终赢家。

真人秀虽然是一场游戏，但奖励却是实实在在的，这是节目规则中不可缺少的一部分。动辄几十万美元和几百万美元的奖金或者等价奖品、高薪晋升机会、好莱坞和五百强大公司的就业岗位等利益诱惑成为欧美真人秀长盛不衰的法宝之一。这些价值不菲的奖励也成为真人秀节目展现人性的根本诱因。只有足够大的诱惑和刺激，才能让参加者不惜历尽艰辛，放下伪装，放手一搏，观众也才能看到假定规则中真实的人性。

（四）时空规定——置我何境？

竞技与挑战类节目的空间环境分室外和室内两种。室内环境大多选择封闭的独宅，活动空间有限，与外界隔绝，很少有现代科技产品，即使有也限制使用。室外环境的总体特点是条件恶劣，生存艰苦，与外界隔绝。比如《阁楼故事》中生活设施俱全的豪宅，或者《幸存者》中太平洋上的原始荒岛。

环境是促使人物发生动作的"情境"要素之一。作为节目参与者的生活空间，游戏环境对人的行为和心理会产生重要影响。研究表明，人会根据环境的变化调试自己的心理，从而显现出不同的行为，特定游戏环境能够促使参与者以最快的速度焕发出与之相应的行为状态，这是整个游戏进行的前提。要展现残酷环境中的真实人性，就要对节目参与者的心理进行全方位的调整，让他们从进入游戏第一刻起就忘掉外部世界，全身心投入游戏。因此，节目策划者要做的第一步就是给参与者提供一个完全封闭的、与世隔绝的游戏环境。《幸存者》通过精心营造的情境，将节目参与者带入游戏，同时，陌生化的场景不断刺激观众的视觉神经，让节目更加生动、诱人。

《幸存者》拍摄地点选在远离现代文明的荒岛上，使用具有原始象征意义的饰物和仪式。反复出现的火把、戴在脖子上的原始图腾饰物、投票时的粗糙纸张、志愿者脸上的泥巴和油彩、参加"部族会议"时的锣鼓，以及被淘汰者离开时的灭灯仪式……游戏环境与游戏内容完全相符合，这个模拟仿真的假定情境给参与者规定了行为活动和心理活动的范围，也让观众对参与者的心理有了一个基本的预判。进入原始荒岛的参与者首先考虑的是如何才能在陌生大自然中求得生存；同样，进入豪宅的参与者要考虑的就是如何打发漫长单调的时光；《学徒》则反复强调曼哈顿就是一个"原始丛林"、一个"残酷的丛林"。

竞技与挑战类节目一般会设置不同于现实生活的时空环境，它是真实的，又是超现实的。其超现实性表现在它设置了一种极限，在极端的时空里，矛盾和戏剧冲突更集中，更有可看性。同样，节目也要求在极端的时间里完成。有的要求几天几夜，有的是一个月、几个月，甚至半年。时间的限定使冲突更加集中，悬念一波接一波，挑战性和刺激性加大。

二、竞技与挑战类综艺节目策划思路提要

（一）选定主题

竞技与挑战类节目的本质在于娱乐游戏，确定游戏主题是节目策划制作的起点。从发展趋势看，综艺游戏的主题已趋于多元化，从最早的《老大哥》或《幸存者》模式，拓展到今天的几乎"无不可秀"。现实生活充满竞争，各行各业，每个领域，人与人的竞争，人与环境的挑战无处不在。只要精心设计，从中抽象出一个游戏框架来，哪怕是"衣食住行"之类的日常琐事，都可以设计出节目。

例如：《女神的新衣》（又名《女神新装》）以"衣"为主题，由"24小时制衣+T台秀+竞拍"等环节组成；《顶级厨师》（*Master Chef*）以"食"为主题，由上千名应征者开始多轮角逐逐一淘汰，竞逐名厨宝座；《全能住宅改造王》《梦想改造家》等以"住"为主题，每期节目聚焦一户有住房难题的家庭，并委托设计师在有限时间里使用有限的资金为其房屋进行"爱心改造"；《极速前进》（*The Amazing Race*）以"行"为主题，12组双人搭档参加环游世界的比赛，以其惊心动魄的全球实地冒险竞赛为主线。最后到达终点的队伍将被淘汰，最终胜利者获得百万美元大奖。2014年，深圳卫视购买版权，策划推出中国版《极速前进》，对原版节目进行了大胆的改造创新，改变了原有赛制，并在全球各版本中首创复活、踢馆、分组对抗积分赛等设置。类似主题节目还有江苏卫视播出的《前往世界的尽头》、四川卫视引进韩国模式制作的《两天一夜》等。

唯物主义认为，游戏源于生产劳动。将生产、生活中的现实场景或竞争

角逐进行游戏化的加工，以戏仿的方式获取娱乐体验，这就是游戏。综艺节目也不例外，现实生活和日常生产劳动中的竞技都可以成为综艺游戏的主题。央视的《状元360》就是一档行业竞技比拼的节目。节目组会挑选一些行业内最顶尖的选手来进行核心技能竞赛，让他们比拼心智、挥洒才情、显露绝技，通过比赛决出最终的王中之王。节目涉及行业包括厨师、特警、林业工人、制衣工人、出租司机、保健按摩师、消防队员等。

（二）设计规则

竞技与挑战类节目策划的关键在于游戏规则的设计。规则直接决定着故事的走向，也决定着由它产生的悬念是否吸引观众。节目的规则与体育竞赛的规则有共同之处，它不设定结果，却强烈吸引人们关注结果是什么。规则的设定或改变决定着节目自身的命运。欧美综艺常将选手安置在封闭场所进行比赛，其目的是凸显竞争，这或许具有罗马帝国角斗场式的冷漠和残酷心态。只是，在现代社会，血腥的搏斗一则不为法律所允许，二则"一个力量型的比赛是简单的"，[①]无法长久地吸引受众，相反"斗智斗勇"的比赛才是比较高层次的，更能吸引人。因此，当代竞技类节目大多将重点放在选手间的智力角斗上。而节目策划人员的任务则是创造各种各样的契机来激化人物间的矛盾冲突，由此，观众得以看到一个个充满了阴谋与背叛的真人故事。

但是，这些钩心斗角、残酷竞争的故事未必适合中国国情。除道德观念和伦理文化的差异外，观众的欣赏喜好可能也大相径庭。有研究人员曾基于央视大型真人挑战节目《欢乐英雄》的收视率数据进行了研究。"五一特别节目"《欢乐英雄·驾驶训练营》制作精良，基本代表了当时国内真人秀的最高水平，但正是这样一档"基于比赛规则而丰富展示了人物之间的心理冲突、并不断制造着悬念的"节目，总体收视率并不理想，而节目中的小测试环节却成为收视高点。研究者依此提出假设，认为在中国"太复杂的规则（逻辑）就不算是规则（逻辑），延续时间过长的悬念也不算是悬念，国内真人秀的观众更希望看到的是'外在的''直接表现'的冲突"，"任何力图只在节目中充分

[①] 喻国明:《真人秀节目对中国电视格局的影响》, http:// tech.sina.com.cn/other/2003-10-29/1915250049.shtml.

◀ 第五章　潮娱乐与正能量：视频综艺节目策划

展示内心冲突的努力，注定是不能受到中国观众欢迎的。这也就是中国真人秀节目区别于欧美真人秀节目的根本所在。"① 或许正因为此，之后在湖南电视台的《智勇大冲关》《勇往直前》，以及江苏电视台的《爱拼才会赢》等游戏秀中，规则变得出奇简单，外在的身体竞技和运动闯关几乎成了节目的全部规则。

2014年，浙江卫视引进制作的《奔跑吧，兄弟》借助各种道具，将游戏元素发挥到了极致，如指压板运动、水池弹簧座椅、按照特定顺序吃桌上的饭、到国外市场买正确的东西吃、撕名牌、在特定环境找搭档等。这些游戏的规则并不复杂，但着重考察明星们的综合素质和团队实力，游戏之间环环相扣、严丝合缝，令国内类似节目的游戏策划水平达到新的高度。如"指压板"游戏考验的是队员的身体灵活度及心理素质，在火烧眉毛的情况下，需要队员沉着冷静地完成任务。"撕名牌"游戏规则比较多变，总体来说就是要保护自己背后的名牌，还要抢夺别组成员的名牌，是速度与体力的挑战。"弹射椅"是原版游戏中的高人气大型道具，由回答问题完成任务的队员，决定其他队友的命运，稍有差错就会导致队友被高高弹起，非常惊险。这项游戏中，体能优势基本不再起作用，脑力是决定胜负的关键。

视听节目可能是最民族化的文化产品，竞技与挑战类节目在不同文化中注定要有不同的规则。欧美表现"真实性、窥私性和激烈的竞争性"的经典规则并不完全适合中国文化，因此，本土化的创新改造势在必行。2019年，由北京电视台、灿星制作联合出品的《了不起的长城》，由刘烨、阮经天、杨超越、黄明昊、杨迪、周深、沈南等明星作为"长城砖员"加盟。"砖员"们不仅要参与挑战、探访，还会体验穿越、寻宝、考古、密室逃脱等不同任务，节目中的游戏逻辑缜密、环环相扣，且蕴含大量长城相关知识，嘉宾如果不牢牢记住知识点，面临的就是任务失败和随之而来的惩罚。在《了不起的长城》中，"砖员"们遇到的脑力与体力挑战都来自于历史悠久的长城。可以说，所有挑战都围绕"长城及其周边的一切"来进行设计，与其他户外真人秀节目不同的是，节目更多的难度在于完成任务、解谜的过程中对知识的考验。

---

① 肖建兵：《也谈如何理解真人秀节目的本质与特点——与尹鸿先生商榷》，《广告大观》2004年第9期。

（三）改版创新

竞技与挑战类节目正进入类型化制作时代。类型是惯例与经验的系统。之所以出现某种类型，是因为某种形式已经获得成功，而成功的产品必然引起更多仿效，成为惯例；同时，观众根据大量类似的经验，养成一种期待，随着期待的增强，最后转变为规则。在《幸存者》大行其道之后，《胆战心惊》《夺宝奇兵》等相似却又不同的后继者便不断出现。同样，《学徒》成功之后，便又有了《学徒·家政女皇》《迎合老板》等类似节目。在国内，江苏台的《最强大脑》虽源于德国节目创意，但被国内制作人发展为一个系列，每年一季，后演化为《燃烧吧大脑》素人脑力竞技，在强调脑力角逐的基础上，内容不断求异，道具逐季翻新，给人不同的感受。对节目形态中那些客观存在并容易模仿的要素及规则，进行多元组合，便能成为一个新的节目。但类型化制作绝不等于原样"克隆"，只有不断错位策划，不断推陈出新，才能跟上受众不断变化的口味。

即便是作为经典节目形态的《幸存者》，其在基本版式基础上的创新也不曾停止。第一季成功后，第二季的16位参争者明显都比第一季更年轻漂亮。到了第三季，节目把翻新出在游戏规则上：比赛进行一段时间后，让两个部落的部分人员抽签互换，这对参赛者来说可是致命的，可能完全打破两个部落内部刚刚形成的小同盟。这季中的另外一个亮点是参观一家专门治疗儿童艾滋病的医院，幸存者与这家医院建立了深厚的友谊，并为小儿艾滋病基金会拉赞助。从这季开始，多数参赛者每季末都会在易趣网拍卖节目中的个人物品，进行慈善义捐。第五季的新看点是第一次拍摄了重聚大团圆特别节目。第六季的新看点则是把16名男女按性别分组，打出"性别牌"。接下来的第七季更没有让观众失望，游戏出现了《幸存者》史上最大的一次规则调整：失败者复活，即让之前已经淘汰的6位选手复活，组成第3个部落，和原有的两个部落竞争。第八季也是《幸存者》史上的经典，因为这次是"全明星版"，节目让以前一些受观众喜爱的选手再次回来参加比赛，同时这次比赛的选手改为18人，也首次由分2组改为分3组。第九季的看点则是出现了两位女同性恋参赛者，节目中的性别大战因而此起彼伏。

在国内，优秀的竞技游戏创意可谓凤毛麟角，综艺节目题材撞车、低层次拷贝的情况时有发生，进而造成重复投资、资源浪费。在国际业界，节目版式的跨国交易司空见惯。在原创能力相对低下的当下，国内媒体机构模仿和引进欧美的节目版式无可厚非。但是，善于在改造加工的过程中求新、求变，乃是节目市场不变的存活之道。

第四节　"慢综艺"形态及其策划思路

以竞演、竞技、挑战等为主题的综艺节目，对抗性强，强调节奏感和矛盾冲突。而生活类综艺节目更接近于纪录片，因此，在西方又有"创构式纪录片"或"建构式纪录片"（Constructed Documentary）的称谓，被认为是"纪录秀"或"观察式综艺"。因其节奏舒缓，近年来在国内也被称为"慢综艺"。在国内视频节目生产以"小成本、大情怀、正能量"为导向的当下，"慢综艺"策划获得重视，出现了《爸爸去哪儿》《忘不了餐厅》《向往的生活》《中餐厅》等优秀作品。

一、"慢综艺"的形态特征

"慢综艺"之"慢"，"慢"在对生活的体验、记录和细腻呈现。在类型上，可细分为"偷拍秀"、生活技能秀和社会实验节目等。美国广播公司（ABC）1990开播的《家庭滑稽录像》可谓"偷拍秀"的原型模式。《家庭滑稽录像》（America's Funniest Home Videos），英文简称《AFV》或《AFHV》，节目中播放普通观众自己用家用摄像机拍下来的无意中发生的趣事的录像。节目设置年度评奖，奖金高达十万美元。每期获得最搞笑视频称号的家庭可以获得一万美元的奖金。在国内，江西卫视播出类似节目《家庭幽默录像》，内容包括普通家庭成员之间的幽默生活片段，如宝宝成长记录、儿童搞笑瞬间等，主要收录普通老百姓使用家用DV、智能手机等有意无意拍摄到的各类有趣短视频，由刘仪伟主持。

在国外，生活技能秀以《粉雄救兵》为代表。2003年由美国Bravo有线频道首播，此后被NBC购入。《粉雄救兵》(*Queer Eye for the Straight Guy*，又译《改造糙男》)的主角是五个英俊潇洒、个性迥然的小伙子，Carson是时装设计师，Jai是高级买手，Thom是室内设计装饰师，Kyan是专业美容美发师，Ted则是美食家、烹饪和品酒高手。节目借用了"粉雄人群"追求时尚的敏感个性大做文章。五位"粉雄"的工作就是协助"糙男"们提高自己的品位修养和生活技能。每一集他们会闯进一个普通"糙男"的家中（多半是在其女友、未婚妻或太太的秘密邀请下），不由分说地"绑架"他，全方位包装他，将其从"邋遢鬼"变成一个时尚、性感、充满自信的都市男人。这个节目以开放的态度、语言和成功的设计包装吸引了众多观众。

《交换主妇》等则属于社会实验节目。《交换主妇》(*Wife Swap*)由美国广播公司（ABC）于2004年9月首播，兼具生活体验和角色互换双重元素。节目聚焦于两个生活习惯完全不同的家庭，将女主人相互交换，去对方家里生活两周。第一周，她们必须遵守新家的规矩，按照过去的习惯行事；第二周，她们掌握主导权，以自己的意志改变新家，譬如"新丈夫"能否在家中吸烟、孩子放学后是否必须立即回家，等等。交换时间到期后，两对家庭重聚一堂，互相讨论彼此的"角色互换体验"。透过节目，人物本性显露无遗，还可以看到不同的生活方式和理念碰撞。节目另有英国版本，FOX电视网拥有类似节目《交换配偶》。

在欧美电视荧屏上，现实生活题材的"纪录性综艺"数量繁多。虽然制作成本一般不及竞技类真人秀，但社会影响丝毫不差，甚至不少低成本的实验性节目，因为天才的奇思妙想获得惊人收视率。其形态特点可概括为以下方面：

（一）重在体验的"生活流"

如果说竞技类节目的看点是"事件"，那么"慢综艺"的看点便是"人物"。这里的"人"不是一般意义上的普遍的"人"，而是具体的、特殊的，具有鲜明个性的"人"。突出个性的方式是把人物投放到一定的特殊情境中去，这种情境或许迥异于其熟悉的生活，但由此能够获得不同的感受。在与自己过去生活的对比中，人的个性与潜能被激发出来。当这一切被摄像机忠实记录于荧屏,"我的传奇"便成为可供大众消费的独特体验。①

例如:《交换主妇》提供的就是一种特殊体验。其中一集,一位主妇有洁癖,成天列着计划单,每天打扫房间5小时,家里不许有噪音;另一家则热闹而混乱,养了25只宠物,甚至还有只袋鼠蹦来蹦去,作息不定时,孩子们可以请朋友来家中留宿,狂欢至凌晨,吃饭也是想吃的时候就各自从冰箱里拿,餐桌都没有。互换第一周,两位主妇很不习惯,"洁癖主妇"得清理小动物随意排放的大便,她认为"混乱主妇"这样放任孩子和宠物,是在逃避责任;"混乱主妇"则感到新家阴郁压抑,难过得哭了,而丈夫也觉得临时妻子在捣毁自己的生活,一切糟透了。第二周,主妇掌权。"洁癖主妇"送走了22只宠物,留下3只,对屋子进行大扫除,规定必须10点熄灯,结果小孩不习惯地大哭。另一位则开始千方百计地装扮死气沉沉的房间,买来宠物猫和各种小玩意,请邻居带着小狗来家里玩。最后,"洁癖主妇"买了张餐桌,一家人第一次坐在一起品尝温馨的晚餐。古板的丈夫则被鼓励去爵士酒吧表演一曲,赢得了掌声和朋友,自己也喜欢上了新来的小猫。交换结束后,两对夫妻重聚,虽然混乱快乐型的妻子对洁癖妻子的举动感到愤怒,直接对她说"我恨你",但"交换"体验带来的影响是积极的。两对夫妇都更加热爱自己的家庭,他们从前极端的生活方式也有所收敛。

与此类似,BBC 的真人秀节目《女人离开的一周》在 7 天的拍摄时间里,安排哈比村中的女人们离开家庭,度过一个为期一周的单独假期。节目策划人凯利·韦伯兰姆说:"我们的节目会真实地记录下女人离开以后,那些被突然强行推入家庭和社区生活的男人们身上都发生了什么。"无疑,这是"一场有趣的社会实验"。《卧底公主》(*Undercover Princesses*)则让三位分别来自德国、印度和非洲某部落或王室的公主来到英国埃塞克斯郡,同住在一栋房子里,体验普通人的生活,干普通人的工作,还要像普通人一样去谈恋爱。《名誉、财富和无家可归》(*Famous, Rich and Homeless*)则邀请了五位名人,包括作家、主持人、运动员、演员、记者等,他们放下原本舒适安稳的居所,在伦敦街头流浪 10 天,体验无家可归的生活。

近年来,国内电视机构相继制作了未成年人日常生活互换体验秀《变形

---

① 阎安:《海外现实生活类真人秀的常见形态及创意》,《视听》2011 年第 2 期。

计》、亲子户外体验秀《爸爸去哪儿》、军营体验秀《真正男子汉》、校园体验秀《一年级》、旅行体验秀《花样姐姐》等节目。没有了竞技游戏对"大奖归谁"悬念的关注,"慢综艺"中关于"生活"的独特体验便凸显出来,在湖南卫视出品的乡村体验秀《向往的生活》中,每一期都设计用何炅的旁白开场,"我们在一起,就是向往的生活"——这句话点出了"慢综艺"的魅力,也是此类节目的最大看点。

（二）源于生活的"真情境"

在"慢综艺"中,节目记录的对象是特定"情境"中的人,而这里的"情境"与竞技游戏环境有诸多不同。极端的时空被日常院落替代,紧张激烈的人际冲突和人性暴露被现实生活的逻辑置换。现实生活秀虽强调记录独特的体验,但节目场景几乎都源于日常生活,无论国内的《变形计》或《明星到我家》,大量镜头拍摄自普通的家庭空间,更不用说《美国家庭滑稽录像》这类纯粹偷拍的节目。《老大哥》似的"牢笼"或《幸存者》中的荒岛,这些超现实的"人造情境"通常不会出现。

主题也常常来自生活。比如:《交换主妇》源于不少男人的口头禅"老婆还是别人的好"。虽然在现实生活中无法直接体验,但这一"心中总有"的情境却能被电视巧妙地设置出来。《粉雄救兵》的创意则来自节目策划人戴维·柯林斯（David Collins）的一次生活经历。他在波士顿一间画廊参观,意外见到一名女士不断地挑剔身旁的丈夫,抱怨其外表为什么不能像她对面的那群"粉雄男士"一样光鲜亮丽。可能是她指指点点的动作太明显,引起对方的注意。结果,这群友善的"粉雄"竟走到她身边,好心地为她丈夫提供造型建议。这次经历让戴维灵机一动,不久便策划出《粉雄救兵》这一"源于生活,高于生活"的真人秀节目。

《粉雄救兵》的节目形式其实比较简单,每集一个主角,没有预设剧本,参与者都是普通老百姓,由摄影师实景跟拍,记录其在五位达人帮助下改头换面的过程,是典型的纪实性风格真人秀。内容取材于现实生活,却绝不雷同。首先,主角参与目的各不相同,或为了向家人和朋友表示感谢,或为了开首次个人歌唱演出;其次,每期的主角气质和社会经历也不一样,有事业不成功的模特,有受过重伤的消防员,等等,所以改造的重点也各不相同。

但无一例外，节目是现实生活的浓缩或夸张变形。它所设计的"情境"虽以假定性作为前提，却直接取材于现实生活。在现实生活秀这场以人为对象的实验中，"情境"就像一剂促使人性剧烈反应、迅速呈现出来的催化剂。真人秀节目利用"情境"这一外因对志愿者行为心理的影响，对现实生活进行萃取，提炼出真实状态下人性的全部特征。

（三）精心建构的"强叙事"

"慢综艺"虽然是纪录片式的真人秀，但在叙事策略上不同于经典纪录片的"原生态"。经过编导的精心设计，"建构式纪录片"通常也是一波三折，高潮迭起。此类节目的终极目标是通过"秀"展示人的特殊体验。为了志愿者的搭配组合更"有戏"，观众在观看时更"入戏"，导演在挑选志愿者时无不以最具个性、最典型、最富戏剧性的人物作为首选。例如减肥题材综艺《重量级改变》（江苏卫视），所有入围的胖胖选手都要经过选秀环节的刻意挑选，这样操作实际上已为后续的精彩故事埋下了伏笔。

由于不靠大奖凸显矛盾和悬念，为了让节目更加"好看"，对比成为叙事设计的妙方。美国的《黑与白》是一档令人匪夷所思的黑人与白人家庭"交换肤色"的真人秀，共有6集。一个黑人家庭的3名成员和另一个白人家庭的3名成员"交换肤色"后，分别体验变成白人和黑人后的生活。六周里，隐藏摄像机将把他们的一举一动和周围人的反映全部拍摄下来。马克一家在变成"黑人"后，明显地感到了种族歧视的存在。"黑人"马克称，当在购物街经过一个白人妇女身旁时，她立即抓紧了自己的手提包，并避让到一边。卡门和女儿称，她们在变成"黑人"后，曾数次到西洛杉矶的多家商店应聘工作。但每次两人都发现，要么是商店的经理"正巧"不在，要么就是申请表格"正巧"用光。与此同时，扮成白人的黑人家庭却处处受到礼遇。"白人"斯帕克斯去商店买鞋，在他印象中一直板着脸的售货员忽然笑脸相迎，亲切地为他试鞋，一向高傲的售货员小姐竟然蹲下为他穿鞋、系鞋带。斯帕克斯说："我做黑人四十多年，从没接受过这样的待遇。"节目结束时，两家人都对种族歧视有了更深切的体验。有评论家说，《黑与白》"剧情复杂有趣，有挑战性，让观众经历一次神奇之旅"。

类似的对比策略屡见不鲜。角色互换强调的是彼此身份的对比，整容故事和装修真人秀强调的是前后形态的对比，即便如《爸爸去哪儿》一类的生活体验秀也通过对比来凸显人物技能的价值。而《美国家庭滑稽录像》《把控伤害》等偷拍类真人秀，也时常有人为的"意外"发生。以真人真事为题材的纪录片往往缺乏故事性，缺乏完整性，缺乏高潮。有时一位摄影大师花几年的工夫也未必能等来所拍摄内容的高潮和完整性。这也正是为什么纪录片成为最昂贵的时间艺术和贵族艺术。但真人秀节目巧妙地把故事性、完整性和高潮融合在叙事之中，无疑更具可看性。

（四）寓教于乐的"功能秀"

如果说竞技游戏节目将现实生活中的人带进梦幻游戏，具有"造梦"功能，那么，生活类综艺则"让梦想照进现实"，它帮助观众提升驾驭生活的能力，或通过独特的人生体验，逼使观众反思现实。国内有学者将此类电视节目称为"功能真人秀"，[①] 强调其并非简单的电视娱乐，而是具有独特的社会功能，例如，《向往的生活》第三季就包含扶贫主题，并策划了直播带货的扶贫助农环节。

《向往的生活》《爸爸去哪儿》《真正男子汉》等体验类节目都源自韩国模式。韩国KBS电视台制作播出的《两天一夜》，是韩国首个野外旅游体验节目，以"真实体验野生，走遍韩国美丽的地方"为宗旨，是韩国"慢综艺"最经典的节目之一。节目口号为"三千里锦绣江山，踏遍韩国的每个角落！"每期选定韩国的一处美丽的地方，然后一行人开始真实的旅行生活，24小时不停机地记录旅行生活中的种种突发事件、爆笑事件。当然，它不是简单的纪录片形式，所以制作组会安排丰富多彩的任务，成员们要通过自己的努力完成任务以获得生存资料，包括零花钱，制作食物的材料，等等。通过任务，主持人可以和工作人员互动，可以和形形色色的路人互动，因此，这是一个没有固定剧本，处处有突发状况的真实搞笑的旅游体验节目。通过节目，观众可以看到外表光鲜的艺人们在两天一夜时间的艰苦行程中发生的真实故事，并欣赏到美丽的自然风光。

除了知识性内容之外，生活类综艺节目还帮助人们对自己生活的社会和现状有新的、全面的认知。如喻国明教授所言："实际上人们是通过这样一种

---

① 李萍、徐勍：《功能性真人秀的创意与方向》，《新闻记者》2006年第12期。

真实电视来反观人的社会存在、社会规则、生活法则,以及各种多样的生活方式,通过它来体验社会。"①《交换主妇》以两个家庭互相交换感受来结束,在完成互换之后,既定的家庭模式受到外来力量的冲击,家庭成员在两周时间中的反思,使各自生活和相互关系有所改进,也使观众收获感悟。美国 FX 有线电视的《30 天》,则通过影星 Morgan Spurlock 在 30 天内,体验各种与以往截然不同的生活经历,为观众展示美国生活的现实,如昂贵的医疗费、高额的房租、美国民众对伊斯兰文化的误解、对同性恋者的歧视等。探索频道播出的《肮脏工作》针对性更强,节目直接将触角伸向社会底层,让主持人体验一些危险的、辛苦的甚至看起来恶心的工作,给观众观察世界另一面的角度。让人们在窥看主持人苦中作乐的同时,也开启了对现实生活的思考。

二、"慢综艺"策划思路提要

在表演选秀类节目受到有关政策限制的情况下,相对而言更公益、更民生、更"绿色"的生活类综艺无疑值得电视策划人士关注。从形态上看,这类节目强调在生活中发现主题,在现实情境中设置体验环节,特别是生活技能秀,选题广泛,可谓"无处不可秀"。但正因为取材于日常生活,内容不够"陌生化",吸引力也可能偏弱。因此,节目策划就至关重要。

(一)谋求有意思和有意义的统一

与常规综艺节目的策划不同,"慢综艺"一般不设置竞争、夺奖、PK、淘汰等较具悬念和冲突感的环节,甚至没有大奖诱惑,没有极端的时空环境,更多的是通过巧妙介入现实空间,完成对普通人一段特殊生活体验的记录。2014 年,东方卫视引进播出《我去上学了》,以明星上学听课、体验学校生活的形式,不仅带来趣味和教训、勾起乡愁,也通过展示变化了的学校生活,令大家进一步理解青少年、并开始考虑不同时代的沟通问题。相比韩国版本中的众多戏谑、搞笑元素,引进后,中方在原有基础上进行"本土化改造",加入更多青春体验、教育反思类元素,成为有意思和有意义相统一的成功之作。

---

① 喻国明专访,http://tech.sina.com.cn/other/2003-10-29/1947250055.shtml。

"慢综艺"的策划应该把握好"变"与"不变":一方面充分考量时代语境之变,及时关注人们生活中最迫切、最实际、最关心的问题,给观众带来充分的愉悦和满足感;另一方面保持不断提升节目艺术水准的信念不变,秉持审美品格,把握文化导向,努力展现人性的光芒,发掘更多精彩的故事,传递社会正能量。

《爸爸去哪儿》的总制片人谢涤葵认为,一档节目如果价值观好,就不仅仅是娱乐节目,还可以给观众在意识上留下深刻的印记,甚至影响国人的行动。有学者认为节目"应当搭载更多有价值的内容,比如可以嫁接历史记忆、人性关怀、人物命运、健身健康、常识教育、职业体验等,为其注入更深远的精神内涵和社会意义,在体现社会价值的同时获得更持久旺盛的生命力和活力。"① 2015年四川卫视制作播出的《咱们穿越吧》便是一档有意思且有意义的历史体验节目。虽为穿越题材,但却区别于戏剧形式的穿越,不戏说,重考证,可谓是一部兼具历史教育性和趣味性的中国传统教育大片。为了保证能客观地还原历史真实情境,节目组还特意聘请了近50位历史专家作为节目顾问,为节目中的道具和历史的细节一一把关,而在节目中不时释放出那个时代的历史知识点,无论是情节还是道具均经过反复推敲,使明星和观众体验到了"真实的历史"。

作为湖南卫视重点研发的一档生活类角色互换节目,开播十多年来,《变形计》一直在专业领域保持高水准的节目质量,对国内电视节目形态及电视理念产生重要影响,在2007年亚洲电视节上获得"最佳真实电视节目奖",堪称"现象级"节目。《变形计》以"纪录片+真人秀"模式展现主人公互换生活的真实过程与内心变化,关注社会热点问题,在学龄儿童及家长群体中享有较高口碑,在社会上数次掀起关于家庭教育问题的讨论。在策划理念上,《变形计》始终坚持自己的独特风格定位和社会责任——不请大牌明星,没有华丽外景,不搞恶意噱头炒作,主打素人实拍;秉承"换位思考"的精神,不仅让变形主人公体验到了不一样的人生,也让观众感同身受,让人们更加重视亲情、友情,感知生活的来之不易,并且对新的幸福生活充满信心。

---

① 广电总局:《真人秀有意思也要有意义》,http://ent.sina.com.cn/tv/zy/2015-07-23/doc-ifxfhxmk6572251.shtml。

（二）谋求实用性与悬念性的统一

"慢综艺"根植于人的日常生活，既强调挖掘"生活"的实用价值，又不舍弃"综艺"带来的娱乐性与悬念性。央视财经频道的老牌节目《交换空间》便是一档贴近普通电视观众，倡导自主动手、节俭装修理念的服务类综艺节目。每期节目都将会有两个勇气可嘉的家庭出现。他们将提供自己房屋中的一间，在装修团队帮助下，互换装修。简单地说就是你给我家装、我给你家装。他们只有48小时时间，以及8000元有限预算。如何在规定时间有限预算内完成装修任务是最大悬念。栏目在保障观赏性的同时，提供装修知识、家装创意、家装常识，让电视观众重新认识家庭装修的乐趣和家的意义。

在叙事策划方面，《交换空间》设置了实用和情感两条线索。在环节交错中实现推进节目进程、制造悬念、刺激需求、释放情感四个主要功能。装修中的实用性是推进节目的主干，情感冲突是绿叶，两者相映才能成趣。《交换空间》所有环节的策划都是围绕这两点进行考量的，两条线索并行交叉，一主一辅，融为一体。制造悬念非常关键。综艺节目具有的挑战和圆梦的特性，决定了栏目要在实用和情感两方面不断地制造惊喜、意外、悬念。设计的环节就要具备能制造浪漫，把不可能变成可能等多种功效。在环节设计时，要让每位节目参与者都能找到各自的真实需求，有所收获。同时，家装真人秀也是一场选手之间的"情感秀"。对以夫妻选手为主角的、收视对象偏都市女性的节目，必须要有让她们释放情感、表达爱意的环节。《交换空间》制片人张铁忠认为，"真人秀"其实不是《交换空间》最吸引人的地方，为什么有那么多成年观众痴迷？关键在于节目的实用性。一切看点，都是建立在"实用"这个基础之上。

湖南卫视的《中餐厅》融合了"美食烹饪""合伙创业""异国生活"等多种体验元素。一开始，栏目组"扔"给明星合伙人们的只是一家装修完成、有基础经营设施的"中餐厅"。拿到的开业启动资金和零花钱后，五位明星合伙人不仅要自己解决吃饭问题，还要仅靠五人之力经营起这家中餐厅。因为没有剧本，五位合伙人无法预料到接下来《中餐厅》将发生的事情，只能根据实际情况来改变自己的经营战略。可以说，《中餐厅》带给观众的，不仅是一档传承中国美食知识、弘扬中华传统美德的电视节目，更是一趟充满意外之喜

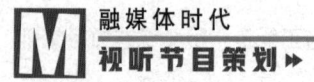

和异国情趣的真人秀旅程。

（三）谋求过程展示与过程控制的统一

过程决定了节目的真实感与可看性。对于观众来说，生活秀是过程的展示；对于节目策划和制作者来说，难就难在对过程的控制。湖南卫视《变形计》的成败得失颇有借鉴意义。这档节目安排参与者在7天中互换角色，体验对方生活。节目全程跟拍，粗加剪辑后原生态播出。从节目规则设计来看，短短7天变形，要好看，必须要有冲突，有悬念。但事实上，生活中的冲突不可能那么多。作为真实节目，编导必须尽量不干涉人物的活动，但为保证节目可看性，又不得不人为策划和设置冲突，将主角的心路历程浓缩于有限时间——矛盾由此产生。

《变形计》使用多种方式介入拍摄，刺激主人公在"秀"中的表现。其中，最主要的介入，是导演对互换双方的行程设置。例如在《网瘾少年》中，由于担心陕西孩子高占喜在城市里变得娇气，安排他去卖报纸打临工，这是根据主人公们在已发事件中的表现，人为设置的议程。如同变量实验一样，制作方按照自己的策划让主角受到外界的刺激从而改变行为，以获得可看性，但质疑节目真实的声音由此产生。节目按照时间顺序讲述，不刻意运用剪辑技巧营造矛盾。这种方式容易让观众沉浸在故事设置的环境里，但平铺直叙的"过程秀"缺乏悬念和高潮，且一般都是"互换——受触动——变好"的雷同模式，因而容易导致观众审美疲劳。

反观湖南卫视引进制作的《爸爸去哪儿》，其主题更为丰富，叙事也更加多样。5对明星父子（女）在代理村长李锐的安排下，开始他们一轮又一轮的任务。短短三天两夜，将成为平日里很少有机会待在一起的父子（女）拉近距离的难忘时光。以第一季第4站（第7期、第8期）为例。新的旅程来到了山东省威海市的鸡鸣岛，但不幸的是王岳伦父女误点赶不上飞机，无法按时到达威海市，因此其余的四组家庭先行前往海岛并入住当地房舍。五组家庭到齐，孩子们独自领取午餐之后，他们的第一个任务就是前往海边钓鱼，之后五位爸爸和当地的渔民出海作业，孩子们则去赶海，而晚餐则是白天父亲和孩子们得到的海鲜。本集最后安排了5组家庭下集要完成的任务，即五位父亲中，四位要跟随渔民出海作业，一位父亲留下来单独照顾5个孩子，最后选出的父亲为田亮。第二天，田亮大早便开始打理5个孩子起床事宜（石头、Angela和天天是自行起床），其余几位爸爸跟随渔民出海作业。早餐过后，5位孩子们要到地道里去查找"宝藏"（实为荧光棒等玩具），而五位爸爸则待在地道另一端等待孩子们"寻宝"归来，以表惊喜。但出洞之后由于Angela受到惊吓哭泣不止。下午孩子们陪同岛上的老爷爷和老奶奶玩耍，爸爸们则帮助当地人修补房顶。晚上时间，爸爸们主动邀请老人们一起用餐（席间老人们也感触良多流下了泪水），之后便一起做游戏直到人群散去。由上述情节可见，节目组一方面真实记录和展示明星父亲、子女的渔村生活体验，甚至一言一行；另一方面，通过任务的巧妙设置，实现了对节奏和剧情的有效控制。为了保证节目内容的真实完整，节目组无缝录制，现场记录的素材超过100小时。在节目中，5位明星还原到爸爸的角色，单独肩负起照顾孩子饮食起居的责任，节目组策划了一系列由父子（女）共同完成的挑战任务，父子（女）俩在不熟悉的环境下状况百出。相比原版节目，湖南卫视版本侧重考验明星带孩子的能力，更加重视讲述亲子故事，在制作过程中较好实现了过程展示与过程控制的结合，亦即真实体验与精彩叙事的统一。

事实上，无论是"偷拍"秀、生活技能秀，还是社会实验节目，前期周密的策划必不可少。当前，应着力进行综艺元素多样性、民族性方面的探究，开掘创意源泉。在科学传播理念上，应寻找真人秀与时代精神结合的新样式、新观念、新介质，以开放思维的方式，加大对节目内容的研发力度，实现国情需要与民情需要的统一。

案 例

青春态综艺的价值观输出与模式创新
——评《青春有你2》的策划特色[①]

青春是文艺创作的永恒话题，国内综艺节目的青春态探索始于湖南卫视的《超级女声》。近年来，随着互联网自制综艺的兴起和海外综艺模式的不断

[①] 本案例分析由苑亚超执笔。

引进，在工业化生产、流行文化主导、追求舆论热度的背景下，青春综艺出现了许多新特点。由爱奇艺自制的网络青年励志节目《青春有你2》（以下简称《青你2》）正是这个背景下的一个成功典型。节目的主要内容是109位女练习生在4位明星制作人的帮助和指导下，通过为期4个月的训练和舞台竞演，最终由观众投票选出的9位成团出道。节目于2020年3月12日起，每周四、周六上线播出，5月30日播出总决赛"成团之夜"。在这里，观众看到了当代年轻人身上的执着努力、在奋斗中释放的青春激情和逐梦路上的人生价值实现——这正是青春综艺全部流量的真正来源。

一、价值观设定：为网综注入向上正能量

一个有持久生命力的综艺节目，必然有正确的价值观传递。《青你2》的创作背景是行业主管部门加强对网络综艺节目的监管，并不断强调网综要有传递主流价值观的责任。一段时间以来，青春态综艺在以草根选秀、平民语态颠覆传统高雅文艺的同时，流露出严重的"审丑"倾向。一些选秀选手为吸引眼球搏出位，不惜展露丑态，甚至一些坐在导师席上的资深艺人也口无遮拦，刻薄相见，他们在刻意反主流的同时却不可避免地陷入低俗之境，拉低了整个行业的专业水准和道德水准。

女团选秀是一个相对圈层化的综艺类型。当前，"综艺"这个概念已越来越偏离"综合的艺术"这一最初含义。在互联网生产高度垂直化的今天，说唱、街舞、旅行、青春励志类综艺等传统综艺时代相对小众的题材相继被开发出来并获得成功，产生出《中国有嘻哈》《这！就是街舞》《创造101》《偶像练习生》等爆款节目。青春文化本来就拥有鲜明的小众流行和非主流特征，今天还带有了典型的圈层化属性。但圈层化不等于背离主流。在节目价值观设定上，《青你2》强调根植于当代流行文化，却不流俗；自带青春亚文化基因，却与时代保持共振，坚持开放、多元、向上的主流价值引领，用美好而不失娱乐感的优质内容突破圈层。

《青你2》是一档商业选秀节目，但也是青春梦想、真挚友谊、励志打拼和价值认同的承载体。作为2020年春季全国抗击新冠疫情期间上线的唯一一

档大型选秀类节目,《青你2》有着鲜明的价值观输出。从开播前的预热短片就可以看到正向价值观的引导和宣传,视频中练习生的训练画面搭配鼓舞人心的旁白,很容易让人联想到梦想和奋斗等关键词。结尾画面出现"多远都可以到达"更是直观地向观众传递了一个温暖的信息:这些练习生也是追梦路上的普通一员,追逐梦想的道路难免有挫折,但这份初心与坚守正代表了这个特殊春天的希望。

二、主题创新:"不定义自我"带来新可能

工业化是当代文化工业进行偶像生产的重要支撑,借助练习生和选秀出道,大量青春偶像被送入市场。2018年,《偶像练习生》和《创造101》第一次将韩国原版Produce101模式引入国内,带给市场的是变革式创新。但随后《青春有你》《以团之名》《创造营2019》相继出炉,同质化竞争严重。《青你2》策划的独特之处在于提出"X概念"。X代表不确定性,这寓意节目自身和训练生们的无限可能性。还在决策阶段,制作团队就将这一季的主题定位于"不定义",不定义女性,不定义女团。正如"导师"蔡徐坤在节目中向姑娘们宣布的史上最"宽松"的考核标准:"请你们带着对'X'的无限想象,选出你心目中最能代表女团的九位练习生。"

从"X概念"开始,节目策划人和制作者试图突破传统思维,让女团有所进化,这或许有助于摆脱歌舞组合同质化和速朽的命运。节目招募的百位练习生,是109个鲜活的个体,也是109种当代女性的青春姿态。每个人都有着自己独特的魅力,欢乐搞笑的小王、飒爽的上官喜爱、"牛头梗"张总、不会跳舞的原创歌手王欣宇、主动走出舒适圈的网红博主林小宅……对于观众来讲,这种"非常态"选手的出现,可以减少观众对于传统女团的审美疲劳,毕竟大家都知道"好看的皮囊千篇一律,有趣的灵魂万里挑一"。《青你2》要打造的女团不是公式化的,导师ELLA在节目中坦言:"大众对于女团会有一种要求,比如甜美、可爱、没有太多的社会经历,被塑造得很类似。可是谁说女生只有一种样子?"由此,节目不仅真实展示了当代青年人的生活状态,更向不同年龄段的观众展现了一种勇敢生活的可能性。而节目中多样化的女

生形象，还有助于破除娱乐行业的性别偏见和对偶像艺人的刻板印象。

109位练习生最终只有9人能够出道，而剩下的100名女生仅是陪跑者，但对于观众来说，互不撞车的女生"人设"无疑有利于吸引更多粉丝。学霸选手、原创唱作人和跨界训练生的出现意味着，在这一青春偶像的生产链条中，情感、文化和生活阅历的修炼，而不仅是单纯的歌舞唱跳，正变得越来越重要。拒绝平面化的简单人设，及时填充工业复制时代的文化空洞，将为这些青春少女成长为优秀的全能艺人打下坚实基础。①

三、形态策划：选秀与真人秀的恰当结合

《青你2》从表面上看是传统意义上的选秀节目——选手台上献技，观众台下投票——但其有别于同类节目的一点就在于最大限度引入"真人秀"元素，在保持选秀风格的同时，力求将练习生和导师的日常展现出来。其操作方法是：设置能激发人物个性的赛制，拍摄海量素材，从中整理出人物成长及人际关系的故事线，用起承转合的剪辑凝练节目的戏剧性。为期4个月的封闭训练，练习生吃住在集体宿舍，在这个节目组营造的"拟态环境"中，女生间的悄悄话、练习节目的讨论、集体生活的点滴趣事都被悄然拾取，展陈在观众面前。当看到女生们第一次进入集体宿舍时，观众会很自觉地联想到自己上学的情形：虞书欣的自来熟，赵小棠的外冷内热，孔雪儿的女神范，类似的形象是存在于观众身边的，这在很大程度上消减了观众与节目的距离感。"大虞海棠"CP之间的互相调侃，就是观众自己和死党的现实投影……通过这些极具共情感的画面，观众会产生共鸣，进而对节目产生认同。

在赛制上，《青你2》首先是初评级，从A到F，选手的自主选择权也随等级不断下降，本是同一组合的选手通过初赛有了高下之分，这中间有失落的真实，也有共勉的感动。随后分组位置评测，业务能力有差距的选手合作，话题性十足，如"冰清玉洁"的公然抱团遭到网友集体声讨。到了最后三次的顺位演出中，前期评级较低的虞书欣和赵小棠排到了前9顺位，而前期评级

---

① 阎安：《青春励志物语：〈青春有你2〉的偶像生产与榜样力量》，中国青年网2020年3月20日。

较高的上官喜爱和戴燕妮却排到 10 名开外，练习生的业务能力不再是评级的唯一通行证。在当下综艺节目中，相较于练习生的业务能力，观众更需要的还是节目的真实感和代入感，设定程度过高的综艺节目也会遭到排斥，原因就在于观众在享受戏剧性的同时，更需要真情实感。换句话说，在"真人秀"当中，"秀"只是辅助手段，而"真"和"人"才是观众更为看重的。相较第一季，《青你2》并没有在选手之间的"微妙竞争"上进行过多渲染。相反，节目大量展示女性之间互谅互助的情感，展现了非常多的温馨小细节。

　　策划团队认为，从《偶像练习生》到《青你2》，有一个精神内核是一直没有改变的，那就是追梦和成长："个人对于梦想的情感，队友之间的感情和友谊的这个点，其实是我们从'偶练'到现在一直保留的一个核心。"为了体现出一个主题，节目组特意改动了一些设计，比如训练生们第一次见面，不再是社会性意味极强的"抢位子"，而是100多人的"长桌宴"；而节目的最后一期，也为这些练习生设计成一次毕业联欢会。"选秀也好，综艺也好，我不想把它做成一个观众只看表演那几分钟的一个节目，我觉得大家更喜欢看到的是在这个过程之中，人的成长和改变。"① 于是，人的情感和人的成长故事，而不是比赛本身成为节目讲述的重点。

四、融合传播策略：线上线下联动助力节目"破圈"

　　从开播伊始，《青你2》就频繁"出圈"，在微博等社交媒体上掀起了一波又一波的话题狂欢。比如病毒式传播的"淡黄的长裙，蓬松的头发"，以及解锁了"reader"这类网络新词。作为一档偶像养成系节目，它最大的特点就是由粉丝见证偶像幕后成长的整个过程，并由粉丝投票打榜决定选手的评价排名和最终竞演结果。在这个过程中，偶像与粉丝相伴成长，粉丝在为自己所喜爱的选手加油助力的同时，也获得了巨大的参与感和互动感。

　　作为爱奇艺"偶青系列"的第三部产品，近三个月时间，《青你2》国内累计热搜数量高达4114次，热门选手收获大量拥趸，微博增加粉丝300万+。截至5月29日，微博节目相关话题阅读到达508.7亿。为增强粉丝黏性，推

---

① 马戎戎:《〈青春有你2〉：拒绝被定义的女性自我表达》,《三联生活周刊》2020 年 5 月。

出"青你 2 全民 REACTION",通过自我内容的生产提升粉丝参与感,粉丝能够以评论或吐槽的方式生产属于自己的 UGC 内容,加上奖金、决赛门票礼品等设置,最大化地构建起粉丝圈层文化。通过丰富多样的线上技术手段,一键解锁的"奇观"功能、多视角同时观看模式、AI 沉浸功能、一键截屏功能等,满足观众个性化的观看需求,及时了解节目的特别内容和录制花絮。在主节目之外,衍生节目是选手们展现魅力的第二阵地。精心打造"一周综艺带",推出《青春+点戏》《可爱又迷人的她》《谢谢你陪我走到现在》以及吃播、电台等内容。对"青你"IP 的全方位营销,使得之成为名副其实的现象级节目。

在传播策略上,采用了"平台主推+线上线下联动"的方式。在线下推广方面,针对观众以年轻人为主的特点,爱奇艺开发了 IP 相关的各类实体产品,包括官方潮玩形象"婧妹"YUNI、饭饭星球的青春扭蛋机、各大城市商圈的《青你 2》粉丝站等。线下营销迎合了当下年轻人的休闲喜好,产生了强大的、多元化的互动体验。节目推进的过程,是偶像养成的过程,也成为培养粉丝黏性和忠诚度的过程。同时,粉丝在支持偶像出道和伴随偶像成长的过程中,将获得独特的认同体验和青春激励。随之而来的,或是循环往复的流量变现和产业扩张。

第六章

■ 社交化与个性化：
视频谈话节目策划

广播电视自从诞生之日起就具备社交属性，听广播、看电视不仅是一种娱乐，更被认为是与家人朋友，甚至街坊邻里聚在一起交流感情的社交活动。谈话节目是各国广电媒体普遍开设的节目形态之一，也是一种展现社交场域、促进社交关系的节目类型，在一些国家和地区甚至占到节目总量的60%~70%。在我国，20世纪90年代，随着上海东方电视台《东方直播室》、央视《实话实说》、北京电视台《荧屏连着你和我》等的热播，谈话节目逐渐形成了较为成熟的模式，并拥有了广泛的社会影响。谈话节目创造了一种广域的人际传播空间，成为现代人与他人、与世界建立联系，加强沟通的重要渠道。近年来，谈话节目与其他节目类型之间的边界越来越模糊，内容越来越交叉。特别是网络视频的发展给谈话节目带来新的生机，《吐槽大会》《恕我直言》《圆桌派》等网络视频谈话节目备受欢迎，更多新的谈话节目形态也呼之欲出。

第一节　融媒体时代的视频谈话节目

一、谈话节目的界定

（一）基本概念

谈话节目起源于西方，在英文中称为"Talk Show"，港台译作"脱口秀"。这种巧妙的翻译既契合了英文发音，又通俗地点明了节目特点，即脱口而出、畅所欲言的意思，并且指出节目具有"表演"性质。依据《电视百科全书》（Encyclopedia of Television）的定义，谈话节目"代表所有脱稿交谈，即兴对观众谈话的电视节目"。从这个定义，我们也可以看出其即兴演讲的口语文化特点。近年来，在国内"脱口秀"一词也被理解为 Stand-up comedy（单口喜剧），例如东方卫视的《今晚 80 后脱口秀》《金星脱口秀》等，但这并不是典型的谈话节目。

谈话节目以谈话为主要形式。按照 1993 年版《新闻学大辞典》的解释，谈话节目是"新闻人物或有关专家、学者等在一起讨论问题的实况录像节目形式。参加讨论者由电视台邀请、组织，讨论活动大都由节目主持人主持，一般围绕某一新闻事件、某个社会问题或国内外形势，发表看法，交流意见。"[①] 这一概念主要是从新闻或社教节目的角度来界定的。时至今日，谈话节目的选题领域已经远远超出了上述范畴，制作和播出方式也发生了许多深刻的变化。但从本质上看，"它是对日常即兴、双向、平等交流的再现或还原"[②]，这一点没有发生变化。在传播学中，谈话是面对面的双向互动交谈。我们可以将其理解为人与人之间交流思想感情的口语传播，是最基本、最普通的人际传播。因此，谈话节目的基础是人际交流，但其同时是大众传播与人际传播有机结合的一种节目形式。

从节目构成的角度看，谈话节目通常由主持人、嘉宾、现场观众等，在演播现场围绕话题或个案展开即兴、双向、平等的交流。因此，可以认为谈

---

① 甘惜分:《新闻学大辞典》，河南人民出版社，1993，第 252 页。
② 王哲平:《电视节目策划新论》，浙江大学出版社，2015，第 72 页。

话节目是由主持人邀请有关人士及受众，围绕公众普遍关注的重要问题，在平等民主气氛中展开交流和讨论的一种节目形态。在实践中，对谈话节目的界定有广义和狭义之分。

广义的谈话节目是指所有以面对面口头交流信息为主的节目形式。它涵盖了演播室主持人与嘉宾的一对一或一对多的访谈节目。这类访谈节目参与人数相对较少，通常是邀请一两名嘉宾参与，节目形式主要是主持人与被访者之间的一问一答，如中央电视台的《新闻1+1》《新闻会客厅》，凤凰卫视中文台的《时事开讲》等。这类节目以谈话的方式最快传递新闻信息，探讨国内外热门事件。它脱胎于传统的专访节目（事先拟好采访提纲，记者与被访者一问一答的访谈节目）。虽然这类节目借助了面对面的人际传播语境，但是节目形式以主持人问、被访者答为主，信息的传递相对单向、固定，信息交流的渠道比较狭窄，谈话的双向和即兴的特点并不突出。

狭义的谈话节目是将访谈节目这种形态排除在外的，它特指那种限定在一个相对固定的谈话现场，主持人与嘉宾、现场观众进行群言式地讨论节目。这类节目参与人数较多，信息的交流范围广，现场观众和嘉宾可以各抒己见，双向交流的互动性强，即兴性强，比较完整地展现了人际传播的语境，如中央台的《实话实说》《对话》、上海台的《有话大家说》《新闻直播间》、凤凰卫视的《锵锵三人行》《一虎一席谈》等。

（二）谈话节目与访谈节目的区别

广义的谈话节目包含了访谈节目，但从节目策划实践看，两者存在显著的差异。构成谈话节目的核心要素有三个：话题、主持人、嘉宾，主持人与嘉宾的活动围绕话题而展开；访谈节目的核心要素有两个，主持人、嘉宾，主持人的所有工作都以嘉宾为中心而展开。因此，《实话实说》《对话》《央视论坛》《圆桌派》等是谈话节目，而《面对面》《艺术人生》《鲁豫有约》《十三邀》等是访谈节目。虽然《实话实说》和《圆桌派》的定位明显不同，然而它们都有一个共同的特点——着眼于话题进行选材，在节目中通过意见的交流、观点的表达，形成碰撞与共振，节目突显主题性、引导性和思辨性。《面对面》和《十三邀》虽然是在不同领域中寻找各自合适的人物，然而也有共性化特点——展现人物的现实经历、心路历程和精神世界。因此可以这样概括，谈话节目重在话题，而访谈节目重在人物。

在谈话节目中，主持人是"主人"，嘉宾和现场观众都是请来的"客人"。主持人要担当组织者角色，发挥协调、调度、控制的功能，努力保证节目有序并精彩进行。也正因为如此，谈话节目的现场更为"开放"，而访谈节目的现场相对"封闭"。在访谈节目中，主持人与访谈人物之间的关系类似于朋友，主持人以关注的心态倾听他（她）的心声。而有时主持人又是访谈人物的对手、揭秘者，既代表个人，更代表媒体和受众通过不断地探询，甚至是深刻的质询，展示被访者的人生经历和内心世界。

上述显而易见的差异，必然导致节目策划思路的诸多不同。本章为方便讨论，主要选择狭义的谈话节目，即那种以"话题"为中心、偏重群言式表达的节目。这是一种主持人与若干嘉宾在一定的时空环境中围绕某一话题而进行讨论，甚至争辩的节目样式。囿于篇幅，本书对典型的访谈类节目、专访类节目、演讲类节目等不做过多讨论，但节目策划的理念和口语传播之技巧确有共通之处。

二、谈话节目的形态特征

谈话节目打破了"你播我听（看）"的单向传播模式，把人际传播引入大众传播领域，形成了"双向互动"的传播格局和多维传播方式，增加了直观感、现场感，传统节目严肃的说教面孔被轻松幽默的聊天取而代之。谈话节目在国内的兴起，无疑是受到西方电视的影响。近年来，国内电视台和网络视频平台大量上马新式谈话节目，内容上涉及新闻信息、社会话题、娱乐综艺、日常生活等多个方面，因为加入融媒体元素，拥有了更强的互动性，但其基本形态仍没有脱离谈话节目的共同特征。

（一）以人际谈话为核心内容

谈话是人类最普遍的信息传播及交流方式，普遍存在于各类型节目之中。对于新闻节目而言，谈话混杂于采访与评论的字里行间；在综艺节目中，插科打诨的谈话是一种幽默和口头娱乐；在情感类节目中，触达心灵的谈话是一种真心抚慰；在知识类和教育类节目中，解疑释惑的谈话是一种传经布道；

对于纪录片，访问谈话是一种最有效的纪实模式。但对于谈话节目来讲，其节目主体和唯一的核心元素就只是"谈话"。

谈话节目的本质是人际传播，它的内容以"人际口语传播活动"为主。威尔伯·施拉姆谈道："这种交流是一种关系，在这种关系中，符号是共享的，尽管对于任何两位参加者来说，这些符号不可能刚好意味着同一事情。但这种关系的结果是，随着交流的继续进行，理解很可能变得越来越近。"由于传统电子媒介的局限，人们只能尽力去模拟个人传播的情境，借助那些间接、迟到的反馈（来信、电话等）去维系传受双方的关系。谈话节目将人们私下的谈话搬到屏幕上，是借助人际传播来实现大众传播的一种传播形式。从节目的组成看，除主持人和嘉宾外，不可缺少的人员构成还有观众，观众（现场和场外观众）用不同方式参加讨论，强化了节目的参与性、互动性和人际传播色彩。这也是一种人与人之间的交流。

（二）以即兴口语为显著特色

即兴和面对面的双向互谈是谈话节目的最显著特色。从"脱口秀"的本意出发，这种媒介谈话应该是一种无脚本的、带有强烈即兴色彩的口语谈话，一方面体现视听媒体的即时传真功能，另一方面实现了利用节目进行社交互动的目的。

老牌谈话节目《实话实说》以"让人说话，把话语权交给老百姓"为宗旨，倡导谈话现场的即兴双向交流。节目有些类似于带动全民进行大讨论的论坛，主持人崔永元以幽默机敏的风格协调嘉宾和观众，围绕社会热点、焦点话题，以及个人的真实命运展开讨论，营造出"实话实说"的节目氛围。美国著名谈话节目《奥普拉·温芙瑞秀》的主持人把自己的谈话节目办得更像是一次小组心理治疗活动（group therapy）。在奥普拉的带动下，来自普通人群的嘉宾和现场观众吐露出真实的生活感受和心中的隐秘，并通过这种倾诉来缓解心理压力。这些节目都体现出鲜明的即兴和双向互动特点。

（三）以视听语言为符号载体

谈话节目源于广播。当谈话以可视化的形式出现，在公共注视空间内呈现个人生存状态，无论在内涵还是外延上都赋予了"谈话"新的含义。作为一种节目形式，视频谈话节目区别于广播谈话和日常谈话，是声画结合的大众传播产品。镜头切换、时空转换等视听元素的运用，赋予其更强的表现性和生动性，而演播场景、道具、服装等可视化元素则有助于提升节目的感染力。

从形式上看，谈话节目大多在演播室制作，但无不强调视听元素运用。美国NBC的谈话节目《今夜秀》（*The Tonight Show*）由大卫·莱特曼（David Letterman）主持，偏重于娱乐性，以软性话题为主。其节目模式设定为：有大量现场观众参加，以主持人的幽默独白与知名嘉宾的轻松对话和穿插的娱乐演出相结合，强调娱乐性和喜剧色彩。主持人以他特有的幽默感和敏锐的反应能力，同嘉宾及观众进行似乎漫无目的的交谈，随时制造笑料，引起观众注意。在自发即兴的语境中，以面对面的双向口语传播为基础，生成一种视听结合的内容产品。

三、谈话节目的主要类别

《实话实说》的制片人时间认为，这个栏目为谈话节目提供了两种形式类型：讨论型和叙事型。[①] 而根据美国学者吉妮·格拉汉姆·斯克特的分析，谈话节目有四大类型：新闻、信息节目；杂耍、喜剧、访谈节目；人际关系、自助、心理和日常生活节目；以及为特殊受众服务的特别谈话节目。[②] 策划人员需准确把握不同类别节目的个性差异，但有时节目之间的界限并不十分明确。本书结合中国国情，对谈话节目从内容和形式两个维度做如下分类：

（一）内容分类

1. 新闻时事类

围绕新闻事件或时事热点进行讨论，帮助观众了解新闻事件和公众舆论对这一事件的看法。这类节目往往是对消息类新闻节目的有力配合，话题覆盖面广，信息量大。新闻事件、新闻人物、社会热点、公共事务等都可以作为谈资。嘉宾多为政府官员、专家学者、媒体工作者和新闻当事人，他们往

[①] 时间等：《〈实话实说〉的实话》，上海文化出版社，1999，第12页。
[②] 吉妮·格拉汉姆·斯克特：《脱口秀——广播电视谈话节目的威力与影响》，苗棣译，新华出版社，1999，第273页。

往能够发布第一手的、准确的信息和富于导向性的见解,满足观众对新闻解读的需求。这类节目的特点是具有权威性、准确性和导向性。例如,安徽电视台《新闻画中话》就是一档涵盖社会新闻热点,言语新锐、观点鲜明的新闻谈话节目。节目初期采用"1+3"录演模式,每期邀请三名嘉宾,以多人、多视角、多观点对热点新闻事件进行解读和评论,每期三个话题,每个话题约8分钟,嘉宾就这个新闻热点话题展开讨论,发表自己的看法和观点。《新闻画中话》的"画"指的是在节目中多使用新闻图片来进行直观的表现,是静止的、单一的画面;"话"意味着主持人、嘉宾以及观众对于新闻图片"画"外之意的解读,是动态的、多元化的阐释。

2. 公共话题类

当今社会,凭借在日常空间占有上的几乎无所不能、在信息覆盖上的几乎无所不及,大众传媒已然成为公共空间的重构者与塑造者。哈贝马斯认为,公共空间是"介于私人领域和公共权威之间的一个领域,是一种非官方的公共领域。它是各种公众聚会场所的总和,公众在这一领域对公共政策和其他共同关心的问题做出评判"[1]。把大众媒介纳入公共治理的过程,实质上是将"喉舌"立场与市民意见放置于同一交流平台的过程。媒体为党和政府提供了一个合法的舆论平台,也积极扮演公共精神和公众意愿代言人的特殊角色。在此背景下,"问政议政"类谈话节目开始兴起,并很快形成了"中国电视新闻改革的第三波峰"[2]。借助这种特殊的谈话节目,媒体为市民参与社会管理提供了渠道,促使权力部门得以及时关注那些社会生活中亟待解决的问题,同时动员社会组织和公众参与社会建设。由此,理性对话、沟通、协商和政治宽容的精神得以在公共空间张扬。武汉台的《电视问政》、南京台的《亮见》《民声》、无锡台的《政风面对面》、扬州台的《市民论坛》等,在动员社会各界为城市发展建言献策,推进社会治理体系和治理能力现代化方面发挥了积极作用,其中不少节目在当地收视排行中位居前列。公共话题类谈话节目的选题一般会关注当下社会热点,聚焦普通人的真实生活。

---

[1] 哈贝马斯:《公共领域的结构转型》,曹卫东译,学林出版社,1999,第38页。
[2] 胡智锋:《作为中国电视新闻改革第三波峰的电视问政节目探析》,《视听纵横》2014年第6期。

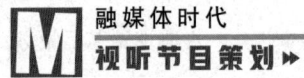

3. 人际关系类

这类节目的话题涉及普通百姓的家长里短、方方面面，既有社会人际交往方面的困惑，也有家庭内部成员之间的调适，既有不同生活状态的展示，也有新旧道德伦理观念的碰撞。其特点是贴近生活，贴近百姓，参与性强，因而深受观众喜爱。其中，以婚姻、家庭、爱情、友情、亲情为主题的情感类谈话节目是一道亮丽的风景线。有观点认为，台湾地区的《非常男女》是人际关系类谈话节目的"始作俑者"，但究其主旨，《非常男女》更类似于一档谈情说爱的交友速配节目，其后湖南卫视《玫瑰之约》、江苏卫视《非诚勿扰》等也大多属于此类。更为典型的人际关系类谈话节目当属上海广播电视台制作播出的《新老娘舅》，其以"调解类谈话节目"的创新形态，在荧幕上调解家庭纠纷和邻里矛盾，在家长里短中构建社会认同，成为上海本地栏目的著名品牌。《新老娘舅》主要采用演播室现场调解的模式，融入少量外拍采访。演播室左右两侧分别布置待调解双方的座椅，居中则坐着主持人和特邀嘉宾，外围还安排了法律顾问和现场观众。此种演播室布局有利于矛盾双方充分接触，目的在于创造更多交流机会，也便于调解人及时参与互动。谈话是《新老娘舅》的主要形式，沟通则是节目的主要手段和目的。在现代社会，面对矛盾危机，普通百姓渴望有人主持公道，倡导公平正义，可现实生活中往往缺少有威望的调解者。在此背景下，杭州台《和事佬》、扬州台《甲方乙方》、江西台《金牌调解》、北京台《向前一步》等调解类谈话节目相继开播。这类谈话节目提供了对话沟通的平台，旨在消除人们之间的陌生感，促进家庭与邻里和谐，让观众感受到即便在偌大的城市，个人也不是所谓的"他者"，还有人在关心他们的生活状态。

4. 趣味娱乐类

趣味娱乐类谈话节目以愉悦身心、休闲逗乐为主要目的。策划者会加入较多的综艺成分和滑稽的情境设计，充分展现话语中的幽默，达到戏剧化的效果，以娱人耳目。它的嘉宾主要为演艺圈明星和体育界明星，主持人大都与他们有密切的联系，甚至就是圈内人，观众主要是年轻人。台湾地区著名的娱乐类谈话节目《康熙来了》前后热播12年。这个节目形式相对固定，每期节目有一个话题，根据此话题，会有几位演艺名人与主持人进行互动。主持人小S辛辣搞怪，蔡康永知性沉稳，再加上"雷人"陈汉典的加盟，搞笑元素信手拈来，即兴的提问和无禁忌的话题让现场惊喜与爆笑迭出。为增强可看性，趣味娱乐类谈话节目常会邀请演艺嘉宾，也难免变身为以演艺嘉宾为主要"卖点"的综艺访谈类节目。而新近热播的网络视频谈话节目《奇葩说》《奇葩大会》等，全程以娱乐性谈话为主打，却借用选秀、表演秀等综艺节目架构，实则属于谈话类综艺节目。

（二）形式分类

从谈话方式上看，谈话节目可以是主持人、嘉宾和现场观众"三结合"的群言模式，也可以是主持人与嘉宾（一个或多个）的对话模式。可以有现场观众参与，如《实话实说》；也可以无现场观众参与，如《锵锵三人行》。从形式上区分，存在以下几种常见类型：

1. 讨论谈话类

讨论即就某事相互表明见解或论证。讨论式谈话节目是谈话节目的一种重要形式，指节目限定在一个相对固定的谈话现场，主持人与嘉宾、现场观众进行群言式的讨论。这类节目参与人数较多，信息的交流范围广，现场观众和嘉宾可以各抒己见，双向交流的互动性强，即兴性强，比较完整地展现了人际传播的语境。国内观众是由《实话实说》开始熟悉群言讨论式谈话节目的。在这类节目中，讨论往往围绕某一抽象话题进行，常常无定论，留待观众判断思考。也有时会从某一个案入手，进而讨论其所包含的公共话题。《实话实说》后期多采用这种方式，其优点是更为感性，也便于讨论的集中组织。讨论式谈话节目要求主持人具备较强的理解能力，驾驭话题、组织讨论的能力，以及现场应变能力。

2. 聊天谈话类

聊天式谈话节目也称意识流式谈话节目，通常不设定具体目标或规则，不做结构策划，也不期待解决什么问题，主题自由转换。有时，它有一个话题的由头，但这个由头常常不是节目的中心，甚至会随着谈话的进行而被遗忘。这类节目的代表是凤凰卫视的老牌谈话栏目《锵锵三人行》。《锵锵三人行》由窦文涛主持，通常会围绕热门新闻事件或社会热点话题聊天，节目中众人各抒己见，但却又不属于追求问题答案的正论。节目更似好友闲聚，在谈笑风生的气氛中，以个性化的表达，关注时事资讯，传递民间话语，交流自由观点，分享聊天趣味。窦文涛在节目策划之初便坦言："我并不认为有什么问题是几个嘉宾在不到半个小时的节目里就可以探讨明白的，甚至我认为问题不可能有最终答案。《锵锵三人行》不企图找寻意义，只想让人享受聊天。听说人一思考，上帝就发笑。既然如此，就让我们聚在一起娱乐吧。让人类发笑，让上帝去思考。"这类节目适用于讨论大众普遍关注又无重大分歧，经过深入交流、探讨可能达成共识的问题，娓娓道来，如话家常，更接近日常"聊天"的本来面目。窦文涛2016年在优酷视频推出的《圆桌派》仍基本延续《锵锵三人行》的节目形态。

3. 辩论谈话类

所谓辩论，是指彼此用一定的理由来说明自己对事物或问题的见解，揭露对方的矛盾，以便最后得到共同的认识和意见。这类节目谈话各方的观点有重大分歧，在现场展开言语交锋，主持人以客观公允的态度引导他们充分陈述。其特点是紧张、冲突，适用于讨论社会上出现的新事物、新现象、新思潮，以及人际关系、民事纠纷等。辩论作为一种特殊的谈话形式，因其天生的矛盾冲突而具有较强可看性，如央视财经频道的《对手》、凤凰卫视的《时事辩论会》《一虎一席谈》等。《一虎一席谈》选取每周在社会、文化等各方面发生的重大事件、焦点或热门话题，请当事人或各界学者、专家、名人担任嘉宾，主持人、嘉宾、观众各持不同见解，相互辩驳，被誉为"中国唯一一档大型抗辩式思想性谈话节目"。辩论元素在网络视频谈话节目《奇葩说》中也有充分运用，但其在辩题讨论过程中，会有大量娱乐要素渗透，如"大尺度"的话语表达、日常化场景的呈现、戏谑的模仿等。

4. 综合谈话类

从形式上看，上述三种谈话节目都以清谈为主，较少运用复杂的视听表现形式。综合式谈话节目则不然，它充分利用外景录像、三维动画、片花隔段等视听手段，并汲取文艺、游戏、竞技等类型节目的有益成分，使节目可视性增强，整体形态更加立体化，风格也更为活泼、谐趣，适用于谈论轻松的生活、情感类话题。这类节目常常设置不同的环节，或为固定环节，或为不固定环节，甚至囊括对话、访谈、聊天、辩论等不同的语言表达形式，因此被称为综合式谈话节目。当然，谈话节目的主要看点还在于谈话本身，那些穿插在节目中的娱乐和喜剧元素，只是丰富节目的一种手段，设计好谈话仍是节目策划的重点。

第二节 谈话节目的话题设定与驾驭技巧

话题是谈话节目策划的根本和核心，话题的选择在很大程度上决定了节目的成败。话题"新"是谈话节目的首要"卖点"，但在传播科技迅速发展和媒体竞争白热化的今天，单靠"新"已不足以取胜，也并非所有"新"的事件都可以成为好的话题，而创新的策划理念则能为此类节目提供持久的生命力。

一、话题选择：线上与线下

优化选题对于节目策划而言非常重要。央视首档大型谈话类栏目《实话实说》原为1996年《东方时空》推出的"周日特别奉献"，第一期节目名为《鸟与我们》。之后其倾向于选择三类话题：1.对生活中有争议的问题进行讨论，让不同的观点碰撞，称为"争论型话题"；2.通过对个案的展示与剖析引发讨论，称为"讨论型话题"；3."特别节目类型"，也就是将主题巧妙隐含在"群像"的展示中。《实话实说》推动了我国谈话类节目的繁荣，并使其走向成熟。在策划上，《实话实说》实行策划与编导分离，吸纳多学科人才介入，打破了传统的"电视人办电视"的模式。策划人员对选题的全面把握和细节控制，使得我国电视行业第一次出现了真正意义上的"策划"。这种运作模式至今仍在发挥作用。

在融媒体时代，谈话节目的策划人员要善于在大数据分析和社会调研的基础上，确认选题事实是否准确，确认能否挖掘出有趣味或有意义的事件和人物，社会意义何在，能否成为争鸣的话题；要善于整合线上线下资源，找寻与选题对应的个案人物，判断其经历是否可以作为公共探讨的话题。还应通过策划会，使谈话选题进一步细化和深化。一般来说，话题选择应把握以下几个方面：

（一）上接"天气"，下接"地气"

策划者应该在坚持正面宣传的前提下把握好话题的度，选择政府关注、百姓关心的话题。谈话节目作为一种强调参与性的节目形态，承担着传播优秀文化、教育社会民众的功能。"电视必须跟人们的实际生活相联系，包括现实生活和想象中的生活；如果在电视中看不到我们自己的生活、愿望及梦想，那么电视对我们来说就毫无意义可言。电视必须反映社会现实，跟上时代的步伐。"[①]

所谓接"天气"，就是要了解熟悉当前的政治气候，把准宣传目标和舆论导向。大众媒体承担着重要的社会责任，尤其是主流媒体，应该选取激励、振奋、阳光的题材，以正面宣传为主，引导积极的人生态度。如果"唯收视率论"，不择手段、哗众取宠，短期内可以吸引观众，但从长期来看，对栏目的发展将产生不可逆转的负面影响。国内外的著名谈话节目大多具有积极向上的思想定位，引导人们健康、快乐，丰富多彩地生活。

所谓接"地气"，就是要广泛接触老百姓的普通生活，在策划选题时与最广大的人民群众打成一片，反映普通民众的愿望、诉求、利益。选择大众熟悉的生活场景、用语等，而不是浮于表面，脱离群众的实际需求和真实愿望。我国正处于社会转型时期，这为谈话节目创造了良好宽松的气氛和丰富的话题来源。谈话节目的选题应适应受众需求，贴近社会民生热点，否则，无论它意义如何重大，也难以唤起大多数人的共鸣。

（二）推陈出新，常说常新

谈话类节目的选题要能够符合大众口味，也要不断推陈出新。《实话实说》"走红"后，便有许多栏目竞相模仿。有时，一个社会现象或事件成为谈话节目的关注对象，并获得成功后，各个电视栏目便争相推出类似话题。近些年，我国谈话节目要么是选题千篇一律，不能引起观众的兴趣；要么是老生常谈，讨论的活跃程度和深度不够，难以引发人们进一步思考。谈话节目要走出同

---

① 安德鲁·古德温、加里·惠内尔编著《电视的真相》，魏礼庆、王丽丽译，中央编译出版社，2001，第69页。

质化、低收视的困境，首先还是要在内容和形式创新上有所突破，让人们印象中"司空见惯"的话题真正具有观赏乐趣。

《心理访谈》是央视社会与法频道播出的一档心理谈话节目，每期节目都有具体的当事人到场，他们把生活中经常遇到的一些难题，如夫妻关系、亲子教育、人际交往等向主持人倾诉。专家从心理学、社会学等各学科的不同视角，帮助人们认知、梳理、管理自己的情绪、心理和行为，并给出有大众借鉴意义的建议，帮助公众提高生活质量，促进家庭和谐。《心理访谈》策划的不少选题，其他节目也做过，但作为全国第一档以现场个案访谈为表现形式的心理栏目，从心理学的角度展开谈话，就显得颇具新意。谈话节目的话题要推陈出新，要么敢于提出人们关心的深层次问题，要么能够从司空见惯中发现新视角，寻找独特点。只有这样，才能使栏目充满新意，也才能推动谈话类节目良性发展。

（三）包含矛盾，蕴含冲突

就矛盾来说，有显性的，有隐性的；有深层次的，有浅层次的；有外化的，也有内在的。谈话节目要吸引观众关注，所选择的话题就应具有较为明显的"矛盾"和较为外化的"冲突"，以及能够在有限的时间里被主持人和嘉宾驾驭的"悬念"。要把话题说深说透，而且还有可看性，这种具有矛盾和冲突的争议性话题的选择是至关重要的。有人说，现在的谈话类节目，总想着说"国家大事"，对于老百姓街谈巷议、引为谈资的"小"事情反倒不关注了；"教育人"的节目太多了，轻松交流、思想碰撞的太少了；把"权威观点"推销给观众的太多了，让大家各抒己见、能容纳不同声音的太少了。事实上，无论"大事"，还是"小事"，只要允许各抒己见，就会出现不同声音的交锋。谈到《实话实说》的诞生，制片人时间就说："选择这一节目形式，最根本的冲动就是要实现尊重人的主张，而尊重人的基本标志就是让人说话。"特别是讨论性、辩论性的谈话节目，话题必须具有争议性，这样才会引起观众的兴趣。

好的话题能够把事物的多个方面展示给观众，引出多个角度的分析，观众在嘉宾的交锋、争论中找寻自己观点的支持者，获得认同感。一方面，"争议性"能够让客观存在的矛盾冲突充分演绎，这是通过谈话各方对话题不同角度、不同方位的阐述实现的。通过阐述，使谈话者和倾听者更全面、客观地思考，对话题本质进行深入了解，以更加接近问题的核心。另一方面，"争议性"带来的冲突模式让谈话过程更富戏剧性，使谈话"情节"更引人入胜。例如，《实话实说》曾讨论过"住房改革""下岗后该怎么办""海外归来"等包含重大矛盾的话题，不同领域的嘉宾从多个角度分析阐述，进而引发全社会的思考。"适当选择和设置一些带有争议的话题"[①]是《实话实说》选题策划的一条成功经验。

（四）从"小"入手，深入浅出

谈话节目的形式和内容以及话题的选择，应求小、求新、求广、求深，从关注大众的日常出发。美国的《奥普拉秀》属于生活类谈话栏目，形式上较为灵活，该节目通常深入生活中，挖掘与普通民众息息相关的现实话题，如减肥困难、自信心缺乏等。同时，该节目还经常讨论一些尖锐的社会问题，如种族问题、流氓团伙、买卖儿童和家庭暴力等。在探讨过程中，主持人、嘉宾和观众一同寻求解决方法，安抚受伤的心灵，缓解心理压力，节目充满着温馨的气氛。美国学者吉妮·格拉汉姆·斯克特曾把谈话节目喻为无序、绝望、愤怒的时代里的解毒剂。谈话节目释放、表达、抒发的作用，能引导舆论，舒缓压力。在崔永元主持《实话实说》时期（1996—2002年），节目一共聊了三百多个话题，涵盖社会热点的方方面面，如医患关系、外出打工、工人下岗、家庭婚姻、子女教育、女性权益、弱势群体、传统文化，等等，普遍受到观众的欢迎。其选择话题的共同策略就是从"小"入手，选择那些紧贴民生，又能够引起普遍关注的话题，因为即便是"小新闻"，谈深了也是大事情。

从"小事"入手是谈话栏目的选题策略之一，但并非不能直接触及"大事"。相对而言，我国谈话节目在话题的广度和深度方面都存在不足。如果制作者、策划团队和主持人有能力驾驭，同样可以选择深层次和"敏感"的话题。随着社会不断发展，舆论环境进一步宽松，谈话节目的选题空间也在不断拓展。2019年，东方卫视已率先推出政论谈话节目《这就是中国》。每期节目中，复旦大学中国研究院院长张维为教授除演讲外，还会围绕中国发展涉及的政治、社会、经济等老百姓关注的各方面问题，与主持人、策划组成员，

---

① 朱剑飞、张静民：《〈实话实说〉及谈话式电视新闻节目策划》，《电视研究》1999年第1期。

观众等进行现场讨论，在对话中碰撞思想。对于策划团队来说，如果能够巧妙选择切入角度，"敏感"话题也将不再只是若隐若现。在话题选择方面，国内谈话节目仍有很大的拓展空间。

（五）找准定位，突出个性

选题策划的方向首先要与栏目定位一致。有的谈话节目偏重于关注人们的生存状态，关注小人物的命运，如《实话实说》；也有的谈话节目偏好"严肃话题"，对国际风云和政经大事津津乐道，如《一虎一席谈》；还有的节目着眼目标市场细分，走窄题化道路，也能够形成相对稳定的受众群，如央视的社会精英谈话节目《对话》、天津台的人工智能谈话节目《超级智能》等。

风格是节目强大生命力的源泉。在策划中，要注意保持个性，使节目拥有独特的风格。选题的个性化是节目个性化的基础，选题的提炼和筛选是策划人要完成的一个重要任务。北京卫视的《老师请回答》定位为"教育话题家长公开课堂"，邀请演艺名人和他们的孩子参加，与家长群、少儿观察团和名师团就当期主题展开讨论，策划人根据节目的定位和特点选择话题，切入话题的视角与深度和节目风格巧妙统一，颇具个性化色彩。先后涉及"如何看待早恋""中国式父子关系""父母教育理念的分歧"等热点话题，由名师专家支招解答。又如，腾讯视频出品的网络视频谈话节目《恕我直言》，定位为"男女思维解谜大会"，主持人与众嘉宾针对"你会查看伴侣手机吗""会向伴侣坦白所有情史吗""会不会对伴侣坦白父母的差评"等展开讨论，畅谈诸多具有鲜明时代特点的两性话题。许多观众发现，从那些似曾相识的生活场景中，可以重新思考男女思维的差异，寻觅自己想要的答案。

二、话题驾驭：开场与收场

话题进入方式和结束方式的设计，是节目编导与主持人智慧的结晶，也是节目策划团队整体素质和功力的综合体现。出色的设计不仅可以使节目意图更好地体现，还能赋予话题以新意，使原稿锦上添花。

（一）开场的方式与技巧

所谓开场方式就是一个话题应该如何开始、怎样展开，就如同写文章要写好开头一样。当然文章是写给人看的，而话题则是说给人听的。通常，稿件或资料就可以构成话题内容，但这些稿件和资料从严格意义上来讲还不能称之为"话题"，而只能算作节目素材。只有当这些素材由编导和主持人进行加工设计之后，才具有话题意义。常见的话题进入方式，归纳起来有以下六种：

1. 提示性进入

这是从传统的有稿播音演变而来的话题进入方式，也是最简单直接的方式。如："观众朋友，今天《消费百分百》栏目的第一个话题是跟朋友们聊一聊'装修陷阱'。"这种报题式开头的优点是开门见山，直触主题，较为简洁，一般内容比较简单的话题或者在节目内容排得较满又较为紧凑的时候，用这种开头方式较为有利。其不足在于过于单调，缺少铺垫，生动情趣也显不足，并且多少还有些传统有稿播音的痕迹。因此，在一次节目当中使用这种进入方式不能过多。

2. 过渡式进入

这种话题进入方式一般用于两个话题之间，可以说也是两个话题上下互相衔接的一种技巧。如："观众朋友，在今天的《健康之路》栏目中，我们和专家一起谈了如何自我调治过敏性鼻炎，接下来呢，我们再和您说说练鼻部保健功预防感冒和呼吸道感染这个话题。"这种过渡式话题进入的方式衔接紧凑，适用于一个栏目中内容较为短小、不太复杂的两个话题之间，显得转换自然，也便于受众把握节目的层次结构，同时具有开门见山、直达主题、简洁明了的特点。因此，过渡进入的方式也可以理解为话题衔接的技巧。其不足之处也与报题式相似，对于一些内容较长又较为复杂的话题就不太适用了。

3. 渐进式进入

渐进式话题进入方式对话题有一种铺垫作用，有些话题内容较长而且较复杂，或者不容易一下子引起受众的兴趣，这个时候，如果采用开门见山的方式进入话题效果就不佳，而需要策划设计一个渐进式开头，进行适当铺垫。比如央视《开讲啦》栏目在邀请韦昌进作为开讲嘉宾的一期节目，主持人以韦昌进 2017 年获得"八一勋章"这一荣誉为切入点，以渐进的形式进入话题。"……说到我们从小获得的这些荣誉，尽管现在回头看有一些似乎微不足道，但不可否认的是,在人生的道路上,每一次这样的鼓励其实都是一种动力。但今天我们这位开讲嘉宾获得的荣誉非同一般。有谁知道在我们的军队当中的最高荣誉是什么?对,有的观众非常清楚,是从2017年开始设立的'八一勋章'。'八一勋章'是每五年评选一次,荣获'八一勋章'的人,那可以说真正是从英雄当中万里挑一。今天我们的这位开讲嘉宾在2017年获得了'八一勋章'……"这种渐渐把内容引入话题的方式更为自然、轻巧和富于情趣,容易诱发受众的兴趣。一般来说,具有铺垫作用的渐进式开头,是谈话节目较为有效的也是使用频率较高的一种话题进入方式。

4. 举例式进入

举例式进入方式往往是从主持人自己或者身边人的实例以及受众较为熟悉的事情说起,进而展开话题。比如"房地产热销势头开始降温"这个话题,原来的开头是这样的"观众朋友,随着中央各项宏观调控措施的到位,进入7月份以来,我国房地产消费市场的增长势头开始减缓,并出现了一些新的特点。"这是一种新闻导语式开头,并不适于谈话式的语言表达。而举例式开头可以这样设计,主持人甲:"前几天呢,我的一个朋友对我说,'我想换一套房',我就问他,'你现在这个房子买了没两年啊?'我的朋友说,'现在这个房价涨得这么快,存钱也不值,还不如换个大点的房子保值合算。'"主持人乙:"哎,赶紧跟你那位朋友说先别急着买,你朋友他可能还不知道,随着中央最近各项宏观调控措施的逐步到位,房地产消费热已经开始降温了。今天我们也要邀请了几位业内专家,帮大家一起分析一下市场出现的新特点。"像这样用一个能够反映大多数受众利益和心理的例子开头展开话题,有利于快速抓住受众注意力,引起受众共鸣。而在话题结尾时,如能再次回到这个实例上,互相呼应,效果会更好。

5. 推荐式进入

推荐式开头,即把本期节目内容中最吸引人的部分先推荐给受众,使受众因需要而产生一种期待感。比如这样一个话题,"观众朋友,在现代生活中,眼镜已经成为许多人不可缺少的伴侣,但是戴眼镜的朋友如果对镜片保护不当,眼睛也容易慢慢受到损害。那么,在今天的《生活服务窗》栏目里,我们有请两位资深眼科专家和您聊一聊科学用眼的有关话题。"推荐式开头是较为有效的一种话题进入方式，它可以使受众立刻认同主持人的话题。而在设计推荐式开头的时候，要注意用语要朴实、亲切、自然，避免弄巧成拙，欲速而不达。

6. 交叉式进入

如果是一男一女两位主持人共同主持节目，有些话题的展开可以以两人交谈的形式进行。特别是那些内容不容易吸引人，原稿开头又不适宜由一个人展开的内容。比如，有关"过度包装"的话题，节目组就做了这样的设计。主持人甲："哎，小菲，你们90后在逛街的时候首先吸引你们注意力的是什么商品？或者说是商品的什么部分？"主持人乙："那当然是商品的包装了，精美独特包装的商品最容易吸引人了，比如我前几天买了一套化妆品，我把它这个包装带来了，给你看一下。"主持人甲："哇，确实很漂亮，不过拿出来里面就这么一点啊？"这种交叉式进入话题的设计把原来不适于"谈"的开头通俗而又浅显易懂地说给了观众。由于采用你来我往的交谈方式，内容上连贯紧凑，形式上轻松活泼，也有利于话题的进一步展开。

上述话题进入方式与技巧只是一个基本的归纳与概括，并不能囊括所有话题进入展开的形式。国外一些著名的谈话节目往往为了一个精彩的开头而绞尽脑汁，费尽心机。主持人常常把节目的进入视为自己独特个性形象的标志，足见开场方式之重要。

（二）收场的方式和技巧

"编筐编篓，全在收口"。好的收尾能够升华话题的思想意义，深化话题传播的目的性和针对性。同时，话题收尾的设计与实施，也为主持人发挥自己的才能提供了自由而广阔的空间。不同的谈话节目，因内容和受众心理需要的差异，宜做不同的结尾策划。常见方式主要有以下六种：

1. 回题式结尾

这是一种回报话题的结束方式，与传统有稿播音的问题相仿。如："观众朋友，今天的节目时间里，来自不同国家的几位留学生和大家分享了外语学习的一些趣闻。希望它对即将到异国他乡生活的朋友们能有所帮助。"这种回题式结尾简洁明了。在话题内容较为短小，不需点评，前后内容衔接紧凑的情况下，较常采用此种结束方式。但是在一次节目里回题式结尾使用的次数不宜过多,以免单调。

2. 强调式结尾

对节目中需要引起观众特别注意或需要加深印象的内容,主持人可以选用强调式话题结束方式加以突出,以达到提醒的目的。比如《健康之路》栏目有这样一个话题:谈谈糖尿病与动脉硬化的关系。主持人处理这个话题的时候,做了强调式结尾的设计:"观众朋友,今天两位专家和我们谈了糖尿病和动脉硬化的关系,真是受益良多。在节目的最后呢,我想再提醒一下,如果朋友中有谁出现了多饮、多食、多尿,也就是所谓的'三多'症状,那你可千万别大意,要及时去医院,如果被确诊为糖尿病,一方面要积极治疗,另一方面要适当控制饮食。在这里,我要特别强调的是,中老年朋友应该经常注意自己饮食量的变化,定期去医院检查,千万不要把病耽误了。"这样设计,突出了原稿结尾强调的意味,又加重了关切的色彩,让人印象深刻。

3. 归纳式结尾

谈话类节目的内容有时会比较松散,所述内容未必条分缕析,因此有必要进行分类或是在结尾时进行概括性的总结,以帮助受众得出明确的结论。比如美食谈话节目《回家吃饭》,邀请美食达人现场表演厨艺,并讨论高压锅对食物营养成分影响的话题。节目组对使用高压锅蒸煮烹饪的十几种食品营养成分的损失情况进行了可视化呈现,但屏幕动画一闪而过,受众难以形成完整、清晰的印象。那么,主持人在就可以设计一个归纳式的结尾:"观众朋友,今天我们一边做美食,一边了解了高压锅使用的技巧。通过几位美食达人的介绍,我们是否可以得出这样一个结论——就是说,用高压锅做动物性食物,营养的损失比较小;而做植物性的食物,食物营养成分的损失就稍大一些。那么您在使用高压锅时,就可以参照这一情况了。"像这样的结尾设计,比原来单纯呈现一系列百分比数字要好得多,便于观众得出完整清晰的印象和结论。

4. 点评式结尾

主持人因话题内容有感而发,完全可以在众人讨论的基础上,阐述自己对话题内容的一番见解或感想,以议论方式结束话题,这种方式即为点评式结尾。好的点评如同画龙点睛,会使人回味无穷。点评式结尾设计的时候要注意几个问题。第一，点评要有意义，要能够以小见大，以点代面，从个别现象中发现具有普遍意义的观点，而不能就事论事或者空发议论。第二，要有感而发，既不能无病呻吟，也不要牵强附会，既不可故弄玄虚，也不必有意拔高。第三，要注意讲究政策分寸，主持人的议论、点评要以党和政府的政策为依据，对人、对事都不能感情用事，妄加评论，或者是轻易论断是非曲直。第四，要注意留有余地，不绝对化，不说过头话，不以偏概全，不强加于人。第五，要力求有真知灼见，确实能给人以启发，若语气平平淡淡，则不如不点评。总之，点评式结尾是结束话题的重要方法，也需要编导和主持人下功夫思考和准备。

5. 建议式结尾

有些话题的结尾，主持人可以通过向观众建议做某某事情，尝试某种方法或者提醒注意的方式结束话题。如"观众朋友，听了以上三位保健专家给朋友们介绍的预防感冒和呼吸道感染的鼻部保健功，有兴趣的听众朋友可以试一试，看看效果如何。不过我还要提醒朋友们一点，那就是如果哪位朋友鼻子部位正在患病，像疖子、皮肤病、鼻出血，等等，还是暂时不练此功为好。观众朋友，特别是喜欢熬夜的朋友，您不妨按我上边说的方法试一试，我想，'熬夜病'也就可以得到自我调治了。"这种话题结束方式既委婉得体，又显得亲切热情，受众乐于接受，是谈话节目行之有效的一种话题结束方式。

6. 感叹式结尾

在话题的结尾时，可以抓住受传双方共同的感情凝聚点，或感慨，或赞叹，或抒情，让受众在话题讨论的过程中受到感动，受到激励，从而产生行动的力量。如主持人在结尾时说："联合国儿童公约里有一条，孩子有游戏的权利。孩子们在游戏当中可以学到很多书本上学不到的东西，可以学到老师家长都教不会的东西，所以，我们应该保持孩子游戏的天性，应该让孩子们有游戏的天地。平时大家都很紧张，学生们的负担很重，当家长的、当老师的、各行各业都很忙，今天我们好不容易聚在一起，让我们把带来的纸发给大家，每个人都叠一架飞机……都举起来让它在自由的天空飞翔……"这一结尾借助巧妙的策划设计，既是感叹，又是互动，既出人意料，又切合题旨，深化了话题的立论和意义。节目要传递的感情与受众的感情融为一体，受传双方达成一种互动的默契与共识，传播活动至此进入了一个理想的佳境。需要注意的是，在谈话节目中，主持人的感叹应该是主持人内心情感的真实流露，切忌乱发感叹，盲目煽情。

合理选择话题的开场和收场方式，还应注意首尾设计的完整性、不同话题处理方式的多样性，以及一次节目话题设计的整体和谐性，力求达到这几方面的完善统一。

第三节　谈话节目的要素与路径设计

典型的谈话节目是一种构成相对简单的节目形态。策划人员要在调研的基础上，形成初步的策划案本，供进一步召开策划会讨论。所涉及的主要内容包括：形式的安排、环节的设置、道具的使用、音乐的使用（现场音乐和后期配乐）等。谈话节目除以演播室为主要场域外，还采用了热线电话、网络互动、视频连线、VCR穿插等方式，使整个节目更具立体感。在融媒体环境下，一些谈话节目选择"大屏"和"小屏"并机直播，具有更强的互动性。对于编导来说，谈话节目的策划是全流程的，除主题、话题外，还需通盘考虑嘉宾选用、观众互动，以及谈话路径设计等问题。

一、嘉宾选用：标准与关系

（一）嘉宾的选择标准

嘉宾是话题的阐发者和升华者，好的嘉宾能使节目事半功倍。要根据话题内容来选择嘉宾，嘉宾的身份最好切合话题内容，以便能一展所长，自如发挥。目前，新闻谈话节目的嘉宾主要是相关领域的专家、学者、媒体评论员。他们有善辩的口才、丰厚的学识、扎实的专业背景，还有丰富的表现力。生活类谈话节目则会邀请众多素人嘉宾，其特点是未必能表达得非常流利、精准和凝练，但更为真实自然。

视听媒体的特性决定了选择嘉宾最重要的考量标准是其表现力和口才。因为有时间的限制,嘉宾必须快速展现自己的观点,并吸引别人的注意。节目中,也会碰到这样一些嘉宾,他们的笔头功夫很好,可在镜头前却不能言简意赅地表达,影响了其观点的呈现。如果说主持人是交代和引导话题,那么话题的展开、深入、升华则都是由嘉宾来完成的,因此嘉宾作用发挥的好坏也直接影响谈话质量的好坏。选择嘉宾一般遵循三个原则:

一看是否有谈资,即对某一话题是否掌握大量资料,深入了解,对该话题是否具有权威性和发言权。

二看是否有谈品,即在谈话过程中是否有一定的风度,能否顾及主持人和其他嘉宾,而不是一个人喋喋不休,表现自己。

三看是否有谈技,即是否具有一定的口才和辩才,语言表达是否简练、清晰、有条理、逻辑性强,甚至是否有幽默感。

嘉宾的搭配也很重要。演戏需要对手戏,谈话节目也一样。如果现场不止一位嘉宾,在进行选择时,要注意观点的多样性和代表性,不能都是持相同或相近观点的人,这样才能对话题进行多侧面、多角度的深入分析。嘉宾有激情型、理智型、善辩型,对不同类型的嘉宾进行差异化搭配,才能让谈话节目这台戏真正出彩。例如,江苏卫视制作播出的谈话节目《世界青年说》,借鉴韩国《非首脑会谈》节目模式,每期邀请11位固定嘉宾和一名明星嘉宾出席,围绕当下中国年轻人关心的议题围桌谈话,融首脑会谈的庄重仪式和轻松诙谐的谈话氛围于一体。固定嘉宾由来自11个国家的型男代表组成,名为"TK11",即"关键11人",他们身份背景各异,专业特长不同,性格也十分多元,就非常容易产生戏剧效应。

(二)嘉宾的关系设定

在谈话节目中,主持人通常是中立的,而持不同观点的嘉宾之间的关系是对立的。"主持中立、观点对立"是谈话节目中的关系图解。观点的对立和交锋成为谈话节目的一个看点,而主持人一般不倾向任何一方,他掌控节目进程,让观点充分展示,由观众自己判断。

2008年5月12日汶川大地震时,都江堰市光亚中学教师范美忠弃学生于不顾,第一个跑出了教室,此后他在天涯论坛写下了《那一刻地动山摇——"5·12"

汶川地震亲历记》,文章提到:"我是一个追求自由和公正的人,却不是先人后己勇于牺牲自我的人!在这种生死抉择的瞬间,只有为了我的女儿我才可能考虑牺牲自我,其他的人,哪怕是我的母亲,在这种情况下我也不会管的。"这番言论引起了网民的铺天盖地的批评与漫骂,范美忠也被网友戏称为"范跑跑",成为社会谈论的热点话题。后来,《一虎一席谈》便策划了名为《"先跑老师"该不该受到指责》的节目,让"十恶不赦"的范美忠为自己辩护。

节目开播之前,"范跑跑"事件已成为网络热点话题,争议颇多。节目中当事人范美忠极力为自己的"先跑事件"开解,并坦言"教师职业并不神圣","逃生是一个人的本能"。而他的对立方是独立新闻评论员、学者郭松民。郭松民异常激动(被网民戏称"郭跳跳"),一再强调范美忠的逃跑行为"触犯了做人的底线",甚至用"没道德""无耻"等字眼来痛斥"范跑跑"做出的"自由选择"。节目围绕该不该跑、师德、人的本性等话题展开辩论,胡一虎利用其擅长的"挑拨离间"技巧,用口语的表达和现场辩论的方式,让更多的人参与其中,配合以现场快速而强烈的气氛,让每个人都参与到这一评论过程中。很多观众表示,在观看节目前对"范跑跑"持反对态度,但在经过一轮辩论后,态度发生了变化。

结束时主持人进行了总结。胡一虎说:"六位嘉宾给人们人性当中最可贵的一面。从卢悦的角度来讲,他让我们知道温柔体贴的一面;从周老师的身上,我们看到圆润的一面;林格告诉我们从心底层面关心下一代;从吴先生这儿,他告诉我们要为朋友捍卫真理而说话;我们又看到跟范老师对立面最明显的郭先生,他能这么样地捍卫道德,我们还担心这个社会会道德低下吗?范美忠,在网络上,或许有人用'十恶不赦'来形容他,但是听到他的校长以宽容的态度对待他,允许他保有'范老师'的称呼,这是社会的进步。"这一总结,清晰交代了嘉宾之间的特殊关系,也使之前相对开放的谈话有了一个合理的终结。

国外的谈话节目,有时会刻意不让嘉宾知道自己在节目中的处境和将要扮演的角色(如"伤害者")。结果嘉宾在现场失态的很多,或悲,或怒,或茫然无措,或愤而退场。但也许正是这些无法预期的对立、碰撞和失态,能大大吊起观众的胃口。

二、受众参与：场内与场外

受众参与传播的广泛和深入既是社会民主进步的一种表现，同时也是大众传媒履行自身职责的要求。融媒体时代，受众以各种形式参与节目，在缩短传播者、传播内容与受众的心理距离，增强接近性，扩大传播效果等方面起到了积极作用，而在参与途径、表现形式等方面又有所不同。依所处场域的区别，存在两种不同的参与受众类型。

（一）"演播室受众"

谈话节目的演播现场就好像是"客厅"，这不仅表现在大多数谈话节目邀请两名及以上的嘉宾，还在于有现场观众参与。现场观众是活跃谈话节目氛围、丰富现场谈话层次的重要元素。在嘉宾与现场观众的互动中，观众绝不仅仅是被动的倾听者，也是信息的传播者，参与节目的观众以积极、主动的姿态思考问题，提出问题，表达意见，与嘉宾交流，甚至形成不同观点的激烈碰撞。此外，现场观众还可以有效地营造和烘托活跃的谈话氛围，他们的表情、掌声，都会使场外观众产生强烈的参与感。主持人在与观众的互动中，要善于利用现场调控者的角色地位和优势，适时引导观众介入，形成热烈的谈话气氛。因此，把握和设计好现场观众是非常重要的。

"演播室受众"不是可有可无的摆设，他们是"表达式参与"的提供者。在谈话节目中，"演播室受众"既是接受主体，也是传播主体。相对一般受众，其在传播活动中的地位已经发生了变化。因其从属于媒介内容文本，故而在节目中所履行的义务也是传播者义务，其所涉及的每个传播环节都受到媒介组织的控制。作为曾经在我国最有影响的一档谈话节目，《实话实说》发挥现场观众参与性功能的方法被业界广为认可。在节目中，现场观众可以自由作答，随意畅谈，表现得轻松自如。但即便如此，参与节目的观众地位并未发生根本性改变。节目从前期筹备阶段就开始了对现场观众的挑选，并非一般受众都具有参与现场的机会，他们不同程度地受到节目主题的影响。观众谈话也必须围绕主题进行，不能随意地发表看法和演说；与嘉宾的交谈必须受主持人引导，不能畅所欲言；并非所有的言语都在节目中保留，后期剪辑过程中的筛选大量存在。同时，节目的很多观点、信息常常要借"现场观众"之口加以表述。在《吐槽大会》中，现场观众一是可以像情景喜剧中的"罐头笑声"一样带动气氛、提示笑点；二是给场上嘉宾及时反馈，有的嘉宾还会即兴和现场观众进行互动。

正是在这个意义上讲，"演播室受众"失去了相对于文本主体的独立性，在一些地方，甚至出现了大量以此为工作的"职业观众"。可见，"演播室受众"并非一般概念所指的受众，实际上它已经属于受众参与式节目中的组成部分，也是节目策划文本需要纳入的构成要素。

（二）场外受众

除现场观众外，扩大谈话范围还可以依靠场外介入。融媒体谈话节目的一大特点，就在于对多种新媒体手段的全面整合。电视、网络、手机"三屏合一"，有效保证了观点表达渠道的多样性。场外参与既搜集了网友的意见，也在无形之中对节目进行了网上宣推。这方面，《东方直播室》进行了积极探索。该节目强调与观众的互动，注重观众的参与感。直播观众和网友的留言，对正反方观点的投票在屏幕下方滚动显示，电话连线拉近和辅助当事人的时空距离，巨幅环绕LED屏幕展现场外50位网友互动意见——观众可通过电视、网络和手机屏幕与现场互动。技术手段的运用，使之成为"最具思维跨度的谈话节目"。

为实现场内外的有效互动，也有一些节目增加了微博互动、微信互动等新兴媒体手段。谈话节目引入网络观点可以让主持人的提问更具公共性，以补充嘉宾观点的不足，给大众更多的话语权。江苏城市频道新闻谈话节目《新闻夜宴》专设了一名首席记者，他除了介绍本档节目所涉及的新闻背景外，另一个重要任务便是充当网友观点的代言人，把谈话节目所处的演播室同整个网络舆论场紧密连接在一起。他会把网友观点收集起来呈现在节目现场，让现场嘉宾和屏幕前观众的观点进行交锋、碰撞，从而丰富节目内容，扩大谈话范围，传达一种更普遍的价值认同。

在场外受众"卷入"方面，网络视频谈话节目更具优势。例如，腾讯视频出品的《恕我直言》一经播出，便引起社会广泛关注与讨论。在以"消费观"为主话题的第二期节目中，"斥巨资制造浪漫是否是浪费的表现""买口红算不算诚意""给游戏充值是不是另类"等都掀起了微博网友的讨论热潮。许多网友热情分享自己的故事,更有观众发起投票对节目中的话题进行讨论。大数据的运用,使得这个节目更容易准确呈现受众意见,带领观众去洞察和挖掘现象之下更深层次矛盾发生的规律。例如关于自己的形象,节目数据显示,55.6%的女生觉得自己有点胖,59.9%的男生觉得自己身材很棒;关于办公室恋情是否要公开,59.2%的女生选择不公开,但65.6%的男生却希望公开,等等。通过引入大数据,增强了对男女思维差异讨论的说服力,这既是场外受众意见的呈现,又是话题的切入点和引爆点。

三、谈话路径:设计与把控

谈话节目的本质是屏幕上有组织的会话。与私下谈话不同,一般会选定一个主题,围绕该主题展开,陈述事实或表达自己的见解,并由主持人把控谈话的进展。会话的组织不是即兴的、随意的,而要事先有所谋划。

(一)深度发掘话题的意义

首先要看话题是否是一个实质性的讨论话题,如果话题是一个已经有科学定性的话题,那就不具有太多实质性讨论的意义。比如,某节目曾做过"吸烟是否有害健康"的话题,这个问题在科学上已得到证实,在一个公共平台再来讨论,没有实质意义,也会产生误导。还有一个栏目设计讨论"地铁堵门对不对",这种明显违法并有悖社会公德的行为根本不需要讨论,硬要讨论,只会是死路一条。其次,要看是否存在多种声音。如果结论一边倒,反对意见很弱,这样的节目也很难引起讨论。

找到话题的意义,是谈话路径设计的起点。在此基础上确定如何在有限的时间里把话题"谈出深意",使之具有普遍的社会意义和价值关联,以打动观众,这是谈话路径设计的重点。否则,一场几十分钟的谈话节目可能像白开水一样,毫无让人思考、揣摩的地方。

(二)巧妙确定话题的角度

"横看成岭侧成峰,远近高低各不同",讲的是观察事物的视角具有多样性。话题的展开同样有个寻找角度和切入点的问题。同样的话题,同样的材料,不同节目会给人不同的感受,就是因为看问题的角度不同。比如关于

"《死亡日记》作者陆幼青"的话题,《实话实说》和湖南卫视的《有话好说》前后都制作播出了,但讨论问题的角度不一样,节目的处理方式也不同。《有话好说》的话题拓展得更加宽泛,而《实话实说》发挥其一贯善于处理个案人物的优势,将节目处理得很有人情味。一直提倡"小话大帮忙"的上海电视台《有话大家说》栏目,提倡话题角度要站在观众最大多数,站在弱势群体上。有一期节目是关于整顿上海残疾车的话题。当时上海残疾车经营比较多,需要整顿,遇到一些抵触,节目编导和策划对这个话题进行了探讨。考虑为什么整顿残疾车,一是大都市的形象,二是为了交通的安全,这两个都有道理,但是节目没有采取这样的角度。因为主创人员认为这个角度老百姓不是很接受。大都市的形象跟他关系不大,甚至交通秩序跟他的关系也不是最主要的。因此,策划选择从"今后残疾人自身怎样发展"这个角度来切入。当时很多残疾人认为他们开残疾车也很不容易,钱也不好挣,如果他们不做,会用什么办法来安置他们呢?从残疾人发展的角度考虑问题,既新颖也更容易让观众接受。

(三)提升话题的价值和内涵

在话题讨论展开后,要发挥主持人的能动性,通过整合不同的题材提升话题的价值和内涵,使其具有独特性并能引起大多数人讨论的兴趣。《东方直播室》作为一档将电视手段、网络媒体、互动直播有机结合的节目,邀请新闻事件当事人到现场,正反双方意见嘉宾深入探讨核心问题,给予各方观点平等、公开的表达机会,在观点的激荡中提供有价值的新闻信息和建设性意见,体现社会关怀。这一点在"网络反腐 孰是孰非"这期节目中表现尤为突出。

在这期节目中,当事人、嘉宾、观众就当时热议的雷政富不雅视频事件、周文彬自首式举报上司事件、高校女教师不雅照事件、"表叔"杨达才事件等展开讨论。节目各段落内容关联性强,有助于引发观众的集中关注,节目对每个事件的讨论内容充实、互为补充、层层深入。在雷政富事件中,话题涉及朱瑞峰和纪许光两位爆料人之间的矛盾,首先探讨了到底应该由谁来举报?在实际举报中,爆料人面临了哪些问题?其次,又在周文彬自首举报事件的讨论中,进一步提出了网络反腐爆料人力量有限,而国家纪检部门为什么不主动调查？举报中哪些材料才可以被认定是证据？随后，在高校女教师不雅照事件中，反思了错误信息和偏激情绪对被网络误伤者的伤害，并探讨了其背后的原因。可以说，节目的讨论表面上看似你一言我一语，混乱无序，但实际上，对问题讨论的层层深入才是整个节目成功的最主要原因。这期节目吸引人的地方，也在于其思想性，在于通过观点的撞击，接近事实，反思当下。

《东方直播室》曾被《新周刊》"中国电视榜"评为年度最佳脱口秀节目。评语写道："它是最具海派气质的脱口秀，唇枪舌剑中蕴含着温文尔雅；它是最具思维跨度的脱口秀，娱乐话题中表达着社会关怀。它既是圆桌会议，也是表演舞台，既是辩论赛，也是疗伤室，既是个人故事，也是普适指南。它用'我视角'兼容'他视角'，用主持人和嘉宾的互动带出观点的激荡。"可见，谈话节目要敢于和善于谈出深度，给观众提供全面而不同的信息。《东方直播室》谈话路径设计的成功，正在于能够很好地体现层次，并逐步揭示新闻事件的过程及新闻事件与社会的联系。

（四）确定谈话的最终走向

经过周密的策划设计，谈话的脉络是可以预期确定的。否则在谈话现场，再好的主持人也很难控制众多观点的交汇。另外，谈话的走向也是可以相对灵活的，甚至可能会有多个应变方案。电视谈话节目的魅力在于现场谈话的即兴性，因此，不必完全拘泥于事先的设计，但是节目的基本导向应该是明确的。

《实话实说》设定的谈话路径通常为"提出现象→不同观点的展示和辩论→达到一种心服口服的意见统一"，节目试图让有代表性的意见充分表达和碰撞，再把观点的确立过程还给观众。江苏卫视《有话非要说》的设定也颇有特色。节目以主持人尉迟琳嘉读烦恼来信开篇，随后分别邀请矛盾双方进入"客厅"，主持人孟非邀请解忧嘉宾与其对话谈心，意见团成员协助主持、参与谈话，同时补充问题以及背景信息，拓展谈话深度。最后引入观众投票机制，以现场投票的方式给出当事人的苦恼是否成立的意见，推动矛盾的化解。

谈话节目的策划台本，不像新闻或专题节目那样要字字明确，通常采用大纲的形式，但结构脉络一定要清晰，既要围绕主题扩充内容，也要体现节奏，使节目有冲突、有思考、有升华。清晰紧凑的结构，有助于主持人现场"再创造"时能更加游刃有余。对于主持人来说，则要积极参与节目策划，理解策划方案，合理把控谈话进程，灵活处理突发事件。

第四节　谈话节目主持人的定位与个性化

谈话节目是真正意义上的"主持人的节目"，其风格与成败主要取决于主持人个人的风格与魅力。谈话节目的思想内涵、艺术品位、信息数量等，都是由主持人在与嘉宾和观众的交流中实现并最终完成的。因此，谈话节目的主持人策划就显得十分重要。

一、谈话节目主持人的基本定位

英国学者利文斯通和卢恩特曾发问，"他（她）是讨论的主持，是访谈中受人尊敬的主角、裁判、调解人、比赛的主持、治疗专家、宴会谈话的主持、经理、还是代言人？"[①]但无论何种角色定位，主持人在谈话中的引导、控制作用，无不清楚地表明主持人的核心地位和灵魂作用。主持人的角色定位，是谈话节目的策划需要着重考虑的问题。

（一）人际传播界面

在视听媒介中，所谓"界面人物"指的是媒介和受众之间的桥梁和纽带，他（她）在一定程度上也代表了媒体的品牌和形象。在美国，不少知名的谈话节目直接以主持人的名字命名，如《拉里·金现场》（Larry King Live）、《奥普拉·温芙瑞秀》（The Oprah Winfrey Show）、《艾伦·德杰尼勒斯秀》（The Ellen Degeneres Show）等。谈话节目的界面人物，兼具人际传播与大众传播

[①] 尼古拉斯·阿伯克龙比：《电视与社会》，张永喜、鲍贵、陈光明译，南京大学出版社，2001，第52页。

的特点。主持人角色的作用,实质上就是把人际传播、团体传播方式融进电视节目的传播中,使大众传播具有人际传播、团体传播的亲近性和双向交流特点,更好地满足观众希望与传播者进行交流、沟通的要求。但正如威尔伯·施拉姆所说:"要将人际传播和大众传播媒介成功地结合在一起,就需要技巧和努力。"[①] 主持人必须亲自现身(声),掌控节目的进程和内容的铺展。"第一人称"既融入了人际传播的某些特征,又是大众传媒的代表。主持人也是传播机构与受众之间的中介人,在节目中直接起沟通与协调作用,有利于缩短媒体同受众之间的心理距离,确立一种平等的对话机制和富有人情味的互动环节。谈话节目把观众请进演播室,主持人与观众坦诚相见,侃侃而谈,或者让主持人走出演播室,在现实生活中与观众进行对话。这都是有效的节目形式,能够形成一种活跃、融洽、轻松、愉快的社交氛围。

(二)公共客厅主人

在谈话节目中,主持人是"主人",嘉宾和现场观众都是请来的"客人"。在西方,这类主持人被称为"Host",即主人、东道主的意思,如在家庭宴会或游园会上做招待或接待的人。谈话节目营造的是一种民主的氛围和平等的话语环境。只有在这样的环境中,"主持人"才能春风化雨,"嘉宾"才感到宾至如归。有了这样的环境,大家也才能知无不言、言无不尽,敞开心扉,充分交流思想。主持人在节目中往往以个人身份出现,也以传播者的身份出现,那么他和受众的关系就不是简单的传受关系,不是"我说你听"的被动接受关系,而是要共同面对问题、深入讨论,是平等的交流关系。这就要求主持人尊重受众,以礼待人,和蔼可亲,同时要真实可信,富有知识和情感,以此取得受众的信赖,达到充分交流、共享信息的目的。一旦形成了这样的关系,也就比较容易进行思想的充分交流和信息的充分共享,取得理想的传播效果。这样的传播环境和氛围是需要整个节目组着力营造的。为配合这种定位,许多节目直接将演播现场布置成客厅的样子,以此营造"会客谈话"的氛围。

---

① 威尔伯·施拉姆:《大众传播媒介与社会发展》,金燕宁等译,华夏出版社,1990,第266页。

（三）话题意见领袖

在谈话节目中，人与人之间、话语和话语之间无形中会产生"场效应"。这是一种特殊的"舆论场"，一种能使许多人形成共同意见的时空环境。"'场'不仅是舆论形成的条件、空间，而且是推动舆论发展的契机，甚至制约着它的正负方向。'场'成为意见产生的共振圈。"[①] 既然是一个舆论场，就需要加以组织和引导，以形成积极向上的舆论氛围。从这个意义来说，主持人应成为"意见领袖"。但是要取得"意见领袖"的地位，必须靠主持人自身的素质与魅力，逐渐在传播实践中建立自己的威信。主持人有个人评议的权力。即便是有权威嘉宾参与的谈话节目，主持人也并非单纯的报幕者、串联者和提问者，而应表达出鲜明的观点，并参与话题的讨论与互动。主持人在节目中用议论的形式表达观点，这就是主持人个人评议权力的运用。评议的正确与否，以及评议的技巧都能够展示主持人的学识和品评问题的能力。由于是个人评议，是以"第一人称"出现，因此这种独到的见解是"我"的议论、"我"的评述，是对生活中各种现象、矛盾经过仔细地观察、分析、思考后的"我"的见解。这样，会使观众感到主持人很平等、很亲切，从而愿意继续倾听，而主持人也不至于游离于节目之外。

（四）现场调控核心

在谈话节目中，主持人的重要职责是起到串联和组织节目的作用。谈话节目一般有三种互动模式：主持人与嘉宾的互动、嘉宾与观众的互动、主持人与观众的互动。其中，主持人与嘉宾的互动，是三种互动方式中最重要的一环。主持人的角色，一是作为旁观者放松嘉宾情绪，使对方进入谈话氛围；二是作为参与者介入谈话，激发嘉宾智慧，不断引导话题。很多谈话，都是围绕主持人和嘉宾的会话展开的。

一个优秀的主持人要能够把控节目的节奏并将不同的内容、形式或节目要素组合成一个有机整体。"由于主持人是节目的参与者，他（她）要参与节目的制作，并在这个过程中起主导作用，因此，他（她）熟悉而且能够全面地把握整个节目，这有助于主持人调动自身的主观能动性，发挥自己多方面的才能。通过对整个节目的内容串联和结构布局进行总体考虑设计，可以使

[①] 刘建明：《舆论传播》，清华大学出版社，2001，第64页。

整个节目具有完整性和统一性。主持人在节目单元之间的有机穿插,使各具特色的节目单元的组合极为自然,没有生硬的跳跃感和断裂感。"[①] 在节目录制(直播)进程中,主持人更要担当好组织者角色,发挥协调、调度、控制功能,保证节目有序并精彩地进行。在西方,主持讨论、辩论和采访节目的主持人也常常被称为"仲裁人""协调人"(Moderator)。

  谈话节目的主持人应具有出色的表达能力、敏捷的应变能力和高超的控场技巧。控场技巧是指主持人对节目场面进行有效控制的技能和方法。在节目录制(直播)过程中,由于各种原因,嘉宾和观众的情绪、注意力及场上气氛、秩序常有变化的可能。主持人应有效地调动观众情绪,集中观众的注意力,驾驭场上气氛及秩序,使之向有利方向发展。控场技巧主要表现在两个方面:一是准确体现节目基调、风格,和谐流畅地串联起整个节目,谓之"常规控场";二是灵活机智、迅速得体地处置现场发生的意外,保证节目的顺利播出,谓之"应变控场"。作为谈话的组织者,"现在时"谈话的不可预知性所带来的"风险"必须由主持人承担和处置。在策划上,一般会对这种"风险"制定预案,但同样考验主持人的临场处置,如《实话实说》最初的策划人郑也夫所说,是"在既定的思路上即兴发挥"。北京电视台的《国际双行线》曾遇到过这样一件突发事件:被邀嘉宾谭盾与卞祖善发生争执,谭盾中途离席。但是,主持人、制作人员并没有被突如其来的变故所吓倒,他们没有放弃摄制,而是在主要嘉宾缺席的情况下一边努力圆场,一边与另一嘉宾把节目坚持到最后。这期节目引起了人们对话题之外的更多因素的思考,《国际双行线》也因此一炮走红。

(五)特定领域专家

  在传统意义上,谈话节目主持人的功能主要是组织、理解、现场调度、主题引导,而如今,越来越多的谈话类主持人突破了穿针引线的发问者角色,逐渐向节目的参与者、观点的展现者转变。主持人如果没有自己独特的观点,就不能融于谈话的氛围,无法激发参与者的兴致而会始终游离于节目之外。要深度介入话题,主持人必须成为节目所涉及的特定领域的"专家"。著名谈话节目《拉里·金现场》有大量新闻类选题,有关政治的比较严肃的话题占相

[①] 黄匡宇:《广播电视学概论》(第三版),暨南大学出版社,2010,第315页。

当比例,其主持人则有大量采访政治人物的经验,本身对美国的政治议题非常熟悉。主持人不只是信息的索取者,还常常是信息的提供者。《张召忠说》是军事专家张召忠在凤凰网主持的一个军事谈话类节目。张召忠本人退休前是国防大学教授、博士生导师,也是知名军事专家。在做主持之前,他作为嘉宾参加了许多电视节目,如《最强大脑》《一虎一席谈》《军情第一线》等,著有数十本原创出版物、专著及教科书籍,是名副其实的"专家型主持人"。传播实践证明,主持人(信息传播者)的威信越大,传播效果就越好。人们往往对权威的意见较为看重。这种权威性首先取决于传播者的信誉度,即诚实、公正、无私等人格魅力,其次是他的专业知识和专业能力。一档好的谈话节目,总是与主持人在这方面的影响分不开,同时节目的成功也会不断增强主持人的权威性。

二、谈话节目主持人的个性化设计

(一)主持人个性要与节目风格融为一体

以主持人为主线进行策划,是谈话节目策划的一个显著特征。主持人与节目之间内在的互相依存关系是"谋篇布局"时必须考虑的问题。这也说明了谈话节目主持人与节目互相依赖的程度,远远超过其他类型的节目。就个性而言,主持人的个性与主持人节目的个性应是有机的统一体。主持人不能超越节目的宗旨、特点,否则会游离于节目。

主持人的特色并不完全取决于外在的形貌,如服装、发型、体态等,对于谈话节目来说,主持人多以个性化、本色、真诚,以及富有亲和力的主持为特色。一般来说,主持人主持时间越长,就越容易形成自己独有的风格,同时主持人跟受众之间的感情也会随时间增长而加强。拉里·金主持节目长达30年,深受观众喜爱和信任,以至于一位观众说:"我一在屏幕上看到他朴实、诚恳、憨态可掬的样子,就被他吸引住了,即使他说的是假话,我也认为是真的。"现代社会是一个崇尚风格传播与个性传播的社会,那些个性鲜明、独具特色的主持人,往往更能牵动观众的目光。央视财经频道《对话》栏目开办以后,获得了较好的收视率和观众口碑,在很大程度上是因为张蔚的机智快捷、曲向东平和睿智的个性主持风格。

通常，谈话节目的主持人不要轻易更换。因为原来的主持人印在观众脑子中的第一印象是根深蒂固的，要想轻易抹去，极不容易。另外，节目的特点、特色、个性也决定了它需要什么样的主持人，不能先有节目，后有节目主持人。美国脱口秀女王奥普拉·温芙瑞以其名字命名的谈话节目《奥普拉·温芙瑞秀》，侧重于女性观众需求，所选话题也往往能深入美国大众文化的核心。奥普拉更是有意识地将节目调整为具有正面形象、能够振奋人心的类型。也就是说，节目的整体风格应与主持人的个性协调一致，就如同黏合剂一样把双方黏在了一起，一说起主持人就马上联想到他主持的节目，一谈起节目，又往往联想出主持人的形象。

江苏卫视播出的《有话非要说》围绕著名主持人孟非进行策划，本质上是一档升级换代的创新型谈话节目。所谓"非要说"，一则寓意"孟非说"，体现了节目与主持人孟非的高契合度；二则指"非说不可"，体现了节目参与者寻求帮助的迫切性以及节目选题的话题性。节目创造性地设计出情景剧访谈模式，对节目实施综艺化包装，借助以孟非为代表的主持群，现场化解素人烦恼，成为构建幸福生活的积极力量。《有话非要说》关注素人参与者的家长里短，以包容的姿态接纳素人人际关系中的困扰，编导选择话题的过程在某种程度上也就转化为让话题个性化和个案化的过程。通过展现诉求双方的困境，真实再现父子矛盾、夫妻关系等方方面面的社会问题，最终呈现"苦恼人的笑"。从已播节目看，选题涉及如何化解过度沉迷偶像、代际隔膜与矛盾、女性减肥瘦身苦恼、子女教育困惑等。作为一档极尽亲民的节目，《有话非要说》充分发挥孟非主持情感谈话和人际调节类节目的优势，可谓为其度身定做。主持人及其领衔的"解忧家族"，以平等的姿态、温和的语调切入素人生活烦恼的方方面面，并力图给出温暖的帮助和理性的建议。这一定位契合了江苏卫视"温暖""幸福"的平台气质，在当前谈话节目市场具有与众不同的个性。

（二）在语言的合理运用中施展个人魅力

"对大局的把握、对品位的把握、对技巧的把握及对自身素质的培养"，被认为是《实话实说》的成功法宝。[1] 但初代主持人崔永元的个人魅力及其高

---

[1] 中央电视台：《中央电视台的第一与变迁》，东方出版社，2003，第39页。

超的语言能力，一直是节目成功的重要因素。时至今日，这种成功仍难以逾越。语言，始终是崔永元与观众沟通交流和施展个人魅力的最重要手段。从语言内容到表达方式，以及紧紧伴随着有声语言的体态语言，它们共同构成了吸引观众的"语言场"，产生出立体化的磁吸效应。

"吃的学问"是《实话实说》栏目春节系列节目中的一期。单纯从题目看，这个内容似乎不具"话题性"，也不具冲突性，不容易用电视手段来表现。而在本期节目里，崔永元却以他独特的主持风格，让观众领略了一期独具特色的节目。在面对来自全国各地的美食家、学者甚至专家时，他所提的问题都设身处地使嘉宾或观众能够理解和接受，让观众消除防备心理，进入一个实话实说的境界。为了消除节目现场的崇拜感，达到平等交流和沟通的目的，崔永元特别运用了一些语言技巧，如他在介绍人物身份时，只说美食家某某、老师某某，从来不说著名专家、著名美食家。在主持现场，他甚至直接坐在台阶上，与嘉宾、观众平起平坐。崔永元的真诚还表现在当他的嘉宾或观众因为文化程度或紧张的原因而不能很好地表达自己时，他能以巧妙的语言化解他们的尴尬，并尽力将专家的理论用通俗的方式解释给普通观众。

从某种意义上说，一个主持人的高水准在于格调的定位，而格调来源于他的气质和风度。崔永元在主持"吃的学问"时充分展现了他独特的气质和风度，表现出他作为一名优秀电视节目主持人所具备的深厚的文化内涵和高超的语言技巧。这期节目，最让人欣赏的就是现场那种轻松、亲切、平和而真实的谈话氛围，这种氛围促使人们能说真话、说实话，并且又是非常流畅自然地说出来。这也正是崔永元追求的节目风格。节目中，崔永元机智幽默的语言总是给人留下深刻的印象。幽默是一种美，具有很高的审美价值；幽默也是一种素质，是主持人内涵的外在表现。一个人必须具备广博的知识，才能在对事物的联想中产生幽默感。一个人也只有在自然放松的状态下，才能对某一事物的特殊之处做出与众不同的机智、迅捷的反应。

许多谈话节目主持人喜欢如记者似的，拿着话筒提问嘉宾，而崔永元以他独具魅力的幽默语言营造着现场轻松、自然的气氛。他不是为幽默而幽默，当他感到现场气氛有一点尴尬了，有一点激烈或不冷静的时候，他就用幽默或玩笑化解掉。这些幽默的语言在现场起到活化气氛的作用，使现场的氛围更像一场正常的谈话，而不是严肃的座谈会。同时，崔永元对幽默的掌握很有分寸，他知道如果在兴头上不加控制地将肚里的"包袱"都抖出来，那就滑向了贫嘴，而贫嘴会损害主持人的形象，进而影响节目的质量。崔永元说："如果这种正常的谈话不需要幽默的话，那么我整个晚上可能一句玩笑都不说。"这表现了他对幽默的自制力，也体现了他对节目品味的追求。后来有老大娘形象地说："看到'小崔'就像看到隔壁邻居家的'小虎子'。"正因为这样，观众对崔在节目中那种油嘴滑舌的批判和淘气式的叛逆才可以容忍，甚至喜欢他那种在尊重他人基础上的调侃和自嘲。他给人的印象是善良、进取，有正义感的，并有一种打动人的人文关怀精神，与他谈话是舒服的，也是愉快的。平民视角、平民生活、平民话题、平民语言、平民姿态——这就是老百姓最喜欢的节目和其主持人。

案例

民意表达与政治参与的窗口
——评全媒体谈话节目《民声》的形态与策划

南京电视台制作播出全媒体互动谈话节目《民声》，以城市治理和社会民生热点为选题，旨在通过广泛融合形成舆论，通过互动沟通达成共识，从而在潜移默化中促进城市文明进步。该栏目不仅在本地市场获得普遍欢迎，更赢得2015年"中国新闻奖"新闻名专栏一等奖，可谓地方台谈话节目策划的成功案例。

一、《民声》的总体定位

《民声》，顾名思义，是要搭建一个公共平台传递市民的声音。公共空间是一种民意表达和政治参与的特殊机制，即市民能够自由进出、平等交流、表达诉求、协商对话的公共舆论空间。按照公共领域概念，必须具备特定的讨论平台、参与主体,以及理性批判的精神,才有可能实现真正的公共空间。作为建设城市公共空间的重要力量,广电媒体在助推城市民意表达,提升城市现代治理能力方面发挥着积极作用。《民声》栏目以其直击社会热点的选题和平等议政、多元参与的形式,构建起各种观点和而不同的"场"和在社会共识基础上采取集体行动的"域"。

哈贝马斯曾说:"由于经济和国家关系的不同,我完全能够想象将西方的模式直接'应用'到中国的任何一种尝试所遇到的困难。不过,我确实认为,经济的自由化和政治体制的进一步民主化,将最终促进并且需要民主形式的舆论必须植根于其中的,我们称为政治公共领域和联系网络的某种等价物。"①在这个意义上说,电视栏目《民声》为中国特色的民主政治和城市公共空间建设进行了有益的探索。当一个城市的市民能够通过大众媒介了解公共事件、进行公开辩论,大众媒介的意见市场便能够逐渐成形,公共舆论也就会诞生于其中。在一定意义上说,《民声》更像一个公共谈话栏目。就此种节目形态而言,诞生于1947年的美国星期天公共谈话栏目《与媒体见面》("Meet the Press",又译《会见新闻界》)可谓典范,其在NBC播出至今,长盛不衰,而秘诀就在于对美国社会的公共事务持续关注并加以讨论。但在中国,舆论引导的需要、争取收视的压力,以及媒体人理想主义的追求需要巧妙平衡,这是节目策划制作时需要把握的难点,也是影响节目持久生命力的关键因素。如果能够处理好上述关系,"这样定位的谈话节目随着社会的开放、民主的发展,一定具有它延续的生命力。"②

《民声》定位为全媒体谈话节目,试图整合传统广播电视舆论场与网络舆论场。与其他媒介相比,互联网更具草根性、民主性特点,也更容易成为各种声音、各种价值观念汇聚的场所。对于城市广电而言,面对社会公共空间构建的需求,生产理性、建设性,且具有公共性特点的内容是参与城市治理的重要形式。因为"媒体公共空间让人们普遍不安全的浮躁心理有了一个释放的平台,但公共理性和社会价值观是浮躁心理得以释放和对话沟通的基础,

---

① 哈贝马斯:《关于公共领域的问答》,梁光严译,《社会科学研究》1999年第3期。
② 曾祥敏:《守正出奇:新闻谈话节目〈民声〉栏目评析》,《中国广播电视学刊》2015年第11期。

对话沟通的目的是形成社会凝聚力，促进社会团结。"① 良好的政治沟通表征为城市主政者与全体市民之间在信息传递基础上的协调对话，二者通过媒体平台良性互动，形成有关城市公共事务的基本共识。

二、议题策划：注重民意诉求与政府需求的有效对接

历史地看，《民声》节目既是对发端于南京的电视民生新闻一脉相承的延续，又是对广播领域"政风热线"类节目的升级。上述节目类型的共同特点在于，强调在选题的策划和挖掘上，做到既围绕城市中心工作，对接政府议题，又表达普通市民诉求，关注民生热点。《民声》充分利用网络电视台和微博、微信平台，以"关注民情、尊重民意、倾听民声"为主旨，在互联网上征集群众热议的民生话题，试图打通两个舆论场。

城市中心工作离不开市民生计，一档优秀的电视节目理应关注百姓话题，使民意上达决策者，从而形成共谋共识。以《民声》2014年播出内容为例，历期节目的嘉宾和话题，涉及公共安全、市政管理、环保、旅游、交通、消费等诸多方面。诸如《城市交通如何管理》《如何让老百姓菜篮子更丰足实惠？》《城管，如何走出执法困境》《城市规划的困境在哪里》等，这些内容与百姓切身利益紧密相连，又是政府官员密切关注、希望共同寻求解答的问题。话题的公共性，打开了该栏目的视野与格局。从节目所涉议题看，有城市民生类，如《保障房：托起百姓安居梦》（141208）；有城市管理类，如《环境大扫除 城管将如何作为》（140414）；有城市发展类，如《推广节能建筑 共创节约型社会》（140921）；有城市消费类，如《让南京演艺市场更繁荣》（140824）。此外，还结合当年在南京举办的第二届夏季青年奥林匹克运动会，推出了城市安保和志愿者服务等方面的内容。但总体上看，以城市管理和城市发展类议题为主（图3.1），合计占比超62%。《民声》的议题确定是民意反馈的结果，栏目一改过去由媒体设定话题的状况，而是基于微博、微信等民调手段和民调数据进行策划。借助官网、微博、微信等新媒体手段，不断扩大舆论生成空间，从选题征集、受众参与、网民互动到播出时的现场反馈，

---

① 师曾志：《沟通与对话：公民社会与媒体公共空间》，《国际新闻界》2009年第12期。

都努力融入市民多元化的声音。

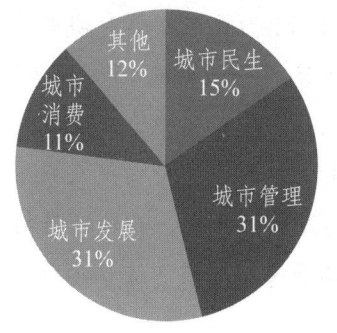
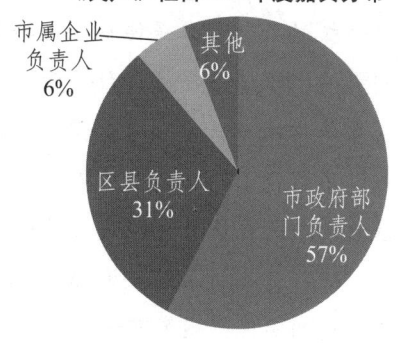

南京电视台《民声》栏目2014年度议题及嘉宾分布

公共空间是对社会公众开放的民意生成场所，传媒以公共舆论的形式保障大众参与公众讨论和表达意见的自由权利。尽管借助广电媒体进行的交流规模有限，也未必能实话实说或畅所欲言，但毕竟带来了社会沟通与整合的契机。在这个意义上讲，广播电视公共空间的起点在于一个可供公众充分参与、交流的平台。如英国文化学者戴维·钱尼所说，"所有的人都可以接近、了解、熟悉、辨别、理解、分享和交流，每个人都可以谈论"[①]。《民声》邀请城市管理者与市民代表、专家学者"面对面倾听、心连心交流"。通过不断交锋、交流、交心，化解难题，促进和谐，为提升城市现代治理能力、构建民主文明的城市形象发挥了积极作用。从节目设计上看，由于每期节目都请局长、区长、主任等政府部门负责人。从2014年嘉宾分布看，市政府部门负责人占57%，区县负责人占31%，分别排名前两位。由于城市管理者"登台亮相"，节目所选话题也基本脱离了传统民生新闻大量涉及的家长里短和鸡毛蒜皮，呈现出更具公共性意味的媒体追求。

三、形态设计：实现荧屏议政与网络互动的巧妙结合

从人与社会的关系视角看，公共空间的价值就在于实现私人领域与国家

[①] 戴维·钱尼：《文化转向——当代文化史概览》，戴从容译，江苏人民出版社，2004，第130页。

权力的沟通,即提供一个可以发表意见和平等交流的平台,调动普通民众参与社会治理的积极性。这种参与至少体现于两个方面:一是监督,即社会公众对公权的监督;二是协商,即协调不同利益取向的个体对城市治理产生的不同影响。《民声》巧妙设计了两个主要环节:"一问到底"和"换位思考",前者主要是由城市民意代表和主持人就新闻短片中的话题,向官员发问,问题犀利,不留情面,体现公众对权力的监督;后者主要是由观众投票,将民意代表选为"民意局长"("民意区长"),通过转换角色,在被连串拷问中感受"做官难",进而促成不同利益个体在协商中化解矛盾。这种环节设置,为监督与协商的实现提供了可能。

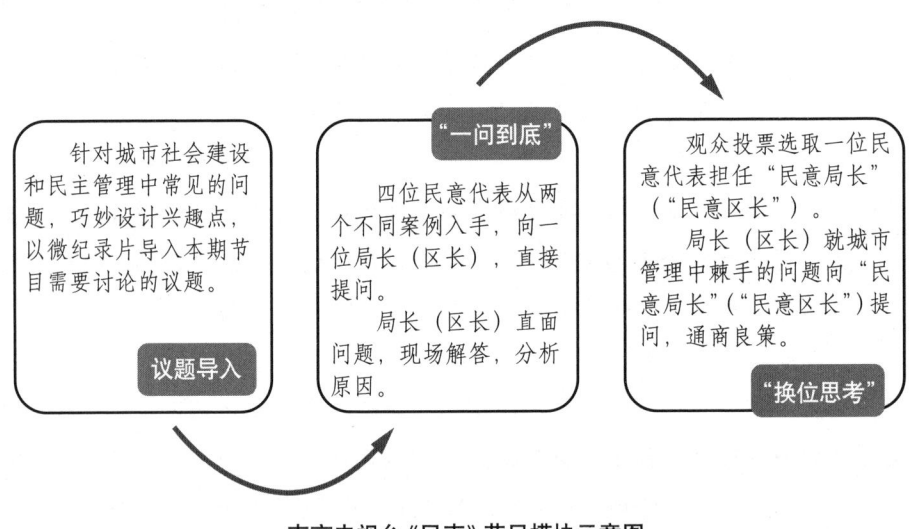

南京电视台《民声》节目模块示意图

纵观《民声》的节目样态,在吸纳新闻访谈、海选、连线、真人秀等节目元素的基础上,有效整合了演播室现场与网络舆论场。以2014年4月20日播出的《环境大扫除 城管将如何作为》为例,节目播出时正逢南京市政府部署的"大干一百天,环境大扫除"综合整治活动,既涉及群众关注度高的背街小巷乱停乱放、私搭乱建、占道经营等城市顽疾,又因牵扯到部分市民的切身利益而遭遇阻力,同时,对于此类政府主导的、"运动式"的整治究竟有多少持久效果,市民也普遍存在疑问。面对这一城市关注度高的话题,栏目组邀请了市城管局副局长司徒幸福走进演播厅,同时邀请来自媒体、高校、律师事务所和小区业委会的4位民声代表，以及36位市民代表和1位连线网友共同参与访谈。

节目先后导入三条新闻背景短片，内容分别为违建拆除、整治占道经营、整治违章停车，这也是本期节目主要讨论的话题。在"一问到底"环节，民声代表和市民代表尖锐提问，抛出了如"城管局自己有没有违章建筑""如何兼顾平衡百姓利益""小部分困难群众的利益如何保护""拆除违建的信息公开如何落实"等问题，局长现场作答；节目现场请入一线城管队员，坦言执法面临的难题；请入曾经的占道经营摊主，畅谈从堵到疏的感受；节目录制现场拨打被多次投诉"脏乱差"却无人问津的某社区"路长"电话，就出新后的街巷无人管理的问题进行质疑。在"换位思考"环节，南京交通台首席记者小凡通过现场投票，当选为本期"民意局长"，现场就规范城市停车秩序的问题接受提问。同时，就"上海拆违经验在南京是否值得推广""城管柔性执法是否可行"等话题进行了讨论。局长就实际工作对模拟局长进行咨询，这个环节带有鲜明的"问政于民"色彩。节目录制过程全程向网络直播，在直播过程中，网友通过围观发表看法，并提问场内嘉宾。这种公共意见的形成"是真正推论性的，它可以说是经历了各种矛盾对立的观点，从一处到另一处，从世界的一个部分到另一个部分，直到最后从这些个别上升到某种不偏不倚的一般"[①]。来自网络的吐槽，如"占道经营的没了，连早点都吃不上了""是长期问题，而不是青奥会前的面子工程""这说明以前的城管工作做的就不到位啊"，一一呈现于场内屏幕。《民声》的形式设计有利于多元声音的碰撞与交流，也有利于促进百姓与政府互动，形成城市共管共治的局面。在节目最后，通过现场投票，显示本场城管局支持率（理解指数）88.9%。

[①] 菲力普·汉森：《历史、政治与公民权：阿伦特传》，刘佳林译，江苏人民出版社，2004，第140页。

第七章

■ 新虚构与强叙事：
融媒体时代的纪录片策划

　　纪录片（记录式报道）源于电影，是一种重要的非虚构叙事类型。当前，纪录片在内容选题、叙事方式、传播渠道和产业运营等方面都面临全新的挑战。从纪录片的网络传播渠道来看，社交平台正成为众多原创纪录片传播的主阵地，一些纪录片通过B站等年轻人聚集的网络社区进行投放，在微博、知乎等社交平台进行话题发酵，并利用短视频平台进行引流。这些创新赢得年轻受众的关注，有效提升了纪录片网络传播的效果。如果能够通过媒体融合，让传统的电视观众和互联网用户从割裂走向互融，这样新媒体就不仅不是纪录片发展的阻碍，反而会成为中国纪录片走向成熟与壮大的动力。融媒体时代，新的创作者正努力打通各类平台，打造纪录片"电视频道＋新媒体平台"的传播模式，并在纪实影像、题材关切、叙事手法等方面持续创新。尽管风格迥异，但从策划层面看，一些基本规则和流程仍被共同遵守。熟悉纪录片的风格类型和策划思路，对于推动各类视听节目的创新创优都有积极意义。

◀ 第七章　新虚构与强叙事：融媒体时代的纪录片策划

第一节　融媒体时代的纪录片

一、走向泛化的纪录片

这是一个纪录片被泛化的时代。本书所谓的纪录片是一个相对泛化和广义的概念，既包括典型的纪实风格电视片，也包括强调表现和主观创意的真实题材作品，甚至涵盖部分运用虚构策略的纪实节目，在融媒体环境下，还包括大量纪实性的视频短片。从2017年开始，央视纪录频道的节目生产模式中片长规格从原来的50分钟、25分钟两种，正式增加了5分钟左右的短视频与90分钟的纪录电影两种。与此同时，一系列适合移动端观看的"微纪录""短视频"，如《如果国宝会说话》《中国字》《中国微名片》等纷纷出炉，一些热门IP的相关微纪录片也成为网生纪录片的热门品类。可以说，"典型的纪录片已经失去统治地位，让位给了比它新的节目形态，但是记录的表现方式如同电视的基因一样，在所有电视节目中携带着"[①]。

在历史上，纪录片有其特定的所指，也存在一个与之相关的概念——专题片。专题片的称谓最早见于中央电视台。1975年央视社教部推出了几个专栏，将专栏里播放的片子称为专题片。专题片是一个具有中国特色的名词。在国外，类似片种和节目类型几乎被统称为纪录片（Documentary）。专题片与纪录片的关系，一度是国内学术界争论的焦点。针对人们认知的混乱情况，理论界逐渐意识到问题出在"专题片"这个概念本身。经过20世纪90年代的几次学术研讨，在后来推出的《中国电视专题节目分类条目》中，不再使用"专题片"这一名称，而是明确提出：纪录片是电视专题节目的一部分，被涵盖于其中的报道类，是报道类节目的主要形式。

报道类专题节目是电视专题节目的主体。报道类节目内容涵盖面广，历史、现实、文化、科学、社会、人生的各个领域均可成为报道的对象。这类节目也是深度报道最常用的节目形态，在选题时往往偏重那些能反映事物实

[①] 张小琴、王彩平：《电视节目新形态》，中国广播电视出版社，2007，第92页。

质意义和发展规律的、具有典型意义的人和事。报道类专题节目根据其叙述表述方式的差异，可分为纪实型、创意型、政论型、访谈型和讲话型五种。这五种类型基本包括了以前被认为是专题片和纪录片的电视片。至此，关于纪录片和专题片名称的争论便暂告结束。此后，专题片的说法渐渐淡出，而名为纪录片的电视专题节目逐渐成为大家都接受并普遍使用的一种名称。

不过，在"中国广播电视政府奖评奖标准"中，从狭义的概念出发，仍将纪录片与专题片并列，同时归入电视社教类节目，并给出如下定义：所谓专题片，是指以声画对位的解说词为主要表达方式的议叙结合的电视社教节目；所谓纪录片是指以声画合一的现场实景为主体拍摄的纪实风格的电视社教节目。上述概念从作品的风格技巧和功能定位等方面对两种不同的节目类型进行了区分，在业界仍被普遍应用。

进入融媒体时代，在真正的实践层面，专题片与纪录片的汇流融合已是大势所趋，特别是在网络视频平台，"专题片"这一概念已几乎绝迹。在大众文化与后现代文化语境下，电视纪录片在创作观念与方法上都不断与时俱进，不断融合多种视听手段，甚至在纪实美学的创作原则下，积极引入"新虚构"手法，去实现更为接近的真实。随着"微时代""自媒体时代"到来，利用网络等新媒体进行微型纪录片创作也成为一种重要趋势。

二、纪录片节目形态特征

如前所述，纪录片属于报道类节目，即以报道的方式对某一主题进行较为系统全面而又深入的探究与表现的节目。无论其形态在不同历史时期和媒介条件下如何变化，总体特征仍可从以下方面把握。

（一）非虚构

按照我国一般的理解，纪录片是以摄影或摄像手段，对政治、经济、军事、文化、自然和历史事件等作比较系统完整的纪实报道，并给人以一定审美享受的作品形式。美国四所大学电视系联合编纂的《电影术语词典》有这样的表述："纪录片，一种非虚构的影片，它直接取材于现实，并用剪辑和声音增进主题思想。"一般而言，真实性在纪录片里要包括5个方面：空间、时间、人物、事件和细节。这5个方面的真实是纪录片存在的基础。真实是纪录片的首要特征。经典的纪录片理论要求直接从现实中取材,拍摄真人真事,基本手法是采访摄影,即在事件发生发展过程中,尽量用"挑、等、抢"或追随采访的摄录方法,记录真实环境、真实时间里发生的真人真事,在确保整体真实的基础上,追求细节的真实。

（二）纪实手法的运用

纪录片特别是现实题材纪录片,强调长镜头和同期声的使用,是典型的记录式报道。而"纪实"则是一种创造"逼真感"的手段。"逼真感"作为现代纪实的主要特征之一,已成为一种叙事策略,即尽可能地把主观性巧妙隐藏在选择之中,把对事实的判断权交给观众。因此,观众对"真实"的认同实质上是"逼真感"的作用。经典纪录片《望长城》有这样一个片段,主持人焦建成找到一位牧羊人,他想让牧羊人唱一首当地的民歌,那位牧羊人很不好意思,不愿意唱,此时已经表现出牧羊人内向的性格,但后来牧羊人终于高歌了一首民歌。整个过程摄像机都没有关机,只是变化了拍摄角度。长达5分钟多的长镜头,将人物的性格、内心世界准确地反映出来。这个事例是创作者和创作对象互动的结果。在彼此互相观照的条件下,让事件自然发生、发展,是真实记录的体现。纪实主义的创作方法最大限度地赋予了人们符合日常生活经验的逼真感,纪实策略也一直是当代纪录片创作的主流方法。

（三）现实的创造性处理

在纪录片创作过程中,编导对纪录对象需要进行技术和艺术上的"再创造"。英国导演格里尔逊否定了以前认为的记录真实是对现实生活简单复制的观念,认为也可以采取戏剧手法,甚至扮演手法;认为纪录片创作是"打造自然的镜子",而不是"观照自然的镜子"。也就是说,纪录片是"对现实的创造性处理"——真实的重构。

在这个意义上说,纪录是"发现",是技术、艺术的"再创造"过程。摄像机在创作者和被摄对象之间不应是冷眼相看,而是掺入了创作者技术和艺术的审美观照。要保持真实性,首先保证真实环境、真实时间内发生的真人真事。在这基础上,创作者要用动态的眼光把握纪录过程与记录对象在自然流程中的融合和走向,在时间、空间两大向度上最大限度地再现其发展过程。

技术上的"再创造",需要创作者在选定拍摄题材以后,根据周围环境选择最佳拍摄角度、光线、景别、音响效果。在创作过程中,创作者要不间断地注视事件的发生、发展,注意有选择地变换角度,突出主题,注意对细节的记录,也要注意对偶发事件和周围环境的记录。对于艺术的"再创造",著名纪录片导演伊文思在《摄像机和我》中谈道:"摄像机前的真实事物是否真实,观众是否相信,关键不在于这些事物是否受到干预。没有一部纪录影片,甚至没有一部新闻片,是不经过某种程度的艺术处理就可以摄制成功的。当你为摄像机选择位置的时候,影片的艺术就开始了。当你对一个人说'别瞧着摄像机'的时候,排演就开始了。"这说明纪录实际上是一种在尊重事实前提下的艺术再现。

三、纪录片题材类型的拓展

纪录片选题范围广泛,题材类型非常多样。按传统题材分类,可以分为文献片、社情片、人物片、风光片等。文献片的关键素材是史料,拍摄的目的不是简单地重现历史风貌,而是为了总结历史,留住记忆,代表作品如《大抗战》《大三线》《回望延安》等。社情片在视频节目中占据相当大的比重,央视栏目《纪事》、上海电视台纪实频道《纪录片编辑室》等均大量播出此类作品。除突出地方特色、代表性景观、民俗风情之外,最重要的是观察人、分析人,关注普通人的生存境遇及其关心的话题,代表作品如《幸福生活》《拎起大舌头》《当兵》等。人物片可以表现典型人物的先进事迹,也可以表现普通人的喜怒哀乐,在表现人物特殊性的同时,突出性格、经历、困境,引起观众共鸣,代表作品如《舟舟的世界》《茅岩河船夫》等。风光片并不是简单的风景描写,既要抓住特色,也要抓住文化,尤其是要认真发掘风光背后的人文内涵,代表作品如《美丽中国》《航拍中国》《西湖》等。

在融媒体时代,纪录片创作依然坚持内容为王,需要精选题材,精心拍摄,以求提供精致的内容,延长受众审美时间,给受众留下深刻印象。在题材进一步细分的趋势下,诸如探索发现纪录片、旅行纪录片、美食纪录片、文玩纪录片等高度垂直的类型开始出现,并诞生了《舌尖上的中国》《风味人间》《我在故宫修文物》《如果国宝会说话》《人生一串》等优秀作品。

现实题材是纪录片最重要的题材类型。在纪录片有限的篇幅中,想要事无巨细地讲清事件始末是不可能的,因此要有所选择。为提升节目的感染力,一定要粗中取精,以小见大,把视线对准最有震撼力、生命力的现实生活。纪录片《千里单骑回故乡》将镜头对准了六个渴望回家过年的人,他们用摩托车来对抗春运严峻的形势,六个人六天骑行两千公里,路上的欢笑和泪水无疑成了所有在外打工者在春运中的真实写照。如果只是泛泛而谈春运的票有多难买,春运的旅客路途有多艰辛,选题确实符合"大题材"的要求,但实际上却空洞无物。40年来,我国经济飞速发展,无论是物质生活还是人的精神世界都在发生着巨大变化,现实题材纪录片应该以其凝重坚实的内涵形象去反映这种变化,并关注身处变化中的普通人的生活。

四、纪录片风格模式的演进

纪录片的风格模式与技巧运用有关。在实施纪录片策划时,一方面要把握好选题方向,另一方面要找到与之匹配的操作形式。台湾著名纪录片人李道明先生曾按操作形式将纪录片分为四类:旁白、解说加画面的"主观式",由采访构成的"采访式",既无旁白也无解说和采访的"纯观察式",以及由拍摄者和被拍摄者互动构成的"反射式"。从世界范围看,纪录片的风格模式大体有以下几种类型:

(一)格里尔逊式或"说教模式"

形态上以"画面加解说"为代表。格里尔逊是20世纪30年代出名的英国纪录片导演。当时有声电影出现了,格里尔逊首先运用画外音解说配合纪录片画面。比尔·尼柯尔斯认为,格里尔逊传统的直接谈话风格是"第一种被彻底用滥了的纪录片形式"。此种方式也一度遭到批评。批评者认为,为了迎合那些追求长篇说教者的口味,它使用了表面上权威十足,而实际上却自以为是又脱离画面的解说。在许多作品中,解说词明显压倒了画面,尽管从信息传递效率上来说这又是十分必要的。当前,这种风格纪录片仍数量繁多,央视拍摄的《大国崛起》《公司的力量》《互联网时代》等,虽融入了一定采访片

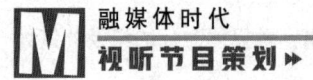

段,但都带有鲜明的"说教风格"。

（二）"真实电影"

第二次世界大战之后,影视技术快速发展——16毫米摄影机和便携式摄像机被大量运用,便携式录音设备发明使用——由此推动了新的纪录片风格的出现。"真实电影"风格由法国导演让·鲁什开创。他的作品《夏日纪事》拍摄于街头,行人被摄影机后面的麦克风叫住:"您幸福吗？"有的人置之不理,有的人若有所思,有的人百感交集……这种模式一反格里尔逊的风格,形成了以访问形式出现的建立在拍摄者和被拍摄者之间互动关系上的独特风格,被称为"参与的摄像机"。让·鲁什说:"纪录片的客观与真实,需要的是纪录片创作者的一颗正直的心,而远非其他什么。"2006年,央视《纪事》栏目曾按此创意拍摄纪录片《幸福在哪里》。

（三）"直接电影"

"直接电影"产生于20世纪60年代初的美国。这种风格由罗伯特·德鲁和理查德·利科克开创。德鲁在不介入的长期观察与拍摄中捕捉真实,拍摄了纪录片《初选》。不仅通片不加一句解说,连记者对被访人的谈话实况都尽可能避免,以免除编导主观倾向直接或间接的流露。这种方式以捕捉人们日常生活中未经修饰的事件、场面为手段,来保证"现场效果"的增强。美国电影史学家罗伯特·C.艾伦在《电影史:理论和实践》一书中总结了美国直接电影创作的特点:(1)依靠同步录音,避免画外解说或音乐所提供的"阐释"。(2)将电影制作者的干预降至最低程度,电影制作者绝不影响影片主体的语言内容或行为方式,影片拍摄过程要尽可能不引人注目。(3)在剪辑过程中,避免"暴露剪辑点"。也就是说,剪辑不能用来体现电影制作者对影片主体的态度,而是要尽可能忠实地再现观者将要亲眼看到或亲耳听到的东西,如同他们亲身见证了影片叙述的事件一样。

（四）访问谈话模式

这种方式是将被摄者或解说员、主持人直接面向观众讲话,结合于采访、会见之中。一般采用长镜头拍摄,辅之以实况效果声。具有权威性、代表性的当事人或见证人直接向观众叙述,不仅向观众提供背景,发表议论,又避免了编导主观介入的嫌疑,使人感到作品公正、客观、可信。在实际操作中,访问谈话模式经常不单纯只是访谈，而是熔长镜头纪实拍摄、主持人采访、同期声、后期解说和音乐于一炉。因此，在很长一段时间里被认为是纪录片的标准模式。

（五）个人讲述模式

这种方式是当事人，也就是拍摄对象自己讲述自己的故事，用自己的声音贯穿全片。其优势是真实、自然，同时避免主观化的解说和记者的干扰。当然，也有的作品选择由拍摄者或制片人来进行讲述。它使评述者的议论混杂在访问会见之中，又使制片人的画外音同屏幕上的字幕相结合，来直截了当地表达作者的观念。在此种风格的纪录片中，制片人本身常常就是事件的见证人。纪录片《超码的我》由美国人摩根·斯普尔洛克制作，在片中，摩根把自己当成"小白鼠"做了一个试验：连续30天，三餐只吃麦当劳的食物，只喝麦当劳的饮料，与之同步，他面向镜头讲述自己的体验，采访医生和营养师，以纪录片的形式让观众见证麦当劳对自己的身体带来的有害无益的变化。这种方式被认为属于现代主义的纪录片风格。

上述几种风格模式不仅反映了社会变革带来的人的观念的变革，更重要的是它较集中地表现在叙事方式或叙事结构的变化上，即封闭的、说教式的叙事方式，逐渐为开放的、启示式的叙事方式所替代。在"人的声音"上，几种风格有很大差异。这种"人的声音"反映了编导者的企图或倾向。那些用来表达企图或倾向的形式手段主要包括解说词、谈话、讲演等，而这些解说词、谈话、讲演同画面的关系如何，就成了区分上述模式的分水岭。

纪录片的风格与题材有关，与主旨有关，也与编导的个性和创作理念有关。同样的选题，完全可能呈现出截然不同的风格，具体表现为解说词文本、视听语言、结构形式、叙事逻辑等方面的差异。因此，有必要在策划阶段对纪录片的整体风格进行科学定位。在实践中，我们还可以简单地将以上风格从表现上归纳为两大类，一类是以记录客体对象原生形态为主要特征的自然记录风格的作品，另一类是在反映现实生活的同时，有更强的造型表意追求和创作者主观情感的作品。

"主观与客观"是纪录片风格构思阶段无法绕开的问题之一，对这一问题的不同理解和回答直接影响着纪录片创作的整个过程和作品的最终面貌。在纪录片构思之初，编导就需要对作品是走"客观纪实路线"，还是走"主观写意路线"有一个基本策划。一方面，纪录片创作应该百花齐放，而不是将纪实性纪录片视为唯一的风格样式。另一方面，纪录片这一艺术形式的特殊本质规定性也不容忽视。承认纪录片具有主观性绝不意味着可以随便撒谎和说教。创作者在表达自己立场的时候，有必要把主观意念的建构方式告诉观众，并把作者的立场和被拍摄者的立场分开。至少让观众明白哪些情绪是被拍摄者的情感的自然流露，哪些是创作者的"意识的流动"，只有这样，才可以避免作者意识对记录对象的过度阐释。

第二节 纪实与"虚构"的策略选择

纪录片的本性是纪实性，即对客观性物质现实的复原。纪实不是真实，纪实首先是一种美学风格，也是一种与真实的关系。近年来，主题表现风格和自然纪录风格的纪录片在屏幕上交相辉映，带来纪录片风格的多元化。在纪录片创作手法不断创新的过程中，新的纪实方法与"虚构"策略也加速涌现。

一、纪录片的纪实策略

（一）纪实的概念

这里的所谓纪实，是指以电子媒介传播手段，直接摄取现实生活中的形象、音响、环境氛围、人物事件作为传播符号来对正在发生或新近发生和发现的事实进行传递。它以贴近生活自身的形态直接作为传播符号加以选择、编辑、输送、传播、保存复制，具有视、听、时间、空间等全方位的信息。

由于素材的来源与性质不同，在纪录片中存在纪实和艺术两种不同的语言。纪实语言，指素材来源于真实的生活，在正在进行的现实生活中，真实自然地撷取素材，结构节目。素材的真实性和原始形态是电视纪实语言的基本特征。艺术语言，它的素材来源于对生活的模拟、组织、安排或利用其他手段制作成形象素材，用以组织节目，表现主观的意图和情感。现实题材纪录片主要使用纪实语言，展现原生态的现实，也有时辅助以艺术语言。从受众角度上看，电视纪实给观众以接近或还原生活形态的可视性和真实性，让观众获得真实的生活体验（生活真实感），完成了真实感的信息反馈与审美接受。[①]

因此，纪录片策划的逻辑起点是现实和理念二者之间的矛盾。换言之，因为纪录片创作的手段在很大程度上被限定在"纪实"范围之内，所以一方面要依赖于现实生活所提供的材料，真实地纪录现实；另一方面要避免对现实的过分依附，努力去传达审美体验。在这个意义上说，纪录片创作中再现和表现的关系，可以理解为手段和目的的关系。艺术创作手段是创作者审美体验的物化方式，创作目的则是艺术家所追求的审美理想，二者相辅相成，共同构建出纪录片独特的艺术品格。如果说纪录片基本的表达方式是"用事实说话"，那么，"用事实"是手段，"说话"则是纪录片的终极目的所在。

（二）纪实手法的实践发展

1. 纪实手法在中国的勃兴

纪实主义在20世纪90年代初的中国勃兴并非偶然。主题先行的专题片模式在80年代后期已发展到了极致，并产生了《丝绸之路》《话说长江》《话说运河》等较为成熟的作品。然而，进入90年代，中国媒体文化在整体上逐渐淡化了此前的主题至上论，普通人的独立情感开始为媒体所重视，意识形态宣教逐渐让位给平实的情感关注。因此，"画面加解说"的格里尔逊模式变得越来越不合时宜。同时，便携式摄像、同期录音等技术的成熟，都无一例外地对当时的纪录片创作方向产生巨大影响。

《望长城》是中国纪录片发展历程中的标志性作品。该片所奉行的客观纪实手法打破了此前我国纪录片创作的沉闷格局，促成中国纪录片在语言、风格、题材、视角、叙述方式等方面转向了纪实主义。总导演刘效礼推崇纪实手法，强调完整记录现实时空的"形声一体化结构"，通过"物质现实的复原"，最大限度地满足大众展示和观看自身形象的需要。跟拍、同期声、长镜

---

① 冷冶夫:《论纪录片纪实"真实"的变迁》,《现代视听》2009年第4期。

头、平视机位等客观纪实手法对流于说教的专题片模式来说，无异于一次地震式的颠覆。中国纪录片运动随之兴起。

随后，国内出现了如《龙脊》《山洞里的村庄》《阴阳》等带有"直接电影"风格的纪录片。这种观念认为，纪录片中记者的采访痕迹越少越好，这样会更加客观真实。这又回到了新闻片与纪录片的真实观的区别上来了。新闻片的真实本身就包括了记者参与的真实；而纪录片的真实，倒尽量让客体忘记记者的存在。这就有了一点追求"纯纪实"的意味。可以说，直接电影精神是一种平视、客观、静默关注生活的创作态度，是更深入、更迫近生活本质的纪实精神。①

2. 纪实手法的滥用与反思

随着客观纪实手法广泛流行，人们对纪实的模糊认识所带来的问题也日益凸显，并对纪录片创作带来了明显伤害。这主要表现在以下两个方面：其一，纪实手法被简单等同于长时间跟拍、晃动的长镜头和嘈杂的同期声，许多跟踪纪实拍出的纪录片成了冗长的生活场景的无意义堆砌，导致纪录片创作简单化、肤浅化和非审美化倾向；其二，随着纪实性纪录片在国际国内的频频获奖，客观纪实这一创作理念日益深入人心而渐成惯性思维，纪实手法和客观风格几近成为纪录片策划的唯一选项，这在很大程度上造成了纪录片风格的模式化、单一化。

有人认为，记录就是原封不动地"复制"现实生活，以达到一种"真实"。其实，这是纪实观念的误区。电影界有人尝试过这样的记录。20 世纪 20 年代的法国先锋派导演费南·莱谢尔就设想把一对男女在 24 小时内的生活不间断地完整记录下来，最终未实施。而美国"纽约派"纪录片导演安第·瓦荷尔曾拍过一部名为《睡》的纪录片。该片长达 8 小时，原原本本地记录了被摄对象睡觉的全过程。但是，如果是为追求真实而"真实"，纪录片与监视系统又有什么区别呢？就更谈不上将其上升为一门艺术了。格里尔逊说："电影是一把榔头，不是一面镜子。"诚然，让镜头纪录的东西保持"纯客观"是不可能的，"纪录电影是对事实事物作创造性的处理"。由此可见，创作者和摄像机一定会在介入过程中赋予其创意性的诠释，纪实作品也必然带有主观色彩。

---

① 阎安:《"直接电影"精神：平视、客观、迫近》，《电视研究》2000 年第 11 期。

3.融媒体时代的新纪实手法

近年来,全景拍摄、无人机摄影、VR技术、水下摄像等技术开始在纪录片拍摄中得到应用,促使传统的电视纪实逐步摆脱了时空局限,能够自由进行各种事件和细节的捕捉。比如在《航拍中国》中,就采用了无人机拍摄技术,能够从天空这一新视角带领受众欣赏中国大地,参与到生态中国、文明中国的发展历程中,体会国家发展的辉煌成就。由财新传媒打造,UtoVR提供全景摄制的VR纪录片《山村里的幼儿园》,运用360度全景拍摄技术带领观众深入山村,全方位观察由留守儿童和山村幼儿园构成的乡土社会图景。

一些纪录片人开始重新重视新媒体技术在创作中的实际价值,并越来越清楚地认识到,通过在叙述结构和视觉呈现上进行创新,能够为纪录片形式的多样性体现带来广阔视野。在坚持纪录片本质追求的前提下对新的纪实手法的合理运用,不仅不会损害纪录片的本质内涵,反而会增加特殊的艺术魅力、拓展纪录片的表现空间。这些认识无疑为当代纪录片创作提供了宝贵的财富。

(三)纪实策略解析

从方法层面看,所谓纪实其实是对原始素材进行检筛、整理的过程,是纪录主体与纪录对象动态互动的结果。纪实是各类纪录片创作的主流策略,那些真实、直接、深入、生动地反映现实生活的作品备受关注。那么,如何科学理解纪实策略呢?

1.纪实策略是不断"求真"的策略

有人认为,纪录片是"等"来的真实。"等"正是"求真"的具体方法之一。拿获国际国内大奖的、由中央电视台拍摄的纪录片《大官村里选"村官"》来说,它主要是对大官村经过"海选"选出村长候选人刘晓波和王臣的真实记录。拍摄之前,创作者就明确了"等"的策略。这个事件发展的过程是漫长的,整个拍摄过程也经过了数天。创作者在拍摄时不断地"等",不断地"发现"焦点,采用跟随、长镜头、同期声拍摄手法,记录准确的时空,真实的细节。制作后的片长只有20分钟左右,却真真切切地呈现了我国农民民主意识的觉醒,堪称农村题材纪录片的代表。从2006年开始,北京师范大学纪录片中心从一所幼儿园开始跟踪记录十多位"00后"孩子,从幼儿园到小学再到中学，持续十年时间，最后打磨出了五集纪录片《零零后》。

2. 纪实策略是"以小见大"的策略

电视纪实讲求创作中人的主观能动性，这是对生活流程的选择。现场摄取的"原生态"素材必须通过编辑，才能形成相对完整的叙事系统，才能传达相对清晰的内蕴。但这种选择并不是宣传意义上的"高、大、全"，它的基本定位应当是"以小见大"。《生活空间》提出"讲述老百姓自己的故事"的创作理念，之所以能够成功，正是体现在"以小见大"四个字上。2020年春，央视纪录频道推出的《武汉：我的战"疫"日记》系列微纪录片，由医护人员、普通市民、外地援助者等不同职业的武汉疫情亲历者们，采用Vlog的主观视角讲述整个武汉在抗击疫情过程中的故事。虽然这些亲历者一个个都是普通人，但是通过多个"小人物"的故事也能勾勒出整个武汉抗疫过程的"大故事"。这个栏目的拍摄对象多是常态的普通人，编导在每部作品中平等地"表达对每一个人的尊重"。他们记录过程，而不是妄下结论。这种创作观正是"以小见大"的创作观，也是纪实观念的体现。

3. 纪实策略是"以具体见抽象"的策略

纪录片的叙事形态是建立在事件和情境的基础上的，这主要表现在时空结构的具体性上——具体的时间，具体的环境，具体的行为活动。时空的具体性，可以使一般性的生活场景和影像记号所表现的抽象内容具有一种可经历的情境意义。当情境化的叙事将生活本身的矛盾冲突，如起因、发展、高潮、结局诸因素的连续过程具体提炼概括和表现出来时，这种情境的建立恢复了生活内容的具体性，使其成为一种可经历性的过程，使主题意义成为生活发展的一部分。

总之，所谓纪录片创作，就是要用视听媒介的各种创作手段，将原汁原味的生活如实记录下来，客观再现事件的具体过程和动作的具体细节。当然，纪录片还可以用来记录人的心灵，表现人们的情感世界。无论是纪实的或是表现的，长镜头的或是蒙太奇的，现场声的或是解说词的，都只是创作者对现实的物质存在进行艺术描述时所采用的策略与方法。这些策略与方法，有必要在纪录片构思之初便大致确定，以便应用于具体的时空、人物和事件。

二、纪录片的"虚构"策略

20世纪90年代末，美国学者威廉姆斯举起"新纪录电影"的大旗，为纪录片使用虚构手法的合法性鼓与呼，对传统纪录片理论造成了一定冲击。随后，国内外一大批科技地理类、历史类纪录片在技巧方面率先实现突破，它们纷纷将动画与实景拍摄相结合，将纪实和数字技术相结合，将记录手法与剧情表演相结合，产生出新的媒体景观。在融媒体环境下，新的虚构手法和再现策略层出不穷。

（一）"真实再现"的策划应用

1. 何为"真实再现"

作为虚构策略的一部分，所谓"真实再现"，就是运用新闻性、纪实性、艺术性相结合的多元化的影视语言，利用主观镜头、道具、光影、声音、场景模拟、演员表演等多种表现手法，营造过去时空，再现历史真实，用一种意向性的表达方式，传递出同现场纪录同样真实可信的生活气息，达到表达生活本质真实的目的。格里尔逊认为，纪录片"具有文献资料性质"，同时又要"对现实进行创造性处理"。他所说的"创造性处理"，主要就是指采取戏剧化手法对现实生活事件进行"搬演"甚至"重构"。

"真实再现"能有效表现"过去时态"的素材。事实上，在纪录片发展的早期，作为对技术手段缺陷的弥补和妥协，"真实再现"（搬演）手法就十分盛行。世界公认的第一部真正意义上的纪录片是拍摄于1922年的《北方的纳努克》，由美国人弗拉哈迪摄制，反映了爱斯基摩人纳努克一家在北极地区艰难而富有诗意的生活。值得注意的是，这部纪录片并不是客观的忠实再现。在拍摄纳努克一家人生活的时候，爱斯基摩人已经不穿传统的民族服装，弗拉哈迪费了很大力气才替他们找回了传统服装，甚至是"舞台服饰"。一个12尺直径的爱斯基摩雪屋非常狭小，当地人又花了几天时间搭起一座特别大的，只有半边屋顶的冰屋，供拍摄之用。还有捕捉海象的场面也是精心安排的。纳努克以及他的妻子妮娜和孩子们充当了这部影片的"演员"。可是，这类手法的使用并没有妨碍《北方的纳努克》成为传世之作。正是凭借此片，弗拉哈迪赢得"纪录片之父"的声誉。

当前,"真实再现"主要运用在文献纪录片、历史文化纪录片和刑事犯罪题材纪录片等类型。在生活纪录片的创作中,由于一般情况下素材都可以通过跟随拍摄和人物访谈获取到,因此使用"真实再现"常常被视为一种忌讳,一种可能破坏真实性的忌讳。但是,对于一些已经逝去的时空或者人类的生活经验无法触及的世界,创作者仍然不具有获取原生态声画素材的可能性,比如人物的回忆段落、表现人物情感空间的段落等。为了避免仅使用一些讲述、访谈来结构纪录片,"真实再现"便有了存在的必要。

2."真实再现"应用要点

首先,在前期策划时应明确,"真实再现"并不适用于所有题材。例如,新闻类纪录片由于和现实的关系更为紧密,就应严格遵循"事实是新闻的本源"和"先有事实,后有新闻"的原则,一般被视为搬演的禁区。日本NHK版《新丝绸之路》的最后一集《西安,永远之都》,有一个大胆而独特的策划——让一个演员扮演的古装遣唐使突然"穿越"到21世纪的西安街头,他穿梭于今天的夜市、景区和大学,目睹这座城市的当下生活。不过,类似的手法如果用于表现历史上的长安,或许更为得体,而触及今天的城市,便显突兀与不适宜了。

其次,"真实再现"部分一般应用字幕、解说词公开说明本段是"再现""情景重现"等,将真实地以建构的过程和方式告诉观众,以显示作品的严肃性,尤其不能刻意混淆原生态素材和搬演素材的差别,否则就会被视为欺骗观众。如《裸族最后的一个酋长》在开始的时候,首先通过酋长告诉观众,为了完整展现裸族的生存状态和生活习俗,片中酋长的儿童时期、少年时期、青年时期分别由自己的儿子来扮演。这种表现方法观众是能够接受的,因为一方面它有严格的史料为依据,另一方面在搬演段落出现之前,对观众作了交代。还有一个重要方法,是在"再现"整个事件发生的过程中插入对当事人采访的现时情景。故事片讲究"入戏",要使观众忘记现在时的环境,进入影片所营造的氛围;而"再现"式纪录片则要通过适时的"间离",使观众跳出其叙事逻辑,不至于深陷其中把纪录片当作故事片来看。

最后,应该坚持"宜虚不宜实"的原则。纪录片创作中的搬演和故事片中的表演区别明显,通常只是写意性地表现气氛和意境,而不是写实性地再现过程和细节。而且,"真实再现"应该有一个量的控制。一般情况下,搬演、重构部分的比例不能超过纪实的部分。

3. 新媒体手段与"真实再现"

融媒体时代的纪录片和传统纪录片在创作上有许多不同,体现在拍摄技术、辅助设备、后期制作等方面。许多纪录片开始加入特效、动画等辅助性后期技术,这也成为"真实再现"的新手段。在《如果国宝会说话》中,为介绍人头壶,特效组对背景中的尘埃反复处理,营造出纵深感。当天空划过流星时,观众甚至能从仰望的人头壶脸上看到流星映衬的光芒。在介绍甲骨文时,通过特效将甲骨文字拟人化为主人公,可以伸胳膊动腿,颇为形象生动。

2019年浙江广播电视集团出品的5集历史人文纪录片《戚继光》,讲述了"参将""倭患""新兵""铁军""战神"五篇故事,深度挖掘了戚继光这一英雄人物的时代意义。在《戚继光》中,历史事件的讲解大多以定格动画方式进行再现。制作精良、风格中式的动画,细节处严格考究,如戚继光身上的胄甲制式、戚家刀,以及盾牌的烧旧感等都是特别设计,给观众呈现了明代嘉靖年间真实的文化风貌与社会动态。通过动画这一表现形式,该片在给戚继光的故事增添趣味的动态效果外,也以创新的影像方式丰富了纪录片的手法。《戚继光》的创新尝试赢得了网友追捧。纪录片中用于再现"鸳鸯阵"的定格动画短视频在微博上被"共青团中央""环球网"等官微转发,数万网友转发评论,热议英雄故事、点赞戚继光的神奇阵法。

(二)纪录剧情片的虚构策略

纪录剧情片也被称为"纪录剧",从产生至今一直是电影和电视中较为流行、也最有争议的一种类型。"电影、电视制作者往往把戏剧,尤其是情节剧与纪录片灵活融合,以戏剧化的调查形式、人物以及叙事的移情作用来激发和吸引观众,或把纪录片的特征应用于虚构的内容以增强其与现实的相似性。"[①] 这种真实与虚构界限模糊的纪录片"变种",始终饱受争议。

1. 何为纪录剧情片

纪录剧情片(Docudrama)是"纪录片"(Documentary)与"戏剧"(Drama),尤其是戏剧中的情节剧(Melodrama)杂交而成的一个词语。与之

---

① 孙红云:《真实与虚构最有争议的混合:纪录剧》,《电影艺术》第324期。

相近的一个术语是 Dramadoc 和 Docu-fiction，但一般认为其具有可互换性。

纪录剧情片不同于传统纪录片，而是以戏剧的方式对现实生活中的问题进行表达。它以戏剧化叙事代替"非搬演"的影像，尽管其源于有根据、有直接关系的事实，但纪录剧情片的叙事是把戏剧化的编码置于首要位置，较多采用情节剧模式。一般认为，纪录剧情片并不倾向于制造一个虚构的问题，而是通过它与纪录片的关系，以一种新的方式表达现实。在多数情况下，纪录剧情片由演员表演来描绘事件，但不同于戏剧之处在于，其主张对真实事件提供一个相当精确的阐释。换句话说，它是一个"非虚构的戏剧"。但是，重演也可能加入大量的虚构情节，例如，汉弗莱·詹宁斯在《开战》（又名《消防员》，Fires Were Started，1943）中就大量运用了剧本叙事。

20世纪60年代至80年代，纪录剧情片经历了一个发展的旺盛期，并逐渐成为电视机构用来争夺观众的一种有效的节目形式。通常，这个类型依赖于以过去或当时现实所发生的事件进行编剧。最著名的作品是系列片《根》（Roots）。到90年代中后期，使用胶片拍摄的纪录剧情片开始出现。

2. 纪录剧情片：纪录片与戏剧的融合？

对纪录剧情片的争论，最本质的问题其实还是真实性问题。一种观点认为，纪录剧情片对真实的表达比纪录片"更加准确"，或者说纪录剧情片能够表达传统纪录片难以企及的"不受限制的"真实，尤其在表现社会生活的敏感问题、首脑人物及其社会关系等方面。就此而言，纪录剧情片拓宽了对真实表达的空间，它能够以公认的情节化叙事填补经典纪录片在叙事上的乏力，从而提供令人可信的、个性化的生活事件。从这个意义上说，"虚构"是通向真实的另一条道路。①

例如，英国导演布里埃尔·兰杰拍摄于2006年的纪录剧情片《总统之死》（Death of a President），以令人吃惊的"真实感"虚拟了美国政治生活中并不存在的一幕。导演在布什到达芝加哥的真实影像资料基础上，加上演员对布什不同侧面的诠释，虚构了布什2007年到芝加哥演讲的画面。影片用计算机技术将布什的头"嫁接"到演员身上，演出了布什被两颗子弹射中脑袋的一幕。在影片的中间部分，布什总统的伤口恶化的同时，警方逮捕了疑犯——叙利

---

① 阎安:《国外"新纪录片"虚构策略评析》,《现代视听》2011年第7期。

◀ 第七章 新虚构与强叙事：融媒体时代的纪录片策划

亚男子兹可瑞，因为兹可瑞曾在他们国家的军队里当过兵，又在街道对面的钟楼里生活过。除这个叙利亚男子外，他们还怀疑过一名巴基斯坦男子，而大量证据显示他们并非罪犯。在这个决定着很多人命运的一天，芝加哥饭店外的抗议者、涉及枪杀总统案的疑犯、保护总统失误的保镖、新闻媒介、部队专家……大家都迫切想知道总统死后美国社会将会发生什么样的变化。这种虚拟假设下的政治话题被导演以生动的形式加以探讨。影片虚构了采访前美国联邦调查局有关人士以及布什被杀后采访英国政府人士的情节，是一次对美国外交政策如何限制民权、伊拉克战争的后果以及美国安全保障系统的清醒观察。由于虚拟"刺杀"布什，该片引起了巨大争议，尽管如此，《总统之死》还是得到了影评人的青睐和认可，获得美国国际艾美奖多项大奖。国际电影评论家联合会评审团认为，《总统之死》"以独特的选材，新颖的叙事手法，批评了美国当代的政治现实"，影片"为揭示一个更大的真理而勇于虚拟事实"的做法值得肯定。

类似策划还出现在2002年的《天花危机》中，天花这种传染病在20世纪80年代已被宣布绝迹，却被假定再度暴发于美国。再比如，《英国瘫痪日》与《肮脏的战争》中假定社会崩溃或者恐怖主义袭击的描述，《出轨》中的戏剧化场景，等等。在构思一部纪录剧情片时，通常要使用戏剧手法，主要是情节剧的程式，比如一个巧妙的事件结构链，人物行为的清晰动机，以及道德上的判决，等等。纪录剧情片的发展出现了诸多与经典纪录片理论相违背的情况，但在媒体娱乐化大行其道，纪录片虚构策略泛滥的当下，这一不同于传统纪录片却又与之关联紧密的特殊类型，仍然是英美电影电视中颇具渗透力的一部分。

在中国，虚构策略已率先应用于历史题材和科技题材的纪录片，例如2010年由著名导演周兵执导的《外滩佚事》。这是一部投资1300万元、由90分钟电影和5集系列片组成的"大制作"，讲述了一个长达一百多年的精彩的上海故事。这是五个人在这座城市的经历，他们中有担任中国海关总税务司多年的英国人赫德，来自日本、成名于中国的演艺明星李香兰，中国的五金大王叶澄衷，一代歌后"金嗓子"周璇，以及颇具传奇感、有"三百年帮会第一人"之称的杜月笙。在他们身上分别承载着人类共同的梦想，那是关于金钱、权力、爱情的梦想。《外滩佚事》以历史影像和真人演绎相结合，大胆运用故事片拍摄手法,既注重历史事件的真实还原,又兼顾人物命运、情感和人性的传神表达。参演演员包括来自海峡两岸戏剧舞台的金士杰、郝光、崔杰、郝平等,在忠实于历史人物的前提下,跌宕起伏的故事得以淋漓尽致地铺叙。可以说,《外滩佚事》已经完全不同于传统纪实类纪录片,其近乎故事片的演绎方式也不同于传统的"真实再现",可谓纪录剧情片在中国的一次成功尝试。

三、纪实与"虚构"手法的综合运用

事实上,很少有纪录片仅使用单一的纪实手法,或完全依赖于"虚构"策略。当前绝大多数纪录片都是综合使用多种表现技巧,将解说段落、纪实段落、访谈段落、真实再现段落交替穿插起来,呈现出一种以纪实为主,但允许各种"创造性处理"存在的混合风格。对于策划者来说,是解说元素多一些,还是纪实元素多一些,或者"创造性处理"多一些,是在创作之初就必须考虑的问题。从某种意义上说,编导对不同元素使用上的偏重,直接导致了纪录片风格的差别。

《昆曲六百年》是一部以再现、纪实、动画等影像手段勾勒高雅经典的昆曲与沧海桑田的昆曲史,还原历史与现实的真实处境,展示昆曲六百年的历史以及博大精深的艺术体系和卓越的艺术魅力的电视纪录片,由中央电视台新闻评论部与江苏电视总台专题部联合制作。这部纪录片内容涉及历史和当代,表现形式相当丰富且有所突破,具体形态包括访谈、动画、空镜、再现、纪实段落等五种:

1. 访谈

纪录片《昆曲六百年》信息含量大,累计采访各种人物近百人,包括昆曲业内专家、演员、风俗研究者、文化学者、其他艺术领域代表人物、关注昆曲的国际人士,等等。

2. 动画

综合使用二维、三维动画,主要集中在前6集。片头使用了水墨动画,表现莲花、楼阁等意向,极具中国风。

3. 空镜

指向性明确，信息量丰富，有些镜头强调象征性，采用电影式的造型手法。

4. 再现

纪录片《昆曲六百年》再现的形式多样，大致可分为三种。其一为剧情再现，在历史场景中表现历史人物和历史事件；其二为言论再现，以再现的方式引用历史资料；其三为剧目再现，即将某些昆曲剧目在特定的灯光和场景下进行表演，达到强化的作用。

5. 纪实

记录昆曲的现在进行时态。主要根据目前发生的事件以及抓拍到的情节。例如，第1集中新版全本《长生殿》在2004年冬天进京公演的场景，以及2006年4月昆剧青春版《牡丹亭》在北京大学上演全本大戏的情景，都是现场记录拍摄的。

在构思一部纪录片时，即便是偏向于纪实风格，从平衡的角度考虑，也应注意灵活运用纪实元素和造型元素。在《昆曲六百年》中，纪实元素主要存在于纪录片所处理的素材之中，它表现的是在生活中除对虚构的情节以外的一切有意义的事情，它可以综合地说明事物的背景、历史和未来，它可以剖析昆曲的历史，表现现实生活中的人与事，挖掘它们美与丑的含义。而造型元素的使用集中体现了编导者构思这部电视片时的美学追求，它主要指对画面美感的追求，时空剪辑的自由度，节奏的把握以及电视语言的流畅。常见的造型手段有场面调度（包括镜头、主体和环境的各种手段）、编辑处理（如隐喻、象征、对比、积累、呼应、平行排比）、构图处理（如光线、线条、虚实、透视、层次），等等。造型元素的应用，使电视纪录片具有了更多的美学特征。

第三节 结构与叙事的构思谋划

尽管"只据事实录"的要求限制了编导的创作空间，但纪录片创作和其他形式的节目创作一样,仍是一个对客观事物的感悟和思考进行艺术化表达的过程。在前期策划环节,这种"艺术化表达"集中体现于对作品风格的酝酿、对纪实手法和虚构策略的构思,以及对纪录片结构和叙事方式的谋划。

一、纪录片的结构谋划

任何艺术作品的创作都有个结构的问题。古人称结构为"造物之赋形"。结构并非单纯的技巧和形式,它包含着创作者对生活的认识、剖析、提炼和概括,关系到作品主题意念的表达与深化,涉及作品的艺术风格和样式,等等。结构是节目创作中的一个重要方面,具体指将前期素材进行排列组合的方式,不同的结构会产生不同的叙事效果。对于纪录片来说,"导演通常仔细地搜寻叙事组织结构——即在开始前确定他们计划中的片子的开头、中间和结尾等基本结构"。[①] 结构的优劣很大程度上决定了节目的成败。纪录片结构形式多样,从时空的角度看,主要有依时间顺序组合成的时间结构、按照空间位置组合而成的空间结构,以及依据时间和空间双重排列交错组合而成的时空交错结构。

(一)纪录片的时间结构

时间结构也称纵向结构,是指以事物发生、发展的时间推移来组织节目内容的结构。这种结构一般用于叙事性纪录片中。它的特点是节目中都有中心事物或中心人物。编导安排结构是以事物发展的流程作为线索,把获得的材料按照时间顺序依次组织起来。作品内容的顺序和事件的发生、发展、结果顺序时间一样,体现事件本身的时间,因此是一种时间结构。这种结构方式严格按照事实的逻辑、因果关系,具有很强的叙述性。

1. 按照事件进行的时间顺序安排结构

这种方法有明显的先后顺序和叙述线索,循序渐进,脉络清晰,便于掌握,也便于接受。例如,著名纪录片导演陈晓卿早年拍摄的《龙脊》,整个故

---

① 大卫·麦克奎恩:《理解电视:电视节目类型的概念与变迁》,苗棣等译,华夏出版社,2003,第125页。

事的素材就是按照时间结构来进行编辑的。创作者以不同月份的山歌作为时间线索,让这个关于山村贫困学生的故事,连带丰满的人物和细腻的情节,在优美的风土人情中一一展开。

以时间为线索进行结构,这里的时间可以是具体的,也可以是历史的;可以是显性的,也可以是隐性的。大型政论片《复兴之路》一片就是按照历史线索构思而成的,逐集表现中国如何在国家危亡之际开始了民族觉醒,如何在民族救亡的探索之中选择了社会主义道路,如何在社会主义建设的过程中实现了改革开放的历史性突破,等等。其时间就是一种隐性的时间。

在处理复杂事件时,因为头绪繁多,在同一时间内发生的事情不只一件,线索难以厘清,因此仅有时间线索是不够的。而且,时间是硬线,容易流于死板、僵硬和单调。对于电视编导来说,仅使用简单的时间顺序是不可取的。例如,纪录片《姚明年》的主要线索是时间线索,从姚明入选NBA开始,到国内送别、国外迎接,然后参加比赛,第一次、第二次……第六次,然后再回到祖国。但其间还有其他众多的线索,比如对祖国的感情和祖国给予他的压力,对国外生活方式的逐渐适应,对NBA训练及比赛方式的学习,与翻译科林的友谊,与对手的较量等,每条线索都伴有大量的具体事件、细节,编导别具匠心地把这些内容巧妙地塞进了时间线中,让人觉得丰富、饱满,也没有失去固有的清晰与分明。这些细节的加入固然是后期结构的产物,但编导预先构想的主体时间线则是结构全片的重要依据。

2. 按照接触事物的顺序安排结构

用这种方式安排结构的纪录片很多。因为除非是电视剧,一般纪录片很难遇到有完整情节或完整时间进程的事件,甚至很难拍到连续性的材料,这就只能靠创作者根据对生活的认识去发掘和深化主题,把生活的本质意义有层次地反映出来。

人们接触事物的顺序有两种,一是感性的方式接触,体现为情感的深化;二是以理性的方式接触,体现为认识的深化。在实践中,叙事性强的纪录片会更多地按照情感深化的顺序来结构,议论性强的纪录片则更多地按照认识深化的顺序来结构。

一些由记者采访贯穿其中的调查类新闻纪录片,常常采取这种结构方法。

在调查纪录片《苍穹之下》中，柴静回答了"雾霾是什么？""它从哪儿来？""我们怎么办？"三个问题。而这也是她调查的顺序，影片结构也依照这三个问题层层深入。这三个大问题还被分解成一个个小问题，在结构上环环相扣，引导观众随记者采访的进程层层深入，最后步入高潮。

（二）纪录片的空间结构

空间结构也称横向结构，是把没有时间连续的各个空间内容，按一定内在联系组织在一起的结构。这种结构的特点是节目中无中心事件或中心人物，但各个内容之间必须有内在联系，紧紧围绕一个主题。这种结构一般用于人物多、头绪多的综合性报道当中，也用于非事件性（观念性）专题片。

《沙与海》是中国第一部获亚广联大奖的纪录片，该片记录了宁夏与内蒙古交界的一户游牧人家刘泽远和辽东半岛的一个渔民刘丕成的生活。通过这两户人家同与不同的比较，通过"沙与海"的对话，来表现一种人文关怀，一种对个人生存状态的思考。生活在沙漠中和生活在大海中的人们，都有着曲折的生活经历，他们和自然环境抗争，生命的坎坷，理想的存在，质朴与平静，都是对现代社会浮躁与奢华的反思……在结构上，这部纪录片平衡对称，错落有致。整个片子非常严格地按照介绍完刘丕成之后，紧接着介绍刘泽远的顺序进行剪辑，形成"沙"与"海"两个地域相互对比、平行呈现的特殊空间结构。两户人家，一个在湛蓝的大海上，一个在银色的沙漠里，两种地方风貌穿插，让人感觉清晰有序。应该说，《沙与海》的成功首先得益充满奇思妙想的结构设计。

以地域作为板块的，如《黄河一日》。该片就是在中央电视台的策划组织下，以 1995 年 3 月 21 日这一天，从源头到入海口，黄河沿岸 30 个地方台同时开机拍摄，记录下这一天黄河两岸人民的生活状态。每处都是一个点，也即是一个板块。很多电视风光片往往是以空间位置的变换来安排层次，反映创作者在不同空间、不同环境和地点的新的视点。它较之时序式结构，在层次安排上有更大的自由度。如《话说长江》《话说运河》等从整体上看就是按照空间变换来安排层次的。《话说长江》从长江源头开始一直到长江入海口，通过不断变换的位置，展示长江的雄姿和两岸的风貌。《话说运河》在节目开始的头几回里，先以序集展示出节目摄制的"海陆空"立体式战役的浩大声势。而后的《一撇一捺》《漂来的北京城》《江河湖海处》，则形象地概括了古老运河的内在与外在的气势，从京杭运河的两端介绍了运河源头的有趣知识。在中间部分，主要表现江南运河与苏北运河的风貌，着重挖掘运河自身的奥秘及两岸的风土人情，充分揭示出大运河的古朴之美。后面部分则侧重于反映大运河面临的问题，如污染、干涸、断航等，呼吁对大运河遗产进行治理与保护。

以"空间"变化为依据的"横向结构"，其一般特点是，把几部分不同的材料用一条主线按照顺序串联在一起，从事物的不同方面来展现同一个主题。这里的各个部分可以是紧密相关的，也可以是相对独立的。比如作品按不同的人物、地域、事件、年代、主题等分为几个板块，各个板块可以独立成篇，块与块之间不一定构成起承转合的关系。有时，这样的结构方式也被称为板块结构。上述认识是纪录片结构策划的重要参考。

（三）纪录片的时空交错结构

时空交错结构也称散点式结构，是把没有时间连续的各个空间内容，按一定的内在联系组织在一起的结构。它既有不受时间约束的大幅度的空间变换方面，也有表现事物发展过程的时间推移方面。时空交错结构的纪录片纵横交织，相互推进，打破了生活正常时间、空间的连续性和顺序性，令时空纵横交错，将古今中外同时纳入片中。因而不再是单一的线性，而是立体交叉，具有深度和厚度的网状结构。

2019 年由央视纪录频道推出的系列纪录片《城市 24 小时》便是时空交错结构的例子。纪录片首季聚焦郑州、武汉、深圳、成都、厦门五座城市，以一天 24 小时为观察轴线，采用最具代表性的典型场景作为记录空间，并通过 30 多个温暖的现实故事，近百个有血有肉的普通人，见证当代中国城市的发展变迁与历史文化。《城市 24 小时》每集片长 45 分钟，通过切分重点时间段，寻找典型时间的 5 个到 7 个典型场景，构成每一则相对独立的故事。如第 1 集郑州，将故事划分为 04：00、06：00 直至 01：00 等 16 个时间节点，讲述郑州火车站、服装批发市场、二七塔、城中村拆迁改造现场、国棉四厂、富士康工厂、郑州一附院等 9 个地点发生的数十位人物的故事，并适时呈现河南特色饮食胡辣汤、烩面等。这样，既有空间的变换，又有时间的推移。节目编导对分属不同时空的素材进行了较为自由的组合，最终形成了和谐、统一的整体。同时，独立的小故事切片还可以制作成适合新媒体传播的短视频形态。

总而言之，对于创作者来说，不应该拘泥于哪一种结构方式，而是要首先考虑主题的需要，可以用单纯的时间结构或空间结构，也可以兼而有之，但不应为它们束缚手脚。在总体是时间或空间结构的基础上，局部作时间或空间的变化是可以的，而且这是丰富结构形式和改变结构模式化的重要途径，节目策划人员应该正视这个问题。

二、纪录片的叙事设计

（一）叙事的概念

《现代汉语词典》中"叙事"的定义是：叙述事情（指书面的）。其中把"叙述"定义为：把事情的前后经过记载下来或说出来。英国学者罗吉·福勒认为，叙事"指详细叙述一系列事实或事件并确定和安排它们之间的关系。但一般而言，该术语只用于虚构作品、古代史诗、传奇和现代长、短篇小说"[①]，即主要用于虚构目的而进行的阐述。对此，罗兰·巴特持强烈的反对态度。他认为，叙述本身没有行为和目的之分，叙述可以说包括人类语言的一切。"叙述的方式却是十分多样的，或神话，或童话，或史事，或小说，甚至可以是教堂窗户玻璃上的彩绘，报章杂志里的新闻……"，"叙述的媒介并不局限于语言，可以是电影、绘画、雕塑、幻灯、哑剧，等等"[②]。按照罗兰·巴特的逻辑，包括新闻、专题片、纪录片等非虚构类文本在内的电视节目都在"叙事"。

叙事具有两面性，一是为了表达（信息传递），二是为了被理解。表达是为了被理解，叙事实现表达的同时必然也实现了理解。"叙事"除了充当表现形式之外，还可以是一种说明事件的方式，它要解答的问题在于：如何将理解（knowing）了的东西转换成可讲述（telling）的东西。我们所赖以生存的

[①] 罗吉·福勒主编:《现代西方文学批评术语词典》，四川人民出版社,1987，第174页。
[②] 罗兰·巴特:《叙事文的结构主文分析导论》，中国社会科学出版社，1991，第1页。

这个社会处处充斥着叙事。我们正是通过叙事去"理解"世界，也正是通过叙事来"讲述"世界的。

（二）纪录片叙事的策划要素

策划纪录片需要考虑叙事问题。没有叙事的纪录片几乎是不存在的。纪录片作为人类文化传播的一种记录方式和表现方式，其自身魅力就在于"以事实说话"，叙述人类生存发展的文明史。尽管经典纪录片理论排斥虚构情节，但并不排斥情节化叙事。之所以"一部好纪录片胜过千万文字"，就在于它是以客观的、再现的、情节化的叙事，真诚面对我们的社会。一般来说，"故事化叙事包含两个基本要素：故事潜质的特殊事件和特殊的叙述方式"[①]，因此"讲什么故事"，以及"如何讲好故事"，就成了构思一部纪录片必须首先考虑的问题。

1. 选题的故事性

"纪录片像其他节目类型一样，倾向于把它的内容包装成故事。"[②] 一个富有故事潜力的选题（Subject Matter），已经具备了纪录片的故事雏形。例如《舌尖上的中国》，这部成功的美食纪录片前期策划时并不出文案，只出大致的方向，并在进度表里写明诸如"一个松茸采摘者的故事"，该纪录片的执行总导演任长箴曾说，"但究竟是谁的故事？什么样的故事，谁也不知道，只能到当地去找。"只有必须是"故事"是前期确定了的。衡量故事性的指标主要有矛盾和兴奋点两个。所谓矛盾，浅层的如人物矛盾、事件冲突；深层的如心理矛盾、命运冲突、人与自然与社会的矛盾；等等。而兴奋点可以是情感的、悬念的、幽默的，也可以是思辨的、富有启发性的。

2. 故事的合理设置

一是设置悬念。"悬念在电视节目策划中的应用可以激发观众的期待心理和继续观看的渴望，从而增强观众的好奇心以及探求结果或原因的兴趣。"[③] 在纪录片中，悬念的产生通常是因为：情节不可预知，或刻意打破时间顺序

[①] 冉光泽：《电视策划实务》，四川大学出版社，2013，第97页。
[②] 大卫·麦克奎恩：《理解电视：电视节目类型的概念与变迁》，华夏出版社，2003，第125页。
[③] 王井、智慧：《电视节目策划》，武汉大学出版社，2013，第148页。

式叙事，或兴趣点的延宕。如探索发现类纪录片《夜空中的利爪》，以一幕对几十年前神秘往事的"真实再现"开场，引出传说中的奇怪蝙蝠为什么有鱼钩般的爪子这一疑问。随后通过摄制组和科考队的实地探寻，不断破解悬疑，发现真相，让人欲罢不能。

二是营造冲突。纪录片的戏剧化叙事，在一定的时间和空间内，表现一个相对完整和连续的矛盾冲突过程，因果关系、开端、发展、高潮都有较好的关照，具有较强的可视性。使纪录片更具戏剧性、营造冲突的常用手段包括：加入带有戏剧化（Dramatic）因素的情节（Plot），选择悬念性的、突发性的素材（Material），运用对立的人物情节组合故事，运用声音中的冲突结构情节。

三是抓取细节。细节也是纪录片故事化的重要组成部分，有细节的地方往往是最出"故事"的地方。细节作为情节的一部分也直接参与故事，换句话说，细节是被"放大了"的小故事，纪录片留给人印象最深的往往是一个个真实感人的细节，其中既有画面细节，也有语言细节。

四是强化人物。人物，对于纪录片中的故事来说是第一位的。著名纪录片人陈汉元认为："电视纪录片记录的是人的生命轨迹，是人的一段历史，是对人的尊重"。在纪录片的叙事中，主人公必须形成角色，即必须表现出独立的人格特征，是一个个体化的人，而不能只是一种符号、一个类的概念。同时，角色不但要有个性还要有共性，只有承载共性的人物才能是纪录片中思考的终点。

3. 叙事视角

叙事视角是叙事学理论中的一个概念，它决定了叙述者和被叙述者之间的关系。经典纪录片理论不主张对现实进行创造性处理，而是试图记录一种不再重复的连续性动作和事件，强调声画时空现场同一和无操纵剪辑，此时，导演是一名使用摄影机记录的旁观者。而当代纪实创作强调综合使用多种叙事方法，允许主观性、表现性、技巧性元素的合理使用，此时，导演是一名故事的讲述者。纪录片的叙事视角主要可分为三种：

一是全知视角，即叙事者在叙述故事时，没有看到或感受不到的东西，即拥有全知全能的视角。可以进行全方位、全景式的描述，也具有深入人物内心世界、直接加入主观看法和主观情绪的功能。传统的政论类专题片大多采用全知全能视角。

二是限制视角，即叙事者只局限于叙述他自己的所见所闻，所感所想，但不能叙述别人看到或听到的而他自己没有看到或听到的事情，更不能介入别人的内心世界。如个人追述或口述纪实。著名纪录片导演梁碧波在创作《三节草》时谈道："我之所以采用自述式的结构，关键一点就是想让观众从第三者变成第二者。"[①] 在这种模式下，叙述者跟拍摄对象知道的一样多，部分叙述内容是无法直接叙述的。其优点是真实、亲切，而缺陷在于叙事个体化，不利于整体把握事件。口述历史纪录片多采用此类限制性叙事视角。

三是纯客观视角，即摄像机只客观记录事情的表象，不去追溯事情的历史背景，不涉及任何人的心理活动，叙事者也不抛头露面，评头论足，抒发胸臆，甚至杜绝使用"记者看到""记者听到"之类的说法，依靠"旁观者"和"局外人"视角的距离感和疏离感来保持记录对象的逼真性和还原性。例如，直接电影的创作理念就是主张摄影机应当像"墙壁上的苍蝇"一样记录拍摄对象，不干预、不介入，对表现对象也不做解说、不做评论。

（三）纪录片叙事的策划技巧

1. 确定切入点

要讲一个故事讲得吸引人，首先要寻找一个好的切入点，也就是寻找一个不一般的叙事起点，而不是公式化的开头。找到最佳切入点是不容易的，有时需要反复琢磨。例如经典纪录片《最后的山神》先后策划了三个不同的开头。第一种是用故事片手法，猎人"砰"地放一枪，然后出字幕；第二种是把现在结尾部分的"跳萨满"一段放到开头；第三种就是最终的版本，猎人砍树皮画山神。这三个开头中，第一个开头虽然很吸引人，但有些过于戏剧化，和全片的风格不一致，因为素材中没有太多的戏剧性因素。第二个开头应该说很有意义，也能吸引观众，因为片中的猎人是这个民族最后的萨满。但这一段是全片中不多的、具有较强动感的画面，画面的视觉冲击力大，这样的画面应该放在情绪比较饱满或情绪高涨时更为合适，否则就浪费了这么好的画面，因此，开头选用第三种最为合适。

---

① 郭学文：《都市中的乡土温情——梁碧波访谈录》，《现代传播》2003年第6期。

纪录片的开头设计有多种办法，可以开门见山、先声夺人、点明主题，也可以从回忆开始，从具体事件开始，从某种现象开始等。没有一定之规，但要在开始叙事之时，就引起观众的兴趣和唤起观众的期待。

2. 预判兴奋点

纪录片要吸引观众，在叙事中应当不断有兴奋点。兴奋点的出现，可以使观众不断得到新的信息或受到新的刺激，激发和维持观众的观看兴趣。如果没有兴奋点，讲述就会显得枯燥，不吸引人，观众的兴趣起不来，叙事就会失败。什么是兴奋点呢？一般来说，新的环境、新的人物、新的事件是兴奋点；含有冲突、和解、情节的变化或转折的内容是兴奋点；生动的细节、信息量丰富的内容、有视觉冲击力的画面，也是兴奋点。总之，凡是能激起观众兴趣的，都是兴奋点。因此，在前期策划时，对可能捕捉的兴奋点要有所预判。为了刺激形成兴奋点，也可以适当运用编导的手法，《望长城》的经典段落"寻找王向荣"，就是编导预先设计的结果。

3. 推进情节和情绪

情节与情绪的推进与纪录片的结构和叙事技巧密切相关。如果一部纪录片情节性较强，那么在情节上要不断有变化，要层层推进。无论情节还是情绪，都要"螺旋式上升"。而情绪的推进和编导对人物内心情绪的掌握是分不开的。

4. 策划高潮

在戏剧或电影剧本创作中，高潮通常指危机的终点、解决的时刻。"故事事件创造出人物生活情景中有意味的变化，这种变化是用某种价值来表达和经历的，并通过冲突来完成。"[①] 对于一个故事或一段完整的情节来说，高潮是事件发展的终点，是冲突的必然阶段，是叙事性作品的一个"必需场面"。从观赏心理上说，在事件发展的最后阶段，观众在心理上会期待有一个高潮。如果没有，则会觉得这个故事太平淡，不过瘾。

纪录片的高潮应当是全片最震撼人心的段落，也是情感最强烈的部分。江苏广电总台融媒体新闻中心拍摄的纪实短片《爸爸，迟到十年的"拼图"》，

---

① 罗伯特·麦基：《故事——材质、结构、风格和银幕剧作的原理》，周铁东译，中国电影出版社，2001，第40页。

用 11 分钟的篇幅，讲述了军嫂周忠燕将丈夫胡永飞牺牲的事瞒着孩子瞒了十年，最终母子二人走上了烈士生前戍守的青藏高原，孩子要通过努力寻找，把这个几乎没有见过面的父亲的形象重新"拼"完整。这个故事以孩子的第一人称来讲述，在临近结尾的时候，母子二人来到胡永飞为救人而牺牲的悬崖边，孩子三次跪拜，母亲失声痛哭。编导使用哈达、鲜花、雪山等镜头渲染气氛，将全片情感推向高潮。

许多时候高潮是在情节发展中自然出现的，但有的时候则需要编导通过生活实践去寻找。高潮也应当在后期制作时予以强化，比如用编辑手法（如慢动作）和音乐（画外无声源音乐）来强化这一情感，也就是行话常说的把感情"推上去"。当然，有些题材的纪录片可以没有高潮，策划者不必强求。

5. 设计结尾

纪录片的结尾非常重要，需要编导人员煞费苦心。好的结尾应当让观众感到有提高，有余味，有意思，不同一般。纪录片可以自然结束，也就是说当事件结束了，片子也结束了，这就是自然式的结尾；可以选择呼应开头，给人一种有头有尾的完整感觉；或者点明主题，在述说完事实以后，对片子所表现的内容做出总结和分析；或以鲜明的观点议论，深化主题，加深观众的印象；还可以在情节达到高潮时戛然而止；也可以留下悬念让观众去猜测，或留下问题不予解答，让观众自己去揣摩；当然也有出乎意料，使观众感到惊讶的结尾。

纪录片还可以用主人公自己的话作结尾。有时由编导通过解说词来说显得太直接，有强加于人的感觉。因此，可以让主人公自己来说，从他们嘴里说出来，既自然生动，又没有强加于人的感觉。如《最后的山神》的结尾说"神走了，再也不来了"，这既是人物的话，也是编导想说的话，作为结尾来点出全片的主题就很妙。

也有的纪录片选择在结尾处营造意境，给观众留下回味的余地，或者将精彩场面回放，把曾经出现过的一些场面镜头集中在一起，作一次简短的回顾，如《舌尖上的中国》的经典结尾方式。不得不说，纪录片结尾的形式很多。在实践中，结尾方式是由故事本身的逻辑和采编素材情况决定的，但也需要编导精心构思和设计，尽管纪录片是在剪辑时最终完成的，可不少奇思

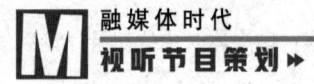

妙想其实在策划阶段就已经产生了。

第四节 新栏目与新创作者

进入融媒体时代，除了内容呈现、制作手法、表达语态、传播方式上的创新，纪录片在生产组织方式和产业形态上也出现了许多新的变化。传统的纪录片栏目开始向微型化、季播化、融合化的方向发展，而互联网平台的民主化生产也引入了更多的创作力量。

一、纪录片栏目化与栏目策划

（一）纪录片栏目化

从本质上讲，栏目是视听节目的一种编辑形式和包装形式，也是生产组织形式。栏目化生产遵循以下规律：固定的播出时段、一定的生产周期；规范化生产，统一的选题定位与风格定位；固定的板块模式，固定的栏目包装；相对稳定的制作队伍、相对稳定的收视群体，以及相对固定的经费预算。

中国纪录片的发展经历了从节目到栏目的过程。在纪录片发展史上，被学术界公认的第一个栏目是1993年2月上海电视台开办的《纪录片编辑室》，该栏目曾创下36%的高收视率。同年7月，央视《东方时空·生活空间》开播，把纪录片栏目的收视推向新的高峰。

这一时期，栏目化纪录片摒弃了原来某些纪录片的说教味道，大量运用长镜头、同期声等纪实手法，显得清新、朴实、自然，给人耳目一新之感。同时，栏目化的播出方式更易于收视，因而深受观众喜爱。然而，纪录片的栏目化发展之路并非一帆风顺。从1995年起，中国纪录片创作开始走下坡路，并逐渐在电视娱乐化大潮中陷入低迷。曾创下收视奇迹的《纪录片编辑室》收视率持续下滑，2005年北京电视台的《纪录》栏目停播，《生活空间》则调整出《东方时空》，后改版为周播的《百姓故事》。此后一段时间里，从中央台到地方台的纪录片栏目大多经历了从喧嚣到寂寞的过程。

纪录片专业频道的出现推动了纪录片的复苏与发展。上海纪实频道、金鹰纪实频道、中国教育电视台三套等陆续创办。2011年1月1日，中央电视台纪录频道开播。频道以"为时代中国存像，与大千世界共鸣"为定位，内容涵盖自然地理、人文历史题材或娱乐性纪录片，也出现了《时代写真》等现实题材纪录片栏目。

（二）栏目化的创新

媒体融合背景下，各种题材的国产纪录片在互联网上得到传播，出现了B站等将纪录片作为重要特色资源的视频网站。在新的媒介环境里，新的纪录片栏目也孕育而生，并显现出新的特点。

1. 微型化

互联网时代的观众更偏好具有碎片化特质的信息，内容生产上的鸿篇巨制不少都被短小精悍取代，促使纪录片开始向着短视频化的方向发展。新的纪录片栏目也开始走微型化路线，微纪录片也是这样出现的。"微"代表的是"微小"，追求的是"短小精悍"。除了时间上的短，平民化的选题、个性化的制作，以及小叙事、小细节等都是"微"的体现。央视播出的百集微纪录片《故宫100》，每集时长只有6分钟，却完成了大到国家文化历史，小到茶杯的故宫细节描绘，通过碎片化叙事传达了作品的主旨，给人以见证历史变迁的特殊感受。《如果国宝会说话》共100集，分四季播放，每集5分钟，讲述一件国宝文物。这就很适合当下观众的收视习惯，加之其主题清晰、制作精良，一经播放好评如潮。更为极端的个案是CCTV-1推出的融媒体节目——《瞬间中国》，单集时长只有90秒。这个系列因庆祝改革开放四十周年而策划，以互联网活动为载体，改变了以往纪录片与访谈节目的固定模式，借助40部90秒的"瞬间"短片，成功讲述了一个个普通中国人砥砺奋斗的幸福故事。

2. 季播化

季播是一种比较新的栏目编排思路。在美国，大量电视剧都使用季播的方式播出，并发展出一套非常成熟的体系。该种编排能为广告客户提供长线、中线、短线等不同的投放组合，也便于观众减少收视疲劳。季播在国内最早应用于综艺节目，不少季播综艺节目以12期为一季，也有的视频网站推出了一季只有七八期的节目，甚至还有所谓"尝鲜季"，如《高能玩家》和《女儿们的男朋友》便是属于腾讯视频"尝鲜季"的内容，分别只有3集和6集。在季播模式下，收视率不好的节目会中断播出，而市场反响好的会获得下一季的投资。新的纪录片栏目尝试季播方式，好处在于使纪录片制作和发行拥有很大的灵活性，降低市场的投资风险，同时也有利于打造IP、长期经营，培养品牌的知名度和观众的忠诚度。从当前国内实践看，季播纪录片栏目并不完全遵循季节规律，也与季播综艺的短集数不同。例如，《中国梦365个故事》由中共北京市委宣传部策划推出，北京电视台等单位制作，是国内唯一一部每集3分钟、以365集为单元、集中表现中国人梦想故事的大型系列微纪录片。节目自2013年12月起至2017年6月，共推出第一季365集，本地单集最高收视率达12.22%，平均收视率达7.86%，网络总点击率达2.5亿次，获得了收视和口碑双丰收。随后，该栏目启动了第二季的制播。

3. 融合化

新的纪录片栏目并不单纯依赖传统电视平台，而是尽可能在播出渠道上实现多元化。央视纪录频道的一些精品纪录片已拓展出90分钟版本，便于在影院播出，也有纪录片选择进入线下媒体平台传播，如地铁、公交、机场等户外屏幕。但更为常见的渠道拓展思路还是发力社交媒体。2017年，央视纪录频道推出《航拍中国》第一季，播出当天《人民日报》微博推送播放量便超过1800万次，在视频网站的弹幕量每集都达到6000条上限，许多微信公众号的评论文章阅读量都超过10万+。随着媒体融合的不断深化，纪录片传播更强调全渠道化，也更注重受众的交互性。用户可以通过社交媒体对纪录片进行二次传播，甚至二次创作。网友的留言、评论、私信、弹幕等对于编导改进创作也有积极帮助，这种实时的"强反馈"是纪录片策划需要关注的。例如，纪录片《城市24小时》在播出期间，就与网易云音乐在新浪微博联合推出话题"我与这座城市共处的1小时"，结合H5互动产品、原创手绘长图等方式提升话题热度；通过社交媒体、网站评论、UGC视频征集、弹幕留言等方式，与受众互动，使纪录片中的人物故事与观众情感连接更为紧密；截取精彩短内容单独发布，为纪录片引流，如官方微博"CCTV9纪录"发布的短视频"成都花絮——大熊猫的故事"，主要讲述网红饲养员梅燕在大熊猫繁育研究基地喂养大熊猫的日常故事，仅有3分多钟，却获得了近400万播放量。

（三）纪录片栏目策划要素

虽然栏目的形式是由节目的内容决定的，但节目的内容要在栏目中得以体现，就必须适应栏目的规律。栏目化运作之后，纪录片在更大意义上是作为一个栏目的具体内容而存在，因此必然要进行统一策划，而不再是强调单个作品。纪录片栏目策划要考虑以下要素：

1. 时间

和时间相关的因素有三个。一是播出时间。栏目的播出时间一般是固定的，这有利于积累稳定的观众群，但现在电视台常常将播出时间与收视率挂钩，收视率较差的栏目其播出时间也往往较差。在综合频道中，纪录片栏目一般很少在黄金时段播出。二是节目时长。在栏目化之前，纪录片的时长往往是根据拍摄内容决定的；而在栏目里，时长是固定的。不论素材多少，最终都要在同一个"舞台"上"起舞"，而且必须在规定时间完成。三是创作时间。要创作出制作精良而又有思想深度的纪录片精品，比较长的创作周期似乎是必要前提。早期很多在国际国内获奖的优秀纪录片拍摄周期都很长，如陈晓卿拍《龙脊》，在山里一蹲就是大半年；王海兵为拍《山里的日子》九进大巴山，时间跨度一年半；张以庆的《幼儿园》拍摄时间长达三年。国外一些纪录片拍摄时间甚至要十几年、几十年，比较有代表性的是迈克尔·艾普特从1964年开始拍摄纪录片系列《人生七年》。每隔七年，艾普特都会重新采访当年的这些孩子，倾听他们的梦想，畅谈他们的生活。2019年这个系列的第九部作品问世，片中的主角已经63岁了。可是栏目的定期播出不允许一个节目无限制地"磨剑"，不可能提供如此宽松的创作周期。

2. 创作方法

过去不少纪录片创作者偏好隐藏作者角色，用镜头说话，这种"直接电影"式的叙述方式既"安全"又"可靠"。但"直接电影"方法常常不适合栏目化。《生活空间》属于栏目式的纪录片,每天十分钟,一周播放五次,这种播映方式的纪录片,如果减少旁白或不用旁白,要让观众在短时间内了解被拍摄者的外在与内在,实需依赖人物说话来建构一部片子的主轴。从《生活空间》开始,访问谈话模式被广泛采用。但模式化的东西也极易引起观众审美疲劳,这就需要创作方式不断创新。例如,《中国梦365个故事》变为采用当事人讲述的方式,《如果国宝会说话》则使用写意性散文解说的复古风格。通常,创作风格在一个栏目或系列中应相对保持稳定。

3. 栏目定位

栏目必须有自己的独特性。而科学准确的栏目定位恰恰解决了这个问题,使得同一个纪录片栏目从题材的选择方式、创作方式到播出形式都具有一致性,从而使得栏目的分类更加明确,类型更加分明。无论是《纪录片编辑室》,还是《生活空间》,打的都是"大众"牌,节目是定位给广大老百姓看的生活纪录片。而央视纪录频道的《全景自然》则定位于自然地理类纪录片,《故事中国》主打社会现实类、历史文化类纪录片。

4. 产量

纪录片栏目化之后,产量成为栏目要面临的重要问题。栏目要持续运作下去,稳定的内容生产就成为关键。但栏目本身的线性生产特性,与纪录片创作的自由性之间不可避免会产生矛盾,这也是一些纪录片栏目片源短缺的主要原因。正是在这种背景下,更具弹性的网播和季播开始出现。

5. 品牌

栏目化的纪录片比起那些由拨出专项资金、配备专门人员、以获奖为目的拍摄的纪录片或是独立制片人自由创作的纪录片,更容易形成收视品牌。2019年央视纪录频道全新改版,就提出在"品牌升级、架构调整、融合传播、国际水准"四个方面推动自身高质量发展,致力于打造国际一流纪录片品牌。《这里是北京》是北京电视台一档介绍老北京风土文化的文化纪实栏目,深受热爱老北京文化的全国各地观众欢迎,在长达十多年的时间里,它带领观众一同"逛北京""赏北京",形成了独具特色的北京文化品牌。

总之,栏目化对纪录片创作带来了深刻影响。它给了纪录片前所未有的

◀ 第七章　新虚构与强叙事：融媒体时代的纪录片策划

空间，但是由于资金、拍摄时间、播出时间的限制，栏目化后的纪录片也有了更多约束。栏目化强调规范的、规模化的周期运作，强调收视率和可持续性，而生活本身的丰富性、多变性和不可预测性给纪录片创作带来了多种的可能，甚至半途而废都是常见的结局。在纪录片理想与栏目化运作之间寻求平衡，是一个纪录片栏目存活的基础。

二、纪录片大众化与众筹策划

民间影像是由民间非职业影像主体拍摄、制作的影像作品，它是民间文化的一部分。依循20世纪90年代以来影像技术发展的轨迹，不难找到一条影像外延不断扩大的曲线，我们的时代也正是一个影像被不断泛化的时代，智能手机、无人机、运动相机等消费电子产品的普及加速了这一进程。除了传统意义上对家庭生活、聚会、旅行等活动的记录，影像爱好者也开始记录公共空间、社会生活、自然景观（如北美的"追风者"）等，甚至迷恋抓拍一些突发事件。在这一进程中，"讲述老百姓自己的故事"变成了"老百姓讲述自己的故事"，纪录片创作面临新的转向。

（一）"老百姓讲述自己的故事"

当网络和高速运输工具将世界连成"地球村"的时候，国籍、种族、民族和地域等结构性因素就不可避免受到冲击，在传播领域，作为个体的人开始成为传播和表达的主体。20世纪90年代，西方产生的大量民间纪录片就是这样的例子。它们运用文献展现"我认为的真理"，摄制者以这种极端的形式呈现自己记忆中的历史（家庭史），用"我的真实"对抗"宣传的真实"。比较著名的比如德国人German Kral的《布宜诺斯艾利斯，我的故事》和Gordian Maugg的《汉斯·瓦恩斯，我的二十世纪》等。在这种意义上，民间影像表达就像当初通过语言学习获得表达权利一样，成为个体追求平等民主权利的行为，这也暗合了世界范围的民主化浪潮。

中国的情况亦是如此。随着民间影像的兴起，曾经电视机前的观众开始拿起摄像机拍摄身边的真人真事，纪录成为大众的权利。早在1995年到1996年之间，北京电视台开风气之先，创办了《家庭的录像》栏目，每周一期（20

分钟),定位于"老百姓自己讲述的故事";2002年以后,上海电视台纪实频道面向全社会征集"新生代纪录片大奖赛"的参赛作品;凤凰卫视中文台举办了面向全球华人的《"DV新世代"中华青年影像大展》;中央电视台的《金土地》栏目还策划过"我眼中的变化"农民自拍活动。这些项目的共同之处在于,他们鼓励民间业余人士拿起摄像机,以民间视角拍摄和制作自己熟悉的影像,并通过主流媒体集中播出。①

进入融媒体时代,纪实主义的原生态观念获得了真正地实现可能性。有学者认为,直到此时,真正意义上的纪实主义才登上历史舞台。20世纪90年代前期的纪实主义就主张纪录片应尽力还原人们原汁原味的生存状态。可这在当时是不太可能的,因为创作者跟被摄对象的距离不可能消失,摄像机的存在本身就改变了人们的生活状态。而当自拍设备不代表媒体,甚至不代表创作者,而只是一台智能手机时,当拍摄人也处于同样的生活状态中时,这些问题就不存在了。因此,这种状态下的纪录片才更接近人们原汁原味的生存状态,没有做作,没有作秀,更没有作假,有的只是或悲或喜的原生态生活。

由于这些特点,民间纪录片创作得到了独立艺术家和社会学者们的重视。影像行动便是其中一支重要力量。"影像行动主义源自20世纪60年代后勃兴的媒介行动主义……媒介行动主义是利用媒介和传播技术来从事社会活动。从狭义理解,媒介行动主义就是影像行动主义,即把影像生产作为一种重要的维护社会公正、推动社会改良的方式。影像行动主义的共同之处在于,并不关注作品本身,而是关注录像的拍摄、放映和讨论过程,其目的是社会变革"。② 2008年,由华人导演杨紫烨和国内纪录片导演合作的纪录片《颍州的孩子》获得奥斯卡最佳短片奖,这部和公益机构合作完成的纪录片,其拍摄过程本身就是一种社会行为。

在视频网站和社交媒体,"老百姓讲述自己的故事"更为常见的主体是视频博主、视频自媒体和民间"拍客",例如现象级的视频博主李子柒。2016年

---

① 阎安:《民间业余影像的成长与传播》,《新闻大学》2000年冬月号。
② 韩鸿:《社会纪录片与影像行动主义——审视中国社会纪录片的另一维度》,《电影艺术》2008年第5期。

初，李子柒开始拍摄手作视频。前期视频从编导、摄像、出演、剪辑都由李子柒完成。李子柒的作品题材来源于中国人真实、古朴的传统生活，以中华民族引以为傲的美食文化为主线，围绕衣食住行四个方面展开。例如她拍摄的《兰州牛肉面》，这种被誉为"中国面文化的活化石"的面食工序繁杂考究，对于操作年限和技术要求极高。李子柒历时近两个月向技艺精湛的老师傅求教，终于以"二细"的标准完成了视频录制。资料查阅、走访调研、深入学习加上独立拍摄、剪辑到最终呈现，前后历时长达整整三个月之久。她的视频具有传统媒体视频节目没有的另类特质，这也是她赢得海内外千万粉丝的重要原因。随着传播技术的快速发展，由"业余导演"采用摄像头、智能手机等非专业摄录器材拍摄的视频会越来越多地进入传统电视媒体和互联网。这些非专业视频凭借原生态、草根性和独特的现场优势，给纪录片的形态创新提供了可能。

（二）众筹纪录片

随着互联网和移动终端的普及，更为便携、智能、易分享的摄录应用软件被植入手机、平板电脑、智能摄像头和大量可穿戴设备中，由此催生了继家庭录像师、"DV族"之后的第三代民间影像制作者，并且这一群体的规模正在逐渐逼近网民的数量。既然影像拍摄已经大众化，那么完全可以众筹拍摄制作纪录片，让受众参与到纪录片的选题、策划和制作中。2016年春节期间，央视网就策划了"新春·变化·乡愁"微视频主题征集活动，面向全国网民征集、分享新春返乡见闻、家乡新变化、城乡新风貌、新年心愿等方面的纪实微视频。2019年，纪录片《城市24小时》通过央视纪录频道、央视网联合快手App，策划发起的"秀出你的城"视频征集活动，活动共集纳网友拍摄的内容近4000条。

所谓众筹，译自英文"crowdfunding"一词，即大众筹资或群众筹资，引申为依靠大众力量共同完成某事。在西方国家，众筹拍摄已存在多年。比如英国的"惊险一刻"频道，几十年购买社会上DV"惊险素材"，诸如煤气管道着火、汽车碰撞、家畜袭人、孩子摔倒、狗猫博弈等影像，都是他们收集和购买的内容。于是英国老百姓养成了一个习惯，遇到惊险、惊奇、惊讶的事情会马上拿起DV进行纪录，然后将这些视频卖给电视台。长此以往，就形成了电视台与民间影像之间的买卖关系。英国的电视台也通过占有大量DV素材，开辟了诸多纪实频道。

随着制作技术的平民化，人人都可以成为纪录片的创作者。《浮生一日》就是一部典型的众筹纪录片。该片由导演雷德利·斯科特和托尼·斯科特牵线，视频分享网站YouTube邀请全世界网民用摄像机记录下2010年7月24日这一天自己的生活琐事，以及对一些简单问题的回答。导演凯文·麦克唐纳通过YouTube告诉网友，希望大家思考三个问题：第一个问题是，你如今在生活中最惧怕什么；第二个问题是，你喜欢什么；第三个问题是，什么让你开怀大笑。来自190个国家和地区的网友总计拍摄了近4500小时的视频，展现了在同一天之中世界各地人们的日常生活。最终，主创团队从成万段的视频短片中选取了1125部，剪辑成这部95分钟的作品。《浮生一日》的创新之处在于它打破了传统纪录片的拍摄思路，取而代之是由互联网上一个个平凡的个体拍摄的并不是那么专业的视频资料"众筹"而成。虽然相比专业摄制组拍摄的画面，它显得有些粗糙，但这种真实却更接近纪录片的本质，也正是因为全民参与，我们得以通过镜头窥视一天里世界各地的人的不同生活。《浮生一日》通过相对简单的方式获取如此大体量的真实影像，不可不说是纪录片策划的极大创新。

在媒体融合趋势下，央视也尝试运作内容众筹纪录片，并通过网络直播对拍摄方式进行说明和解读。2017年5月20日，财经频道启动以"厉害了，我的国"为主题的大型内容众筹纪录片征集活动。其策划思路是：联合12大征集平台，向全国观众发出邀请——在中国的飞速发展中，发现那些让人热泪盈眶的瞬间，那些让人顿生荣誉感的故事，那些让人忍不住感慨"厉害了我的国"的时刻！观众可以通过自己的手机、相机、摄像机，讲述身边的变化和自己眼中的中国故事，把对祖国的情感转变为具体的影像。每一个参与者拍摄的内容都可以通过各征集平台进行上传。纪录片创作团队将对征集到的内容进行筛选，用于纪录片创作，并在央视财经频道各栏目以及多家视频网站播出。众筹打破了单一由剧组进行创作的传统模式，转而让习惯于收看节目的观众变为节目创作者，共同参与纪录片的线索提供、案例征集和素材拍摄，以"全民开拍"、共同创作的方式打造融媒体时代的纪录片作品。这种方式有利于整合资源，提高创作效率。此外，众筹也是一种效率极高的营销模式，它有利于提升作品的社会影响。

案 例

网络纪录片《劳生不悔》项目书[①]

一、基本信息

题材类型：纪录片，主旋律，扶贫

内容规格：6集，30分钟/集

出品人：龚宇

总监制：王晓晖、耿聃皓

总编审：王兆楠

监制：周浩、齐康

总策划：王兆楠、杨海涛

策划：王亮、张月宁、胡蓉蓉

总制片人：杨海涛

制片人：张硕、宁玉琪

执行制片人：尚威辰、陈梦怡、汪昊洋

分集导演：杜海、黄宛露、王强

责任编审：张若聃

编审：王梦璇

宣传统筹：邹扬

生产模式：爱奇艺自制

计划周期：调研拍摄：2018—2020 | 后期：2020 | 上线：2020 Q4

---

① 本案例由爱奇艺灿然工作室提供。

二、选题构思

（一）宏观背景

2013年11月，习近平总书记到湖南湘西考察时首次提出"精准扶贫"概念。2015年6月，总书记赴贵州省，再次强调要科学谋划好"十三五"时期扶贫开发工作，确保农村贫困人口到2020年如期脱贫。2017年10月，总书记在十九大报告中指出，坚决打赢脱贫攻坚战，要动员全党全国全社会力量，坚持精准扶贫、精准脱贫。

（二）政策依据

习近平总书记在中国共产党第十九次全国代表大会上做题为《决胜全面建成小康社会 夺取新时代中国特色社会主义伟大胜利》的报告，强调指出："坚决打赢脱贫攻坚战。让贫困人口和贫困地区同全国一道进入全面小康社会是我们党的庄严承诺。要动员全党全国全社会力量，坚持精准扶贫、精准脱贫，坚持中央统筹省负总责市县抓落实的工作机制，强化党政一把手负总责的责任制，坚持大扶贫格局，注重扶贫同扶志、扶智相结合，深入实施东西部扶贫协作，重点攻克深度贫困地区脱贫任务，确保到2020年我国现行标准下农村贫困人口实现脱贫，贫困县全部摘帽，解决区域性整体贫困，做到脱真贫、真脱贫。"2018年6月，中共中央、国务院发布《关于打赢脱贫攻坚战三年行动的指导意见》，强调以更有力的行动、更扎实的工作，集中力量攻克贫困的难中之难、坚中之坚，确保坚决打赢脱贫这场对如期全面建成小康社会、实现第一个百年奋斗目标具有决定性意义的攻坚战。

（三）选题分布

Episode 1-2 四川篇 凉山州"悬崖村"易地搬迁

Episode 3-4 云南篇 怒江州"珠海组"医疗扶贫

Episode 5-6 贵州篇 黔东南州"七仙女"电商脱贫

三、创作要点

（一）主题立意

在深入了解国家扶贫工程的相关政策及理解其历史意义后，将本片的视角确定为政府与人民共同努力脱贫的视角,希望展现在党和政府的引导下,干部群众一道为"脱贫"而共同努力探索和实践的故事。故在创作中应避免"宏大叙事",避免"政策宣教",避免简单地"伟光正",而需牢牢守住"见微知著""感同身受""小正大"的原则,记录下这一历史工程中典型地区的典型人物,希望能够引发观众的政策理解、国家认同和情感共鸣。

(二)主创选择

选择具有专业背景、独立精神、国际视野的青年创作者,激发"创新思维",打破僵化的"主旋律"意识,建立真诚的"创作认同",容忍"技术稚拙",用青年人的视角和方式去记录历史事件、传递主流价值。聘请具有大格局、大情怀的资深华语纪录片导演担任监制,从技术及创作理念指导青年创作者完成创作。

(三)题材选择

重点关注"三区三州"及其他深度贫困地区题材,重点关注具有时代特征脱贫方式的题材。在这些题材中,寻找关键人物,不仅要关注帮扶者,也要关注被帮扶者,挖掘人物的魅力,除关注其"有为"之处,也要关怀其"无力"之处,让人物立体、真实,才能让观众理解和认同。故事中,只要基调温暖,价值观正,不怕暴露问题,或许这恰是扶贫之难、脱贫之艰的体现。

(四)影像特征

观察式的视听语言。可以大胆运用手持拍摄的拍摄方式,增加纪实感和真实感,既要展现贫困现状,又能看到人性之美。避免大量使用"四平八稳"镜头的距离感,避免大量使用"脏乱差"视角的功利感。注意运用自然光效,避免过分戏剧化的光影造型。后期调色中,避免过分饱和的艳俗感和过分消色的小清新,在还原真实色彩光影的同时,适当赋予影调修饰,让观众得到一定的审美满足。

(五)叙事目标

舍得投入时间成本以及其带来的制作成本增加,相信"时间"所带来的滋养,记录不少于半年的素材。能用视听讲明白的,不用台词。能用台词讲明白的,不用旁白。不刻意宣教,不刻意叫苦,不刻意煽情。寻找具有戏剧冲突感的事件,增加可阅读感。保护创作团队和拍摄对象的"独立精神",确保"双向表达真实",或许才能使故事动人。诠释"即使此生劳碌困顿,但吾辈为之努力改变终将不悔"的命题。

四、选题介绍

(一)四川篇

昭觉县隶属四川省凉山彝族自治州,位于四川省西南部,地处大凉山腹心地带,西距离州府西昌市100公里左右。历史上昭觉曾是凉山州的古州府所在地,是全国彝族人口大县,是国家级深度贫困县。2018年2月习近平总书记曾亲自到访昭觉县三岔河乡三河村、解放乡火普村考察,并十分关注位于昭觉县支尔莫乡的"悬崖村"(阿土勒尔村)百姓的生活现状。

本篇章两集内容由"90后"创作者黄婉露担纲导演,她将视角聚焦于"悬崖村"上某色达体一家以及年轻的驻村第一书记帕查有格身上,从"旅游扶贫""教育扶贫""易地搬迁"三个维度,展现在扶贫干部引导下,"悬崖村"村民如何改变观念,努力脱贫的故事。在片尾,观众可以看到,某色达体一家及"悬崖村"村民最终乔迁进了山下由政府统一修建的住宅楼,开启新的生活篇章。

重点拍摄对象:

1. 帕查有格,男,彝族,34岁。现任中共昭觉县委老干部局副局长、共青团昭觉县委兼职副书记、支尔莫乡阿土列尔村("悬崖村")驻村第一书记(现已升任支尔莫乡乡长)。帕查有格书记,因地制宜,组织修建"钢梯",开发农贸运输索道,改变"悬崖村"人民的出行方式。在生活方面,引进水、电、电信资源,修建村庄医务室,从而保障小病不出门、金融惠农进村、用水用电有保障。在教育方面,于2016年完成村小学由山顶到山下的搬迁工作。推动旅游扶贫,积极招商引资,创新经营旅游,依托当地特色自然资源和人文资源,开发生态观光、文化体验、体育运动、养生休闲等旅游产品,以文旅发展带动当地扶贫增收。

2. 某色达体一家，彝族。某色达体与妻子福大姐，两人共同经营自己的小卖部，开办民宿来接待游客餐饮、住宿，是村中旅游脱贫的带头人。达体夫妇二人努力赚钱，供家中小女儿某色拉作读书。某色拉作去年以优异成绩升入昭觉县最好的中学，她希望自己可以通过好好读书走出大山。

3. 某色吉日，男，彝族，"悬崖村"村支书。全面负责"悬崖村"脱贫攻坚工作，负责指导"悬崖村"的旅游发展、易地搬迁、基础设施建设。同时，经常会入户慰问困难家庭、群众。

（二）云南篇

怒江傈僳族自治州位于云南省西北部，为多民族聚居区，是中国唯一的傈僳族自治州，其中独龙族和怒族是怒江所特有的少数民族。怒江州是深度贫困地区，为全国深度贫困地区"三区三州"中的三州之一。自2016年珠海市与怒江州结对开展东西部对口扶贫协作以来，珠海、怒江两地聚焦精准扶贫、精准脱贫，不断完善政策措施，深入开展扶贫协作。珠海扶贫小组在产业扶贫、易地搬迁、危房改造、医疗卫生、教育资源、劳务输出等多方面对怒江州进行帮扶工作。其中在医疗帮扶方面，帮扶小组通过州县乡三级院院结对、医疗专家驻点、巡诊义诊、专项防治救治、设备捐赠、科室建设等措施，协助怒江全面提升医疗软硬件水平。

本篇章两集内容由"80后"创作者王强担纲导演，他将视角聚焦于珠海医疗组管延萍、谢成成、张帼卿三位医生身上，聚焦于"医疗扶贫"这个维度。珠海医疗组的医生们本着"扶贫扶智"的理念开展工作。在影片中，观众不仅看到的是他们处理当地一件件具体的病例，更看到他们是如何把科学的医疗理念传递给当地医务人员的。无论是家庭医生等医疗机制，还是新建儿科、妇科等细分科室，我们看到，怒江的医疗理念在进步。

重点拍摄对象：

1. 谢成成，男，珠海市金湾区红旗医院儿科的主任医师，珠海驻贡山县医疗帮扶小组组长。谢医生为珠海驻怒江第三批帮扶医生，于2018年3月抵达贡山县独龙江乡，挂职独龙江卫生院副院长。因见到当地医疗水平与卫生条件落后，谢医生自愿将扶贫服务期由半年延长为两年，年近六十的他，跟着村医一同爬山、爬藤条进村义诊，用一年多的时间，带着独龙江卫生院的同事送医送药,走遍了独龙江的山山水水、村村寨寨。乡亲们都说,他是个白头发的"天使"。后因贡山县缺乏儿科专科医生,在独龙江乡帮扶后谢医生被调至贡山县医院建设儿科专科门诊,并为当地培养儿科医生人才。谢医生平日爱好广泛,爬山、摄影、写诗、书法等,过春节时还会写对联送给村民,与当地村民关系十分融洽。谢主任表示因担心家中年过九十的父母,2020年到期后不会再进行延期,但自己退休后一定会定期回到怒江做医疗志愿者,继续为这里的百姓服务。

2. 管延萍,女,广东省珠海市金湾区三灶镇卫生院妇产科副主任医师,2017年3月开始自愿报名至云南省怒江州贡山县丙中洛镇中心卫生院驻点医疗帮扶。珠海市的对口帮扶计划是每半年进行轮换,当管延萍深入贡山县工作时,她发现在这里还有许多工作刚刚开始,为了工作的连续开展,她主动申请了三年的帮扶任务,现在已经有两年时间。除了平时参与基本医疗的诊治和危重病人的救治外,管延萍所在的帮扶组还积极推行家庭医生签约服务模式,对卫生院医护人员进行专业技术培训,到村为村民进行健康生活方式宣传,完善医院的诊疗规范,完成了《关于提升丙中洛卫生院医护人员专业技术水平培训提议》《关于提升丙中洛卫生院医院管理提议》等报告,并向有关部门上交,逐步实施推行。

3. 张帼卿,女,珠海市儿妇幼保健院医师,2018年阳春四月来到怒江州妇幼保健医院,帮扶时间至2020年4月,帮扶期间挂职怒江州妇幼保健医院副院长、兼妇产科业务副主任。主要工作是协助医院开展各项临床业务,参与日常诊疗工作,科室业务培训,积极参加健康宣教及义诊送医送药等活动。

(三)贵州篇

盖宝村隶属贵州省黔东南苗族侗族自治州黎平县,距离贵州省会贵阳市约300公里。黎平县是黔东南苗族侗族自治州面积最大、人口最多的县,其中侗族约占全县总人口71%,是中国侗族人口最多的一个县,也是侗族文化的主要发祥地,因而有"侗乡之都"的美称。黎平也是省级历史文化名城,政府驻地德凤镇是始建于明洪武年间的府城,古城保留完好,有"杉海粮仓油壶"、侗族大歌之乡、鼓楼之乡等称号。1934年红军长征期间,毛泽东、周恩来、朱德、王稼祥等在这里召开了"黎平会议",确立了红军长征北上进军的军事战略路线。黎平县已于2020年3月正式退出贫困县序列,实现脱贫"摘帽"。

本片两集内容由80后纪录片创作者杜海担纲导演,他由"网红直播"这一当下热门的社会现象入手,将视角紧贴盖宝村驻村第一书记吴玉圣与他一手组建的"浪漫侗家七仙女"网红直播团队。吴玉圣希望将网红直播带货模式融入家乡脱贫"摘帽"的工作中去,同时利用网红宣传家乡风土文化的方式去响应国家乡村振兴的政策。在片中,观众可以看到这样一支接地气的网红直播团队在脱贫攻坚中的日常工作与生活,也能走近一线基层脱贫干部在职期间的信仰与感动。

重点拍摄对象:

1. 吴玉圣,男,1987年生,侗族,黔东南黎平县人。2018年2月由黎平县纪检委调任盖宝村担任驻村第一书记,是村中扶贫工作的带头人,也同时是"浪漫侗家七仙女"网络宣传团队发起人。驻村至2020年的吴玉圣书记带领大家注册"侗族浪漫七仙女"文化传媒有限公司,种植有机小黄姜,开办网红培训学校(竹水书院),发展当地侗族文化旅游,为盖宝村的脱贫事业而努力奔波着。

2. "浪漫侗家七仙女"网络宣传团队。"浪漫侗家七仙女"目前总人数为十五人,所有团队成员轮流工作,进行直播或者外出参加活动,每次直播或视频拍摄人数保持在七人。现村中已注册成立"浪漫七仙女传媒有限公司",与所有"七仙女"成员进行签约。在吴玉圣支持下,"七仙女"成员现已从原本单纯的"主播"身份转变为部分参与团队自主管理、运营等工作的管理者身份。

3. 吴亮,男,1996年生,侗族,盖宝村人。现为湖北荆州中医药高等专科学校大三学生。目前处于毕业返乡实习期,在一年时间内担任"侗族浪漫七仙女"文化传媒有限公司的志愿者负责人,负责打理"七仙女"的网络运营和"七仙女"公司的对外发展。

五、主创介绍(略)

六、项目周期

阶 段		四川篇	云南篇	贵州篇
调研	主创搭建	2018年8—12月	2019年4月	2018年8—12月
	文字调查	2018年8月—2019年2月	2019年4—6月	2018年8月—2019年1月
	田野调查	2019年4月—2020年5月	2019年6月	2019年6月—2020年4月
拍摄		2019年5月—2020年5月	2019年6月—2020年4月	2019年7月—2020年1月
后期	剪辑	2020年1—7月		
	DI	2020年6—8月		
	审查	2020年月8—9月		
播出		2020年第四季度		

第八章

■ 融媒体时代节目策划的组织实施

按照《哈佛企业管理》丛书的解释,策划其实是一种程序,在本质上是一种运用脑力的理性行为。所有的策划都是关于未来的事物,也就是说策划是针对未来要发生的事情做当前的决策,即预先决定做什么,何时做,如何做,谁来做。视听节目策划亦是如此。本章将在之前各章对诸种节目类型进行分门别类分析的基础上,解析节目策划活动的共性规律,主要包括理念与要求、流程与方法,以及节目策划案的写作技巧。

第一节　节目策划的理念与要求

传媒产业是一项高投入、高产出、高风险的行业。视听节目既是精神产品,同时又是一种特殊的物质产品。一档节目能否受到广大受众的欢迎,能否产生相应的经济效益和社会效益,能否投入再生产,策划的质量非常关键。同样的题材经由不同的策划,创作出来的内容可能完全不同。有的大受欢迎,既赢得了巨大的经济效益,又产生了良好的社会效应。有的却相反。原因何在?显然,其中最重要的是人的因素,包括创作群体中的所有专业技术人员

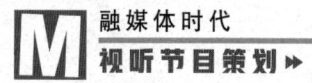

和艺术创作人员的素质。那么，节目策划活动应该具备哪些理念，对参与者又有哪些素质要求呢？

一、节目策划应秉持的几大理念

（一）把正导向的理念

对于宣传工作来说，导向问题至关重要。1947年，美国社会心理学家卢因首先提出了"把关人"的概念。他认为，人类的群体生活中存在不同的渠道。在每一条渠道上，都有一个"关"，每个关口，都有"把关人"。消息、观念和理论，哪些应通过这个渠道传出去，哪些应留下不传，全由把关人决定。把关人地位重要，权力大。他们的认知、意见和态度，对受传者有相当的影响力。广播电台、电视台的节目编创人员就是大众传播中的"把关人"角色，他们肩负着在视听信息传播中"把关"的重任，除应具有一般社会工作者所要求的各种心理素质、文化知识以外，在思想素质和政治意识等方面应有其更高的标准，策划者自然也不例外。

媒体是国家意识形态领域的重要组成部分。视听媒体所发布的信息，代表着党和政府的形象与声音，因此，提出节目创意和编导方案的人首先要懂得党的路线、方针、政策，善于用马克思主义的立场、观点、方法去分析问题和解决问题，具有高度的政治意识，正确地把握舆论导向，当好党、政府和人民的喉舌。策划人员要树立明确的大局意识、责任意识。要紧紧围绕举旗帜、聚民心、育新人、兴文化、展形象的使命任务，明方向、正导向，转作风、树新风、出精品，在守正创新上有所新作为。国家广播电视总局反复强调的节目创作"小大正"原则，其中的"正"讲的就是"正能量"。策划活动的参与者必须具备扎实的政治理论功底、强烈的政治敏锐性和导向意识，坚持弘扬社会主义核心价值观，为受众提供积极、健康、正面的文化产品，履行好自己的社会责任。这也是在媒体融合转型大潮中，主流媒体需要坚持的"不变"要素。

（二）深度融合的理念

进入21世纪第三个十年，融合传播技术得到广泛应用。各级视听媒体探索运用全媒体多样化传播形式、分众化互动式服务方式、大众化生活化话语表达，推动了内容产品的全方位创新。"从传播空间来看，节目从传统渠道延伸到互联网，形成了一个全媒体多终端多形态的传播空间；从经营空间来看，节目经营从线上拓展到线下，包括活动、衍生产品及相关服务，形成了一个从内容到服务的全产业链。"[①] 技术革命、资本流动、生产的集中和消费升级正不断突破陈旧的空间模式，将传统广播电视整合到网络视音频传播的大格局中去。对于节目策划人来说，缺乏深度融合的理念将难以实现节目内容与形态在新技术条件下的创新。

视听媒体是技术驱动型的媒体，天生对新技术保持敏感和渴望。融媒体时代，按照"一体发展""融合发展"的理念，传统频率频道将与广电媒体网站、移动客户端等新兴媒体资源加速整合，资本、技术、人才、平台等生产要素共享融通，由此实现广播电视节目向视听产品转变、观众听众向用户转变、分类传播向整合传播转变，以及内容服务向现代传媒与综合信息服务转变。这就要求策划人具有超越时空的眼光，以博大的胸怀，随时随地关注世界范围媒体技术和社会潮流的变化，跟踪节目所涉及领域的最新动态，不断拓展新的领域。

（三）市场经营的理念

随着文化体制改革的不断深化，中国媒体已开始从过去的单一行政"事业型"转向了既承担自己的社会使命，又考虑自身生存的"企事业混合型"。由政府全额"实报实销"的局面一去不复返，媒体作为企业"自我买单"成为现实。视听传媒产业和高科技产业一样，属于高风险、高智力、高投入、高回报的产业。在美国，传媒业已经是国家经济的支柱产业，每年为其带来大量的出口额。而在我国，自 1979 年 1 月 28 日上海电视台播出全国第一条电视广告以来，特别是实行社会主义市场经济体制后，广告收入一直呈现高速增长趋势，已成为我国各级广电媒体的主要经济来源。

当前，多数媒体主要通过广告收入来完成自己的"造血"机能。只有赢得市场，赢得观众，才可能赢得广告商的青睐，才有可能在广告市场上争得更大的蛋糕。因此，节目策划人应该深入思考，如何在完成"喉舌"使命和社

[①] 谭天、覃晴：《作为空间产品的电视节目》，《现代传播》2016 年第 2 期。

会公益功能的前提下，寻找最贴近市场需要和符合经济效益的节目营运模式。事实证明，走向市场必须了解市场，了解市场的前提是了解受众。了解了受众，才可能对节目实施准确定位，才可能实现节目生产与消费环节的有效衔接。随着社交媒体、短视频等移动应用的发展，人们的收视收听行为正进一步分化。在激烈竞争中，视听节目策划方案要脱颖而出，缺乏市场经营的理念显然不行。优秀的策划，从来都是谋求社会效益与经济效益"双丰收"的。

（四）特色创新的理念

文化传播事业是一项"苟日新，日日新，又日新"的事业。近几年，在经过盲目跟风学习外国节目模式阶段之后，中国的节目生产已经开始进入到比较理性、健康的发展阶段。以综艺节目为例，在市场竞争和政策引导的双重作用下，已经进入了以"公益、文化、原创"为发展方向的转轨时期。经过最近一两年的摸爬滚打，原创节目的全面发力成为综艺领域的最大亮点，出现了一批凸显中国特色、呼应时代需求、蕴含文化价值、传播正能量的优秀节目，实现了市场与口碑的双丰收。如2018年湖南卫视的《声临其境》是原创的声音魅力竞演类节目，该节目在豆瓣评分8.3，微博阅读量26.1亿；央视《经典咏流传》属于原创大型诗词文化音乐节目，播出后受到市场一致好评；湖南卫视的《幻乐之城》是"原创音乐+电影+现场"相结合的节目，首播收视率1.45%，双网第一；而原创节目《全能星战》《超凡魔术师》的版权销售到了东南亚，《我就是演员》《声入人心》原创节目模式输出到欧美。

何为创新？简单地说，就是想别人没有想过之事，走别人没有走过之路，做别人没有做过的节目。大众传播媒体一直担负着给广大受众解闷、解疑、解惑的三项任务。然而无论是为百姓解闷、解疑还是解惑，都应该立足于中国的本土，植根于中国深厚的文化沃土之中，充分发挥大众媒体通俗化的特点，将节目办出新意，办出特色。节目策划者需要思考的问题是：在全球化的大背景之下，如何创作出既具有中国传统文化的内涵，又具有国际通行的表现手法和视听语言，既能得到国内电视受众的欢迎与认可，又能在国际市场上占有一席之地，既能发挥媒体"喉舌"功能，又能充分运用市场运作机制调节制作和发行的好栏目、好节目。

（五）受众本位的理念

受众本位，是指在大众传播活动中应最大限度地维护受众的根本利益，满足受众不同层次的精神文化需求。随着大数据和物联网技术的发展，视听媒体完全可以通过大数据反馈受众信息，预测受众兴趣走向，并以此为依据策划特定的节目内容。例如苏州广电《施斌聊斋》策划团队正是基于粉丝微信群的用户反馈，"定制"生产了直播网综《施斌饭局》，有效导入年轻人群，实现收视增长。当前，国内不少互联网视频平台已开始对用户数据进行深挖，在人口属性、行为兴趣、产品意向等方面设置标签，形成"用户画像"，使个性化表达和定制内容，特别是基于特定人群的"大规模定制"成为可能。所谓"用户画像"，就是通过融媒体数据库收集受众的年龄、性别、职业、文化程度等信息，并以此为基础分析受众的兴趣爱好、生活习惯、消费观念、收视特点等，为节目内容生产、传播、广告植入等提供更为精准的参考依据。[1]"用户画像"不等同于传统的收视调查，收视调查往往后置于内容生产，而"用户画像"则前置于内容生产，在前期策划时就能根据画像结果精准把握受众需求。

对于大众传播而言，"文化的标准化"基于受众的平均接受水平和总体偏好，却难以适应受众的个性化口味。因此，"做什么""播什么"和"想看什么"始终是一对矛盾。在传统广播电视年代，以"点歌""点剧""点题"等为代表的个性定制内容即已出现。在互联网时代，视听节目生产的一个重要方向便是满足受众的个性化需求。对此，美国数字学者尼葛洛庞帝在20年前已有预言，他举"天气预报"的例子来说明："关于气象的比特抵达你的电脑电视（computer-TV）之后，位于接收端的你，直接或间接地运用电脑的智慧，将比特转换成为有声的报告、印制出的地图，或是你喜爱的迪斯尼卡通人物……传递信息的传播业者根本不知道传送出去的比特最终会以何种面目——影像、声音，还是印刷品——在接收端出现。这由你决定。"[2]

（六）打造精品的理念

中央电视台曾进行过一次品牌效应调查。结果显示，300多档栏目，知名品牌只占10%左右，而其带来的广告收入却占当时央视全部广告额的90%。

---

[1] 肖俊：《融媒体时代电视综艺节目的内容生产策略》，《今传媒》2018年第12期。
[2] 尼葛洛庞帝：《数字化生存》，胡泳等译，海南出版社，1996，第71页。

如今，依靠品牌栏目、头部节目赢得市场地位，发挥主导优势，牵引媒体整体发展的趋势越来越明显。视听媒体竞争的起始点和落脚点最终都将落在节目的质量上。只有一流的节目，才可能创造一流的业绩。反过来说，一流的业绩需要大量的精品节目支撑。离开了精品节目，媒体作为一种载体就失去了存在的价值。在传媒竞争日益激烈的大背景下，办优质栏目，出精品节目，打造超级 IP 显得尤为重要。

要创作出精品节目，首先应该有明确的精品标准。习近平总书记强调指出："要坚持以精品奉献人民。一切有价值、有意义的文艺创作和学术研究，都应该反映现实、观照现实，都应该有利于解决现实问题、回答现实课题"。文艺创作要"立足中国现实，植根中国大地，把当代中国发展进步和当代中国人精彩生活表现好展示好，把中国精神、中国价值、中国力量阐释好。文艺创作要以扎根本土、深植时代为基础，提高作品的精神高度、文化内涵、艺术价值"。进一步说，中国的精品节目应该是那些具有鲜明时代特征，可以全面反映当代中国改革开放大潮中新人和新事的节目；是那些具有鲜明民族特色、扎根于中华传统文化之中的节目；是那些既具有较高的收视率、良好的经济利益，同时又有较高社会效益的节目；是那些在内容与表现形式上完美统一的节目。节目策划人员应该站在更高的角度来理解节目精品的意义，懂得精品节目是视听媒体的主体、灵魂，是提高收视（听）率和点击率的关键，是媒体得以生存、发展的基础，同时也是中国文化走出国门，迈向世界的通行证。

二、节目策划活动的业务要求

媒体策划有宏观、中观、微观三个层面，分别对应着一般学理（理念）、具体对策（策略）、可操作性技艺（方式、方法）。节目策划应根据对象的不同，提出理论与实践相结合的观念、创意、思路、方法，以及实施方案（包括背景分析与前景预测）。策划人成功驾驭节目的能力是在长期的业务实践、艺术实践中得来的。总的来看，一位优秀的节目策划人员应具备以下业务素质。

（一）精通节目生产的流程与方法

视听节目的生产制作涉及诸多专业部门。一个不了解节目制作过程和制作方式的人是很难当好节目策划的。因此，策划人对摄像、编辑、音乐、音响等内容都应该尽可能多地了解和掌握。除有比较好的人文知识以外，还应该善于借助视听语言（如画面、光线、色彩、角度、运动等）来体现自己的创作意图和目的，发挥视听媒体的特殊魅力向受众传达节目的思想内涵和艺术美感。策划工作开始之前，首先要确立风格。节目种类繁多、形式各异，节目策划的构思、风格也不尽相同，这就给节目策划人员提供了很大的创作、表现空间。但无论采用怎样的方式，在策划过程中都必须以整体的创作意图为根本，在这个基础上发挥个人的聪明才智，把握节目的内容、结构，力求将创作意图表现得淋漓尽致。由于不同类型的节目有不同的策划思路，因此，策划人员有必要熟悉不同类型节目的特点和策划方法。

（二）拥有融媒体整合策划能力

随着媒体融合程度的不断加深，策划人员不仅要着眼常规的电视节目，更重要的是要具备媒体整合传播的理念和策划能力，核心能力是对节目素材的多媒体整合传播策划，包括"内容策划"及"介质分发"两个层面。"内容策划"意味着在节目设计之初就必须考虑全媒体信息的采集、管理、加工和发布；"介质分发"意味着要有能力对节目内容进行价值判断及介质选择，以恰当的媒介发布和呈现，达到一次策划、多重加工、多平台发布的效果，实现节目资源的多重升值。网络、手机等新媒体的出现，使视听传播更加注重时效性、开放性和互动性，因此节目策划者必须打破从一个地域、一个行业、一个部门去思考问题的局限，培养全局意识、整体意识和全球视野。全媒体策划，要求节目生产从单向线性的流程转变为多元互动的发布流程。视听节目不光是传统的频道、频率播出，还会在网络电视台、视频网站等平台发布，并按照网络传播规律和社交媒体使用习惯进一步加工、改造、变形，在微信、微博等社交平台发布。在融媒体时代，受众从被动的接受者变成主动的生产者，所以策划人还要善于利用电脑网络、手机等渠道获取受众的反馈意见，与受众互动，发挥受众的积极性和创造性。

（三）具有较强的文字写作能力

策划人员要重视文字写作能力，是着眼两个层面来讲的：一个是指语言文字像过去一样，作为思维的一种工具，在节目策划过程居于基础性地位；另一个是指在具体的业务环节，节目策划人员要能够驾驭常用文本的写作。策划案是一种特殊的文本，要依据市场调研和受众分析，合理定位节目，并体现自己的艺术构思、艺术风格、形态设计等，对节目制定可行的工作计划。媒体不论如何转型，技术不论怎样发展，对于策划人员来说，文字始终不可或缺。文字是什么？文字是一种符号，是用来记录语言的，而语言是人类思维的工具。这就是马克思所说的"语言是思想的直接现实"。从这个意义上说，语言、文字、思维能力是连在一起的，忽视语言文字，某种程度上讲就是忽视思维能力。人是"一根能思维的苇草"，是靠思维才成为万物之灵长的。可以说作为这根苇草盛开的"最美丽的花朵"，思维层次决定一切。由语言文字锻造的思维能力、思维层次，则是人的核心素质。如果语言不强，文字很弱，必然会制约你的思维能力。思维能力稀松平常，想在激烈的节目市场竞争中脱颖而出，几乎是天方夜谭。

（四）具备组织与口头表达能力

节目生产不同于那些依据个人体力、脑力完成的艺术实践。画家的工作是个体性的工作，画家使用作画工具，绘出自己的思想和对社会的理解。作家也是个体性创作，作家运用手中之笔，描述出自己的故事，展示自己精神世界的轨迹。无论是画家、作家还是其他的个体性艺术创作人员，他们的工作游离于群体之外，只凭个体行为完成自己的创作实践活动。而节目创作是一门复杂而特别的工作。工艺流程涉及各个部门，甚至涉及创作组的每一个人。从选择题材、制订摄制计划、确定节目的风格样式到拍摄、后期制作、宣传发行，都需要各方面的专业人员完成，节目策划人员无法游离于创作群体之外，他们必须与这个群体通力合作。策划人应该使整个创作组理解自己的创作思想和创作意图，理解自己的创作风格，通过与各专业人士的充分交流和有效合作，求得他们的支持。策划与其他创作人员协调的好坏将直接影响到他们的合作关系，进而影响到节目的质量。

（五）了解传播技术发展趋向

从媒体发展历史看，每一次重大技术进步都会对传播产生变革性的深远影响。得益于大数据、云计算、物联网、虚拟现实等技术发展，出现了全程媒体、全息媒体、全员媒体、全效媒体。不难想象，在未来还将有更多、更新的技术应用于传播领域。当代视听传播已全面实现数字化、网络化、智能化，随着5G+4K/8K+AI的应用实践稳步加速，视听节目的面貌及内容生产方式将大大改观。作为策划人员，必须站在传播技术革命的前沿，时刻把握新媒体技术变化，在节目的内容选题、形态设计、融合互动、营销推广等方面充分发挥技术的巨大威力，以策应视听传播的新发展。

第二节　节目策划的流程与方法

一、节目策划的具体步骤

节目策划不是凭空想象，更不是关起家门"拍脑袋"，而是在充分占有事实材料的基础上进行的去粗存精、去伪存真、由表及里、由浅及深、由宏观到微观的思维活动。节目策划过程一般包括话题的选定、嘉宾的选择、内容展开的设计等节目制作的具体部署，也包括对整体节目的前瞻性安排，如节目的市场生存环境分析、受众定位、观众群分析等。策划必须以调查研究为基础，充分尊重传播规律，需要策划者不断做出判断、选择。

（一）宏观策划

所谓宏观策划，就是根据一个时期的政治、经济等形势，制定这一时期的宣传方针、目标、重点以及为实现这一方针、目标、重点进行的重大选题部署和节目制作安排等。宏观策划常常是团队智慧的结晶，一般由部门协调，集体讨论，反复论证，最终形成一个指导性的意见。无论是新闻编辑部、晚会导演组、电视剧创作"班子"，还是广告创意团队，当代视听节目生产越来越向以部门为核心的运作机制发展。新闻记者不再是单兵作战的个体，而是由编辑部统一指挥调度的采制新闻的系统和集体，系统化、协同化的制作方式日益普及。纪录片人也不再是单打独斗的"艺术家"，以部门为核心的宏观策划使《舌尖上的中国》之类的"大片"得以顺利推出。宏观策划的工作重点，一是确定主题，二是统筹部署。

1.确定主题

主题即中心观点、中心思想,是媒体(或宣传部门)对某一问题持有的观点和评价。主题要通过内容进行表达。以新闻节目为例,在实施节目策划时,主题往往被具体为"报道思想",即编辑部在一定时期内或阶段内,为达到预期的新闻传播目的而制定的新闻报道的设想、意图。报道思想包含一个时期的总体设想和具体的报道提示。总体报道思想是根据当前党和政府的方针、政策、中心工作、全局和实际情况,经过通盘考虑之后综合制定的;而具体的报道提示则是根据总体报道思想确定形成的。

在新闻类节目中,所谓"主题报道"往往就是在某一具体报道思想或报道主题的统摄下展开的,如"砥砺奋进的五年""奋进新时代"等。文艺类节目也存在主题,如中秋晚会以"全球华人共仰明月"为主题,救灾晚会以"万众一心"为主题,等等。电视剧创作也存在年度主题。

2.统筹部署

以新闻为例,整体的报道思想、报道进度、报道重点和节奏都有赖于部门的统筹部署。比如央视对某次自然灾害的报道,整体上是分"五步走"予以部署的:一是动态报道;二是重点报道;三是典型报道;四是深度报道(反思);五是在后期推出一部大型的全景式纪录片,对整个救灾活动进行总结。

节目制作各部门和工种的统一调度同样必须依据宏观策划部门的统筹部署。在大型新闻报道中,编辑部统一调度各路人马,对整个新闻事件进行全方位、多角度的采访报道,这就需要编辑部在采访前做好周密部署,如确定不同的报道地点,确定各种相关被访人物,收集资料,确定报道的整体时间和进度,等等。这显然不是某一个个体能够完成的。

(二)微观策划

在节目策划过程中,也有相当一部分内容是由创作者个体完成。这些策划内容相对微观,即运用对比思维、求异思维、逆向思维等思维方式对整个节目个案的切入点、表现角度、表现手法等进行策划。微观策划首先要根据部门的总体宣传思想,明确主导性的传播意向。在新闻节目中,记者必须对编辑部的报道设想和宏观意图有所把握;在晚会的创作中,单个节目的编导也必须明确晚会的主旨和导演组的总体构思。微观策划有时需要记者、编导

或小摄制组独立完成。虽然节目的类型千差万别,但以下一些问题通常都会涉及:

1. 具体的选题策划

题材即节目的题目或拍摄对象。选择什么样的题材取决于宏观的宣传思想、已经掌握的线索,以及策划者凭借职业敏感所做的判断。这里面有大编辑部的统一策划、统一报道思想,但更多的是依赖记者或摄制组独立完成的微观策划。

选题策划应基于科学的调研论证,要以调查研究为基础。特别是新闻策划,本身就是为了更好地发现和呈现新闻事实,因此必须以事实为依据。某节目从"居有所乐,住有所安"的角度宣传"十八大"精神,但切入的事例是基层社区推行技防入户,给居民免费安装防盗报警器。该报道将"安居工程"的"安"简单解读为"安全""防盗",而实际上"安居工程"是指社会保障性住房建设。如果记者能够进行必要的调查研究,而不是简单地"贴标签"搞报道,就不会曲解中央精神原意,也就不会闹笑话了。

纪录片《舌尖上的中国》在选题策划阶段,借鉴西方纪录片策划惯例,引入了三个前期调研员。所谓前期调研,其实没有更先进的手段,无非就是不断地问,例如要做湖南腊肉的片子,调研员会想:我周围有湖南人或者有人认识湖南人吗?于是打电话,一点一点挖。终于,那个在别人都往前冲的时候焦虑的卓玛,那个站在冬天的淤泥里聊着关节炎、吃着能量不太够的饭、记着老婆嘱托的叶茂荣,还有因为酸笋腌得火候不够而被取消一大笔订单的阿亮……一个一个被找到。

2. 业务及技术层面的策划

业务及技术层面的准备主要是为节目前、后期制作的顺利开展进行预先的谋划和设计。以新闻节目为例,在新闻采访前,摄制组要明确记者现场采访时是否出镜,是否出现记者的声音,是光出声不出图像,还是记者出镜采访。如果记者在现场采访提问,那么,必须提前进行问题的准备,并列出可供采访的对象;如果要进行体验式、参与式的报道,必须事先确定合理、可行的现场介入方式;如果要在夜间、雨中或海面等特殊环境中采拍、采录,必须做哪些技术上的准备;等等。只有明确了这些,才能便于摄像师、录音师做好事先的准备,并在现场工作中配合记者进行合理的言行记录。在对一些重要的可预知的节目内容进行采拍前,应对拍摄现场进行事前的勘测,做好充分的技术准备,确定好机位,设计合理的运动路线。应随策划方案提出设备使用计划,提前准备好所有拍摄所必需的各种设备,防止因小失大。

综艺节目同样如此。湖南卫视的原创综艺节目《舞蹈风暴》中有个给观众留下深刻印象的"风暴时刻"。所谓"风暴时刻",就是通过120台摄影机的拍摄,对舞蹈动作形成360度环绕的影像定格。[①] 这一技术创新和围绕它进行的整体概念策划是《舞蹈风暴》一炮走红的关键。对于节目而言,要做好业务和技术层面的策划,策划主体应对常见的编导手法、视听语言和技术保障条件十分熟悉。

3. 人财物方面的策划

节目制作涉及的设备多、人员多,耗费的资金多,没有人、财、物的充分准备,很多规模较大的节目将受到直接的影响。需要考虑的人力资源条件包括:可能投入的采、编、技术等人员方面的信息,具体到可参与者的人数、素质、才能、节目制作经验、社会关系,等等。需要考虑的保障因素包括:对节目制作起保障作用的资金、技术设备、交通工具、通信手段等信息。

4. 可能的困难及备选方案

微观策划要加强预见性,将节目制作中可能遇到的各种情况尽可能考虑到,尤其是可能遇到的困难。策划方案要有可操作性和可行性。方案的制订不能闭门造车,要通过科学调研和广泛会商,准确预测策划是否可行。策划也要具有灵活性和可变性。有必要设计几套方案,一旦出现突发状况而导致预先设计的方案不能顺利完成时,便可马上启用备选方案,以保证节目顺利完成。

很多纪实性节目的策划只是一个非常基本的蓝本,到节目最后完成时,把最初的策划拿出来看,会发现完全没有当初设想和策划的影子。例如,《舌尖上的中国》有一集,原计划要去香港大澳岛拍摄咸鱼腌制,但到了岛上,却发现根本找不到初定的那个人,只能重新找人。几经周折,通过当地最受欢迎的虾酱牌子找到了岛上的一个偏僻小作坊,作坊门口坐着的一位老奶奶于

---

① 王卉:《〈舞蹈风暴〉的技术创新及其传播策略》,《西部广播电视》2019年第22期。

是成了该集故事的主角。类似的情况在实践中并不罕见。策划内容在节目拍摄和制作过程中出现改变,并不能否认策划本身的意义。事实上,"好的策划能够预见很多关键性的问题和事件发展的脉络,从而掌握应变的主动权。其次,在实际中发生变动较大的策划案,记者在实拍时的自我调整也是以策划为变化的参照物"①。

(三)策划会

简单节目未必要经过烦琐的策划流程。但越是重大宣传任务,越是重点栏目重点节目,越是"大部头"作品,越需要细致调研,精心策划;越是规范的栏目运作,越注重策划的业务流程。《东方时空》的经验是,节目策划要经历以下几道程序:(1)发现、判断并论证选题的可行性;(2)把握和控制报道方向;(3)明确选题的传播目的;(4)预设选题的传播效果。② 在这个过程中,反复召开策划会、研讨会,集思广益,推敲方案是经常事。

当节目编导或专职策划人员对选题形成策划方案后,一般要召开一次或几次策划讨论会。参与会议的人员包括制片人、策划、编导等主创人员,也可以邀请"外脑"参与讨论。策划会的过程是策划人员介绍具体事实,阐释节目初步设想,提供若干选择供与会人员讨论。一般来说,这样的策划会是漫谈式的,在这个过程鼓励不同意见的出现,只有在个人充分表达观点的基础上,策划案才能够更加丰满和全面。

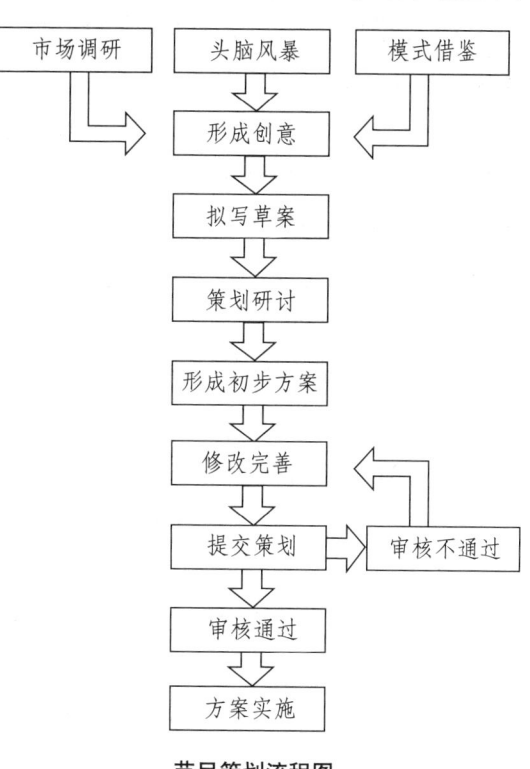

节目策划流程图

---

① 朱羽君、雷蔚真:《电视采访学》,中国人民大学出版社,1999,第109页。
② 梁建增、孙克文:《解析东方时空》,高等教育出版社,2003,第27页。

因此，策划会也是一个说服和被说服的过程，现场人员谁的理由更充分，更站得住脚，就能为策划案定方向。经过策划会讨论和进一步调研，策划人员应该拟制形成一个细化的策划案本。

二、节目策划的常用思维方法

人们常说，新闻工作者要着力增强"四力"——靠脚力解决到达的问题，靠眼力解决发现的问题，靠脑力解决分析的问题，靠笔力解决表达的问题。而策划依赖的主要就是眼力和脑力。不同类型的节目，其策划方法是千差万别的，但在策划过程中一些思维方式的运用则具有共性。

（一）逻辑思维法

逻辑思维是指符合某种人为制订的思维规则和思维形式的思维方式，这里所说的逻辑思维主要指遵循传统形式逻辑规则的思维方式，也被称为"抽象思维"或"闭上眼睛的思维"。逻辑思维是人脑的一种理性活动，具有规范、严密、确定和可重复的特点。在节目策划实践中，有些节目类型对内在逻辑的要求非常高，如新闻类节目、理论类节目、知识类节目等。策划者要善于把感性认识阶段获得的对于事物认识的信息材料抽象成概念，运用概念进行判断，并按一定逻辑关系进行推理，从而产生新的认识，基于这种新的认识来组合内容、架构节目。否则，受众就容易产生陈旧、散乱、不知所云的感觉。

（二）逆向思维法

逆向思维是一种比较特殊的思维方式，它的思维取向总是与常人的思维取向相反，比如人弃我取，人进我退，人动我静，人刚我柔，等等。这个世界上不存在绝对的逆向思维模式，当一种公认的逆向思维模式被大多数人掌握并应用时，它也就变成了正向思维模式。在节目策划实践中，逆向思维是一种创新思维方法。当大多数节目都按照某一逻辑、某一形态来运作时，反其道而行之常常可以起到出其不意的效果。例如，游戏类节目中反转规则，新闻类节目聚焦"冰点"，都属于典型的逆向思维。也应注意的是，逆向思维并不是主张人们在思考时违逆常规，不受限制地胡思乱想，而是在思维活动中关注小概率可能性的思维。逆向思维是发现问题、分析问题和解决问题的重要手段，有助于克服节目模式化的局限性，是策划思维的重要方式。

（三）系统思维法

系统是一个概念，反映了人们对事物的一种认识论，即系统是由两个或两个以上的元素相结合的有机整体，系统的整体不等于其局部的简单相加。这一概念揭示了客观世界的某种本质属性，有无限丰富的内涵和外延，其内容就是系统论或系统学。系统思维是以系统论为思维基本模式的思维形态，它不同于创造思维或形象思维等本能思维形态。系统思维能极大地简化人们对事物的认知，给我们带来整体观。整体性原则是系统思维方式的核心。对于节目策划来说，系统思维至关重要。这一原则要求创作者要立足节目整体，从模式与环节、内容与要素的相互作用过程来认识和把握节目形态。

在策划过程中，创作者要始终从节目整体来考虑，把整体放在第一位，而不是让任何单一的元素凌驾于整体之上。在谋划节目的结构时，要注意节目内部结构的合理性，即部分与部分之间组合是否合理，对节目有很大影响。好的结构，是指组成节目的各部分间组织合理，是有机的联系。每一个节目都由各种各样的元素构成的，其中相对具有重要意义的元素称为核心要素。要使整个节目处于最佳状态，必须考虑周全，充分发挥各要素的作用。策划者要善于从大局出发来调整或是改变节目内部各环节的功能与作用。在此过程中，可能是使所有部分都向更好的方面改变，从而使节目状态更佳，也可能为了求得节目的全局利益，以降低某部分的功能为代价。

（四）发散思维法

发散思维是指大脑在思维时呈现的一种扩散状态的思维模式，它表现为思维视野广阔，思维呈现出多维发散状，因此又称辐射思维、放射思维、扩散思维。在生活中，如"一题多解""一物多用"等都是典型的发散思维的例子。在节目策划活动中，发散思维有助于充分发挥人的想象力，突破原有的知识圈，从一点向四面八方想开去，并通过知识观念的重新组合，寻找更新更多的设想、方案或方法。

为充分激发参与者的发散思维，实践中会使用一种被称为"头脑风暴"的方法，即一群人围绕一个特定的兴趣领域无限制地自由联想和讨论，进而产生新的观点,这种情境就叫作头脑风暴。由于团队讨论使用了没有拘束的规则,人们就能够更自由地思考,进入思想的新区域,从而产生很多的新观点和问题解决方法。当参加者有了新观点和想法时,他们就大声说出来,然后在他人提出的观点之上建立新观点。所有的观点被记录下但不进行批评。只有头脑风暴会议结束的时候,才对这些观点和想法进行评估。头脑风暴的参加者不应该受任何条条框框限制,要充分放松思想,让思维自由驰骋,进而从不同角度、不同层次、不同方位,大胆地展开想象,尽可能地标新立异,与众不同,提出独创性的想法。事实上,不少精彩的节目创意就是在看似不经意的发散讨论中产生的。

第三节 融合传播策略与方式

视听节目已融入融合传播的全新生态之中。再造节目创意、策划、制作、宣发、营销、播出体系和流程,积极扩大优秀节目传播范围,少不了在前期就重点进行谋划。此外,IP开发、产品链构建、线下服务拓展、技术创新等等,都从属于节目延伸策划的范畴,同样需要在融合传播的背景下深入思考。在此,对常见的视听节目融合传播策略进行分析。

一、社交互动,提高受众黏性

媒体融合时代,媒体社交属性日益突出。受众可通过网络向传播者提出反馈,与传播者及时互动,甚至生成UGC、PUGC等内容,表达受众的观点和意见。从媒体空间的新构型看,社交平台提供了一种更为"无所不包与全面覆盖"的沟通,使得人与人在虚拟社区的连接出现了诸多新的特征,这为广播电视内容的扩散提供了新的机制。

(一)形成他组织或自组织的网络社区

由媒体或网络用户组织发起的虚拟社区是节目社交化传播的重要体现。

网络社区是一种特殊的组织。依形式不同，可以分为他组织和自组织。如果一个系统靠外部指令形成组织，就是他组织；如果不存在外部指令，系统按照相互默契的某种规则，各尽其责而又协调地自动形成有序结构，就是自组织。它们常常由节目的制作方或忠实粉丝主导，观众或听众自由发帖、跟帖、表达与交换观点，或就某一话题展开讨论，而这个话题往往和节目内容有关。在投票参与的综艺节目中，粉丝自组织的"饭圈"和"打投组"非常活跃。这种双向互动的传播以情感为基础，通过社交媒体维系，具有较强的用户黏度。

节目在策划阶段就应注意充分利用网络优势，在网络上征求网民完善节目的意见，借助社交网络开展话题讨论，使节目实现精准传播、快速扩散与发酵。或依据网民的反馈，及时改进节目创意、定位或以短视频方式实现节目全方位传播，促成节目走红。不少节目通过"电视+新媒体"融合推广，以短视频为重点带动新媒体传播升温。例如，浙江卫视的纪录片《戚继光》与B站这一二次元视频社区的合作就颇具代表性。策划团队结合B站的弹幕和二次元主题，设置以戚继光英雄故事为核心内容的专区，推出精彩短视频、定格动画制作花絮等内容，在短时间内就收获大量弹幕点评，通过与二次元社区网友的互动，为纪录片收获持续关注打下了良好基础。

（二）助推"播客"的文本生产与再生产

区别于专业的节目制作，由播客主导的文本生产和再生产，已成为连接线上空间与线下空间的全新社交方式。"视频博客"的发展也为传统电视带来了独立短片、微电影、家庭录像等全新元素。在播客时代，用户上传自己制作的节目并与其他用户进行交流，视听节目的传播模式变为媒体与用户之间的"多点对多点"的网状传播。

过去十多年时间，世界各地的互联网用户显示出一种前所未有的社会行为：集合起来，共同完成某项任务，有人甚至分文不取。而这些任务曾经是由某个专业领域的企业雇员完成的——这便是"众包"（Crowdsourcing）。简单地说，"众包即社会化生产"，变消费者群体为创造者群体。当前，随着智能拍照手机、移动宽带互联网和随身视音频编辑软件的普及，不少广电媒体开始组建庞大的"泛采编队伍"，例如，在南京、杭州、苏州、无锡等地，由普通驾乘人员组成的众多"泛记者"被传统交通电台和移动网络应用连接起来,他们散布在城市各个角落,全天候播报城市实时路况,为城市开车人提供资讯服务。这种全新社会生产方式的出现与城市的变迁几乎同步。在西方,随着硅谷的兴起,福特主义时代巨无霸型的大制造业公司逐渐式微,而后福特主义(Post-fordism)城市中以满足个性化需求为目的的生产和生活方式大行其道,生产过程和劳动关系也更具弹性。"众包提供了一种假设:我们都是创造者——艺术家、科学家、建筑师、设计师……或者他们的结合"①,进而使工业流水线之外的大规模个性化成为可能。

众筹(Crowdfunding)即大众筹资,是指用"团购+预购"的形式,向群众募集项目资金的模式,具有低门槛、多样化、注重创意、依靠大众力量的特点。例如,阿里巴巴数字娱乐事业群推出的"娱乐宝"项目,网民出资100元即可投资热门影视剧作品,目前已参与东方卫视《中国梦之声》、江苏卫视《前往世界的尽头》及诸多热门影视剧投资。众筹不仅是一种商业模式,更造就了广泛的粉丝互动,并形成了新的产业和社区形态。在未来,媒体机构若能引入众包与众筹机制,充分利用互联网和社交媒体的传播特性,让中小企业、艺术家或市民对公众展示他们的创意,进而获得所需要的资金援助,将有助于各类媒体的节目创新,开启"小而美"内容全民出品的新时代。②

(三)催生网络迷群与"粉丝圈子"的聚集

"粉丝"即迷,"是深度沉迷于媒介文本的受众"③,他们往往对特定的明星、节目、节目类型产生直率而明确的爱慕情感。作为流行文化的重要组成部分,迷文化在中国的迅猛发展与网络社区密不可分。相近文化背景、兴趣爱好的人在网络空间中走到一起,通过社交网络聚合成"粉丝群"("饭圈")。传统广播电视最大的弱点在于,拥有一群以收视(听)率评估出来的虚无缥缈的"受众群",而难以将其准确界定为"用户",更难以将其集纳在一个特定

---

① 杰夫·豪:《众包:群体力量驱动商业未来》(第二版),牛文静译,中信出版社,2011,序言。
② 阎安、李安:《城市台"小而美"模式的探索》,《视听界》2017年第3期。
③ 杨谩:《网络空间中迷的文本创作及其意涵》,《南京邮电大学学报》(社会科学版)2010年第12期。

的社群之中。于是，节目是节目，人是人，节目与人的关系基本是割裂的，也就谈不上客户运营了。尽管在那时也有主持人也以节目组的名义举办多样化的观众和听众互动活动，派生出传统的听友会、俱乐部等民间社群。

在网络空间发达的现代社会，"粉丝"可以跨越真实与虚假，建立自己的认同和迷文化（Fan Culture），或挪用文本再创内容，或为自己与他人表演。虚拟空间与真实生活叠加融合，线上线下互动成为常态。"两微"兴起之后，网络社区开始向移动端迁移。偶像养成类节目的应援打投，可谓最为典型的粉丝文化现象。《创造101》选手粉丝"集资应援"，截至决赛当日公开集资超4000万元。据统计，我国网民年龄结构中，20—29岁年龄段的网民占比最高，达30.3%，这些年轻群体是新媒体主要用户群。

对于城市台而言，充分利用微信公众号运营粉丝，是一个投入少、见效快的策略。在全国城市电视台微信传播榜中，江阴电视台微信指数位列第一。江阴电视台官方微信公众号"最江阴"，打造了一个与其他城市电视台微信公众号风格迥异的"原创＋互动"平台，其内容并不局限在广播电视领域，而是积极推送第一手的城市时事、生活信息、搞笑事件，更结合时政及社会热点推出"两会"直播、元旦公益徒步现场直播等活动，并将拼团、红包等元素引入公众号运营，最大限度地拓展了虚拟社区广度，提升了粉丝数量和用户黏性。

（四）注重线上线下互动的有机结合

所谓"线下"，一般指通过非媒体的形式进行宣传，如展会、发布会、现场活动、终端促销等实现的销售或面对面的宣传。"线下"活动主要针对目标市场的小众群体，是以阶段性的活动方式，吸引受众参与体验，实现彼此面对面相互沟通的营销手法。线上与线上有机结合，已成为提高受众黏性的重要策略，央视的《朗读者》节目就在这方面进行了有益探索。《朗读者》除加大线上播出和宣推力度外，栏目组还在许多城市设置了线下"朗读亭"，而微信平台的线上"朗读亭"也同步推出，通过打通线上线下，助推阅读活动发展，也强化了观众的体验感。

互动整合营销指的是媒体以自身的传播功能为依托，通过举办各类活动从而实现营销目标的过程。无论是线下业务还是线上业务，当遇到市场营销这个问题时，一般都应采用跨越线上线下界限的整合方式，以追求最好的效果。辽宁广播电视台《奇幻科学城》自开播以来全网播放量已超 500 万人次，覆盖近 7700 万互联网用户。节目延伸至线下，举办各类活动，其中"博士进校园"活动与网络直播相结合，单场在线人数峰值高达 93.2 万。线下活动加上与新媒体深度融合创新互动，提高了节目品牌影响力。

二、超越节目，延长产业链条

"从传播空间来看，广播电视节目从传统渠道延伸到互联网，形成了一个全媒体多终端多形态的传播空间；从经营空间来看，节目经营从线上拓展到线下，包括活动、衍生产品及相关服务，形成了一个从内容到服务的全产业链。"[1] 一线强势视听媒体正向全国性或区域性融合媒体集团方向发展，着力构建"内容+平台+渠道+终端"的完整产业链；相对弱势的低线城市媒体则往往以具体项目为突破，谋求媒体融合的主动权。

（一）着眼生活空间，实现产品形态融合

在节目创新创优的基础上，融入以移动互联网为代表的新技术元素，实现向视听节目向多媒体产品的转变。例如，可以利用位置数据，将不同个体讲述的故事与具体"地点"相连，基于"空间图谱"开发城市多媒体信息应用。德国莱比锡召开的国际广播特写会议（IFC）曾播映过一部名为"Inside Outside Battery"的多媒体广播作品，当用户通过智能手机 App 进入该应用，即可从城市 Battery 的任何一个地点开始，走到什么地方就收听这个地方的广播特写。各种类型的节目、音乐、歌曲、文学、诗歌、时事新闻、调查性报道……告诉你这座城市的历史文化和精神气质。GPS 会自动根据用户所在的位置播放节目，陪伴你穿行整个城市。[2] 移动互联网应用的普及，为个人、地点以及环境信息三者结合提供了契机，也为大众媒体开发出更多适合城市生活场景的应用带来了技术机遇。上述产品就能够较好地匹配观光旅游、体育休闲等城市生活场景，针对地理位置变化，进行精确的视音频内容推送，

---

[1] 谭天、覃晴：《作为空间产品的电视节目》，《现代传播》2016 年第 2 期。
[2] 李宏：《广播，看似贫穷实乃富足的媒介》，《中国广播》2014 年第 10 期。

实现供与求的高度智能匹配，为用户提供更为个性化的信息服务。

又如，上海东方广播有限公司推出的新媒体产品"驾车宝典"，可以根据用户所在位置提供个性化专属路况播报，告知车主所在位置的周边交通情况，这就与传统交通广播线性播报路况的方式有很大差异。当前，移动端已成为数字视频的主力消费平台，72%的人在移动终端上看视频，美国成年人花费在移动端看视频的时间比在 PC 端多 50%。① 未来，移动和视频是人们消费媒体的首要形式，而这二者之间的关系如此密切。通过打造本地"爆款"视听应用有利于用户数量增加，进而带动媒体整体转型。例如，苏州广电通过"看苏州"App 推出"主播秀"项目，将一大批传统主持人打造为直播"网红"，仅 2017 年三个月时间就有 123 位主播参与 702 场直播，总点击量超过 2300 万，总评论超过 10 万条，累计打赏金额突破 200 万元。无锡广电也通过"智慧无锡"App 开通了类似的"慧直播"平台，通过打造"城市主流网红"成功实现了传统媒体影响力向新媒体产品的延伸。

（二）依托线下场景，实现播映终端融合

视频消费的"多屏化"趋势明显。在此背景下，传统视听媒体唯有加快与新媒体融合，充分开发社交、互动等功能，才能使其与线下场景联系更紧密、更具黏性。虽然多数视听媒体无力进行大范围渠道整合，但大多拥有城市 LED 大屏、楼宇电视、公交地铁电视等屏幕终端。2017 年，我国户外电子屏广告市场规模达到了 155.9 亿元。在后现代社会，"城市是深深被文化渗透，被影像、再现系统、大众媒体与艺术所接管和转化的场所"。② 当前，移动传输技术的出现颠覆了传统基于客厅、以家庭为中心的观看方式，无处不在的移动终端正在形成与消费者全场景的融合，城市居民每天接触的媒介种类也呈现多样化、碎片化趋势。"移动、互联、互动"已成为各类屏幕的发展趋势。视听媒体可以依托具体的空间场景，与时下流行的 Wi-Fi 网络、微信二维码、手机 App 等结合，打造"网屏互动"新媒体形态，实现旗下各类播映终端的融

---

① 腾讯传媒研究院：《众媒时代：文字、图像与声音的新世界秩序》，中信出版社，2016，第 8 页。
② Grosz, E. "Bodie-cities", in Colomina, B. (ed.), Sexuality & Space, Princeton, N.J.: Princeton Architectural Press.

合。近年来，多屏技术已成为世界范围视听业发展的重点，西欧70%以上的付费电视用户都可以使用"电视无处不在"（TV Everywhere）多屏服务。在中国，大规模商用的5G移动通信技术将为视听节目的多屏传播提供更多机遇。

（三）整合相关产业，实现全产业链融合

相当长的一段时间，传统广电媒体产业链整合动作迟缓，集团内部依旧各自为战、重复建设，结果导致今日实质上"有企业而无产业"的局面。对于多数媒体而言，当下应该重视对以节目为核心的衍生产品和产业的开发，打造具有特色的产品链和产业链，并形成自有品牌。

新媒体模式	节目架构	典型案例
城市生活社区	品牌节目直播点播+城市论坛和虚拟社区	"化龙巷社区"（常州广电）
专业音视频网站	自制栏目+民间影像+社交	"小微视频网"（南京广电）
网络广播电视台	品牌节目直播点播+UGC+自制网络内容	"葫芦网"（杭州文广）
广播电视移动新媒体客户端	品牌节目直播点播+用户手机短视频发布	"扬帆"App（扬州广电）
微信广播电视	品牌节目点播+虚拟社区+自制内容	"最江阴"微信公众号（江阴台）
与商业互联网媒体融合	版权节目+网络自制剧（节目）	"风行网"（上海文广）

应对新媒体挑战，或融入新媒体发展——无论从哪个维度看，其关键都在于对特定空间内有限资源和市场的科学把控。通过深度融合旗下广电、网站、"两微一端"等媒体形态，构建众多基于社区的"泛圈层"，将有利于"突出重围"，赢得挑战。在这个意义上说，媒体融合本质上"不是通过技术升级对媒介形态进行创新，更应该对生产组织进行变革，以及在更大范围对媒体结构进行调整"[①]。位于"头部位置"的优势媒体必然走上产业升级之路，打

---

① 熊忠辉：《社会关系重构下媒体融合的未来》，《视听界》2015年第1期。

造更具吸引力的内容产品，或借助媒体融合，转型为"服务媒体"或"关系媒体"，进而在更高端的站位展开运营。在这一过程中，以节目为核心的产品开发成为关键。在融媒体的思维下，一个重要的节目策划理念便是要善于通过品牌节目（或节目群）打造新媒体产品或形成特定的新媒体模式。

在节目策划和制作环节，应进一步强化 IP 意识，设计 IP 的不同表现形态和呈现方式，为版权价值最大化奠定基础。对于视听媒体来说，"全媒体产业链的设计应以新媒体 IP 为核心进行布局"[①]。例如，杭州电视台的"阿六头"、苏州电视台的"施斌"、扬州电视台的"皮五"，实际上已经成为当地媒体的特有 IP，对于城市台来说属于难得的独有和垄断性资源，在"熟人社会"有着不可估量的影响。杭州台就曾以"阿六头"品牌节目为基础，策划了电视主持人海选活动"我是阿六头"，成为配套的衍生节目。

三、跨界经营，走向多元业态

从相"加"迈向相"融"，实现"融为一体、合而为一"，是媒体深度融合的方向与路径。不少节目生产方积极深化台网一体化，有效实现从相"加"到相"融"，线上线下、你中有我、我中有你。这一过程不仅包括传统媒体和新兴媒体的融合，还包括与"非媒体"产业的跨界混业融合，即跨业态、跨产业的资源整合。通过这种融合，视听产业将最终实现兼并重组，开启以"电视+"或"广电+"为标志的全面转型升级。所谓"+"，可以理解为扩容，增加非节目的业务、功能，包括增加电子政务、电子商务、远程教育、远程医疗等其他综合信息服务，实现产业链的深度整合。因为，在当前媒介环境下，仅靠传统的以节目为基础的内容业务支撑整个媒体的运作发展已不现实，通过跨界经营，拓展媒体传播和经营平台，不仅可以整合资源增加收入，更有利于增强辐射力和影响力，实现媒体业态多样化。

（一）延伸内容孵化

在"大视频时代"，"制播分离"的概念被重新定义。2012 年，国家广播

---

① 卢钊凯：《用 IP 打通全媒体产业链条——对广电媒体融合发展路径的思考》，《中国电视》2014 年第 12 期。

电视总局发布《关于进一步加强网络剧、微电影等网络视听节目管理的通知》（广发〔2012〕53号），鼓励广播电台、电视台、网络广播电视台、互联网视听节目服务单位、影视节目制作单位等各类机构，生产制作网络视听节目；同时将网民上传的作品视为"自制视听节目"。一时间，"制播分离"的参与者迅速增加。国家广播电视总局数据显示，截至2016年5月，全国共有持证互联网视听节目服务机构588家。美国的"潮流电视网"曾提出过一种"上传视频，并为其投票"的机制，鼓励网友不仅是上传视频，而是完成所有一切，包括照片、评论、链接等。因此，视听媒体一方面要增强在原创品牌节目中的主导权，另一方面要搞好"孵化"，不断激发各种力量参与内容创作的热情，进而推动衍生节目的开发与销售。以地方台为例，苏州广电总台、镇江文广集团近年来已多次组织"融媒创新创业大赛"，对内容生产进行孵化和管理。集团内部工作室和社会团队均可申报项目，以此汇聚优质内容，经过一段时间投放后优胜劣汰沉淀下来，形成原创IP项目，进而推动媒体融合的"人才孵化"与"内容孵化"。

（二）线下活动经营

线下的社会服务是媒体通过版面、节目或举办公益活动为受众进行的服务，也是视听新媒体平台经营的重要领域。对于今天的媒体来说，办新媒体的概念绝不只是办网站、办"两微一端"，提供服务远比内容更为重要。有研究者提出："新媒体战略不仅仅在于可看、可听，还要在可用、可玩上动脑筋。"[①] 例如，苏州广电的"TV蟹朋友"少儿频道开辟园校专区，以视频节目为核心，签约近40家"示范园校"，定期开展亲子游、社会实践等特色活动；同时开辟园校资讯、园校展示、园长访谈等特色栏目，成为独具特色的幼教新媒体服务平台。社会服务强调公益性，但也能产生可观的经济效益。苏州广电通过对旗下多个"帮忙""热线服务"等栏目进行网络化改造，迁移到"两微一端"后，点击量、互动量依然保持高位。再如，名城扬州网的婚庆服务、舟山台的O2O家装服务、南京广电"小微视频网"的创客路演服务等，不仅内容鲜活，而且直接对接市场。无锡广电太湖明珠网开发的"淘最无锡"频

---

① 谭天：《以升级促转型——城市广播电视发展的战略思考》，《新闻与写作》2012年第7期。

道，以生活服务类资讯为导引，与商业互联网企业合作开发"微店"和"团购"，已成为具有一定特色的品牌。

（三）周边技术开发

视听媒体是技术密集型行业，在其发展过程特别是在媒体融合过程中，媒体逐步积累了大量具有产业开发属性和售卖价值的技术产品。凯文·凯利认为，"所有能被复制的东西，无论是实体的还是虚拟的都遵守价格下降曲线，质量提高而价格下降"[1]。技术的销售不存在地域限制，对于较为成熟的技术产品而言，在区域外扩张销售有利于实现产品增值并推动技术的更新升级。如扬州广电开发的"茉莉花开"，是一个专门为传媒量身定制的移动端互动工具，可以全方位满足传统媒体"互联网+"的转型需求。该款应用能够提供各种定制服务，包括节目投票、互动抽奖、节目参与、内容介绍、电视红包以及各类自定义菜单，实现内容制作与推广、活动与互动项目开发等多个功能。目前，该应用已成功实现省外应用，并用于商业互联网企业"搜房网"的微信粉丝推广，成为扬州广电新媒体发展的全新增长点。

（四）电子商务服务

视听新媒体是重要的商品展示平台和商业服务的流量入口。在未来相当长的一段时间里，大众媒体仍将广告作为最主要收入来源，但也亟须依托自身信息承载能力，开发从线上到线下的各类新型业务，其中以电子商务、O2O商业服务最易获取收益。不少城市广电新媒体已相继开办了电商频道（客户端），如南京广电的"淘南京"、扬州广电的"A计划""凤凰购"、常州广电的"网上泰富"等。在电商巨头已基本形成垄断的情况下，如何发挥城市广电优势、突出自身特色，仍是值得深入思考的问题。较为成功的案例比如苏州广电旗下的"第一汽车"，作为当地唯一的汽车类融媒体平台，整合了《第一汽车》电视节目、第一汽车网、苏州二手车网、线下车友会、广电购车节等多种资源，在业内具有很强的影响力及传播力。常州中吴网的"广电优品"购物频道，打造出独具特色的"百台巡展"专区，整合全国数十家电台电视台的购物资源，集中贩卖各地土特产品，可谓特色鲜明。

---

[1] 凯文·凯利：《新经济新规则：网络经济的十种策略》，刘仲涛、康欣叶、侯煜译，电子工业出版社，2014，第66页。

在媒体融合发展过程中，无论是从节目或栏目衍生出的产品，还是以服务设施推动的产业，都是对媒体产业链上下游环节的有益扩充。"原来相对单一的节目将变成更丰富的内容产业，不同的内容之间相互融合，再用品牌来进行串接"①，通过此种方式，视听媒体能够实现无形资产向有形资产的有效转化，打造出具有自身特色的电子商务品牌。在这一过程中，传统以节目生产为主要取向的广播电视业将与体育产业、金融业、旅游业、零售业、社区服务业等实现跨业态融合，线上节目将变身线下产业的"入口"。例如，扬州广电的日播节目《天天有喜》已成为线下相亲会、婚博会和新媒体平台（婚庆服务网和App）汇聚用户的通道，借此平台，婚姻登记处、婚姻中介、婚庆服务商、礼品市场等被有效打通，从而实现全产业链创收。在未来，借助互联网带来的产业重构机遇，在虚拟空间之外，越来越多的媒体、演艺、出版、影视、旅游等文化业态将走向混业发展，线下空间的体验性消费会日益受到重视。

第四节 策划案写作技巧

撰写策划文案是节目策划的一个重要环节，是策划想法的具体实施计划。无论宏观策划还是微观策划，常常要形成文字，即策划文书或策划案，也包括具体的采访计划、摄制方案、活动方案等。有时，可以兼顾宏观和微观环节制订节目策划方案，做出全面、综合的规划设计。

一、节目策划案的定位与构成要素

策划的程序是多样的。有时是先有立项，后有创意，也有时先有创意，之后立项。但一般来说，只有在策划方案框架和目标明确之后，才能撰写策划案。策划案体现了节目策划的具体内容，是频道、栏目和节目策划的核心部分

---

① 熊忠辉：《大视频时代节目产业的重组与调整》，《视听界》2014年第5期。

和根本。其内容既有宏观上的指导性意见,又可能涉及具体的细节处理预案。

(一)注意策划案的不同定位

策划案的撰写者可以是导演、编导、记者,也可以是专职策划人;可以是节目主要的构思者,也可以是主创团队指定的执笔人。考虑到策划案提交的不同场景,其内容是不尽相同的。最初的草案是提交供讨论的,可以只有一个大概的创意或想法,允许有许多需要进一步修改完善的地方。在经过集中的研讨策划之后,草案会逐步修改为可以提交上级审定的正式方案。在上级审定通过后,也还会进行适当的细化,成为策划台本或实施方案。

"对上"的策划案,是为了向领导争取节目的实施权,或汇报节目的实施设想与方案。通常,在写作策划案时,节目的实施权尚未最终确定,或虽然确定由你实施,但如何实施还没有上级认可的方案。因此,策划案写作应以争取上级认可作为主要诉求。在文案中,应集中体现项目发起方的宣传目标、营销目标等,并精心论证此方案为实现上述目标的最佳方案,且策划人所在的创作团队具备按此方案完成节目的经验、能力和技术保证。

"对下"的策划案,是为了向整个节目组或制作团队呈现节目的构思与设想,以便于统一思想,组织实施。策划案形成的过程是整个创作团队集思广益、合作攻关的过程;策划定型之后,应以此为依据让整个团队迅速形成共识;在实施过程中,还需要对前期策划案进行适当的修改完善,有时还可以会做出较大的调整。这些都需要团队成员熟悉了解策划的基本理念、思路,以及具体的制作计划。因此,这种策划案也同时承担了"导演阐述"或"制作大纲"的部分功能。

此外,"对内"的策划案和"对外"的策划案,在定位上也是有所差异的。

(二)把握策划案的构成要素

策划文案的写作没有绝对标准,策划者可以根据项目发起方的具体要求,按照策划对象的不同特点,有所侧重地选择需要表述的具体内容,但清晰明了、具有可操作性是最基本的要求。有学者提出"本土化创新=市场需求+创意构思+商业模式+合作团队+传播平台"[①]的公式,这五个要素的概括对策划案写作具有较强的参考价值。还有教材总结提出,可以按 What(策划的

---

① 周笑:《视听节目策划》,高等教育出版社,2015,第59页。

目的)、Who（组织和人员）、Where（实施地点）、When（实施时机）、Why（策划缘由）、How（策划方法与实施形式）、How much（预算）、Effect（效果预测）等要素来写作策划书。①

在实际操作中，策划者面临的情况可能更为复杂。单期节目或单一选题的独立节目策划常常要偏重于选题、内容和如何操作；系列节目则应偏重于主题、整体定位、内在逻辑等；而栏目化节目或季播节目还需要考虑市场环境、创新优势、付出收益、播出平台等问题。此外，不同类型节目的策划文案写作重点也不尽相同。但一般来说，除了前文已详细分析过的融合传播策略，还有以下一些要素是应该写到的：

1. 创作背景

也就是论证节目的推出正当其时。这种背景主要是政治背景、社会文化背景、市场背景等，提出"在某某大的背景下，急需一档反映某某主题的节目"。写作时应考虑包括节目提出的动议、策划的意义、目的，宣传意图，市场需求情况等。创作背景部分可详可略，有时也可一笔带过。

2. 节目名称

节目名称应该反映主题和节目的主要诉求，体现节目的基本形态特征，并响应当前的社会热点或热门话题。同时也应考虑朗朗上口，易读易记，便于流传。

3. 节目定位

所谓定位，是对节目主导思想、中心要义和目的受众的概括，是节目要素要表现和反映表达的宗旨。节目定位通常围绕节目主题展开，要充分反映主题。节目定位有时会概括为一句朗朗上口的宣传语，如央视《焦点访谈》的定位是"时事追踪报道，新闻背景分析，社会热点透视，大众话题评说"；《朗读者》以"朗读打动人心"为节目定位；江苏卫视《最强大脑》以"让科学流行起来"为节目定位。当然，有的节目宣传口号与定位无关，仅仅是为了吸引注意力。

4. 节目形态

形态策划是节目策划的关键与重点。形态策划要充分考虑主题、内容与

---

① 谭天：《电视节目策划实务》(第二版)，暨南大学出版社，2015，第152页。

节目类型的个性化特点，通过对多种节目元素、环节、模块的排列组合，形成具有创新性的样态。节目形态一旦定型，通常会稳定一段时间。栏目化节目的形态不宜频繁变动。

5. 节目内容

即初步考虑的内容选题方案。对于单期节目的策划来说，内容策划是策划案最重要的部分，需要在调研的基础上写细写透。对于系列节目或季播节目而言，一般会对全部或大部分节目的选题进行初步明确，每期节目之间应具有逻辑联系或连贯性。栏目化节目的内容策划可以在最初给出一个大的方向和设计，而后根据播出需要不断细化、具体化，但也应保证选题思路的一致性。

6. 节目风格

节目风格主要指节目选题定位的风格和形式设计的风格。节目风格的策划需要考虑内容与形态的关系处理。一般来说，主持人的风格、视听语言的风格、包装的风格等都是影响节目风格的重要方面，策划案撰写时应通盘考虑。

7. 节目体量

节目的体量包括单期节目的时长和总期数两个部分。单期节目的时长应根据节目定位和受众的欣赏习惯来确定。总期数要考虑宣传的需要、栏目的需要、广告的需要等因素，还要考虑政策规定，如国家广电总局曾做过"选秀活动的播出时间不得超过两个半月"的限制。在策划案中，应给出比较具体的方案，如每期节目20分钟，周播，一年52期。

8. 组织实施

即明确人员组成、任务分工和项目进度计划。首先是搭建一个可以实现预期效果的创作班底。通常要对节目组（项目组、摄制组）的人员构成做出具体安排，包括需要哪些人员，由哪些单位或部门来实施，如何分工又如何合作，等等，要有较为明确的可行性论证。在此基础上，对项目的时间进度做出具体计划，包括前期调研阶段的起止时间、中期拍摄阶段的起止时间，以及后期编辑制作阶段的起止时间等。对于审核和播出的时间点，也应做出适当规划。

9. 播出平台

视听节目的播出平台包括传统的电视频道、广播频率和网络新媒体平台两大类。传统的频道、频率有上星、全国、省域、地市等区别。节目的定位还会受播出平台定位的影响，如江苏卫视以"幸福"为定位，湖南卫视以"快乐"为定位。新媒体平台更强调互动性，用户群体更为年轻化。有些节目是专门针对某一播出平台的调性和需要进行策划制作的，被称为"定制节目"。

10. 比较优势

即在收视收听市场上的比较竞争优势。策划案需基于科学的市场调研和数据分析，对此节目的竞争环境（政策环境、时段、受众环境、同类节目播出情况）等做出分析，并通过分析此节目的创新性、竞争力等，得出比较优势。此部分内容的写作可以借鉴管理学中的 SWOT 分析模型，即对 strengths（优势）、weaknesses（劣势）、opportunities（机遇）、threats（威胁）等要素，加以综合评估与分析得出结论，然后再进行策略调整，以达成最终目标。

11. 经费预算

节目成本是指生产节目过程中消耗的生产资料的价值，以及劳动者用自己的劳动所创造的价值（社会效益和经济效益）。前者是指设备的折旧和材料损耗，后者是指脑力劳动和体力劳动所创造的价值的总和。节目的成本预算就是将这些可能或必须发生的费用做一个科学的预测。通常涉及的项目包括：劳务费、设备租用费、场地租用费、食宿费、车旅费等。有的节目还涉及版权使用费。合理的预算有利于决策者了解节目成本，并为广告投放和招商提供帮助。

12. 预期收益

节目收益包括社会效益和经济效益两个方面。社会效益主要是体现节目的宣传价值、文化价值等，要写明能够产生何种社会影响，或有利于传递何种价值观。经济效益主要是节目售卖以及广告冠名等收入情况。有些节目的策划会以参评奖项为目标，此时需要关注评奖标准，并着重体现节目的社会效益。

13. 招商方向

节目生产所需的费用是可以预算出来的，而其创造的价值实际上需要一定时间去检验,也就是要得到一定量的受众的认同,进而得到广告商的认同。不少优秀的广播电视节目,起初播出时没有冠名,少有广告,但经过一段时间后,以其良好的口碑赢得了商家的青睐,冠名和广告数量大增。但在节目的策划初期,就应从节目类型和受众定位出发,设计总体的招商方向。如儿童节目、教育节目、体育节目等都有相对垂直的招商领域。如能先期确定商业冠名或广告内容,则可更合理地谋划品牌或产品的植入方式,设计适合镜头捕捉的节目场景,甚至专门策划某个环节来满足植入需要。如在《极速前进》中,嘉宾在游戏环节为了补充能量必须喝某品牌蛋白粉才能够继续游戏,这就是广告的剧情植入。

二、易发问题与注意事项

策划案是策划项目有步骤、有效地实施的保证,是节目内容的书面安排,可以理解为"说明书"。写作者要写清楚"说什么",即节目的选题(话题),具体的内容等,以及"怎么说",即操作路径、现场设计、资料选用、嘉宾选择、主要观点、主持人话语设计、道具的使用等。在策划案写作实践中,有一些问题需要引起注意:

一要避免简单模仿。策划案应建立在严格调研、对事实有充分认识的基础上。初学者通常会借鉴比较成熟的策划案写作套路,但正所谓"戏演三遍无人看",简单模仿是无法真正获得成功的。节目策划活动所处的外部环境(时间、地域、政策、市场等)一旦发生变化,节目设计就必须随之而变。因此,无论是策划案的哪个部分,都不能直接搬用。策划案写作要处理好"守旧"与创新的关系,依托广泛深入的市场调研,牢牢把握节目市场发展的客观规律,既要坚持传统优势,又要敢于谋求新的选题、新的内容、新的形式。

二要避免重点不清。节目策划案的撰写没有绝对的标准和绝对准确的模板,根据实际情况的不同,必须进行灵活的处理。有时,某些要点需要进行强化撰写和阐述,而另一些情况下,某些要点可以简单带过,甚至省略不写。上文总结的13条策划案内容,不可能也无须在一篇策划案中统统体现出来,这就要求策划案写作者把握好第一读者的需求和喜好,突出重点、亮点、痛点、卖点,活学活用,灵活处置。

三要避免可行性差。好的策划要有可操作性和可行性。可操作性包括内外两个含义:内部的要求是指选题策划要从自身的实力出发,有多大力量做多大的事情,结合自身的人财物条件,去选择可行的选题。外部的要求非常复杂,包括政治环境、社会环境、自然环境等各个方面的具体要求。策划方案的制订不能闭门造车,它应该由经验比较丰富的记者或编导完成。在策划初期,就要充分考虑上述各种环境的限制,否则即使节目完成制作,也有被"枪毙"的危险。《焦点访谈》的经验是,可行性要从三个层面论证,一是政策层面,二是业务层面,三是社会层面。[①] 一般来说,经验丰富的资深业者能在策划时比较准确地预测方案是否可行,避免由于现场条件的限制以及情况改变导致停拍。

四要避免缺乏弹性。面对一些不可控因素较多的情况,应有多套应变方案。要充分考虑各种可能遇到的问题甚至麻烦,以便在一套方案行不通时依然有后备方案可以继续推进。否则,摄制组在现场停工待料,会造成很大的损失。当前节目市场竞争激烈,需求水平和结构不断更新,外部环境变化很快。在这种情况下,即便是一个最适当的策划,也会因市场环境、约束条件和影响因素的变化而不得不调整。这主要归结于策划流程不是一个单向的决策流程,而是一个双向的环流状的决策流程。从最初的调研到最后的效果评估,针对市场和受众反应的变化,要能够及时调整和修正。因此,策划案应保留必要的弹性和灵活度。

[①] 梁建增:《焦点访谈——从理念到运作》,学习出版社,1998,第32页。

参考书目

[1] 威尔伯·施拉姆等著. 传播学概论（第二版）[M]. 北京：中国人民大学出版社，2010.

[2] 尼葛洛庞帝著. 数字化生存 [M]. 海南：海南出版社，1996.

[3] 约书亚·梅罗维茨著. 消失的地域：电子媒介对社会行为的影响 [M]. 北京：清华大学出版社，2002.

[4] 迈克尔·塞勒著. 移动浪潮：移动智能如何改变世界 [M]. 北京：中信出版社，2013.

[5] 玛丽贝尔·洛佩兹著. 指尖上的场景革命 [M]. 北京：中国人民大学出版社，2016.

[6] 阿莱克斯·彭特兰著. 智慧社会：大数据与社会物理学 [M]. 杭州：浙江人民出版社，2015.

[7] 保罗·M. 莱斯特著. 视觉传播：形象载动信息 [M]. 北京：北京广播学院出版社，2003.

[8] 大卫·麦克奎恩著. 理解电视：电视节目类型的概念与变迁 [M]. 北京：华夏出版社，2003.

[9] 安德鲁·古德温，加里·惠内尔编著. 电视的真相 [M]. 北京：中央编译出版社，2001.

[10] 尼古拉斯·阿伯克龙比著. 电视与社会 [M]. 南京：南京大学出版社，2001.

[11] 罗伯特·赫利尔德著. 电视广播和新媒体写作 [M]. 北京：华夏出版社，2002.

[12] 罗杰·菲德勒著. 媒介形态变化：认识新媒介 [M]. 北京：华夏出版社，2000.

[13] 吉妮·格拉汉姆·斯克特著. 脱口秀——广播电视谈话节目的威力与影响 [M]. 北京：新华出版社，1999.

[14] 罗伯特·麦基著. 故事——材质、结构、风格和银幕剧作的原理 [M].

北京：中国电影出版社，2001．

[15] 克劳斯·布鲁恩·延森著．媒介融合：网络传播、大众传播和人际传播的三重维度[M]．上海：复旦大学出版社，2012．

[16] 毕一鸣著．现代广播电视论纲[M]．北京：中国广播电视出版社，2007．

[17] 毕一鸣著．世界广播电视发展史——视听传媒的历史变迁[M]．北京：中国广播电视出版社，2010．

[18] 赵玉明，王福顺主编．广播电视辞典[M]．北京：北京广播学院出版社，1999．

[19] 杨伟光著．中国电视论纲[M]．北京：北京出版社，1998．

[20] 吴信训著．新编广播电视新闻学（第三版）[M]．上海：复旦大学出版社，2018．

[21] 黄匡宇主编．广播电视学概论》（第三版）[M]．广州：暨南大学出版社，2010．

[22] 陆晔，赵民著．当代广播电视概论[M]．上海：复旦大学出版社，2004．

[23] 李岩著．广播学导论（第二版）[M]．杭州：浙江大学出版社，2005．

[24] 董旸著．广播节目策划与制作[M]．北京：中国传媒大学出版社，2007．

[25] 胡智锋著．电视节目策划学（第二版）[M]．上海：复旦大学出版社，2019．

[26] 谭天著．电视节目策划实务（第二版）[M]．广州：暨南大学出版社，2015．

[27] 张晓锋，周海娟主编．电视新闻策划[M]．北京：北京师范大学出版社，2014．

[28] 雷蔚真著．电视策划学[M]．北京：中国人民大学出版社，2008．

[29] 王井，智慧主编．电视节目策划[M]．武汉：武汉大学出版社，2013．

[30] 王哲平著．电视节目策划新论[M]．杭州：浙江大学出版社，2015．

[31] 吴保和著．电视文艺节目策划[M]．北京：文化艺术出版社，2012．

[32] 冉光泽编著. 电视策划实务 [M]. 成都: 四川大学出版社, 2013.

[33] 周笑编著. 视听节目策划 [M]. 北京: 高等教育出版社, 2015.

[34] 熊忠辉主编. 视听节目形态解析 [M]. 北京: 化学工业出版社, 2018.

[35] 张小琴, 王彩平著. 电视节目新形态 [M]. 北京: 中国广播电视出版社, 2007.

[36] 周逵著. 融合与重构: 中国广电媒体发展新道路 [M]. 北京: 中国传媒大学出版社, 2017.

[37] 宋昭勋著. 非言语传播学 [M]. 上海: 复旦大学出版社, 2008.

[38] 黄匡宇等著. 电视节目编辑技巧 [M]. 北京: 中国广播电视出版社, 2002.

[39] 谢耘耕, 陈虹著. 真人秀节目: 理论、形态和创新 [M]. 上海: 复旦大学出版社, 2007.

[40] 吴缦, 曹璐著. 新闻广播研究 [M]. 北京: 北京广播学院出版社, 1997.

[41] 陆锡初著. 主持人节目学教程 [M]. 北京: 中国广播电视出版社, 2001.

[42] 俞虹著. 节目主持人通论》(修订版) [M]. 北京: 中国广播电视出版社, 2004.

[43] 张凤铸著. 中国广播文艺 [M]. 北京: 北京广播学院出版社, 2000.

[44] 朱羽君, 雷蔚真著. 电视采访学 [M]. 北京: 中国人民大学出版社, 1999.

[45] 石长顺著. 当代电视实务教程 [M]. 上海: 复旦大学出版社, 2005.

[46] 许颖编著. 广播电视新闻实务 [M]. 大连: 东北财经大学出版社, 2007.

[47] 彭兰著. 网络新闻编辑教程 [M]. 武汉: 武汉大学出版社, 2007.

[48] 尹鸿, 冉儒学, 陆虹著. 娱乐旋风——认识电视真人秀 [M]. 中国广播电视出版社, 2006.

[49] 梁建增编著. 焦点访谈——从理念到运作 [M]. 北京: 学习出版社, 1998.

[50] 梁建增，孙克文编著. 解析东方时空 [M]. 北京：高等教育出版社，2003.

[51] 孙玉胜著. 十年——从改变语态开始 [M]. 上海：生活·读书·新知三联书店，2004.

[52] 时间，乔艳琳主编.《实话实说》的实话 [M]. 上海：上海文化出版社，1999.

[53] 徐泓编著. 不要因为走得太远而忘记为什么出发 [M]. 北京：中国人民大学出版社，2013.

[54] 中国电视收视年鉴（2012—2018）.

[55] 中国广播收听市场年鉴（2014—2018）.

[56] 中国广播研究报告（2011—2014）.

[57] 中国广播电影电视发展报告（2012—2019）.

[58] 中国视听新媒体发展报告（2013—2019）.

[59] 中国新媒体发展报告（2013—2019）.

后 记

推动媒体深度融合，是互联网时代广播电视媒体发展的必由之路，也是巩固和壮大宣传思想文化阵地的必然选择。2020年6月，中央深改委审议通过的《关于加快推进媒体深度融合发展的指导意见》明确要求，深化体制机制改革，加大全媒体人才培养力度，打造一批具有强大影响力和竞争力的新型主流媒体，加快构建网上网下一体、内宣外宣联动的主流舆论格局，建立以内容建设为根本、先进技术为支撑、创新管理为保障的全媒体传播体系，牢牢占据舆论引导、思想引领、文化传承、服务人民的传播制高点。

《指导意见》提到的"以内容建设为根本"，对于广播电视和网络视听行业来说，就是要扭住节目创新创优这个"牛鼻子"。无论是基于传统频道频率，还是基于互联网和移动互联网平台，节目始终是最基本的内容单元，也是视听内容最基本的组织形式和播出形式。本书对视听节目策划理论与实践进行了较为系统的考察，突出节目这一视听传播最基本的内容单元，从媒体融合的视角解析节目策划实践，探讨融媒体时代视听节目如何创新理念、内容、体裁、形式，希望通过推动节目策划创新，生产出更多符合新时代要求，既能在思想上、艺术上取得成功，又能在市场上受到欢迎的精品节目。

本书吸收借鉴了国内外该领域研究的最新成果，围绕广播电视发展史上的经典节目和融媒体时代新出现的热播节目进行分析，重点关注当代视听节目在传播方式、参与方式、营销方式和盈利模式上的变化，着力回答节目研发与策划的核心实践问题，并结合具体案例，对节目策划的思路、方法、技巧和成功案例等进行了解析。对于策划人而言，了解节目形态演变的历史是非常有益的。因此，本书在撰写过程中，刻意引用了不同历史时期的节目案例，并试图还原其在当时社会文化条件下真实的传播效果，其中不少已成为"经典",也有的成为"明日黄花"。在网络视听节目策划实践中,善于吸收以往传统媒体成功节目形态的经验,将有利于在"扬弃"的基础上不断创新。

本书试图兼顾理论性与操作性。核心章节区分音频节目、视频新闻节目、视频社教节目、视频综艺节目、视频谈话节目、纪录片等不同节目形态展开,所涉节目主要从国家广播电视总局新近推荐的创新创优节目和市场反应热烈的网络视听节目中选取。主要章节均附有典型案例,包括策划团队访谈、策划人手记、优秀节目策划技巧评析、策划案文稿等,具有较强的可读性和参考价值。在操作流程、策划方法、策划案写作技巧等方面,本书也进行了较为细致的剖析,并对节目创新的思路予以讨论。本书可供广播电视和网络视听行业从业人员、高等院校传媒类专业师生以及该领域的研究者使用。

感谢成书过程中提供无私帮助的每一个人。南京师范大学新闻与传播学院原副院长毕一鸣教授是我的博士生导师。毕老师学养深厚,是国内知名的广播电视专家。老师虽已退休,却仍时刻关注学界和业界动态,编修书稿,撰写论文,不曾清闲。本书写作过程中,毕老师多次给予悉心指导,提供了许多重要的指导性意见。成稿后,老师不顾案牍劳形,欣然作序。这是对我最大的支持和鼓励,我深感荣幸。

本书出版得到"强军新媒体工作室"资助,该项目由军委政治工作部网络舆论局发起,国防大学军事文化学院军事文化传播系负责建设。军事文化传播系陈飞副主任自始至终予以关心指导,在此表示感谢。撰写过程中,本书参考了来自实践一线的大量成果,许多优秀的节目作品为我的教学研究提供了重要的样本。来自军地主流媒体和网络视听媒体的同仁为本书慷慨提供资料,使本书更具实践价值。感谢解放军新闻传播中心广电部的倪宁、孙利、杜娟等老师;感谢江苏收听收看中心的郑洁主任和曾经共同工作的各位专家;感谢爱奇艺公司副总编辑王亮先生。写作过程中,我也借鉴了同行的大量教学科研成果,在此一并表示感谢。

王志龙、刘敏、李安等同学与我合作的几篇论文已在《电视研究》刊

◀ 后　记

发，本书引用了其中的核心观点；苑亚超、杜江帆同学承担了部分案例分析和访谈工作；于航、王耀星、蔡润涵、周帅等同学协助我完成了资料搜集、数据整理、校对等工作。他们是本书的最初读者，也为我提供了大量鲜活信息。

　　受时间、水平和资历所限，本书难免有粗疏错漏之处，恳请各位读者提出批评和修改建议。

作　者

2020 年 12 月

图书在版编目（CIP）数据

融媒体时代视听节目策划 / 阎安著． -- 北京：中国广播影视出版社，2021.1（2025.1重印）
ISBN 978-7-5043-8529-1

Ⅰ．①融… Ⅱ．①阎… Ⅲ．①电视节目—策划②广播节目—策划 Ⅳ．① G222.3

中国版本图书馆 CIP 数据核字（2020）第 223286 号

融媒体时代视听节目策划

阎安 著

责任编辑	宋蕾佳
责任校对	龚 晨
封面设计	智达设计
内文设计	雷志杰

出版发行	中国广播影视出版社
电　　话	010-86093580　010-86093583
社　　址	北京市西城区真武庙二条9号
邮　　编	100045
网　　址	www.crtp.com.cn
电子信箱	crtp8@sina.com

经　销	全国各地新华书店
印　刷	涿州市京南印刷厂

开　本	710毫米×1000毫米　1/16
字　数	326(千)字
印　张	21.75
版　次	2021年1月第1版　2025年1月第6次印刷
书　号	ISBN 978-7-5043-8529-1
定　价	58.00元

（版权所有　翻印必究·印装有误　负责调换）